U0796997

新工科建设·电子信息类系列教材

传感器技术及应用（第 2 版）

徐耀松　王雨虹　付　华　主　编

電子工業出版社
Publishing House of Electronics Industry
北京·BEIJING

内 容 简 介

本书介绍了工程中常用传感器的原理、特性及测量电路，通过大量的实际案例介绍各种传感器的工程应用方法。全书共分 10 章，第 1 章介绍了传感器的物理基础、定义、组成和分类，测量误差与数据处理，以及传感器的基本特性；第 2～10 章分别介绍了电阻式传感器、电容式传感器、电感式传感器、磁电式传感器、压电式传感器、光电式传感器、热电式传感器、声波式及辐射式传感器、智能传感器的基本工作原理、测量电路及应用。本书内容全面，注重科学性与系统性，具有较强的实用性。

本书可作为高等院校测控技术与仪器、自动化、电子信息工程、机电一体化技术和计算机应用技术等专业的教材，也可供从事传感与检测、控制等相关工作的人员参考。

图书在版编目（CIP）数据

传感器技术及应用 / 徐耀松，王雨虹，付华主编.
2 版. -- 北京 : 电子工业出版社，2025. 1. -- ISBN
978-7-121-49468-0

Ⅰ. TP212

中国国家版本馆 CIP 数据核字第 2025QK5804 号

责任编辑：赵玉山
印　　刷：三河市兴达印务有限公司
装　　订：三河市兴达印务有限公司
出版发行：电子工业出版社
　　　　　北京市海淀区万寿路 173 信箱　　　　邮编：100036
开　　本：787×1092　1/16　印张：15　　字数：394 千字
版　　次：2017 年 1 月第 1 版
　　　　　2025 年 1 月第 2 版
印　　次：2025 年 1 月第 1 次印刷
定　　价：48.00 元

凡所购买电子工业出版社图书有缺损问题，请向购买书店调换。若书店售缺，请与本社发行部联系，联系及邮购电话：（010）88254888，88258888。

质量投诉请发邮件至 zlts@phei.com.cn，盗版侵权举报请发邮件至 dbqq@phei.com.cn。

本书咨询联系方式：zhaoys@phei.com.cn。

前　言

传感器技术是信息技术的三大支柱之一，是感知、获取、处理与传输信息的关键，是实现现代化测量和自动控制的主要环节，也是人工智能科技发展的基础。本书兼顾科学性、系统性及实用性，介绍了常用传感器的原理、特性及测量电路。

全书共分 10 章。第 1 章介绍了传感器的物理基础、定义、组成和分类，测量误差与数据处理，以及传感器的基本特性；第 2 章介绍了弹性敏感元件，以及电位器式传感器、电阻应变式传感器、压阻式传感器的原理及工程应用；第 3 章介绍了三种典型的电容式传感器的原理、基本特性、等效电路及测量电路，给出了电容式传感器的工程应用；第 4 章介绍了电感式传感器，包括自感式传感器、差动变压器式传感器及电涡流式传感器的原理及工程应用；第 5 章介绍了磁电感应式传感器和霍尔式传感器的原理及工程应用；第 6 章介绍了压电式传感器的原理及工程应用；第 7 章在介绍光电效应的基础上，阐述了光电效应式传感器、光纤传感器的原理及工程应用，以及光电式编码器；第 8 章介绍了热电式传感器，包括热电偶传感器、热电阻传感器、热敏电阻传感器、集成温度传感器的原理及工程应用；第 9 章介绍了超/次声波传感器、声敏传感器、微波传感器及辐射式传感器的原理及工程应用；第 10 章介绍了智能传感器的概念、基本组成、功能与特点、分类及智能信息处理技术。本书注重与工程实践的联系，每章均有相关工程应用案例及产品介绍。

本书第 1 章由付华执笔，第 2 章、第 6～10 章由徐耀松执笔，第 3～5 章由王雨虹执笔。全书的写作思路由付华提出，由付华和徐耀松统稿。此外，于航、李曼、常智慧、段成欣等也参与了本书的编写工作。在此，向对本书给予热情帮助的同行们表示感谢。

由于编者的水平有限，书中难免有不妥之处，敬请读者批评指正。

编　者

2024 年 5 月

目　　录

第1章

绪论

本章知识点：

- 传感器的物理基础
- 传感器的定义
- 传感器的组成和分类
- 测量误差与数据处理
- 传感器的基本特性

基本要求：

- 掌握传感器的基本概念，理解传感器的重要作用
- 学习传感器的组成与分类
- 明白测量误差的概念及表示方法，知晓常用的数据处理方法
- 理解传感器的静态特性与动态特性

能力培养目标：

通过对本章的学习，了解本课程的学习内容，理解传感器的基本概念与组成，掌握测量过程中误差的表示与处理方法，培养学生对基本概念的理解能力与基础知识的应用能力。

传感器能够对环境中的各种物理、化学、生物等信息进行检测和转换，是实现自动控制、自动调节的关键环节，它与信息系统的输入端相连，并将检测到的信息传输到信息处理部分，是感知、获取、处理与传输信息的关键。传感器技术是关于传感器设计、制造及应用的综合技术，是一种检测技术、功能材料、微电子技术、精密与微细加工技术、信息处理技术和计算机技术等相互结合形成的密集型综合技术。它是信息技术的三大支柱之一。

1.1 传感器的物理基础

传感器（Sensor）的工作机理基于各种物理、化学现象和生物效应，并受相应的定律和法则所支配，这些现象和效应被用来检测和响应外部刺激，如温度、压力、光照、化学物质等，是设计和制造各种传感器的科学基础。

了解这些定律和法则，有助于对传感器本质的理解和对新传感器的开发，以高精度和高灵敏度检测和响应各种环境条件。传感器的物理基础的基本定律和法则有以下四种类型。

（1）守恒定律，包括能量、动量、电荷量等守恒定律。这些定律是我们探索、研制新型传感器，或在分析、综合现有传感器时都必须严格遵守的基本法则。

（2）场的定律，包括运动场的运动定律、电磁场的感应定律等，其相互作用与物体在空间的位置及分布状态有关，一般可由物理方程给出，这些方程可作为许多传感器工作的数学模型。例如，利用静电场定律研制的电容式传感器；利用电磁感应定律研制的自感式传感器、互感式传感器、电涡流式传感器；利用运动定律与电磁感应定律研制的磁电式传感器等。利用场的定律研制的传感器，其形状、尺寸（结构）决定了传感器的量程、灵敏度等主要性能，故此类传感器可统称为结构型传感器。

（3）物质定律，它是表示各种物质内在性质的定律，如胡克定律、欧姆定律等，通常以这种物质所固有的物理常数加以描述。因此，这些物理常数的大小决定着传感器的主要性能。例如，利用半导体物质定律——压阻效应、热阻效应、磁阻效应、光阻效应、湿阻效应，可分别做成压力传感器、热敏传感器、磁敏传感器、光敏传感器、湿敏传感器；利用压电晶体物质定律——压电效应可制成压电式传感器、声表面波传感器、超声波传感器等。这种基于物质定律的传感器，可统称为物性型传感器，它们是当代传感器技术领域中具有广阔发展前景的传感器。

（4）统计法则，它是把微观系统与宏观系统联系起来的物理法则。这些法则常常与传感器的工作状态有关，是分析某些传感器的理论基础。

1.2 传感器的定义

生物体的感觉器官就是天然的传感器。人的眼、耳、鼻、舌、皮肤分别具有视觉、听觉、嗅觉、味觉、触觉。人的大脑神经中枢通过眼、耳、鼻、舌、皮肤的神经末梢（感受器）就能感知外界的信息。例如，人利用视觉（眼睛）可以知道物体的大小、形状等；利用听觉（耳朵）可以听到声音；利用嗅觉（鼻子）可以闻到气味；利用味觉（舌头）可以尝到味道；利用触觉（皮肤）可以感觉到物体的温度等。人的眼睛相当于光敏传感器，如 CCD（电荷耦合器件）、光敏电阻等；人的耳朵相当于压力传感器，如电容式传感器和压电式传感器等；人的鼻子相当于气敏传感器，如气体传感器等；人的舌头相当于味觉传感器，如离子传感器；人的皮肤相当于压力传感器和温度、湿度传感器，如应变传感器、热电阻传感器等。

为了从外界获取信息，人们必须借助于感觉器官。而单靠人类自身的感觉器官，在研究自然现象及其规律与生产活动中是远远不够的。例如，在学科研究中，在宏观上要观察上千光年的茫茫宇宙，微观上要观察小到飞米（fm）的粒子世界，纵向上要观察长达数十万年的天体演化，以及短到纳秒（ns）的瞬间反应。又如，超高温、超低温、超高压、超高真空、超强磁场、超弱磁场等，这些都是人类的感觉器官无法直接获取的信息，要获取这些信息，没有相应的传感器是不可能的。为了适应这种情况，就需要传感器。在工程科学与技术领域中，传感器是人类感觉器官的工程模拟物，是人类感觉器官的延伸，又称之为电五官。

国家标准（GB/T 7665—2005）中把传感器定义为能感受规定的被测量（包括物理量、化学量、生物量等）并按照一定的规律转换成可用输出信号的器件或装置，通常由敏感元件（Sensing Element）和转换元件（Transducting Element）组成。这里的“可用输出信号”是指便于处理、传输的信号。当今电信号最便于处理和传输，因此，可把传感器狭义地定义为能把外界非电信号转换成电信号输出的器件或装置。可以预料，当人类跨入光子时代，光信息成为更便于快速、高效地处理与传输的可用输出信号时，传感器的概念将随之发展成为能把外界信息或能量转换成光信号或能量输出的器件或装置。

传感器的广义定义：凡是利用一定的物质（物理、化学、生物）法则、定理、规律、效应等进行能量转换与信息转换，并且输出与输入严格一一对应的信号的器件或装置均可称为传感器。也可以表述为，传感器是一种以一定的精确度把被测量转换为与之有确定对应关系的、便于应用的某种物理量的测量装置。在不同的技术领域中，传感器又被称作检测器、换能器、变换器等。

传感器的定义包含了以下几方面的意思：①传感器是测量装置，能完成检测任务；②传感器的输入量是某个被测量，可能是物理量，也可能是化学量、生物量等；③传感器的输出量是某种物理量，这种物理量要便于传输、转换、处理、显示等，可以是气、光、电等物理量，但主要是电；④传感器的输出、输入有对应关系，且应有一定的精确度。

由此可见，传感器的功能是“一感二传”，即感受被测信息，并传送出去。其基本功能是检测信号和转换信号。因此，传感器总是处于检测系统的最前端，用来获取检测信息，其性能将直接影响整个测试系统，对测量的精确度起着决定性的作用。

1.3　传感器的组成和分类

1.3.1　传感器的组成

传感器是一个完整的测量装置（或系统），能把被测非电量转换为与之有确定对应关系的有用电量输出，以满足信息的传输、处理、记录、显示和控制等要求。

传感器一般由敏感元件、传感元件和其他辅助元件组成。但是随着传感器集成技术的发展，传感器的信号调理与转换电路也被安装在传感器的壳体内或与敏感元件集成在同一芯片上。因此，信号调理与转换电路及其所需的辅助电源都应作为传感器组成的一部分，如图 1-1 所示。

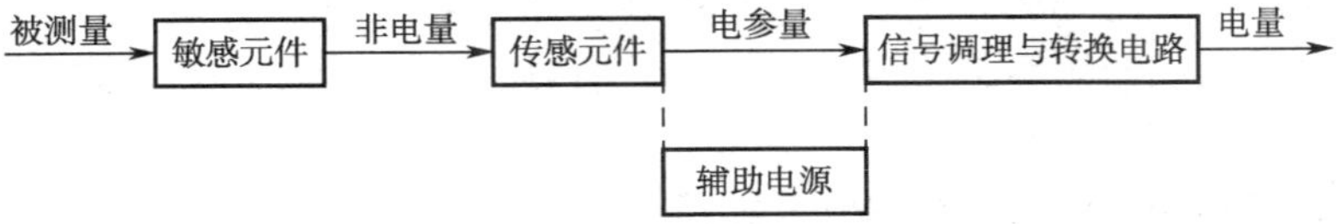

图 1-1　传感器的组成框图

敏感元件是感受被测量并输出与被测量成确定对应关系的其他量的元件，如膜片和波纹管，它们可以把被测压力变成位移量。若敏感元件能直接输出电量，如热电偶，就可兼作传感元件。

传感元件又称变换元件，是传感器的重要组成元件。它可以直接感受被测量（一般为非电量），而输出与被测量成确定关系的电量，如热电偶。传感元件也可以不直接感受被测量，只感受与被测量成确定关系的其他非电量，如差动变压器式压力传感器并不直接感受被测压力，只感受与被测压力成确定关系的衔铁（被测体）的位移量，然后输出电量。

信号调理与转换电路是能把传感元件输出的电信号转换为便于显示、记录和控制的有用信号的电路。信号调理与转换电路根据传感元件类型的不同可分成很多种，常用的电路有电桥、放大器、振荡器和阻抗变换器等。

1.3.2 传感器的分类

传感器的种类繁多。往往同一种被测量可以用不同的传感器来测量，如压力可用电容式传感器、电阻式传感器、光纤式传感器等进行测量；而同一原理的传感器又可测量多种物理量，如电阻式传感器可以测量位移、温度、压力及加速度等。因此，传感器有许多种分类方法，常用的分类方法如下。

按被测量不同，传感器可分为机械量传感器（位移、力、力矩、扭矩、速度、加速度、振动、噪声等）、热工量传感器（温度、热量、流量、风速、压力、液位等）、物性参量传感器（浓度、黏度、密度、酸碱度等）、状态参量传感器（裂纹、缺陷、泄漏、磨损、表面质量等）。这种分类方法是按用途进行分类的，使用户能较容易地根据测量对象来选择传感器。

按工作原理不同，传感器可分为电阻式传感器、电容式传感器、电感式传感器、磁电式传感器、压电式传感器、光电式传感器、热电式传感器、磁敏式传感器、超声波传感器等。这种分类方法便于从原理上认识输入与输出之间的变换关系，有利于专业人员从原理、设计及应用上做出归纳性的分析和研究。

按信号变换的特征不同，传感器可分为结构型传感器、物性型传感器。结构型传感器主要是通过传感器结构参量的变化实现信号的转换。例如，电容式传感器依靠极板间距离的变化引起电容量的改变。物性型传感器利用敏感元件材料本身物理属性的变化来实现信号变换。例如，水银温度计利用水银的热胀冷缩现象测量温度，压电式传感器利用石英晶体的压电效应测量压力等。

按能量关系不同，传感器可分为能量转换型传感器和能量控制型传感器。能量转换型传感器是指传感器直接由被测对象输入能量使其工作，如热电偶传感器、光电式传感器等，这种类型的传感器也称为有源传感器。能量控制型传感器从外部获得能量使其工作，由被测量的变化控制外部供给能量的变化，如电阻式传感器、电感式传感器等，这种类型的传感器必须由外部提供激励源，因此也称为无源传感器。

除了上述分类方法，还可按照输出信号的形式不同将传感器分为模拟式传感器和数字式传感器，按照测量方式不同将传感器分为接触式传感器和非接触式传感器。传感器的分类方法各不相同，了解传感器的分类可以加深对它的理解，便于合理选用传感器。

1.4 测量误差与数据处理

测量误差与数据处理是科学研究和工程实践中非常重要的概念，涉及如何准确地测量被测量，以及如何处理和分析这些测量数据以获得可靠的结果。

1.4.1 测量误差的概念

测量误差是指检测结果与被测量的客观真值的差值。

在测量过程中，被测对象、检测装置、检测方法和检测人员都会受到各种因素的影响，有时，对被测量的转换也会改变被测对象原有的状态，造成测量误差。由误差公理可知，任何实验结果都是有误差的，误差自始至终存在于一切科学实验和测量当中，被测量的真值是永远无法得到的。但是，可以通过改进检测装置和检测方法，并对测量误差进行分析处理，使测量误差处于允许的范围内。

测量的目的是希望通过测量获取被测量的真值。在分析测量误差时，采用的被测量的真值是指在确定条件下被测量客观存在的实际值。判断真值的方法有三种：一是理论设计和理论公式表达值，称为理论真值，如三角形内角之和为 180° ；二是由国际科学计量学与信息计量学学会确定的基本计量单位，称为约定真值，如在标准条件下，水的冰点和沸点分别是 0℃ 和 180℃；三是精度高一级或几级的仪表与精度低的仪表相比，把精度高一级仪表的测量值称为相对真值。相对真值在测量中的应用最广泛。

1.4.2 测量误差的表示方法

测量误差的表示方法有多种，每种表示方法都从不同的角度描述了测量结果与真值之间的差值。以下是一些常见的测量误差表示方法。

1．绝对误差

绝对误差可定义为

$$\Delta = x - L \tag{1-1}$$

式中，Δ 为绝对误差；x 为测量值；L 为真值。绝对误差是有正、负且有量纲的。在实际测量过程中，有时要用到修正值，修正值是与绝对误差大小相等、符号相反的值，即

$$c = -\Delta \tag{1-2}$$

式中，c 为修正值，通常利用高一级的测量标准或测量仪器来获得修正值。利用修正值可对测量值进行修正，从而得到准确的实际测量值，修正后的实际测量值 x'为

$$x' = x + c \tag{1-3}$$

修正值的给出方式可以是具体的数值，也可以是一条曲线或公式。

采用绝对误差表示测量误差，可以直观表示出测量值偏离真值的程度，但不能很好地说明测量质量的好坏。例如，在进行温度测量时，绝对误差 Δ=1℃，这对体温测量来说是不允许的，但对钢水温度测量来说却是极好的测量结果，因此用相对误差可以比较客观地反映测量的准确度。

2．相对误差

相对误差可定义为

$$\delta = \frac{\Delta}{L} \times 100\% \tag{1-4}$$

式中，δ 为相对误差，一般用百分数给出；Δ 为绝对误差；L 为真值。

由于被测量的真值 L 无法知道，所以实际测量时用测量值 x 代替真值 L 进行计算，这个相对误差称为标准相对误差，即

$$\delta' = \frac{\Delta}{x} \times 100\% \tag{1-5}$$

相对误差用百分数形式表示，便于比较不同量级测量值的误差。

3．引用误差

引用误差是仪表中通用的一种误差表示方法。它是相对于仪表满量程的一种误差，又称为满量程相对误差，一般也用百分数表示，即

$$\gamma = \frac{\varDelta}{\text{测量范围上限}-\text{测量范围下限}} \times 100\% \tag{1-6}$$

式中，γ为引用误差；$\varDelta$为绝对误差。

仪表精度等级是根据最大引用误差来确定的。例如，0.5 级仪表的最大引用误差不超过±0.5%；1.0 级仪表的最大引用误差不超过±1%。

在使用仪表和传感器时，还经常会遇到基本误差和附加误差这两个概念。

4. 基本误差

基本误差是指传感器或仪表在规定的标准条件下所具有的误差。例如，某传感器是在电源电压(250±5)V、电网频率(50±2)Hz、环境温度(25±5)℃、湿度(65±5)%的条件下标定的。如果传感器在这个条件下工作，则传感器所具有的误差为基本误差。仪表的精度等级就是由基本误差决定的。

5. 附加误差

附加误差是指传感器或仪表的使用条件偏离标准条件时出现的误差，如电源电压波动附加误差、频率附加误差、温度附加误差等。

1.4.3 测量误差的分类

为了便于测量误差的分析和处理，可以按测量误差的规律性将其分为三类，即系统误差、随机误差和粗大误差。

1. 系统误差

在相同条件下，对同一物理量进行多次测量，如果测量误差按一定的规律（如线性、多项式、周期性函数等规律）出现，则把这种测量误差称为系统误差。系统误差可分为定值系统误差和变值系统误差，数值和符号都保持不变的系统误差称为定值系统误差，数值和符号按照一定规律变化的系统误差称为变值系统误差。

在国家计量技术规范 JJF1001—2011《通用计量术语及定义》中，对系统误差的定义是，在重复测量中保持不变或按可预见方式变化的测量误差的分量，表示为在重复性条件下对同一被测量进行无限次测量所得结果的平均值与被测量的真值之差，即

$$\text{系统误差}=\overline{x}_{\infty}-L \tag{1-7}$$

式中，L为被测量的真值；$\overline{x}_{\infty}$为重复性条件下无限次测量值的平均值，即

$$\overline{x}_{\infty}=\frac{x_1+x_2+\cdots+x_n}{n} \quad (n\to\infty) \tag{1-8}$$

2. 随机误差

在同一测量条件下，多次测量被测量时，其绝对值和符号以不可预见的方式变化着的误差称为随机误差。随机误差产生的原因比较复杂，虽然测量是在相同的条件下进行的，但测量环境中温度、湿度、压力、振动、电场等总会发生微小的变化，因此，随机误差是大量对测量值影响微小且互不相关的因素所引起的综合结果。

随机误差可表示为

$$\text{随机误差}=x_i-\overline{x}_{\infty}$$

式中，x_i为被测量的某个测量值。

由于重复测量实际上只能测量有限次，所以实际中的随机误差只是一个近似估计值。对于随机误差，不能用简单的修正值来修正，当测量次数足够多时，就整体而言，随机误差服从一定的统计规律（如正态分布、均匀分布、泊松分布等），通过对测量数据的统计处理可以计算随机误差出现的概率。

3．粗大误差

超出在规定条件下预期的测量误差称为粗大误差，又称为疏忽误差。

这类测量误差是由测量者疏忽大意，测错、读错或环境条件的突然变化等引起的。由于含有粗大误差的测量值明显地歪曲了客观现象，所以常将其称为坏值或异常值。

在处理数据时，要采用的测量值不应该包含粗大误差，即所有的坏值都应被剔除。因此进行测量误差分析时，要估计的测量误差只有系统误差和随机误差。

1.4.4 数据处理

数据处理是指对测量得到的数据进行整理、分析和解释的过程。测量误差的存在使得数据处理尤为重要。例如，中国高铁列车的运行速度可达到 350km/h 以上，精确的速度控制对确保列车安全和准时到达至关重要，列车上安装了速度传感器，用于实时监测列车速度，并与列车自动控制系统（ATC）联动，确保列车在规定的速度范围内运行。采用高精度传感器可减少系统误差，安装多个速度传感器，相互校验，可提高系统的可靠性。同时，实时监测传感器数据，通过数据处理技术，保障对列车运行状态的实时监测和紧急控制，确保列车运行的稳定性。

1．随机误差及处理

随机误差和系统误差的来源和性质不同，所以处理的方法也不同。由于随机误差是由一系列随机因素引起的，因此随机变量可以用来表达随机误差的取值范围及概率。若有一非负函数 $f(x)$，其对任意实数有

$$f(x)=\int_{-\infty}^{x} f(x)\,\mathrm{d}x \tag{1-9}$$

则称 $f(x)$ 为 x 的概率分布密度函数。且有

$$P\{x_1<x<x_2\}=F(x_2)-F(x_1)\int_{x_1}^{x_2} f(x)\,\mathrm{d}x \tag{1-10}$$

式（1-10）为误差在 (x_1,x_2) 之间的概率，在检测系统中，只有系统误差已经减小到可以忽略的程度后，才可对随机误差进行统计处理。

飞机的空速传感器（皮托管）用来测量飞机相对于周围空气的速度，即空速。空速传感器通过测量流过管道的气流速度，进而计算出飞机的飞行速度。这个数据对于飞行员和自动飞行控制系统来说至关重要，因为它直接关系到飞机的爬升、下降、转弯和燃油消耗等。然而，空速传感器在实际应用中会受到多种因素的影响，产生随机误差。例如，空速传感器表面的污染、气流中的湍流、温度波动及空速传感器内部元件的老化都可能导致其显示的数值不准确，如果这些随机误差不被妥善处理，可能会导致飞机速度控制不当，增加发生飞行事故的风险。

2．随机误差的正态分布

实践和理论证明，大量的随机误差服从正态分布。随机误差的正态分布曲线如图 1-2 所示。

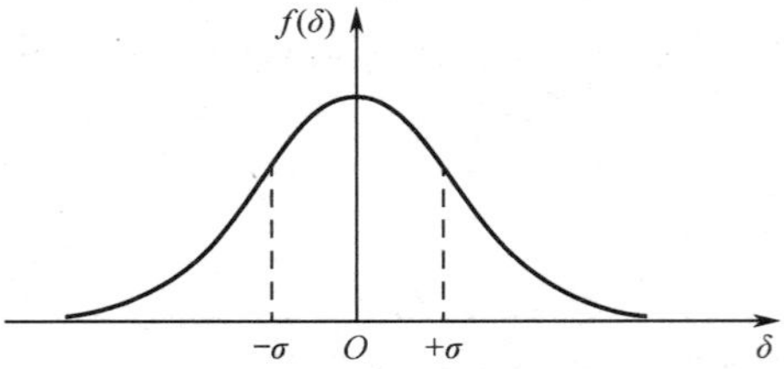

图 1-2　随机误差的正态分布曲线

图 1-2 中的横坐标表示随机误差 $\Delta x = \delta$，纵坐标为随机误差的概率密度 $f(\delta)$。应用概率论方法可导出

$$f(\delta) = \frac{1}{\sigma\sqrt{2\pi}} \exp\left[-\frac{\delta^2}{2\sigma^2}\right] \tag{1-11}$$

式中，特征量 σ 为

$$\sigma = \sqrt{\frac{\sum \delta_i^2}{n}} \quad n \to \infty \tag{1-12}$$

式中，n 为测量次数。

3．真值与算术平均值

设对某一物理量进行直接多次测量，测量值分别为 $x_1, x_2, \cdots, x_i, \cdots, x_n$，假设真值为 x_0，各测量值的随机误差为 $\Delta x_i = x_i - x_0$。将随机误差相加得

$$\sum_{i=1}^{n} \Delta x_i = \sum_{i=1}^{n} (x_i - x_0) = \sum_{i=1}^{n} x_i - n x_0 \tag{1-13}$$

两边同除以 n 得

$$\frac{1}{n}\sum_{i=1}^{n} \Delta x_i = \frac{1}{n}\sum_{i=1}^{n} x_i - x_0 \tag{1-14}$$

用 $\overline{x}$ 代替测量列的算术平均值

$$\overline{x} = \frac{1}{n}(x_1 + x_2 + \cdots + x_n) = \frac{1}{n}\sum_{i=1}^{n} x_i \tag{1-15}$$

则式（1-14）改写为

$$\frac{1}{n}\sum_{i=1}^{n} \Delta x_i = \overline{x} - x_0 \tag{1-16}$$

根据随机误差的抵偿特征，即 $\lim\limits_{n\to\infty}\frac{1}{n}\sum_{i=1}^{n} \Delta x_i = 0$，于是有 $\overline{x} \to x_0$。可见，当测量次数很多时，算术平均值趋于真值，也就是说，算术平均值受随机误差的影响比单次测量小，且测量次数越多，影响越小。因此，可以用多次测量所得测量值的算术平均值代替真值，并称其为最可信数值。

4．随机误差的估算

1）标准差

标准差 σ 定义为

$$\sigma=\sqrt{\frac{\sum_{i=1}^{n}(x_i-x_0)^2}{n}} \tag{1-17}$$

它是在一定测量条件下随机误差最常用的估计值。标准差σ刻画了总体测量值的分散程度。图 1-3 给出了x_0相同、σ不同（$\sigma=0.5$，$\sigma=1$，$\sigma=1.5$）的正态分布曲线。由图 1-3 可知，σ越大，曲线越平坦，随机误差的分散性越大；反之，σ越小，曲线越尖锐（集中），随机误差的分散性越小。

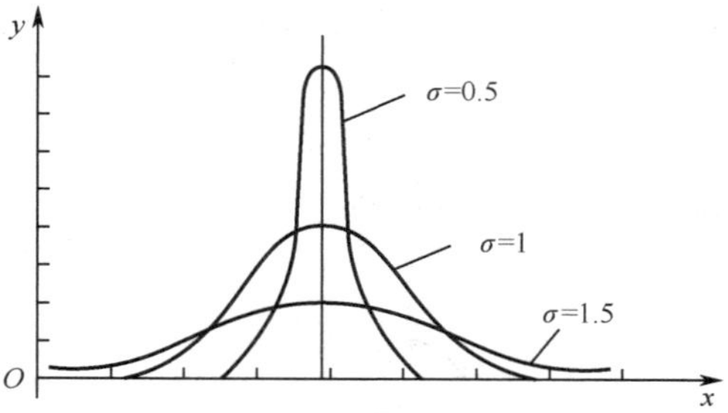

图 1-3　不同σ的概率密度曲线

在实际测量中不可能得到σ，因为在重复性条件下进行的是有限次测量，用算术平均值代替真值，此时表征测量值（随机误差）分散性的量用标准差的估计值σ_s表示，由贝塞尔公式可得

$$\sigma_s=\lim_{n\to\infty}\sqrt{\frac{1}{n-1}\sum_{i=1}^{n}(x_i-\bar{x})^2}=\sqrt{\frac{\sum_{i=1}^{n}v_i^2}{n-1}} \tag{1-18}$$

式中，x_i为第 i 次测量的测量值；$\bar{x}$为 n 次测量的测量值的算术平均值；v_i为残余误差（残差），$v_i=x_i-\bar{x}$。

2）算术平均值的标准差估计

在测量中，用算术平均值作为最可信数值，它比单次测量结果的可靠性高。由于测量次数有限，因此$\bar{x}$也不等于x_0。也就是说，$\bar{x}$是存在随机误差的，算术平均值的可靠性用算术平均值的标准差$\sigma_{\bar{x}}$来评定，它与标准差的估计值σ_s的关系为

$$\sigma_{\bar{x}}=\frac{\sigma_s}{\sqrt{n}} \tag{1-19}$$

由式（1-19）可见，在 n 较小时，增加测量次数 n 可以明显减小测量结果的标准差，提高测量的精确度。但随着 n 的增大，减小的程度越来越小；当 n 增大到一定数值时，$\sigma_{\bar{x}}$就几乎不变了。

3）正态分布随机误差的概率计算

如果随机误差符合正态分布，则它出现的概率就是正态分布曲线与 x 轴包围的面积。因为全部随机误差出现的总概率为 1，所以曲线与 x 轴包围的面积等于 1，即

$$\int_{-\infty}^{+\infty}f(x)\mathrm{d}x=\frac{1}{\sigma\sqrt{2\pi}}\int_{-\infty}^{+\infty}\mathrm{e}^{\frac{x^2}{2\sigma^2}}\mathrm{d}x=1 \tag{1-20}$$

随机误差落在任意区间［a,b）的概率为

$$P_\alpha = P(a \leqslant x < b) = \frac{1}{\sigma\sqrt{2\pi}}\int_a^b \mathrm{e}^{\frac{x^2}{2\sigma^2}}\mathrm{d}x \tag{1-21}$$

式中，P_α为置信概率；σ为正态分布的特征参数；区间常表示成σ的倍数。由于随机误差分布对称性的特点，常取对称的区间，即随机误差落在$\pm k\sigma$区间的概率为

$$P_\alpha = P(-k\sigma \leqslant x < k\sigma) = \frac{1}{\sigma\sqrt{2\pi}}\int_{-k\sigma}^{+k\sigma} \mathrm{e}^{\frac{x^2}{2\sigma^2}}\mathrm{d}x \tag{1-22}$$

式中，k为置信系数；$\pm k\sigma$为置信区间（误差限）。

随机误差落在$\pm k\sigma$区间内的概率为P_α，超出此区间的概率称为置信度，又称为显著水平，用α表示，即

$$\alpha = 1 - P_\alpha \tag{1-23}$$

置信概率P_α与置信度α的关系如图1-4所示。

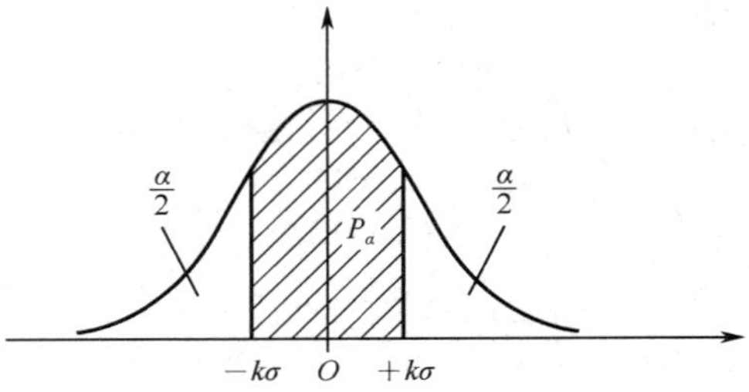

图1-4　置信概率P_α与置信度α的关系

1.4.5　不等精度直接测量的权与误差

严格地说，绝对的等精度是很难保证的，但对于条件差别不大的测量，一般将其当作等精度对待，某些条件的变化，如测量时温度的波动等，只作为误差来考虑。但有时在科学研究或高精度的测量中，为了获得足够的信息，有意改变测量条件，如在不同地点用不同精度的仪表，或者用不同的测量方法等进行测量，这样的测量属于不等精度测量。

对于不等精度直接测量，测量数据的分析和综合不能套用前面的数据处理计算公式，需要推导新的计算公式。处理不等精度直接测量的数据时，需要考虑每个测量值的可信度或权。

1．权的概念

“权”可以理解为各组测量结果相对的可信赖程度。测量次数越多、测量方法越完善、测量仪表精度越高、测量的环境条件越好、测量人员的水平越高，则测量结果越可靠，其权也越大。权是相比较而存在的。权用字母p表示，有以下两种计算方法。

用各组测量列的测量次数n的比值表示：

$$p_1 : p_2 : \cdots : p_m = n_1 : n_2 : \cdots : n_m$$

用各组测量列的标准差平方的倒数的比值表示：

$$p_1 : p_2 : \cdots : p_m = \frac{1}{\sigma_1^2} : \frac{1}{\sigma_2^2} : \cdots : \frac{1}{\sigma_m^2} \tag{1-24}$$

由式（1-24）可看出，每组测量结果的权与其相应的标准差平方成反比。如果已知各组算术平均值的标准差，即可确定权的大小。权的数值只表示各组测量结果间的相对可靠程度，

它是一个无量纲的数。通常在计算各组测量结果的权时，令最小的权为“1”，以便用简单的数值来表示各组测量结果的权。

2. 加权算术平均值

在不等精度直接测量时，测量结果的最佳估计值用加权算术平均值表示。它是各组测量列的全体平均值，不仅要考虑各组测量结果，还要考虑各组测量结果的权。加权算术平均值可用下式表示：

$$\bar{x}_p = \frac{\bar{x}_1 p_1 + \bar{x}_2 p_2 + \cdots + \bar{x}_m p_m}{p_1 + p_2 + \cdots + p_m} = \frac{\sum_{i=1}^{m} \bar{x}_i p_i}{\sum_{i=1}^{m} p_i} \tag{1-25}$$

1.4.6　系统误差的判别与消除

系统误差是测量误差的主要组成部分，消除或减小系统误差是提高测量精度的主要途径。通常可从以下几方面进行考虑。

（1）所用传感器、测量仪表或组成元件是否准确可靠。例如，传感器或仪表的灵敏度不足、仪表刻度不准确等都会引起系统误差。

（2）测量方法是否完善。例如，用电压表测量电压时，电压表的内阻对测量结果有影响。

（3）传感器、仪表的安装、调整或放置位置是否正确。例如，仪表的水平位置未调好、安装时仪表指针偏心等都会引起系统误差。

（4）传感器或仪表工作场所的环境条件是否符合规定。例如，环境的温度、湿度、气压的变化都会引起系统误差。

（5）测量人员的操作是否正确。例如，读数时，视差、视力疲劳等都会引起系统误差。

1）系统误差的判别

发现系统误差一般比较困难，下面介绍几种发现系统误差的方法。

（1）实验对比法。实验对比法是指通过改变产生系统误差的条件，在不同的条件下进行测量，从而发现系统误差。例如，一台测量仪表本身固有的系统误差，即使进行多次测量也不能发现，只有用更高一级精度的测量仪表测量时，才能发现这台测量仪表的系统误差。

（2）残差观察法。这种方法是根据测量值的残差大小和符号的变化规律，直接用误差数据或误差曲线来判断有无变化的系统误差。图 1-5 所示为残差的变化规律。图 1-5（a）中的残差有规律地递增（或递减），表明存在线性系统误差；图 1-5（b）中的残差的大小和符号大体呈周期性变化，可以认为存在周期性系统误差；图 1-5（c）中的残差的变化规律较复杂，怀疑同时存在线性系统误差和周期性系统误差。

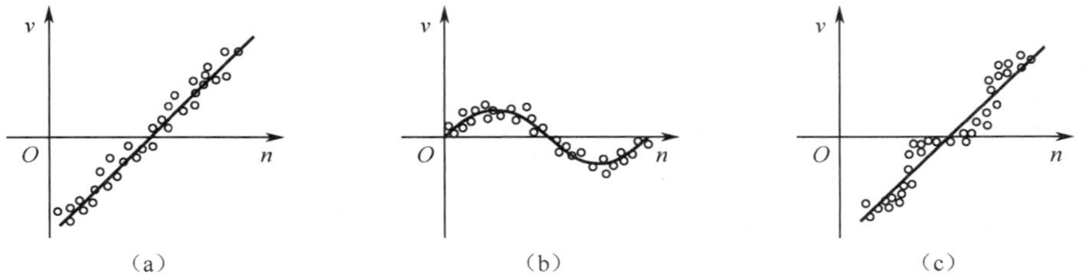

图 1-5　残差的变化规律

（3）准则检查法。目前已有多种准则供人们检验测量数据中是否含有系统误差，但这些准则都有一定的适用范围。例如，马利科夫判据将残差前后平均分为两组，若“$\sum v_{i_{前}}$”与“$\sum v_{i_{后}}$”之差明显不为零，则可能含有线性系统误差。又如，阿贝检验法用于检查残差是否偏离正态分布，若偏离，则可能出现变化的系统误差。将测量值的残差按测量顺序排列，且设

$$A = v_1^2 + v_2^2 + \cdots + v_n^2 \tag{1-26}$$

$$B = (v_1 - v_2)^2 + (v_2 - v_3)^2 + \cdots + (v_{n-1} - v_n)^2 + (v_n - v_1)^2 \tag{1-27}$$

若$\left|\dfrac{B}{2A} - 1\right| > \dfrac{1}{\sqrt{n}}$，则可能含有变化的系统误差，但类型不能确定。

2）系统误差的消除

（1）对测量结果进行修正：对于已知的恒值系统误差，可以用修正值对测量结果进行修正；对于变值系统误差，应设法找出系统误差的变化规律，用修正公式或修正曲线对测量结果进行修正；对于未知的系统误差，则按随机误差进行处理。

（2）消除或修正系统误差的根源：在测量之前，仔细检查仪表，正确安装和调整仪表；防止外界干扰影响；选好观测位置以消除视差；在环境条件比较稳定时进行读数等。

（3）在测量系统中采用补偿措施：找出系统误差的变化规律，在测量过程中，自动消除系统误差。例如，用热电偶测量温度时，热电偶冷端的温度变化会引起系统误差，消除此误差的办法之一是在热电偶回路中加一个冷端补偿器，从而实现自动补偿。

（4）实时反馈修正：在测量过程中，可以用传感器将这些误差因素的变化转换成某种物理量形式（一般为电量），再按照函数关系，通过计算机算出影响测量结果的系统误差，并对测量结果进行实时的自动修正。

1.4.7 粗大误差的判别与坏值的舍弃

在经过重复测量得到的一系列测量值中，如果混有包含粗大误差的坏值，必然会歪曲测量结果。在数据处理中，正确识别和剔除坏值对保证数据质量和分析结果的准确性至关重要。因此，必须剔除坏值后，才可进行相关的数据处理，从而得到符合客观情况的测量结果。下面介绍三种判别粗大误差的准则。

1）3σ准则

如果一组测量数据中某个测量值的残差绝对值$|v_i| > 3\sigma$，则该测量值为可疑值（坏值），应剔除。3σ准则简便，易于使用，因此得到广泛的应用。但它是在重复测量次数$n \to \infty$的前提下建立的，不适合测量次数$n \leqslant 10$的情况。因为当$n \leqslant 10$时，残差绝对值小于3σ的概率很大。

2）肖维勒准则

肖维勒准则以数据正态分布为前提，假设多次重复测量测得的n个测量值中，某个测量值的残差绝对值$|v_i| > Z_c\sigma$，则剔除此数据。实际测量中，由于$Z_c < 3$，所以肖维勒准则在一定程度上弥补了3σ准则的不足。肖维勒准则中的Z_c如表1-1所示。

表 1-1　肖维勒准则中的 Z_c

n	3	4	5	6	7	8	9	10	11	12
Z_c	1.38	1.54	1.65	1.73	1.80	1.86	1.92	1.96	2.00	2.03
n	13	14	15	16	18	20	25	30	40	50
Z_c	2.07	2.10	2.13	2.15	2.20	2.21	2.33	2.39	2.49	2.58

3）格拉布斯准则

格拉布斯准则也以数据正态分布为前提，理论上比较严谨，使用也较方便。若某个测量值的残差的绝对值$|v_i|>G\sigma$，则剔除此值，这就是格拉布斯准则。G 与测量次数 n 和置信概率 P_α 有关，如表 1-2 所示。

表 1-2　格拉布斯准则中的 G

测量次数 n	置信概率 P_α		测量次数 n	置信概率 P_α	
	0.99	0.95		0.99	0.95
3	1.16	1.15	11	2.48	2.23
4	1.49	1.46	12	2.55	2.28
5	1.75	1.67	13	2.61	2.33
6	1.94	1.82	14	2.66	2.37
7	2.10	1.94	15	2.70	2.41
8	2.22	2.03	16	2.74	2.44
9	2.32	2.11	18	2.82	2.50
10	2.41	2.18	20	2.88	2.56

以上准则都是以数据正态分布为前提的，当数据偏离正态分布，特别是测量次数很少时，判断的可靠性较差。因此，对于粗大误差，除了用剔除准则，更重要的是提高测量人员的技术水平和责任心。另外，要保证测量条件的稳定，以防止因环境条件剧烈变化而产生的突变影响。

1.4.8　间接测量中测量数据的处理

在直接测量中，测量误差就是直接测量值的误差。对于间接测量，无法直接测量某个物理量，而通过测量与该物理量相关的其他量来间接获得所需的信息，可以通过直接测得值与被测量之间的函数关系，经过计算得到被测量的值。在物理实验中，经常需要通过测量其他相关量来间接获得某个物理量的值，如通过测量电压和电阻值来计算电流。在间接测量中，数据处理的关键是确保测量相关量的准确性和可靠性，以及正确应用物理关系和数学模型。间接测量的误差是各个直接测量值误差的函数。

1. 绝对误差和相对误差的合成

如果被测量为 y，设各直接测量值 $x_1,x_2,\cdots,x_n$ 之间相互独立，则它们与被测量 y 之间的函数关系为

$$y=f(x_1,x_2,\cdots,x_n) \tag{1-28}$$

被测量 y 的误差可以表示为

$$\mathrm{d}y=\frac{\partial y}{\partial x_1}\mathrm{d}x_1+\frac{\partial y}{\partial x_2}\mathrm{d}x_2+\cdots+\frac{\partial y}{\partial x_n}\mathrm{d}x_n \tag{1-29}$$

实际计算误差时，以各环节的绝对误差 $\Delta x_1,\Delta x_2,\cdots,\Delta x_n$ 来代替式（1-29）中的 $\mathrm{d}x_1,\mathrm{d}x_2,\cdots,\mathrm{d}x_n$。

如果直接测量值与被测量的函数关系为 $y=x_1+x_2+\cdots+x_n$，则综合后的总绝对误差为

$$\Delta y=\Delta x_1+\Delta x_2+\cdots+\Delta x_n \tag{1-30}$$

如果被测量 y 的综合误差用相对误差表示，则

$$\delta_y=\frac{\Delta y}{y}=\frac{1}{y}\sum_{i=1}^{n}\frac{\partial y}{\partial x_i}\Delta x_i \tag{1-31}$$

但当误差项较多时，相对误差一般情况下按平方根合成比较符合统计值，即

$$\delta_y=\sqrt{\delta_{x1}^2+\delta_{x2}^2+\cdots+\delta_{xn}^2} \tag{1-32}$$

式中，$\delta_{xi}=\dfrac{\Delta x_i}{x}$。

2．标准差的合成

被测量 y 与各直接测量值 $x_1,x_2,\cdots,x_n$ 之间的函数关系为 $y=f(x_1,x_2,\cdots,x_n)$，各直接测量值的标准差分别为 $\sigma_1,\sigma_2,\cdots,\sigma_n$，则当各直接测量值相互独立时，被测量的标准差为

$$\delta^2(y)=\left(\frac{\partial y}{\partial x_1}\right)^2\sigma_1^2+\left(\frac{\partial y}{\partial x_2}\right)^2\sigma_2^2+\cdots+\left(\frac{\partial y}{\partial x_n}\right)^2\sigma_n^2=\sum_{i=1}^{n}\left(\frac{\partial y}{\partial x_i}\right)^2\sigma_i^2 \tag{1-33}$$

【例 1-1】 用手动平衡电桥测量电阻 $\mathrm{R_x}$，测量电阻 $\mathrm{R_x}$ 的平衡电桥原理图如图 1-6 所示。已知 $R_1=100\Omega$，$R_2=1000\Omega$，$R_\mathrm{N}=100\Omega$，各桥臂电阻的恒值系统误差分别为 $\Delta R_1=0.1\Omega$，$\Delta R_2=0.5\Omega$，$\Delta R_\mathrm{N}=0.1\Omega$。求消除恒值系统误差后的 R_x。

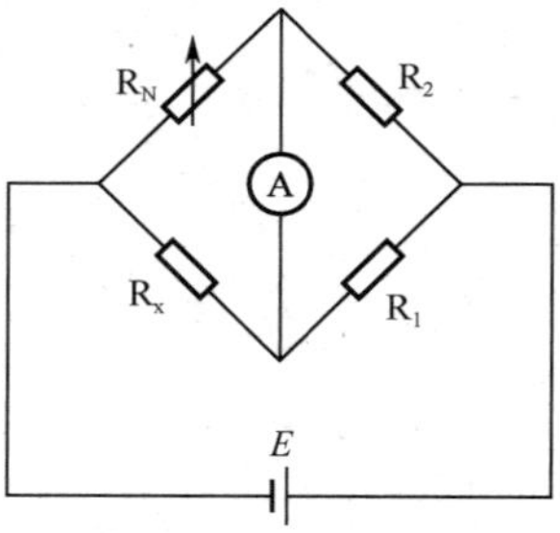

图 1-6 测量电阻 $\mathrm{R_x}$ 的平衡电桥原理图

解： 当被测电阻 $\mathrm{R_x}$ 的阻值变化时，调节可变电阻 $\mathrm{R_N}$ 的阻值，使检流计指零，电桥平衡，此时有

$$R_1\cdot R_\mathrm{N}=R_2\cdot R_\mathrm{x}$$

即

$$R_\mathrm{x}=\frac{R_1}{R_2}R_\mathrm{N}$$

不考虑 R_1、R_2、R_N 的系统误差有

$$R_{\mathrm{x}0}=\frac{R_1}{R_2}R_\mathrm{N}=\frac{100}{1000}\times100=10\Omega$$

由于 R_1、R_2、R_N 存在系统误差，所以被测电阻 R_x 的阻值也有系统误差，所以有

$$\begin{aligned}\Delta R_x &= \frac{R_N}{R_2}\Delta R_1 + \frac{R_1}{R_2}\Delta R_N - \frac{R_1 R_N}{{R_2}^2}\Delta R_2 \\ &= \frac{100}{1000}\times 0.1 + \frac{100}{1000}\times 0.1 - \frac{100\times 100}{1000^2}\times 0.5 \\ &= 0.015\Omega\end{aligned}$$

消除 ΔR_1、ΔR_2、ΔR_N 的影响，即修正后的被测电阻 R_x 的阻值为

$$R_x = R_{x0} - \Delta R_x = 10 - 0.015 = 9.985\Omega$$

1.5 传感器的基本特性

在生产过程和科学实验中，要对各种各样的参数进行检测和控制，要求传感器能感受被测非电量的变化并将其不失真地变换为相应的电量，这取决于传感器的基本特性，即输入-输出特性。传感器的基本特性决定了其性能和应用范围。如果把传感器看作二端口网络，即有两个输入端和两个输出端，那么传感器的输入-输出特性是与其内部结构参数有关的外部特性。传感器的基本特性可用静态特性和动态特性来描述。

1.5.1 传感器的静态特性

传感器的静态特性是指被测量的值处于稳定状态时，输入与输出的关系。如果被测量是一个不随时间变化或随时间缓慢变化的量，可以只考虑其静态特性，这时传感器的输入与输出在数值上一般具有一定的对应关系，且关系式中不含有时间变量。对静态特性而言，传感器的输入 x 与输出 y 之间的关系通常表示为

$$y = a_0 + a_1 x + a_2 x^2 + \cdots + a_n x^n \tag{1-34}$$

式中，a_0 为输入 x 为零时的输出量；$a_1, a_2, \cdots, a_n$ 为非线性项系数。各项系数决定了特性曲线的具体形式。传感器的静态特性可以用一组性能指标来描述，如灵敏度、线性度、迟滞、重复性和漂移等。

1. 灵敏度

灵敏度是传感器静态特性中的一个重要指标。其定义是输出增量 Δy 与引起输出增量的相应输入增量 Δx 之比。用 S 表示灵敏度有

$$S = \frac{\Delta y}{\Delta x} \tag{1-35}$$

灵敏度表示单位输入的变化所引起的传感器输出的变化，很显然，灵敏度 S 越大，表示传感器越灵敏。传感器的灵敏度如图 1-7 所示。

2. 线性度

传感器的线性度是指传感器的输入与输出之间的线性程度。输入与输出的关系可分为线性特性和非线性特性。从传感器的性能来看，其应具有线性关系，即理想输入-输出关系，但实际遇到的传感器大多为非线性关系。

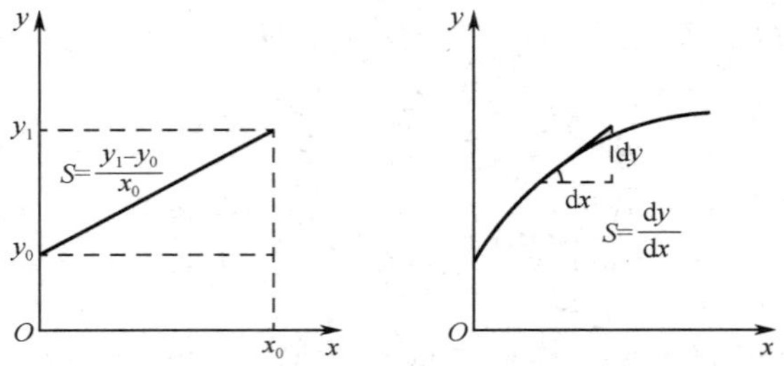

图 1-7 传感器的灵敏度

在实际使用中，为了标定和处理数据方便，希望得到线性关系，因此引入各种非线性补偿环节，如采用非线性补偿电路或使用计算机软件进行线性化处理，使传感器的输入与输出的关系为线性或接近线性。但如果传感器非线性关系式的次数不高，输入的变化范围较小，则可用一条直线（切线或割线）近似地代表实际曲线中的一段，使传感器的输入-输出特性曲线线性化，此时的直线称为拟合曲线。

线性度也称为非线性误差，用 γ_{L} 表示，即

$$\gamma_{\mathrm{L}} = \pm\frac{\Delta L_{\max}}{Y_{\mathrm{FS}}}\times 100\% \tag{1-36}$$

式中，$\Delta L_{\max}$ 为输入-输出实际曲线与拟合曲线之间的最大偏差；Y_{FS} 为满量程输出值。

3．迟滞

在传感器输入由小到大（正行程）及由大到小（反行程）变化期间，其输入-输出特性曲线不重合的现象称为迟滞，如图 1-8 所示，即对于同一大小的输入信号，传感器正、反行程的输出信号大小不相等，这个差值称为迟滞差值。在整个测量范围内产生的最大迟滞差值 $\Delta H_{\max}$ 与满量程输出值 Y_{FS} 之比称为迟滞误差，用 γ_H 表示，即

$$\gamma_H = \frac{\Delta H_{\max}}{Y_{\mathrm{FS}}}\times 100\% \tag{1-37}$$

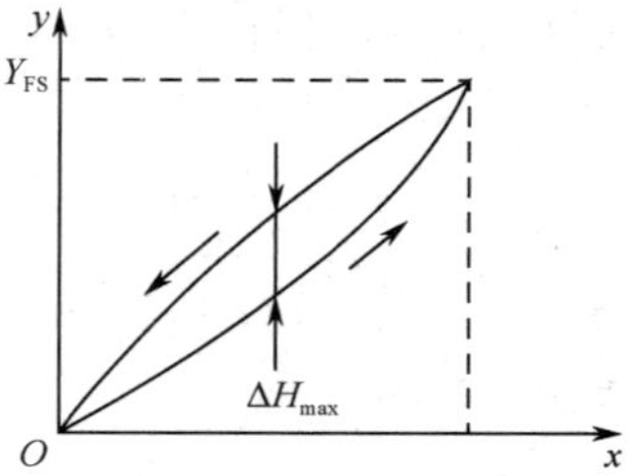

图 1-8 传感器的迟滞

这种现象主要是由传感器敏感元件材料的物理性质和机械零部件的缺陷造成的，如弹性敏感元件弹性滞后、运动部件摩擦、传动机构的间隙不当、紧固件松动等。

4．重复性

重复性表示检测系统在对输入按同一方向做全量程多次测试时，所得的输入-输出特性曲线不一致的程度，如图 1-9 所示。多次按相同输入条件测试的输出特性曲线越重合，其重复性越好，误差也越小。重复性误差常用以下公式计算：

$$\gamma_R = \pm \frac{\Delta R_{\max}}{Y_{FS}} \times 100\% \tag{1-38}$$

式中，$\Delta R_{\max}$ 为输出最大不重复误差；Y_{FS} 为满量程输出值。

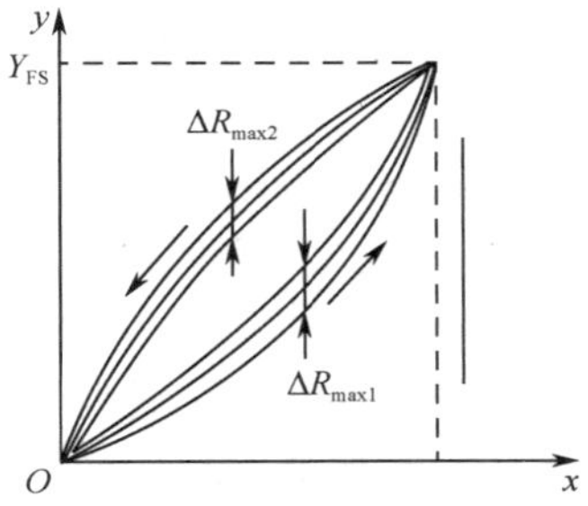

图 1-9　传感器的重复性

5. 漂移

漂移是指在输入不变的情况下，传感器的输出随时间变化的现象。产生漂移的因素有两个：一是传感器的自身结构参数；二是周围环境（如温度、湿度等）的变化。最常见的漂移是温度漂移，即由温度变化引起的输出变化，温度漂移主要表现为温度零点漂移和温度灵敏度漂移。

温度漂移通常用传感器工作环境温度偏离标准环境温度（一般为 20℃）时的输出值的变化量与温度变化量之比 ξ 来表示，即

$$\xi = \frac{y_T - y_0}{\Delta T} \tag{1-39}$$

式中，ΔT 为传感器工作环境温度 T 与标准环境温度 T_0 之差，即 $\Delta T = T - T_0$；y_T 为传感器在环境温度为 T 时的输出；y_0 为传感器在环境温度为 T_0 时的输出。

1.5.2　传感器的动态特性

传感器的动态特性是指其输出与随时间变化的输入之间的响应特性。当被测量随时间变化（是时间的函数）时，传感器的输出也是时间的函数，它们的关系要用动态特性来表示。一个动态特性好的传感器，其输出将再现输入的变化规律，即两者具有相同的时间函数。对于实际的传感器，其输出一般不会与输入具有相同的时间函数，这种输出与输入间的差异就是所谓的动态误差。因此，研究传感器的动态特性有十分重要的意义。对于传感器的动态特性，一般通过描述系统的微分方程、传递函数、频率响应函数、单位脉冲响应函数等数学模型来进行研究。

1. 传感器的基本动态特性方程

传感器的种类和形式很多，但它们的动态特性一般都可以用微分方程来描述，即

$$\begin{aligned} & a_n \frac{d^n y}{dt^n} + a_{n-1} \frac{d^{n-1} y}{dt^{n-1}} + \cdots + a_1 \frac{dy}{dt} + a_0 y \\ & = b_m \frac{d^m x}{dt^m} + b_{m-1} \frac{d^{m-1} x}{dt^{m-1}} + \cdots + b_1 \frac{dx}{dt} + b_0 x \end{aligned} \tag{1-40}$$

式中，$a_0, a_1, \cdots, a_n$，$b_0, b_1, \cdots, b_m$ 是与传感器结构特性有关的常系数；x、y 是时间 t 的函数，x 为

输入，y 为输出。

1）零阶系统

令式（1-40）中的 $a_1,\cdots,a_n$，$b_1,\cdots,b_m$ 均为 0，则有

$$a_0 y(t) = b_0 x(t) \tag{1-41}$$

通常改写为

$$y(t) = kx(t) \tag{1-42}$$

式中，$k = b_0/a_0$ 为传感器的静态灵敏度或放大系数。用式（1-42）来描述其动态特性的传感器称为零阶系统。

零阶系统具有理想的动态特性，无论被测量 $x(t)$ 随时间如何变化，零阶系统的输出都不会失真，其输出在时间上也没有任何滞后，因此零阶系统又称为比例系统。

在工程应用中，电位器式传感器、变面积型电容式传感器及静态式压力传感器均可看作零阶系统。

2）一阶系统

若使式（1-40）中除 a_0、a_1 与 b_0 之外，其他系数均为 0，则微分方程变为

$$a_1 \frac{\mathrm{d}y(t)}{\mathrm{d}t} + a_0 y(t) = b_0 x(t) \tag{1-43}$$

通常改写为

$$\tau \frac{\mathrm{d}y(t)}{\mathrm{d}t} + y(t) = kx(t) \tag{1-44}$$

式中，τ 为传感器的时间常数，$\tau = a_1/a_0$；k 为传感器的静态灵敏度或放大系数，$k = b_0/a_0$。

时间常数 τ 具有时间的量纲，它反映了传感器惯性的大小；静态灵敏度反映了传感器的静态特性。用式（1-44）描述其动态特性的传感器称为一阶系统，一阶系统又称为惯性系统。

不带套管的热电偶测温系统、电路中常用的阻容滤波器等均可看作一阶系统。

3）二阶系统

二阶系统的微分方程为

$$a_2 \frac{\mathrm{d}^2 y(t)}{\mathrm{d}t^2} + a_1 \frac{\mathrm{d}y(t)}{\mathrm{d}t} + a_0 y(t) = b_0 x(t) \tag{1-45}$$

通常改写为

$$\frac{\mathrm{d}^2 y(t)}{\mathrm{d}t^2} + 2\xi\omega_n \frac{\mathrm{d}y(t)}{\mathrm{d}t} + \omega_n^2 y(t) = \omega_n^2 kx(t) \tag{1-46}$$

式中，k 为传感器的静态灵敏度或放大系数，$k = b_0/a_0$；ξ 为传感器的阻尼系数，$\xi = a_1\big/(2\sqrt{a_0 a_2})$；$\omega_n$ 为传感器的固有角频率，$\omega_n = \sqrt{a_0/a_2}$。

根据系统二阶微分方程特征根的性质不同，二阶系统又可分为二阶惯性系统和二阶振荡系统。二阶惯性系统的特点是特征方程的根为两个负实根，它相当于两个一阶系统串联；二阶振荡系统的特点是特征方程的根为一对带负实部的共轭复根。

带套管的热电偶、电磁式的动圈仪表及 RLC 振荡电路等均可看作二阶系统。

2．传感器的动态响应特性

传感器的动态响应特性不仅与传感器的“固有因素”有关，还与传感器的输入信号形式

有关。也就是说，同一个传感器在不同形式输入信号的作用下，输出信号的变化是不同的。通常选用几种典型的输入信号作为标准输入信号来研究传感器的动态响应特性。

传感器的时域特性是研究系统对所加激励信号的瞬态响应特性。常用的激励信号有阶跃信号、斜坡信号和脉冲信号，最典型的是阶跃信号。下面以阶跃信号为例，分析一阶传感器和二阶传感器的动态特性。

1）一阶传感器的时域特性

设一阶传感器的传递函数为

$$H(s)=\frac{k}{\tau s+1} \tag{1-47}$$

当输入一个单位阶跃信号时，系统的输出信号为

$$y(t)=k(1-\mathrm{e}^{-\frac{1}{\tau}}) \tag{1-48}$$

一阶传感器的单位阶跃响应曲线如图 1-10 所示。由图 1-10 可知，一阶传感器存在惯性，它的输出不能立即复现输入信号，而是从零开始，按指数规律上升，最终达到稳态值。从理论上讲，传感器的响应只在 t 趋于无穷大时才达到稳态，但通常认为 $t=(3\sim4)\tau$ 时已达到稳态，如当 $t=4\tau$ 时，其输出就可达到稳态值的 98.2%。因此，一阶传感器的时间常数 τ 越小，响应越快，响应曲线越接近于输入阶跃曲线，即动态误差越小。因此，时间常数 τ 是一阶传感器重要的性能参数。

2）二阶传感器的时域特性

设二阶传感器的传递函数为

$$H(s)=\frac{Y(s)}{X(s)}=\frac{\omega_n^2}{s^2+2\xi\omega_n s+\omega_n^2} \tag{1-49}$$

图 1-11 所示为二阶传感器的单位阶跃响应曲线，二阶传感器对阶跃信号的响应在很大程度上取决于阻尼比 ξ 和固有角频率 ω_n。当 $\xi=0$ 时，特征根为一对虚根，阶跃响应是一个等幅振荡的过程，这种等幅振荡状态又称为无阻尼状态；当 $\xi>1$ 时，特征根为两个不同的负实根，阶跃响应是一个不振荡的衰减过程，这种不振荡的衰减状态又称为过阻尼状态；当 $\xi=1$ 时，特征根为两个相同的负实根，阶跃响应是一个由不振荡的衰减到振荡衰减的临界过程，因此又称为临界阻尼状态；当 $0<\xi<1$ 时，特征根为一对共轭复根，阶跃响应是一个衰减振荡过程，在这一过程中，ξ 不同，衰减快慢也不同，这种衰减振荡状态又称为欠阻尼状态。

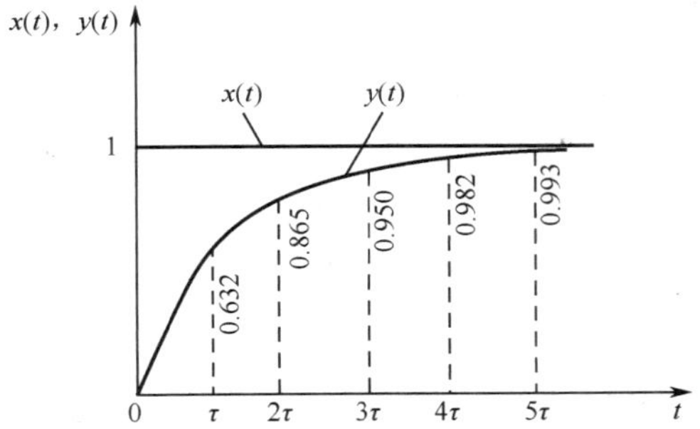

图 1-10 一阶传感器的单位阶跃响应曲线

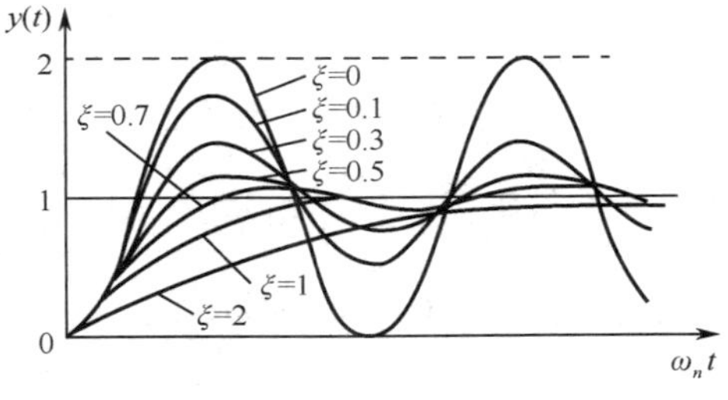

图 1-11 二阶传感器的单位阶跃响应曲线

3）传感器的时域动态性能指标

时间常数τ：一阶传感器输出上升到稳态值的63.2%所需的时间。
延迟时间t_d：传感器输出达到稳态值的50%所需的时间。
上升时间t_r：传感器输出达到稳态值的90%所需的时间。
峰值时间t_p：二阶传感器输出响应曲线到达第一个峰值所需的时间。
超调量σ：二阶传感器输出超过稳态值的最大值。
衰减比d：衰减振荡的二阶传感器输出响应曲线的第一个峰值与第二个峰值之比。

3．传感器的频率响应特性

当系统输入的激励信号为正弦信号时，则按传感器的频率响应特性研究其动态性能。

1）一阶传感器的频率响应

由一阶传感器的传递函数$H(s)=\dfrac{k}{\tau s+1}$可知，当用jω代替式中s时，即可得到一阶传感器的频率响应特性表达式

$$H(\mathrm{j}\omega)=\frac{k}{\tau(\mathrm{j}\omega)+1} \tag{1-50}$$

相应的幅频特性和相频特性为

$$A(\omega)=\frac{1}{\sqrt{1+(\omega\tau)^2}} \tag{1-51}$$

$$\varphi(\omega)=-\arctan(-\omega\tau) \tag{1-52}$$

一阶传感器的频率响应特性曲线如图1-12所示。

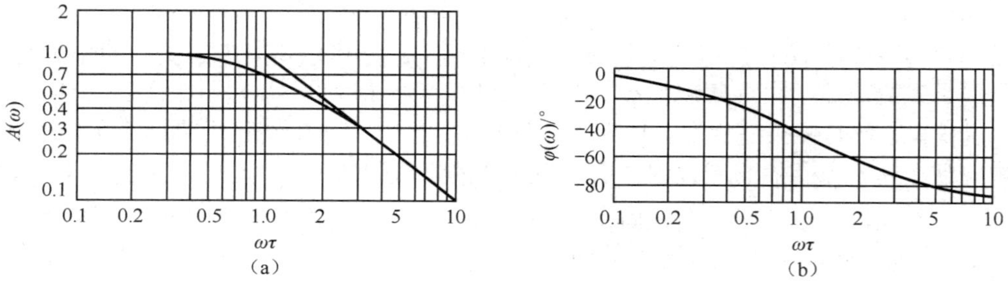

图1-12　一阶传感器的频率响应特性曲线

由以上分析可知，时间常数τ越小，频率响应特性越好；当$\omega\tau<<1$时，$A(\omega)\approx1$，$\varphi(\omega)\approx0$，表明一阶传感器的输出与输入呈线性关系，且相位差很小，输出能真实地反映输入的变化规律。

2）二阶传感器的频率响应

由二阶传感器的传递函数$H(s)=\dfrac{Y(s)}{X(s)}=\dfrac{\omega_n^2}{s^2+2\xi\omega_n s+\omega_n^2}$可知，当用j$\omega$代替式中$s$时，即可得到二阶传感器的频率响应特性表达式

$$H(\mathrm{j}\omega)=\frac{Y(\mathrm{j}\omega)}{X(\mathrm{j}\omega)}=\frac{1}{1-\left(\dfrac{\omega}{\omega_n}\right)^2+2\mathrm{j}\xi\dfrac{\omega}{\omega_n}} \tag{1-53}$$

相应的幅频特性和相频特性为

$$A(\omega)=\frac{1}{\sqrt{\left[1-\left(\frac{\omega}{\omega_n}\right)^2\right]^2+\left(2\xi\frac{\omega}{\omega_n}\right)^2}} \tag{1-54}$$

$$\varphi(\omega)=-\arctan\frac{2\xi\frac{\omega}{\omega_n}}{1-\left(\frac{\omega}{\omega_n}\right)^2} \tag{1-55}$$

二阶传感器的频率响应特性曲线如图 1-13 所示。由以上分析可知，二阶传感器频率响应特性好坏主要取决于系统的固有角频率 ω_n 和阻尼比 ξ 。当 $\xi<1$，$\omega_n>>\omega$ 时，$A(\omega)\approx1$，$\varphi(\omega)$ 很小，幅频特性平直，输出与输入呈线性关系，此时二阶传感器的输出能真实地再现输入信号。设计二阶传感器时，使其阻尼比 $\xi<1$，固有角频率 ω_n 至少应大于被测信号角频率 ω 的 3～5 倍。若被测信号为多频谐波信号，则系统的固有角频率理论上应高于输入信号谐波中的最高角频率 ω_{max} 3～5 倍；考虑到在整个频谱内，角频率越高，幅值越小，灵敏度越低，因此固有频率的选择应根据测量需要综合考虑。

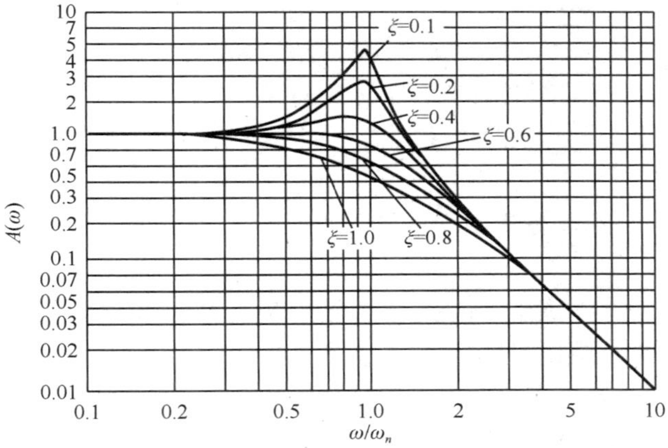

（a）

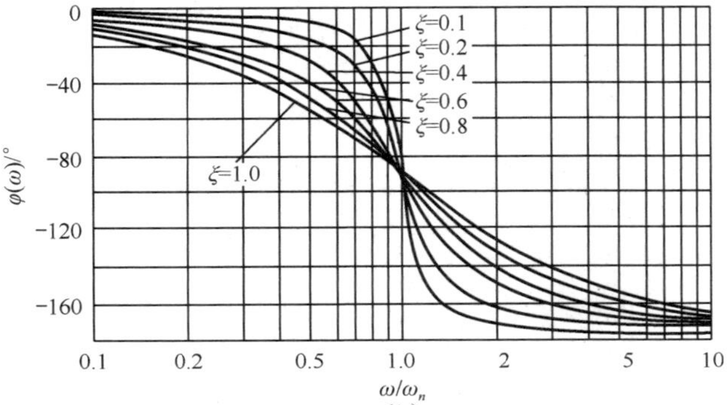

（b）

图 1-13　二阶传感器的频率响应特性曲线

3）频率特性指标

衡量传感器对正弦信号响应的频率特性指标主要如下。

（1）通频带：使传感器输出保持在一定值（幅频特性曲线上相对于幅值衰减 3dB）所对应的频率范围。

（2）工作频带：传感器输出幅值误差为±5%（或±10%）时所对应的频率范围。

（3）相位误差：在工作频带范围内输出量的相位偏差应小于 5°（或 10°）。

习题

1-1 什么是传感器？

1-2 传感器由哪几部分组成？分别起什么作用？

1-3 常用的传感器分类方法有哪些？请举例说明。

1-4 传感器特性在检测系统中起什么作用？

1-5 传感器的性能参数反映了传感器的什么关系？

1-6 什么是测量误差？测量误差有几种表示方法？它们通常应用在什么场合？

1-7 什么是测量值的绝对误差、相对误差、引用误差？

1-8 用测量范围为-100～+100kPa 的压力传感器测量 90kPa 的压强时，压力传感器测得的数值为 91kPa，求该数值的绝对误差、实际相对误差、标称相对误差和引用误差。

1-9 什么是随机误差？产生随机误差的原因是什么？如何减小随机误差对测量结果的影响？

1-10 什么是系统误差？系统误差可分为哪几类？系统误差有哪些判别方法？如何减小和消除系统误差？

1-11 什么是粗大误差？如何判断测量数据中是否存在粗大误差？如何消除？

1-12 什么是不等精度测量？测量方法是什么？

1-13 间接测量中检测数据的误差如何处理？

1-14 什么是传感器的静态特性？静态参数有哪些？各种参数分别代表什么意义？

1-15 什么是传感器的动态特性？它有哪几种分析方法？它们各有哪些性能指标？

第2章 电阻式传感器

本章知识点：

- 弹性敏感元件
- 电位器式传感器的原理与工程应用
- 电阻应变式传感器的原理与工程应用
- 压阻式传感器的原理与工程应用

基本要求：

- 理解弹性敏感元件的概念及其在传感器中的作用
- 掌握电位器式传感器的工作原理、测量电路及工程应用
- 掌握电阻应变式传感器的工作原理、测量电路及工程应用
- 掌握压阻式传感器的工作原理、测量电路及工程应用

能力培养目标：

通过本章的内容，对电阻式传感器进行系统学习，掌握电阻式传感器的基本原理、测量电路及工程应用，通过对传感器的应用案例的学习培养学生的知识应用能力。

电阻式传感器是一种能把非电量（如压力、位移、扭矩等）转换成与之有对应关系的电阻值，再经过测量电路把电阻值转换成便于传送和记录的电压（电流）信号的装置。电阻式传感器的种类很多，主要有**电位器式传感器、电阻应变式传感器、压阻式传感器**三种类型。电阻应变式传感器和压阻式传感器采用弹性敏感元件作为传递信号的敏感元件，这些弹性敏感元件主要有弹性圆柱、悬臂梁、薄壁圆筒、弹簧管、膜片、波纹管等。电位器式传感器主要用于非电量变化较大的测量场合，电阻应变式传感器主要用于被测量变化相对较小的场合，压阻式传感器因其灵敏度高、动态响应好等特点被广泛使用。在工业自动化、机械工程、生物医学、航空航天等多个领域中，电阻式传感器都发挥着不可或缺的作用，可用于测量和监测各种物理量，如机床、自动机器的位置，速度和加速度，以及桥梁、建筑物等结构物的应变和受力情况。此外，电阻式传感器还可以在医疗设备中监测人体运动和力的输出，以及在汽车工程中提高驾驶的安全性和乘坐的舒适性。

2.1 弹性敏感元件

物体在外力作用下改变原来的尺寸或形状的现象称为变形。若外力去掉后物体能完全恢

复其原来的尺寸和形状，这种变形就称为弹性变形。具有弹性变形特性的物体称为弹性敏感元件。

弹性敏感元件在传感器技术中占有极其重要的地位。它感受力或力矩、压力等被测量，并将被测量变换为应变、位移等。也就是说，它把被测量由一种物理状态转换为另一种所需要的相应物理状态。

2.1.1 弹性敏感元件的弹性特性

作用在弹性敏感元件上的外力与由该外力所引起的相应变形（应变、位移或角）之间的关系称为弹性敏感元件的弹性特性。弹性特性可由刚度或灵敏度来表示。

1．刚度

刚度是弹性敏感元件在外力作用下抵抗变形的能力，其数学表达式为

$$k=\lim_{\Delta x\to 0}\frac{\Delta F}{\Delta x}=\frac{\mathrm{d}F}{\mathrm{d}x} \tag{2-1}$$

式中，F 为作用在弹性敏感元件上的外力；x 为弹性敏感元件产生的应变。

若刚度 k 是常数，则弹性敏感元件的弹性特性是线性的，否则是非线性的，如图 2-1 所示。

2．灵敏度

灵敏度是刚度的倒数，可表示为

$$K=\frac{\mathrm{d}x}{\mathrm{d}F} \tag{2-2}$$

由式（2-2）可以看出，灵敏度就是单位力产生应变的大小。与刚度相似，如果弹性敏感元件的弹性特性是线性的，则灵敏度为常数；如果弹性特性是非线性的，则灵敏度为变量。

3．弹性滞后

弹性敏感元件在弹性变形范围内，弹性特性的加载曲线与卸载曲线不重合的现象称为弹性滞后，如图 2-2 所示。

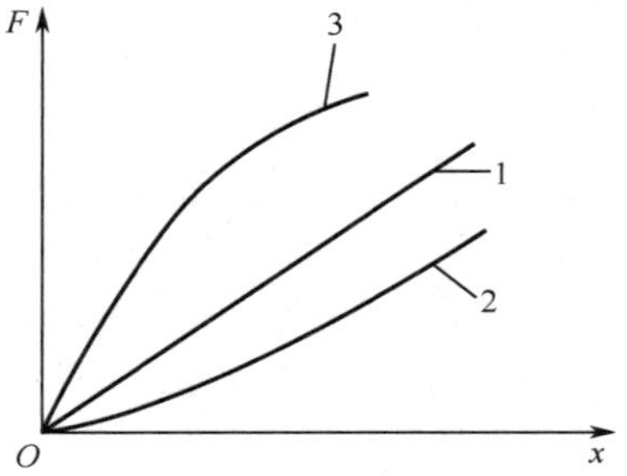

1—线性；2、3—非线性。

图 2-1 弹性特性

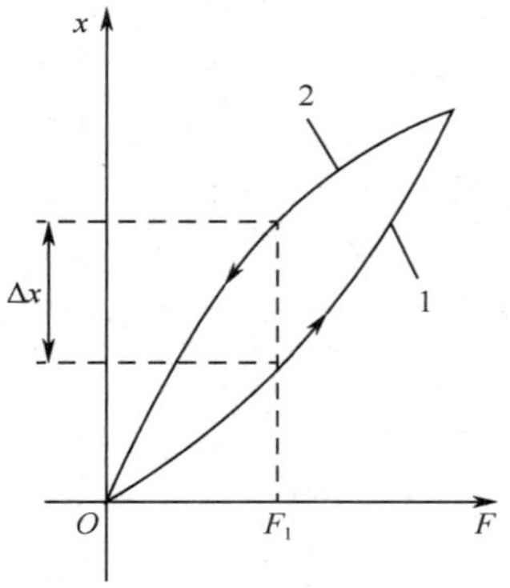

1—加载曲线；2—卸载曲线。

图 2-2 弹性滞后

4．弹性后效

弹性敏感元件所加的载荷改变后，不是立即完成相应的变形，而是在一定时间间隔中逐

渐完成变形的现象称为弹性后效。由于弹性后效的存在，弹性敏感元件的变形不能迅速地随作用力的改变而改变，引起测量误差。

2.1.2 弹性敏感元件的材料及基本要求

因为弹性敏感元件在传感器中直接参与信号的转换和测量，所以对它有一定的要求。在任何情况下，它应保证有良好的弹性特性、足够的精度和稳定性，并且在长时间使用过程中和温度变化时都应保持稳定的弹性特性。因此，对材料的基本要求如下。

（1）具有良好的机械特性（强度高、抗冲击、韧性好、疲劳强度高等）、良好的机械加工及热处理性能。

（2）良好的弹性特性（弹性极限高、弹性滞后和弹性后效小等）。

（3）弹性模量的温度系数小且稳定，线膨胀系数小且稳定。

（4）抗氧化性和抗腐蚀性等化学性能良好。

下面介绍几种常用弹性敏感元件及其将力转换为所需物理量的原理。

1）弹性圆柱

柱式弹性元件具有结构简单的特点，可承受很大的载荷，根据截面形状可分为圆筒形与圆柱形两种。弹性圆柱如图 2-3 所示。

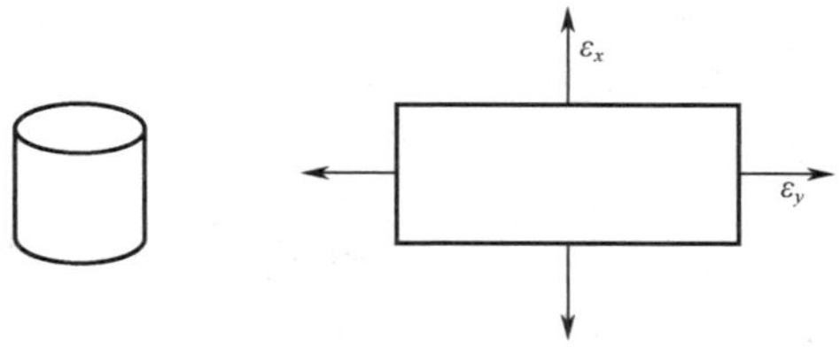

（a）外形图　（b）侧面展开图

图 2-3 弹性圆柱

在力的作用下，弹性圆柱产生应变。在受到轴向拉或压的作用力 F 时，在与轴线成 90° 的侧面上产生轴向应力和横向应力，其轴向应力的应变量为

$$\sigma_x = \frac{F}{S} \tag{2-3}$$

$$\varepsilon_x = \frac{F}{SE} \tag{2-4}$$

横向应力的应变量为

$$\sigma_y = -\mu\frac{F}{S} \tag{2-5}$$

$$\varepsilon_y = -\mu\frac{F}{SE} \tag{2-6}$$

式中，F 为沿轴线方向的作用力；E 为材料的弹性模量；μ 为材料的泊松系数，一般为 0～0.5；S 为弹性圆柱的横截面积。

由上述几式可以看出，弹性圆柱的应变大小取决于弹性圆柱的结构、横截面积、材料性质和弹性圆柱所承受的力，而与弹性圆柱的长度无关。

对于空心的圆柱形弹性敏感元件，上述表达式也是适用的，而且空心的圆柱形弹性敏感元件在某些方面还要优于实心的圆柱形弹性敏感元件。但当空心的圆柱形弹性敏感元件的壁太薄时，受压力作用后将产生较明显的圆筒变形从而影响精度。

2）悬臂梁

悬臂梁可分为等截面悬臂梁和等强度悬臂梁，分别如图 2-4、图 2-5 所示。悬臂梁是一端固定、另一端自由的弹性敏感元件，它具有结构简单、加工方便的特点，被广泛应用于工业自动化、机械工程、生物医学、航空航天等领域，用于精确测量压力、重力、位移、应变、温度及拉力等参数。

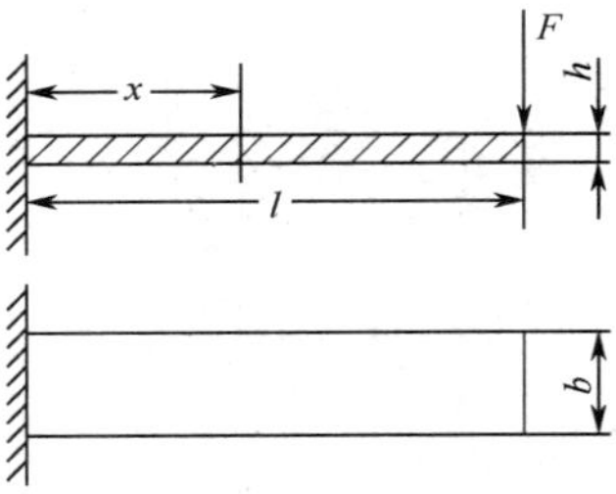

图 2-4　等截面悬臂梁

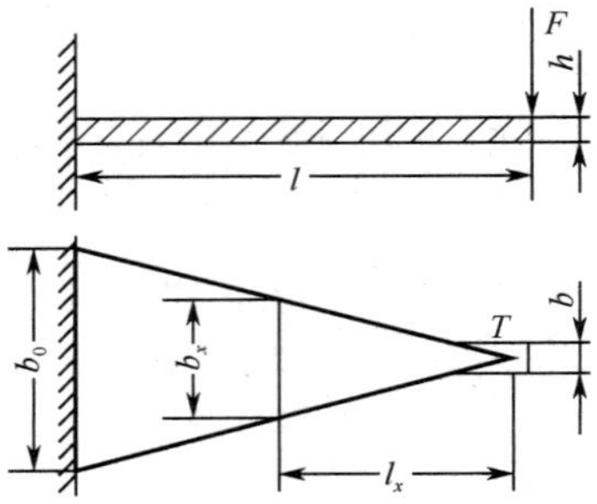

图 2-5　等强度悬臂梁

（1）等截面悬臂梁。一端固定，另一端自由，截面为矩形且截面积处处相等的梁称为等截面悬臂梁，如图 2-4 所示。等截面悬臂梁所受的作用力 F 与某一位置处的应变关系为

$$\varepsilon_x = \frac{6F(l-x)}{ESh} \tag{2-7}$$

式中，ε_x 为距固定端距离为 x 处的应变；l 为等截面悬臂梁的长度；x 为某位置到固定端的距离；E 为等截面悬臂梁材料的弹性模量；S 为等截面悬臂梁的截面积；h 为等截面悬臂梁的厚度。

由式（2-7）可知，随着距离 x 的不同，在等截面悬臂梁上各个位置所产生的应变也是不同的。

（2）等强度悬臂梁。等截面悬臂梁的不同部位所产生的应变是不相等的，这对电阻应变式传感器中应变片粘贴的位置提出了较高的要求。而等强度悬臂梁在自由端加上作用力时，在等强度悬臂梁上各处产生的应变大小相等。当作用力 F 加在等强度悬臂梁两斜边的交会点时，等强度悬臂梁各点的应变为

$$\varepsilon = \frac{6lx}{Eb_x h^2} \cdot F \tag{2-8}$$

式中，ε 为等强度悬臂梁各点的应变；l 为等强度悬臂梁的长度；x 为某位置到固定端的距离；E 为等强度悬臂梁材料的弹性模量；b_x 为应变处等强度悬臂梁的宽度；h 为等强度悬臂梁的厚度。

3）薄壁圆筒

薄壁圆筒与弹簧管等弹性敏感元件可将气体压力转换为应变。薄壁圆筒的壁厚一般小于圆筒直径的 1/20，当内腔感受到被测压力时，内壁均匀受压，薄壁圆筒无弯曲变形，只是均匀地向外扩张。所以，筒壁的每一单元将在轴线方向和圆周方向产生拉伸应力，如图 2-6 所示，其值为

$$\sigma_x = \frac{r_0}{2h} p \tag{2-9}$$

$$\sigma_\tau = \frac{r_0}{h} p \tag{2-10}$$

式中，σ_x为轴线方向的拉伸应力（轴向应力）；σ_τ为圆周方向的拉伸应力（周向应力）；p为薄壁圆筒内的气体压强；r_0为薄壁圆筒的内半径；h为薄壁圆筒的壁厚。

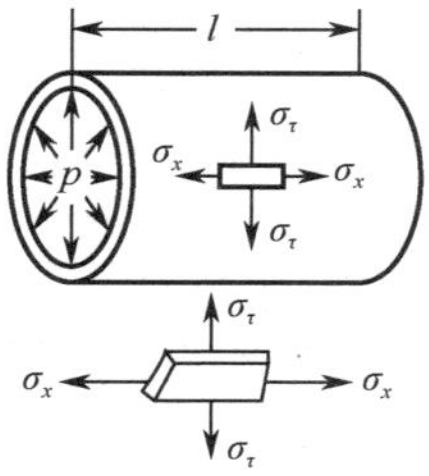

图 2-6　薄壁圆筒受力分析

轴向应力 σ_x 与周向应力 σ_τ 相互垂直，应用胡克定律，可求得这种弹性敏感元件的压力-应变关系式：

$$\varepsilon_x = \frac{r_0}{2Eh}(1-2\mu)p \tag{2-11}$$

$$\varepsilon_\tau = \frac{r_0}{2Eh}(2-\mu)p \tag{2-12}$$

由式（2-11）、式（2-12）可知，薄壁圆筒的应变与其长度无关，仅取决于薄壁圆筒的半径 r_0、壁厚 h 和弹性模量 E，而且轴线方向的应变与圆周方向的应变不相等。

4）弹簧管

弹簧管的截面形状为椭圆形、卵形或更复杂的形状。它主要在流体重力测量中作为压力敏感元件，将压力转换为弹簧管端部的位移。弹簧管大多是弯曲成 C 形的空心管，管的一端开口，作为固定端；另一端封死，作为自由端。C 形弹簧管的结构与截面示意图如图 2-7 所示。弹簧管的自由端连在管接头上，压力 p 通过管接头导入弹簧管的内腔，在管内压力的作用下，弹簧管截面将趋于变成圆形，从而使弹簧管趋于伸直。于是，弹簧管的自由端移动。弹簧管自由端的位移便是管内压力的度量。为了减小应力，可将其制成螺旋形，如图 2-8 所示。

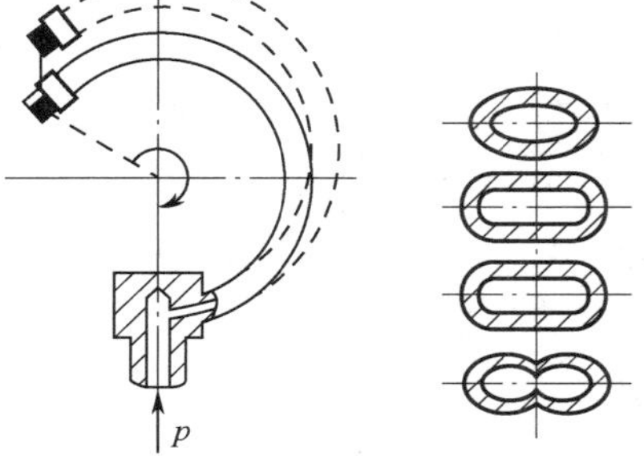

（a）结构示意图　（b）截面示意图

图 2-7　C 形弹簧管的结构与截面示意图

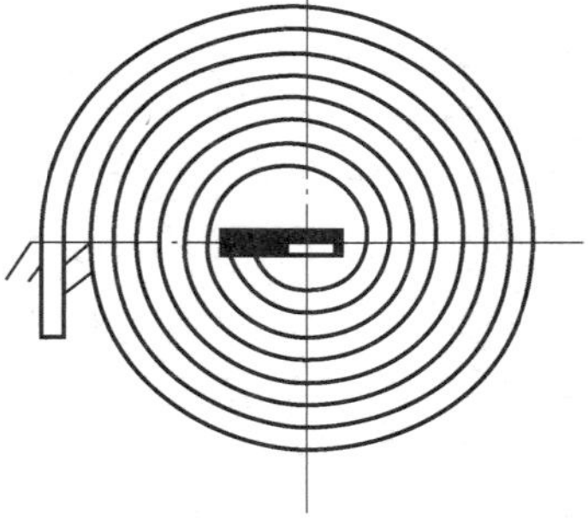

图 2-8　螺旋形弹簧管

对于椭圆形截面的薄壁弹簧管，弹簧管壁厚与短半轴之比不应超过 0.7～0.8。在一定范围内，其自由端位移 d 和所受压力 p 之间的关系呈线性特性，如图 2-9 所示。当压力超过某一

压力 p_h 时，特性曲线将偏离直线而上翘。

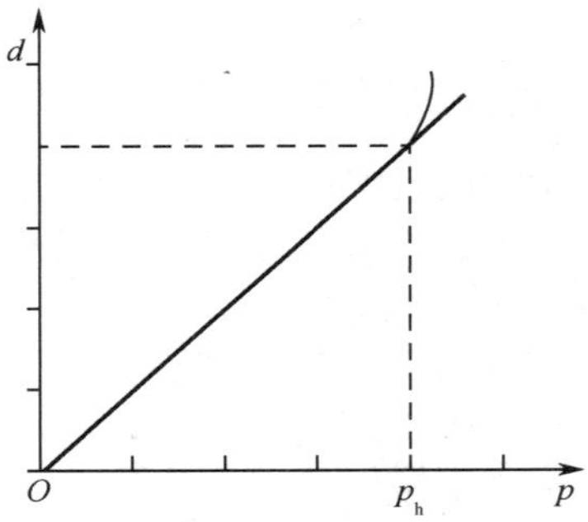

图 2-9 弹簧管的特性曲线

5）膜片

圆形膜片分为平膜片和波纹膜片两种，在相同的压力下，波纹膜片可产生较大的挠度（位移）。

（1）平膜片。平膜片在压力的作用下，中心挠度（位移）最大，且当平膜片中心的最大挠度远远小于平膜片的厚度时，平膜片的中心挠度正比于压力。当平膜片中心的最大挠度大于或等于平膜片的厚度时，平膜片中心的位移与压力呈非线性关系，为了减小非线性程度，位移量应比膜片的厚度小得多。

平膜片在压力均匀分布的情况下，其应力分布如图 2-10 所示，图 2-10 中，σ_r、σ_t 分别为平膜片各点对应的纵向应力和横向应力（切向应力）。

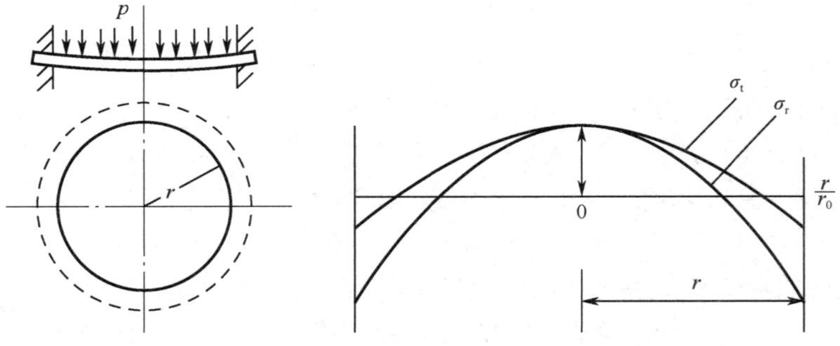

（a）平膜片　　（b）应力分布

图 2-10 平膜片的应力分布

由图 2-10（b）所示的应力分布曲线可得出如下结论。

① 在平膜片的中心处，$r=0$，具有最大的正应力（拉应力），且 $\sigma_r=\sigma_t$。

② 在平膜片的边缘处，$r=r_0$，纵向应力 σ_r 为最大的负应力（压应力）。

③ 当 $r<0.635r_0$ 时，纵向应力 $\sigma_r>0$，为正应力（拉应力）。

当 $r=0.635r_0$ 时，纵向应力 $\sigma_r=0$。

当 $r>0.635r_0$ 时，纵向应力 $\sigma_r<0$，为负应力（压应力）。

当 $r=0.812r_0$ 时，横向应力 $\sigma_t=0$，但纵向应力 $\sigma_r<0$。

（2）波纹膜片。波纹膜片是一种压有环状同心波纹的圆形薄板，一般用于测量压力（或压差）。为了增加波纹膜片中心的位移，可把两个膜片焊在一起，制成膜盒，它的位移为单个膜片的两倍，如果需要得到更大的位移，可把数个膜盒串联成膜盒组。

波纹膜片的形状可以做成多种形式，通常采用正弦形、梯形、锯齿形波形。波纹膜片的轴向截面如图2-11所示，为了便于与其他零件相连，在波纹膜片中央留有一个光滑部分，有时还在中心焊上一块金属片，称为波纹膜片的硬心。

在一定的压力作用下，正弦形波纹膜片具有最大挠度，锯齿形波纹膜片具有最小挠度，但它的特性比较接近直线，梯形波纹膜片的特性介于二者之间。波纹膜片形状与压强的关系如图2-12所示。

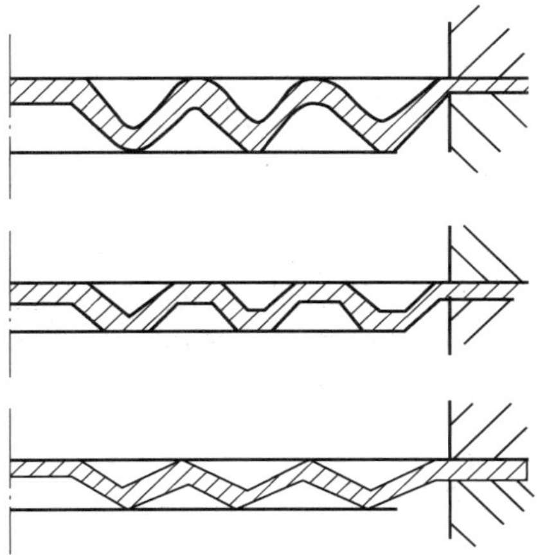

图2-11 波纹膜片的轴向截面

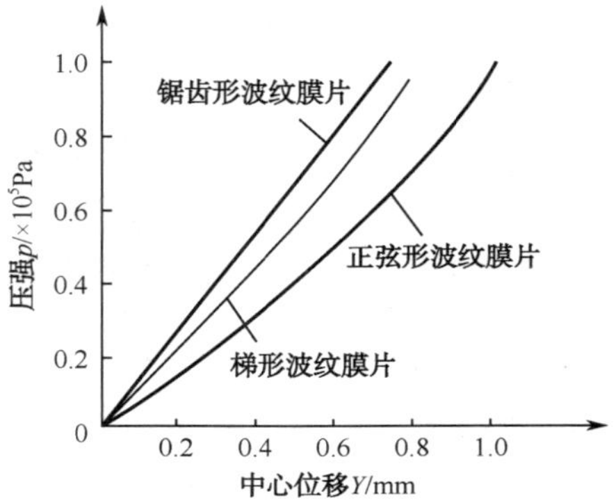

图2-12 波纹膜片形状与压强的关系

6）波纹管

波纹管是一种表面有许多同心环状波形皱纹的薄壁圆管，如图2-13所示。在流体压力或轴向压力的作用下，波纹管将伸长或缩短；在横向力作用下，波纹管将在平面内弯曲。金属波纹管容易轴向变形，即灵敏度非常好，在变形量允许的情况下，压力或轴向力的变化与伸缩量是成比例的，所以利用它可把压力或轴向力转换为位移。

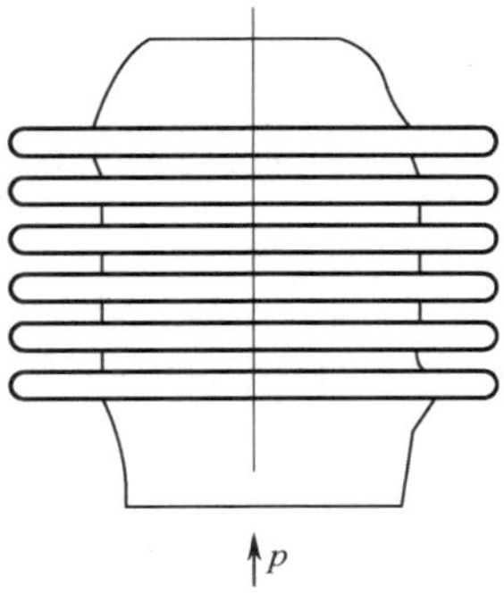

图2-13 波纹管外形

2.2 电位器式传感器

电位器式传感器是一种利用电位差来检测物理量的传感器，可以将机械变量（如角度、位移、压力等）转换为电阻值变化的传感器，进而通过测量电阻值的变化来确定机械变量的大小。由于电位器式传感器可以测量位移、压力、加速度、容量、高度等多种物理量，且具有结构简单、尺寸小、质量轻、价格便宜、精度高、性能稳定、输出信号大、受环境影响小等优点，因此在自动监测与自动控制中有广泛的应用。但电位器式传感器的动触头因与线绕电阻或电阻膜的摩擦而存在磨损，因此可靠性差、寿命较短、分辨力较低、动态性能不好、干扰（噪声）大，一般用于静态和缓变量的检测。

根据电位器的输出特性，电位器可分为线性电位器和非线性电位器。下面以线性电位器为例分析其特性。

2.2.1 电位器式传感器的原理

1．线性电位器

线性电位器由绕于骨架上的电阻丝线圈和沿电位器滑动的滑臂，以及安装在滑臂上的电刷组成。线性电位器传感元件有直线式、旋转式或两者相结合的形式。直线线性电位器骨架的截面处处相等，由材料和截面均匀的电阻丝等节距绕制而成。直线位移电位器式传感器示意图如图 2-14 所示。

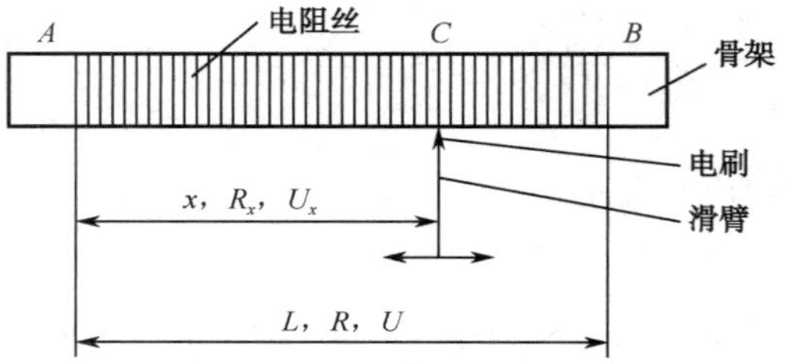

图 2-14　直线位移电位器式传感器示意图

假定全长为 L 的电位器其总电阻值为 R，电阻值沿长度的分布是均匀的，则当滑臂由 A 点向 B 点移动距离 x 后至 C 点，则 A 点到电刷间的阻值为

$$R_x = \frac{x}{L}R \tag{2-13}$$

若加在电位器 A、B 两端的电压为 U，则 A、C 两点间的输出电压为

$$U_x = \frac{x}{L}U \tag{2-14}$$

图 2-15 所示为电位器式角度传感器。同理，电阻值与角度的关系为

$$R_\alpha = \frac{\alpha}{\theta}R \tag{2-15}$$

输出电压与角度的关系为

$$U_\alpha = \frac{\alpha}{\theta}U \tag{2-16}$$

电刷在电位器的线圈上移动时，线圈长度一匝一匝地变化，因此，电位器的阻值也随电刷移动连续变化。电刷在与线圈中某一匝接触的过程中，虽然有微小的位移，但电阻值并无变化，因此输出电压也不改变，在输出特性曲线上对应地出现平直段。当电刷离开这一匝而与下一匝接触时，电阻突然增加一匝的阻值，因此特性曲线相应出现阶跃段，这一特性称为线性电位器的理想阶梯特性，如图 2-16 所示。

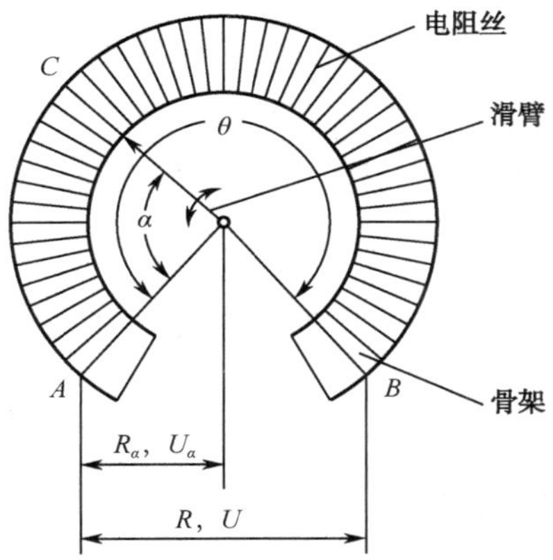

图 2-15　电位器式角度传感器

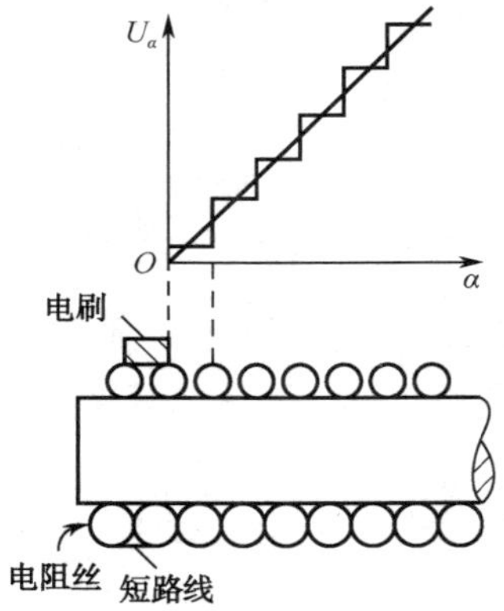

图 2-16　线性电位器的理想阶梯特性

对具有理想阶梯特性的线性电位器，在电刷行程内，线性电位器输出电压阶梯的最大值与最大输出电压之比的百分数，称为线性电位器的电压分辨率，其公式为

$$e = \frac{U/n}{U} = \frac{1}{n} \times 100\% \tag{2-17}$$

式中，n 为线性电位器线圈的总匝数。

上面讨论的线性电位器空载特性相当于负载开路或阻值为无穷大时的情况。而一般情况下，线性电位器接有负载，如图 2-17 所示。接入负载时，由于负载电阻与线性电位器阻值的比值为有限值，所以负载特性曲线与理想空载特性有一定的差异。负载特性偏离理想空载特性的偏差称为线性电位器的负载误差，对于线性电位器，负载误差为其非线性误差。

线性电位器误差的计算公式为

$$\delta_f = \left[1 - \frac{1}{1 + mX(1-X)}\right] \times 100\% \tag{2-18}$$

式中，X 为电阻值的相对变化率，$X = \frac{x}{L}$；m 为线性电位器的负载系数，$m = \frac{R}{R_f}$。

线性电位器误差 δ_f 与 m、X 的曲线关系如图 2-18 所示。

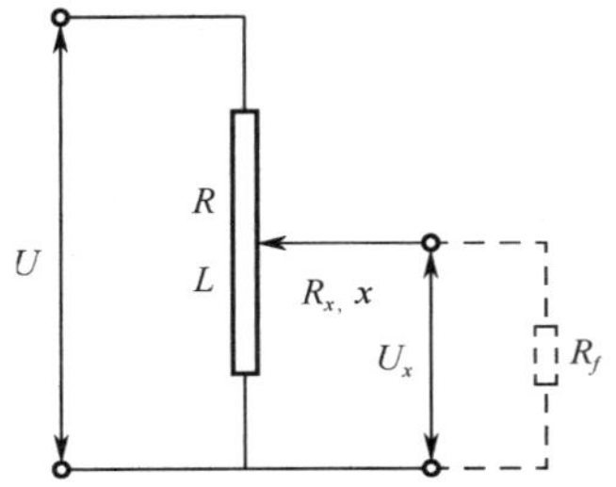

图 2-17　带负载的线性电位器电路

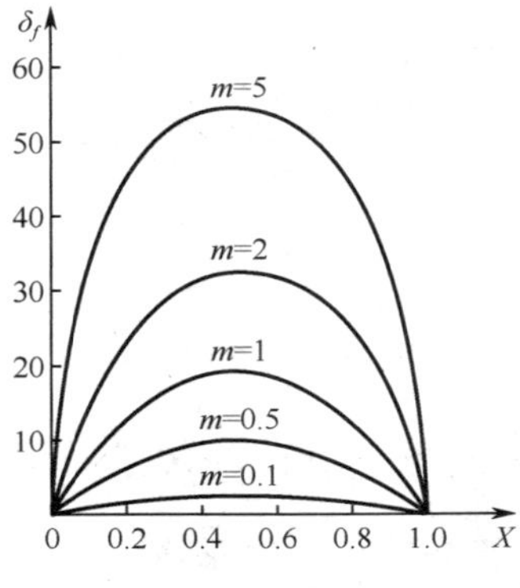

图 2-18　线性电位器误差 δ_f 与 m、X 的曲线关系

由图 2-18 可知，无论负载系数 m 为何值，当 X=0 和 X=1，即电刷分别在起始位置和最终位置时，负载误差都为 0；当 X=1/2 时，负载误差最大，且增大负载系数时，负载误差也随之增大。

若要求负载误差在整个行程中都保持在3%以内，就必须要求在$X=l/2$时，其负载误差为

$$\delta_f=\left[1-\frac{1}{1+m\cdot\frac{1}{2}\left(1-\frac{1}{2}\right)}\right]\times100\%=\left(\frac{m}{4+m}\right)\times100\%<3\% \tag{2-19}$$

由式（2-19）可知，$m=\frac{R}{R_f}$应小于0.12，通常使$R_f>10R$。但是，有时负载满足不了这个条件，一般可以采取限制线性电位器工作区间的办法减小负载误差，或将线性电位器的空载特性设计为某种上凸的曲线，即设计出非线性电位器，使其带负载时满足线性关系，以消除负载误差。

2. 非线性电位器

非线性电位器是指在空载时其输出电压（或电阻值）与电刷行程之间具有非线性函数关系的一种电位器，也称为函数电位器，函数有指数函数、对数函数、三角函数及其他任意函数，因此可满足控制系统的特殊要求，也可满足传感器、检测系统最终获得线性输出的要求。常用的非线性线绕电位器有变骨架式、变节距式、分路电阻式及电位给定式四种。

图2-19所示为变骨架高度式非线性电位器。它在保持电位器结构参数、导线电阻率、导线截面和绕线节距不变的情况下，通过改变骨架的宽度或高度，实现非线性函数关系。理论上非线性线绕电位器可以实现所要求的多种函数特性，但由于结构和工艺的原因，对于其所实现的特性有一定的限制。为保证强度，骨架的最小高度 h_{min}>3～4mm。特性曲线的斜率也不能太大，否则会导致骨架高度很大或骨架坡度太陡。骨架侧面坡度角α应小于30°，坡度角太大，绕制时容易倾斜和打滑，从而产生误差，这就要求特性曲线斜率变化得不能太剧烈。为减小坡度，可采用对称骨架，如图2-20所示。

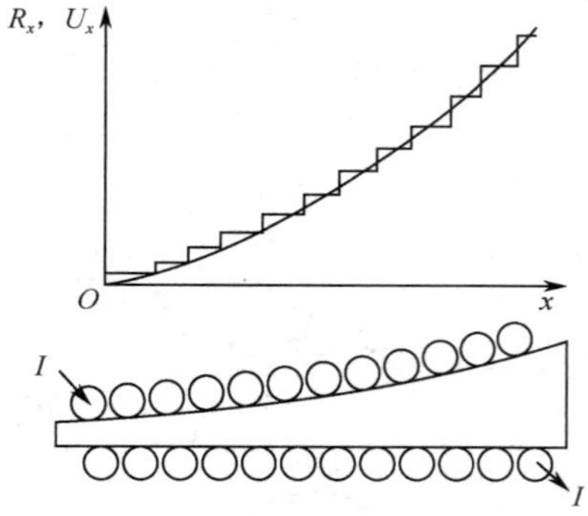

图2-19 变骨架高度式非线性电位器

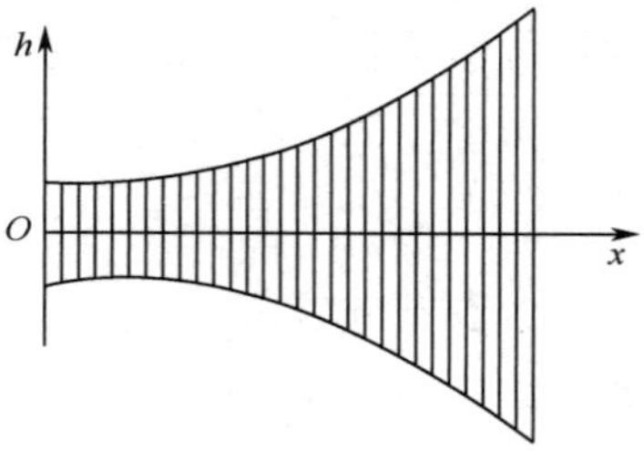

图2-20 对称变骨架高度式非线性电位器

2.2.2 电位器式传感器的工程应用

1. 电位器式位移传感器

电位器式传感器主要用来测量位移，通过其他弹性敏感元件（如膜片、膜盒、弹簧管等）进行转换，也可测量压力、加速度等物理量。电位器式位移传感器常用于测量几毫米到几十米的位移和0～360°的角度。

如图 2-21 所示，在推杆式位移传感器中，被测位移通过带齿条的推杆及齿轮组成的齿轮传动系统将直线位移转换为旋转角度，再经离合器传送到电位器的轴上，带动电刷滑动，从而输出电信号。如图 2-22（a）所示，在替换杆式位移传感器中，为改变量程，可更换替换杆。量程可由 10mm 变为 320mm。替换杆的工作段上开有一定螺距的螺旋槽，滑动件上装有销子，用以将直线位移转换成滑动件的旋转，并使滑动件上的电刷沿电位器的绕组滑动，从而输出与滑动杆的位移成比例的电压。图 2-22（b）所示为拉线式大位移传感器，它是我国研制的采用精密合成膜电位器的 CII-8 型位移传感器，量程可达 3m，精度为 0.5%FS。它可用来测量火车各车厢的分离位移、跳伞运动员起始跳落位移等。拉线式位移传感器主体装在一个物体上，牵引头带动排线轮和传动齿轮旋转，从而通过主轴带动电刷沿电位器合成膜表面滑动，由电位器输出电信号，同时发条扭转力矩增大，当两物体的相对距离减小时，由于发条扭转力矩的作用，通过主轴带动排线轮及传动齿轮、电刷做反向运动，将与牵引头相连的不锈钢丝绳回收到排线轮的槽内。

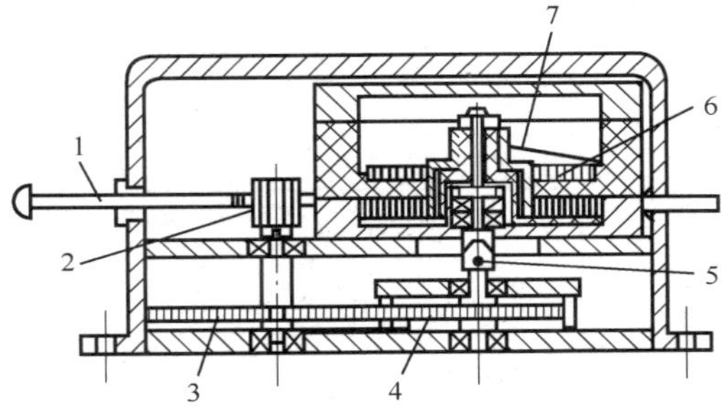

1—推杆；2、3、4—齿轮；5—离合器；6—轴；7—电刷。

图 2-21　推杆式位移传感器

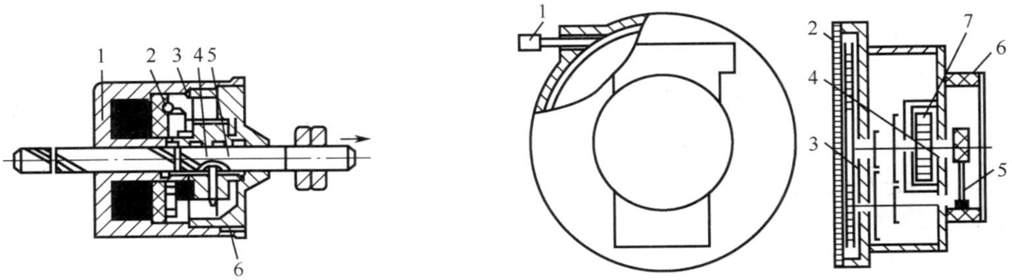

1—壳体；2—电位器；3—滑动件；4—销子；5—替换杆。

（a）替换杆式位移传感器

1—牵引头；2—排线轮；3—传动齿轮；4—主轴；5—电刷；6—电位器；7—发条。

（b）拉线式大位移传感器

图 2-22　位移传感器

2．电位器式压力传感器

图 2-23 所示为电位器式压力传感器。在图 2-23 中，波登管在被测压力 P 的作用下发生变形，从而带动电刷在电位器上滑动，使接线端子处有电压输出。膜盒在被测压力 P 的作用下产生位移，带动连杆、曲柄机构运动，使得电刷在电阻元件上运动而得到与被测压力成比例的电压信号。

图 2-24 所示为电位器式加速度传感器。惯性质量块在被测加速度的作用下，使片状弹簧

产生与加速度成正比的位移，从而引起电刷在电阻元件上滑动，输出与加速度成比例的电压信号。

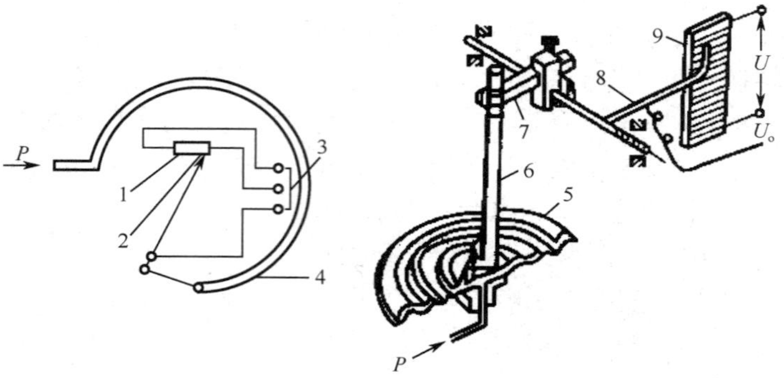

1—电位器；2—电刷；3—接线端子；4—波登管；5—膜盒；6—连杆；7—曲柄；8—电刷；9—电阻元件。

图 2-23　电位器式压力传感器

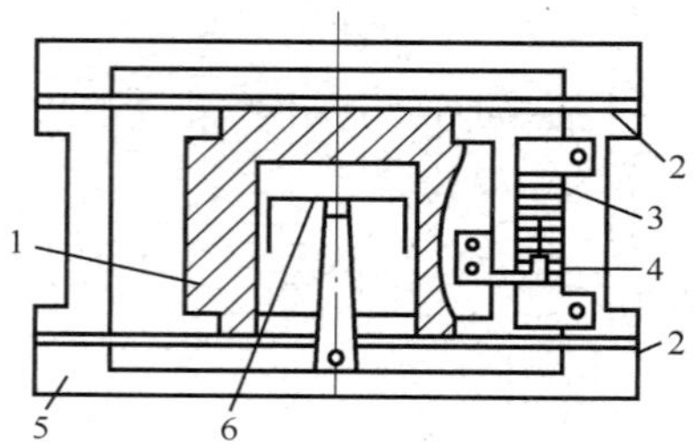

1—惯性质量块；2—片状弹簧；3—电阻元件；4—电刷；5—壳体；6—活塞阻尼器。

图 2-24　电位器式加速度传感器

电位式加速度传感器的优点是结构简单、价格低廉、性能稳定，能在较恶劣的环境条件下工作，输出信号大；其缺点是测量精度不高、动态响应较差，不适合用于测量快速变化的量。

2.3　电阻应变式传感器

电阻应变式传感器通过测量材料受力后的变形来将物理量（如压力、加速度等）转换为电阻值变化，可测量位移、加速度、压力、力矩等各种参数，是目前应用最广泛的传感器之一。它具有结构简单、使用方便、性能稳定、可靠性好、灵敏度高、测量速度快等诸多优点，被广泛应用于航空、机械、电力、化工、建筑、医学等领域。

2.3.1　电阻应变式传感器的原理

1．应变片的种类与结构

应变片又称电阻应变片或应变计，其种类繁多，形式各样，分类方法各异。主要的分类方法是根据敏感元件的不同，将应变片分为金属应变片和半导体应变片两大类，根据敏感元件的形态不同，又可进一步分为如下类型。

- 应变片
  - 金属应变片
    - 体型应变片
      - 丝式应变片
        - 纸基应变片
        - 胶基应变片
      - 箔式应变片
    - 薄膜型应变片
  - 半导体应变片
    - 体型应变片
    - 薄膜型应变片
    - 扩散型应变片
    - 外延型应变片
    - PN结及其他形式的应变片

1）丝式应变片

丝式应变片是将电阻丝绕制成敏感栅粘在各种绝缘基底上制成的，是一种常用的应变片，其基本结构如图 2-25 所示。

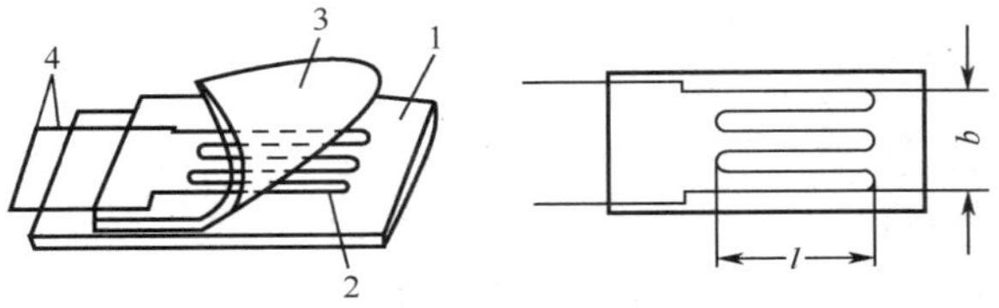

1—基底；2—电阻丝；3—覆盖层；4—引线。

图 2-25　丝式应变片的基本结构

它主要由四部分组成。

（1）敏感栅。它是实现应变与电阻值转换的敏感元件，由直径为 0.015～0.05mm 的金属细丝绕成栅状或用金属箔腐蚀成栅状制成。应变片的电阻值有 60Ω、120Ω、200Ω 等各种规格，其中 120Ω 的应变片最为常用。

（2）基底和覆盖层。基底用于保持敏感栅、引线的几何形状和相对位置。覆盖层既可以保持敏感栅、引线的几何形状和相对位置，又可以保护敏感栅。

（3）黏结剂。它用来将覆盖层和敏感栅固定在基底上，同时将应变片基底粘在试件表面某个方向和位置上，也起着传递应变的作用。

（4）引线。它是从应变片的敏感栅中引出的细金属线，常用直径为 0.1～0.15mm 的镀锡铜线或扁带形的其他金属材料制成。

2）箔式应变片

箔式应变片是利用照相制版或光刻腐蚀方法，将电阻箔材在绝缘基底下制成各种图形而制成的应变片，如图 2-26 所示。

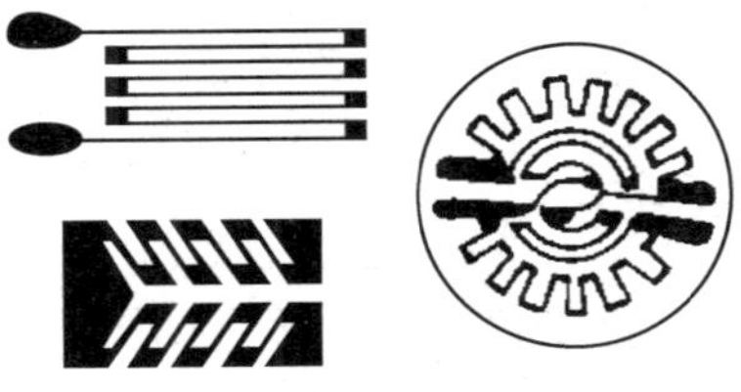

图 2-26　箔式应变片

箔式应变片的厚度多为0.001～0.01mm。箔式应变片的应用日益广泛，在常温条件下已逐步取代了丝式应变片。它具有如下几个主要优点。

(1) 制造技术能保证敏感栅的尺寸准确、线条均匀，可以将应变片制成任意形状以适应不同的测量要求。

（2）敏感栅薄而宽，黏接情况好，传递试件应变性能好。

（3）散热性能好，允许通过较大的工作电流，可增大输出信号。

（4）敏感栅弯头的横向效应可以忽略。

（5）蠕变、机械滞后小，疲劳寿命长。

3）薄膜型应变片

薄膜型应变片是薄膜技术发展的产物，其厚度在 0.1μm 以下。它采用真空蒸发或真空沉积等方法，将电阻材料在基底上制成一层各种形式的敏感栅从而形成应变片。这种应变片的灵敏系数大，易实现工业化生产，是一种很有发展前景的新型应变片。目前，其在实际使用中存在的主要问题是尚难控制其电阻值与温度和时间的变化关系。

4）半导体应变片

半导体应变片的优点是尺寸、横向效应、机械滞后都很小，灵敏系数极大，因此输出信号也大，可以不需要放大器直接与记录仪器连接，使得测量系统简化；缺点是电阻值和灵敏系数的稳定性差，测量较大的应变时非线性特性严重，灵敏系数随拉力或压力的变化而变化，且分散度大，一般为3%～5%，因此使测量结果有±(3～5)%的误差。

2. 应变效应

1856年，英国物理学家开尔文在敷设横穿大西洋的海底电缆时，发现电缆引力对电缆的电阻值有影响，这就是金属材料的应变效应。

应变片的工作原理基于金属材料的应变效应，即金属丝的电阻值随着它所受的机械变形（拉伸或压缩）的大小而发生相应的变化。

金属丝的电阻值随应变而产生变化的原因是金属丝的电阻值与材料的电阻率及其几何尺寸有关，而金属丝在承受机械变形的过程中，这两者都要发生变化，因此引起金属丝的电阻值变化。

设有一根金属丝，其电阻值为

$$R=\rho\frac{l}{S} \tag{2-20}$$

式中，R 为金属丝的电阻值（Ω）；ρ 为金属丝的电阻率（Ω·m）；l 为金属丝的长度（m）；S 为金属丝的截面积（m^2）。

当金属丝受到拉力时，其长度伸长 dl，截面积将相应减小 dS，电阻率也将改变 dρ，这些量的变化必然引起金属丝电阻值改变 dR，即

$$\mathrm{d}R=\frac{\rho}{S}\mathrm{d}l-\frac{\rho l}{S^2}\mathrm{d}S+\frac{l}{S}\mathrm{d}\rho \tag{2-21}$$

两边分别除以 $R=\rho\frac{l}{S}$，得

$$\frac{\mathrm{d}R}{R}=\frac{\mathrm{d}l}{l}-\frac{\mathrm{d}S}{S}+\frac{\mathrm{d}\rho}{\rho} \tag{2-22}$$

因为$S=\pi r^2$（r为金属丝半径），得$dS=2\pi r dr$，所以

$$\frac{dR}{R}=\frac{dl}{l}-2\frac{dr}{r}+\frac{d\rho}{\rho} \tag{2-23}$$

令$\varepsilon_x=\frac{dl}{l}$为金属丝的轴向应变，$\varepsilon_y=\frac{dr}{r}$为金属丝的径向应变，则由式（2-22）可得

$$\frac{dR}{R}=\varepsilon_x-2\varepsilon_y+\frac{d\rho}{\rho} \tag{2-24}$$

根据材料力学原理，金属丝受到拉力时，沿轴向伸长，而沿径向缩短，二者之间的应变关系为

$$\varepsilon_y=-\mu\varepsilon_x \tag{2-25}$$

式中，μ为金属丝材料的泊松系数。

将式（2-25）代入式（2-24）得

$$\frac{dR}{R}=(1+2\mu)\varepsilon_x+\frac{d\rho}{\rho}$$

或

$$\frac{dR/R}{\varepsilon_x}=(1+2\mu)+\frac{d\rho/\rho}{\varepsilon_x} \tag{2-26}$$

令

$$K=\frac{dR/R}{\varepsilon_x}=(1+2\mu)+\frac{d\rho/\rho}{\varepsilon_x} \tag{2-27}$$

式中，K为金属丝的灵敏系数，表示金属丝产生单位变形时，电阻值相对变化的大小。显然，K越大，单位变形引起的电阻值相对变化越大，灵敏度越高。

由式（2-27）可以看出，金属丝的灵敏系数K受两个因素的影响：第一项为$(1+2\mu)$，它是由金属丝受拉伸后，金属丝的几何尺寸发生变化而引起的；第二项为$\frac{d\rho/\rho}{\varepsilon_x}$，它是由金属丝发生变形时，其自由电子的活动能力和数量均发生变化引起的，这项可能是正值，也可能为负值，但作为应变片材料都选为正值，否则会降低灵敏度。对于金属丝，电阻值的变化主要由材料的几何变形引起。

实验证明，在金属丝弹性变形的范围内，电阻值的相对变化dR/R与轴向应变ε_x是成正比的，因此K为常数，式（2-27）以增量表示为

$$\frac{\Delta R}{R}=K\varepsilon_x \tag{2-28}$$

应该指出，当将直线金属丝做成敏感栅后，金属丝的应变特性就不是直线了，因此必须重新用实验测定，实验必须按规定的统一标准进行。

3. 横向效应

当将图 2-27 所示的应变片粘在被测试件上时，由于其敏感栅是由n条长度为l_1的线段和线段端部$n-1$个半径为r的半圆圆弧或直线组成的，因此当该应变片因承受轴向应力而产生纵向拉应变时，其电阻值的变化将小于沿轴向安放的同样长度电阻丝电阻值的变化。

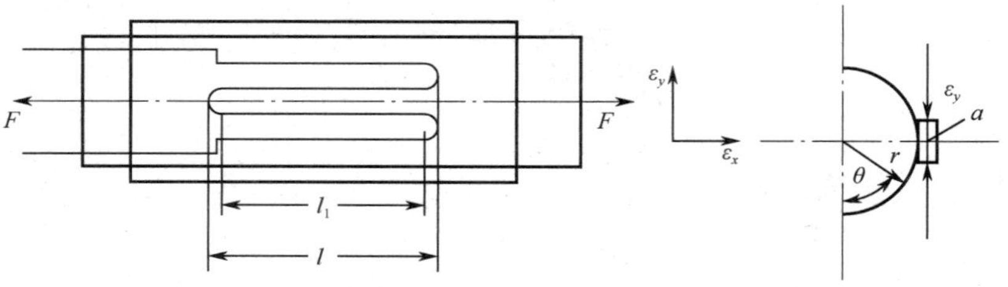

（a）应变片及轴向受力图　　（b）应变片的横向效应图

图 2-27　应变片轴向受力及横向效应

综上所述，将直的电阻丝绕成敏感栅后，虽然长度不变，但应变状态不同，应变片敏感栅的电阻值变化减小，因此其灵敏系数 K 比整个直电阻丝的灵敏系数 K_0 小，这种现象称为应变片的横向效应。

为了减小横向效应产生的测量误差，现在一般采用箔式应变片。

4. 应变片测量原理

用应变片测量应变或应力时，将应变片粘贴于被测对象上。在外力作用下，被测对象表面产生微小的机械变形，粘贴在其表面上的应变片也随之发生相同的变化，因此应变片的电阻值也发生相应的变化。如果应用仪器测出应变片的电阻值变化为ΔR，则根据式（2-28），可以得到被测对象的应变 ε_x，而根据应力-应变关系可以得到应力 σ，即

$$\sigma = E\varepsilon_x \tag{2-29}$$

式中，σ 为试件的应力；ε_x 为试件的应变。

通过弹性敏感元件的转换作用，将位移、压力、力矩、加速度等参数转换为应变，因此可以将应变片由测量应变扩展到测量上述参数，从而形成各种电阻应变式传感器。

5. 测量电路

由于弹性敏感元件产生的机械变形微小，因此其引起的应变 ε 也很微小（通常在 5000μm 以下），从而使应变片的电阻值变化率 dR/R 也很小，为了把微小的电阻值变化率反映出来，必须采用测量电桥，把应变片电阻值的变化转换成电压或电流的变化，从而达到精确测量的目的。

1）直流电桥工作原理

图 2-28 所示为直流电桥电路，它的四个桥臂由电阻 R_1、R_2、R_3、R_4 组成。E 为直流电源，接入电桥的两个顶点，从电桥的另两个顶点得到输出电压，即 U_o。

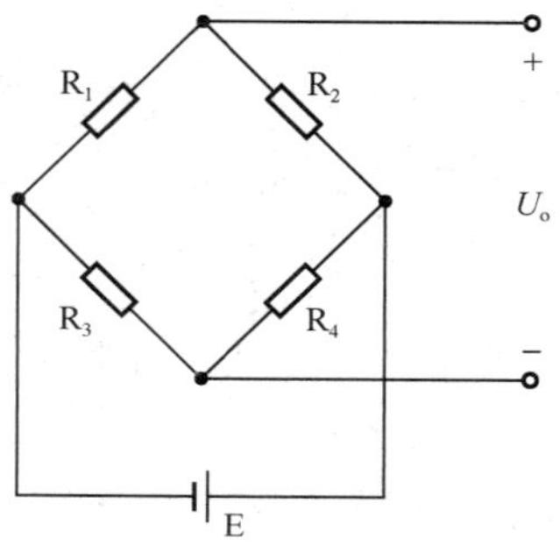

图 2-28　直流电桥电路

当电桥输出端开路时，根据分压原理，电阻 R_1 两端的电压 $U_1=\frac{R_1}{R_1+R_2}E$，电阻 R_3 两端的电压 $U_3=\frac{R_3}{R_3+R_4}E$，则输出端电压 U_o 为

$$U_o=U_1-U_3=\frac{R_1E}{R_1+R_2}-\frac{R_3E}{R_3+R_4}=\frac{R_1R_4-R_2R_3}{(R_1+R_2)(R_3+R_4)}E \tag{2-30}$$

由式（2-30）可知，若电桥各桥臂电阻满足条件

$$R_1R_4=R_2R_3 \tag{2-31}$$

则电桥的输出电压 U_o 为 0，电桥处于平衡状态，式（2-31）称为电桥的平衡条件。

2）应变片测量电桥

应变片测量电桥在工作前应调电桥平衡（称为预调平衡），使工作时的电桥输出电压只与应变片感受应变所引起的电阻值变化有关。初始条件为

$$R_1=R_2=R_3=R_4=R$$

（1）应变片单臂直流电桥。单臂直流电桥只有一个应变片 R_1 接入，如图 2-29 所示，测量时应变片的阻值变化为 ΔR。电路输出端电压为

$$U_o=\frac{(R_1+\Delta R_1)R_4-R_2R_3}{(R_1+\Delta R_1+R_2)(R_3+R_4)}E$$

$$U_o=\frac{R\Delta R}{2R(2R+\Delta R)}E \tag{2-32}$$

一般情况下，$\Delta R\ll R$，所以有

$$U_o\approx\frac{R\Delta R}{2R\cdot 2R}E=\frac{E}{4}\cdot\frac{\Delta R}{R} \tag{2-33}$$

由电阻的应变效应可知 $\frac{\Delta R}{R}=K\varepsilon$，则上式可写为

$$U_o=\frac{E}{4}K\varepsilon \tag{2-34}$$

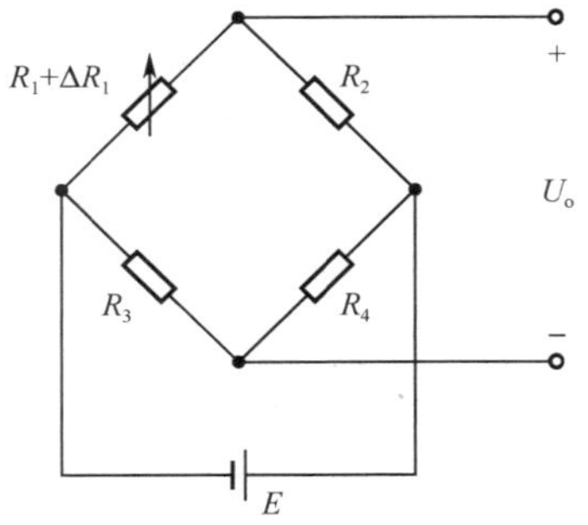

图 2-29　单臂直流电桥

（2）应变片双臂直流电桥（半桥）。双臂直流电桥有两个应变片，把两个应变片接入电桥的相邻两个桥臂。根据被测试件的受力情况，一个受拉力，一个受压力，使两个桥臂的应变片的电阻值变化大小相同、方向相反，即处于差动工作状态，如图 2-30 所示。此时输出端电压为

$$U_o = \frac{(R_1+\Delta R_1)R_4-(R_2-\Delta R_2)R_3}{(R_1+\Delta R_1+R_2-\Delta R_2)(R_3+R_4)}E$$

若 $\Delta R_1=\Delta R_2=\Delta R$，则有

$$U_o=\frac{2\Delta R\cdot R}{2R\cdot 2R}E=\frac{E}{2}\cdot\frac{\Delta R}{R} \qquad (2\text{-}35)$$

同理，上式可写为

$$U_o=\frac{E}{2}K\varepsilon \qquad (2\text{-}36)$$

3）应变片直流全桥电路

把四个应变片接入电桥且差动工作，即两个应变片受拉，另外两个应变片受压，如图 2-31 所示，则有

$$U_o=\frac{(R_1+\Delta R_1)(R_4+\Delta R_4)-(R_2-\Delta R_2)(R_3-\Delta R_3)}{(R_1+\Delta R_1+R_2-\Delta R_2)(R_3-\Delta R_3+R_4+\Delta R_4)}E \qquad (2\text{-}37)$$

若 $R_1=R_2=R_3=R_4=R$，$\Delta R_1=\Delta R_2=\Delta R_3=\Delta R_4=\Delta R$，则

$$U_o=\frac{4R\cdot\Delta R}{2R\cdot 2R}E=\frac{\Delta R}{R}E=EK\varepsilon \qquad (2\text{-}38)$$

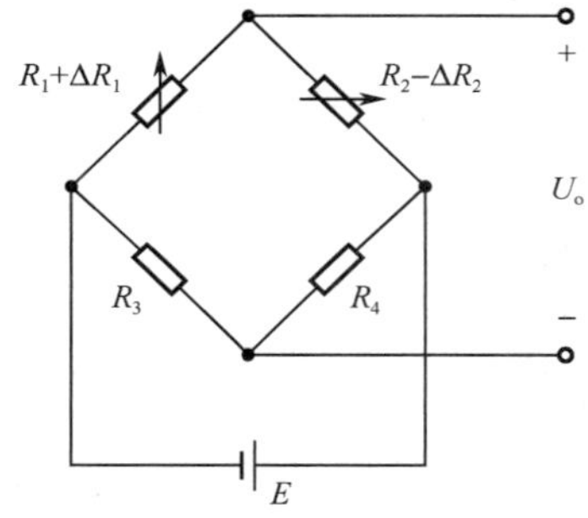

图 2-30　双臂直流电桥

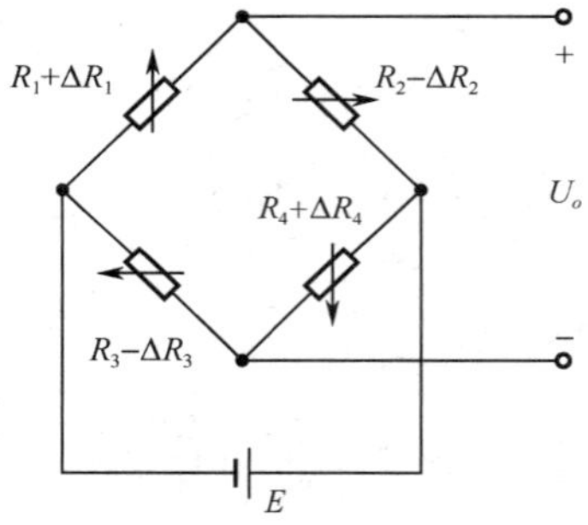

图 2-31　直流全桥电路

对比式（2-34）、式（2-36）、式（2-38）可知，用直流电桥作为应变片的测量电路时，电桥输出电压与被测应变量呈线性关系，而在相同条件下（供电电源和应变片的型号不变），差动工作电路输出电压大，双臂直流电桥差动电路输出电压是单臂直流电桥输出电压的 2 倍，直流全桥差动电路输出电压是单臂输出电压的 4 倍，即直流全桥电路工作时，输出电压最大，检测的灵敏度最高。

若直流全桥电路工作时，各应变片的应变所引起的电阻值变化不等，分别为 ΔR_1、ΔR_2、ΔR_3、ΔR_4，将其代入式（2-37），可得全桥电路工作时的输出电压为

$$U_o=\frac{E}{4}\left(\frac{\Delta R_1}{R_1}+\frac{\Delta R_2}{R_2}+\frac{\Delta R_3}{R_3}+\frac{\Delta R_4}{R_4}\right)=\frac{E}{4}K(\varepsilon_1+\varepsilon_2+\varepsilon_3+\varepsilon_4) \qquad (2\text{-}39)$$

在式（2-39）中，ε 可以是轴向应变，也可以是径向应变。当应变片的粘贴方向确定后，若为压应变，则 ε 以负值代入；若是拉应变，则 ε 以正值代入。

4）应变片的温度误差及其补偿

（1）温度误差。测量时，希望应变片的阻值仅随应变 ε 的变化而变化，不受其他因素的影响，但是环境温度变化所引起的电阻值变化与试件应变所造成的电阻值变化几乎处于相同的

数量级。为补偿温度误差对测量的影响，要了解环境温度变化而引起电阻值变化的主要因素。事实上，因环境温度变化而引起电阻值变化的两个主要因素是：①应变片的电阻丝具有一定的电阻温度系数；②电阻丝材料与测试材料的线膨胀系数不同。

电阻丝电阻值与温度的关系可表示为

$$R_T = R_0(1+\alpha\Delta T) = R_0 + R_0\alpha\Delta T \tag{2-40}$$

式中，R_T 为温度为 T 时的电阻值；R_0 为温度为 T_0 时的电阻值；ΔT 为温度的变化值；α 为敏感栅材料的电阻温度系数。则应变片由于电阻温度系数产生的电阻值相对变化为

$$\Delta R_1 = R_0\alpha\Delta T \tag{2-41}$$

另外，如果敏感栅材料的线膨胀系数与被测试件材料的线膨胀系数不同，则环境温度变化时，也将引起应变片的附加应变，其对电阻值产生的变化为

$$\Delta R_2 = R_0 \cdot K(\beta_e - \beta_g)\cdot\Delta T \tag{2-42}$$

式中，β_e 为被测试件（弹性敏感元件）的线膨胀系数；β_g 为敏感栅（应变丝）材料的线膨胀系数。

因此，由温度变化引起的总电阻变化为

$$\Delta R = \left[\alpha\Delta T + K(\beta_e - \beta_g)\cdot\Delta T\right]R_0 \tag{2-43}$$

而电阻值的相对变化量为

$$\frac{\Delta R}{R_0} = \alpha\Delta T + K(\beta_e - \beta_g)\cdot\Delta T \tag{2-44}$$

由式（2-44）可知，试件不受外力作用但温度变化时，粘贴在试件表面上的应变片会产生温度效应，表明应变片输出的大小与应变片敏感栅材料的电阻温度系数 α、线膨胀系数 β_g 及试件材料的线膨胀系数 β_e 有关。

（2）温度补偿。为了使应变片的输出不受温度变化影响，必须进行温度补偿。

① 单丝自补偿应变片。由式（2-44）可以看出，使应变片在温度变化时电阻误差为零的条件为

$$\alpha\Delta T + K(\beta_e - \beta_g)\cdot\Delta T = 0$$

即

$$\alpha = -K(\beta_e - \beta_g) \tag{2-45}$$

根据上述条件，选择合适的敏感栅材料，即可实现温度自补偿。

单丝自补偿应变片的优点是结构简单，制造和使用都比较方便，但它必须在具有一定线膨胀系数的材料的试件上使用，否则不能达到温度补偿的目的，因此应用的局限性很大。

② 双丝组合式自补偿应变片。这种应变片也称为组合式自补偿应变片，由两种电阻温度系数符号不同（一个为正，一个为负）的电阻丝材料组成。将两者串联绕制成敏感栅，若两段敏感栅电阻值 R_1 和 R_2 由于温度变化而产生的电阻值变化分别为 ΔR_{1T} 和 ΔR_{2T}，且大小相等、符号相反，就可实现温度补偿。

③ 桥式电路补偿法。桥式电路补偿法也称为补偿片法，测量应变时，使用两个应变片，一片贴在被测试件的表面，另一片贴在与被测试件材料相同的补偿块上，称为补偿应变片。在工作过程中，补偿块不承受应变，仅因温度变化产生变形。当温度发生变化时，工作片 R_1 和补偿片 R_2 的阻值都发生变化，且它们的温度变化相同。R_1 和 R_2 为同类应变片，又贴在相同的材料上，因此 R_1 和 R_2 的变化也相同，即 $\Delta R_1 = \Delta R_2$。如图 2-32 所示，应变片 R_1 和 R_2 分

别接入相邻的两桥臂，则因温度变化引起的电阻值变化 ΔR_1 和 ΔR_2 的作用相互抵消，这样就起到了温度补偿的作用。

桥式电路补偿法的优点是简单、方便，因此在常温下补偿效果较好。其缺点是在温度变化梯度较大的条件下，很难做到工作片与补偿片的温度完全一致，因此影响补偿效果。

④ 热敏电阻补偿。如图 2-33 所示，热敏电阻 R_T 与应变片处在相同的温度下，当应变片的灵敏度随温度升高而下降时，热敏电阻 R_T 的阻值下降，使电桥的输入电压随温度升高而增加，从而提高电桥的输出电压。选择合适阻值的分流电阻 R_5，可以使应变片灵敏度下降，使其对电桥输出电压的影响得到很好的补偿。

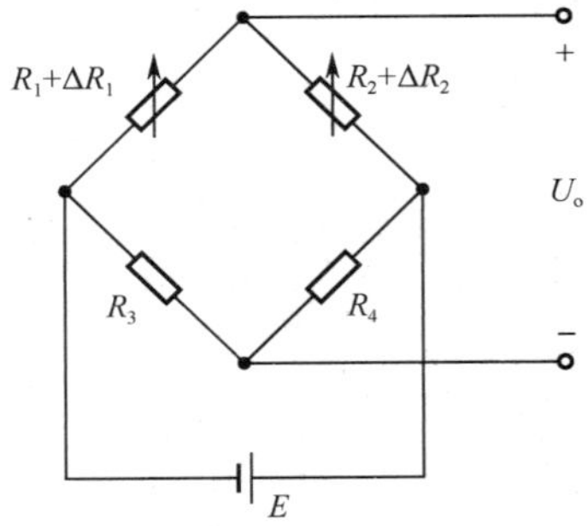

图 2-32 桥式补偿电路

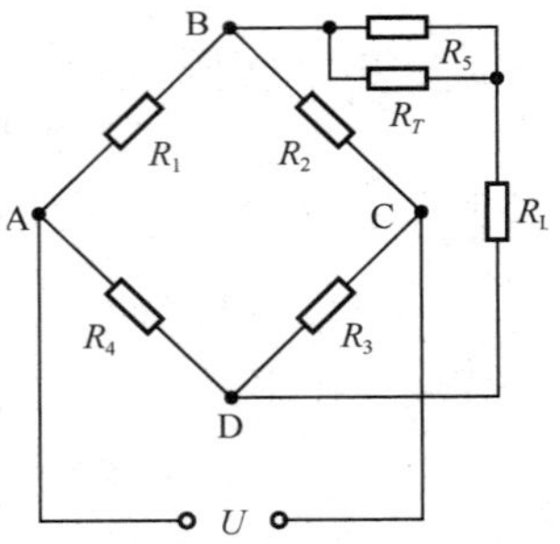

图 2-33 热敏电阻补偿电路

2.3.2 电阻应变式传感器的工程应用

1. 测力传感器

电阻应变式传感器常用于进行称重和测力。这种测力传感器由应变片、弹性元件、测量电路等组成。根据弹性元件的结构形式（圆柱形、筒形、环形、梁式、轮辐式等）和受载性质（拉、压、弯曲、剪切等）的不同，它们可分为许多种类。

（1）圆柱式力传感器。圆柱式传感器的弹性元件及其展开图如图 2-34 所示。

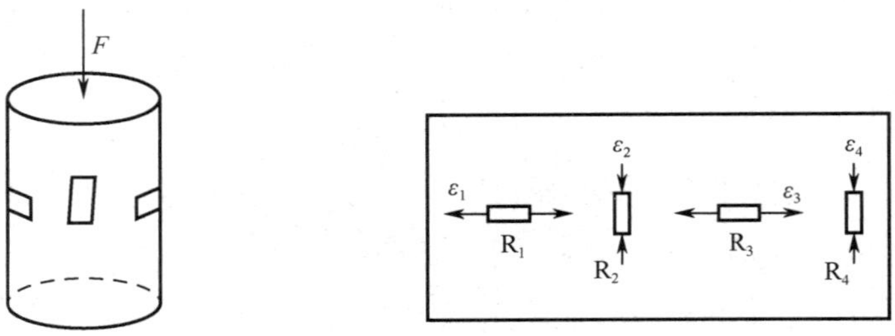

（a）圆柱式传感器的弹性元件　　（b）圆柱式传感器的弹性元件的展开图

图 2-34 圆柱式传感器的弹性元件及其展开图

设圆柱式传感器的弹性元件的有效截面积为 S、泊松比为 μ、弹性模量为 E，四片相同特性的应变片贴在圆柱的外表面，再接成全桥形式。如外加载荷为 F，R_1、R_3 受拉应力，R_2、R_4 受压应力，则传感器的输出电压为

$$U_o = \frac{E}{4}K(-\varepsilon_1 + \varepsilon_2 - \varepsilon_3 + \varepsilon_4) \tag{2-46}$$

把式（2-4）和式（2-6）代入上式，得

$$U_o = \frac{E}{2}K(1+\mu)\varepsilon_x = \frac{E}{2}(1+\mu)\frac{F}{SE} \tag{2-47}$$

由此可见，输出电压 U_o 正比于载荷 F，有

$$\frac{U_o}{U_{om}} = \frac{F}{F_m} \tag{2-48}$$

$$U_o = \frac{F}{F_m}U_{om} = K_f\frac{E}{F_m}F \tag{2-49}$$

式中，U_{om} 为满量程时的输出电压；K_f 为载荷传感器的灵敏度（mV/V），$K_f = \frac{U_{om}}{E}$；F_m 为载荷传感器满量程时的值。

用柱式力传感器可制成称重式料位计，如图 2-35 所示，把三个载荷传感器按 120° 分布安装，支起料斗，并根据传感器输出电压信号大小标注料位。

（2）梁式力传感器。梁式力传感器是在等强度悬臂梁上距作用点距离为 x 处，上下各粘贴四片相同的应变片，并接成全桥形式。用这样的方法，可制成电子秤、加速度传感器等。

电阻应变式加速度传感器如图 2-36 所示。在悬臂梁的自由端固定一个质量块。当壳体与待测物一起做加速运动时，悬臂梁在质量块的惯性力的作用下发生变形，使粘贴于其上的应变片阻值发生变化，检测阻值的变化即可求得待测物的加速度。

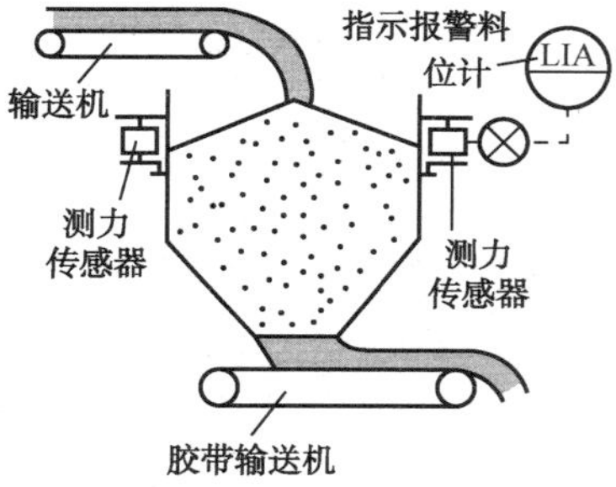

图 2-35　称重式料位计

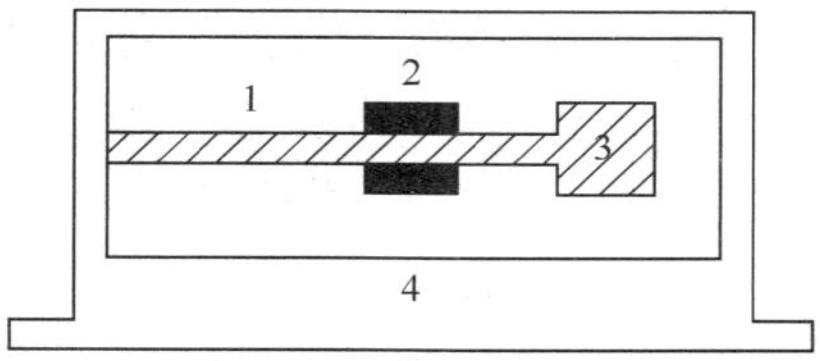

1—等强度悬臂梁；2—应变片；3—质量块；4—固定壳体。

图 2-36　电阻应变式加速度传感器

电阻应变式测力传感器广泛应用于工业领域。例如，在飞机的翼尖，电阻应变式传感器可以检测飞机在飞行过程中由空气动力引起的应力和变形，通常由粘贴在结构表面的应变片组成，当结构发生变形时，应变片的电阻值随之变化，从而测出机翼所承受的实际应力，确保飞行安全。电阻应变式传感器在桥梁健康监测中可以实现健康监测和预警，对于保障公共安全至关重要。通过将应变片粘贴在桥梁的关键部位，可以实时监测交通载荷、风载等引起的应力变化，及时发现结构疲劳或损伤。在汽车悬挂系统中，电阻应变式传感器用于测量车轮与路面间的相互作用力，帮助车辆动态控制系统调整悬挂刚度，以提高汽车行驶的稳定性和舒适性。电阻应变式传感器也用于医疗康复设备，如假肢和矫形器，以监测和调整设备对患者肢体的支撑力。在工业自动化中，电阻应变式传感器安装在机械手臂上，用于检测和控制机械手臂的力度和精确位置，以执行精细的装配或搬运任务。

2. 压力传感器

压力传感器主要用于测量流体的压力。根据其弹性体的结构形式可分为单一式压力传感器和组合式压力传感器。

（1）单一式压力传感器。单一是指应变片直接粘贴在受压弹性膜片或筒上。图2-37所示为筒式应变压力传感器，其中，图2-37（a）所示为结构示意图，图2-37（b）所示为筒式弹性元件，图2-37（c）所示为四片应变片布片。工作应变片 R_1、R_3 沿筒外壁周向粘贴，温度补偿应变片 R_2、R_4 贴在筒底外壁，并接成全桥形式。当应变筒内壁感受到的压力为 p 时，筒外壁产生周向应变，从而改变电桥的输出电压。

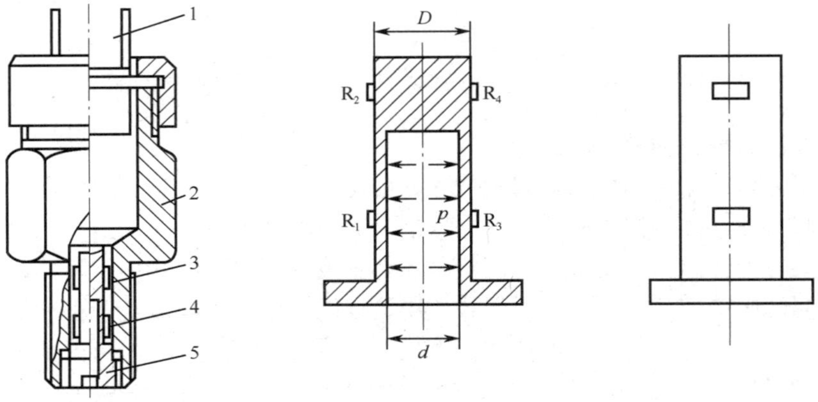

1—插座；2—基体；3—温度补偿应变片；
4—工作应变片；5—应变筒。

（a）结构示意图　　（b）筒式弹性元件　　（c）四片应变片布片

图2-37　筒式应变压力传感器

（2）组合式压力传感器。组合式压力传感器由受压弹性元件（膜片、膜盒或波纹管）和应变弹性元件（如各种悬臂梁）组合而成。前者承受压力，后者粘贴应变片，两者之间通过传力机构传递压力。这种结构的优点是受压弹性元件能对流体高温、腐蚀等影响起到隔离作用，使应变片具有良好的工作环境。

3．应变式位移传感器

应变式位移传感器把被测位移转变为弹性元件的变形和应变，然后通过应变片和电桥，输出正比于被测位移的电量。

图2-38（a）所示为国产YW型应变式位移传感器的结构。这种传感器采用了悬臂梁-弹簧串联的组合结构，适用于10～100mm位移的测量，其工作原理如图2-38（b）所示。

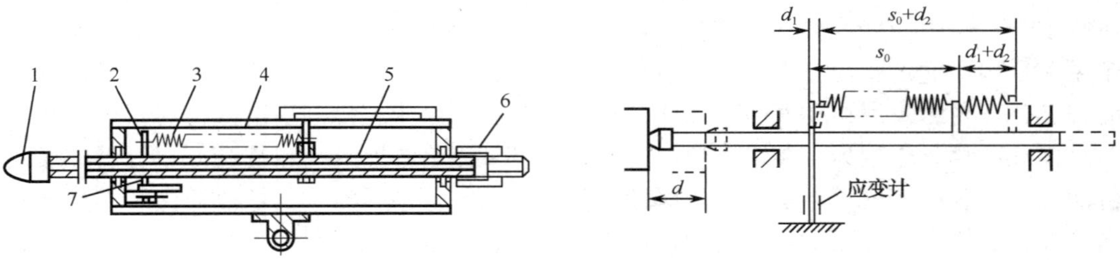

1—测量头；2—弹性元件；3—弹簧；4—外壳；
5—测量杆；6—调整螺母；7—应变片。

（a）国产YW型应变式位移传感器的结构　　（b）国产YW型应变式位移传感器的工作原理

图2-38　国产YW型应变式位移传感器

当测量杆上的测量头产生位移时，悬臂梁测量杆推动悬臂梁，使粘贴于上面的应变片产生应变，且应变量与位移成正比，即

$$d = K\varepsilon$$

上式表明：d 与 ε 呈线性关系，其比例系数 K 与弹性元件的尺寸和材料特性参数有关；ε 通过四片应变片和应变仪测得，且转换为对应的电压。

应变式位移传感器可用于监测建筑物或大型结构的微小位移变化，可用于评估结构的稳定性和安全性。在精密加工领域，应变式位移传感器用来确保机床的精确定位，从而保证加工精度。在机器人技术中，应变式位移传感器用于监测机器人关节的运动和负载，这对于机器人的精确控制和操作至关重要。

2.4　压阻式传感器

2.4.1　压阻式传感器的原理

1．压阻效应与压阻系数

当半导体材料受到应力作用时，其电阻率会发生变化，这种现象称为压阻效应。这种现象最初是由史密斯在 1954 年对硅和锗的电阻率与应力变化特性测试中发现的。压阻效应在实际应用中被用来制成各种压力传感器、应力传感器、应变传感器、速度传感器、加速度传感器，将力信号转换成电信号。

常见的半导体应变片采用锗和硅等半导体材料作为敏感栅。根据压阻效应，半导体和金属丝同样可以把应变转换成电阻值的变化。

金属应变中讨论的公式 $\dfrac{dR}{R} = (1+2\mu)\varepsilon + \dfrac{d\rho}{\rho}$ 同样适用于半导体材料。这是因为，由几何变形而引起的电阻值变化主要由电阻值变化率决定，即

$$\frac{dR}{R} \approx \frac{d\rho}{\rho} = \pi\sigma = \pi E\varepsilon$$

可改写为

$$\frac{\Delta R}{R} = \pi\sigma = \pi E\varepsilon \tag{2-50}$$

式中，π 为压阻系数；σ 为应力；E 为弹性模量。

由于半导体材料的各向异性，当其承受外应力时，同时产生纵向（半导体电阻长度方向）压阻效应和横向（半导体电阻宽度方向）压阻效应，则有

$$\frac{\Delta R}{R} = \pi_r\sigma_r + \pi_t\sigma_t \tag{2-51}$$

式中，π_r、π_t 分别为纵向压阻系数和横向压阻系数，其大小由半导体电阻的晶相决定；σ_r、σ_t 分别为纵向应力和横向应力（切向应力），其状态由半导体电阻的所在位置决定。

半导体应变片的灵敏系数为

$$K = \frac{\Delta R / R}{\varepsilon_x} = \pi E \tag{2-52}$$

对于硅压力传感器，其敏感元件通常都是周边固定的圆形膜片。如果膜片下部受均匀分

布的压力作用，由2.1节中的介绍可知，在圆膜的中心处具有最大的正应力（拉应力），且纵向应力和横向应力相等；在圆膜的边缘处，纵向应力σ_r为最大的负应力（压应力）。

2．测量原理

根据以上分析，在膜片上布置如图2-39所示的四个等值电阻。

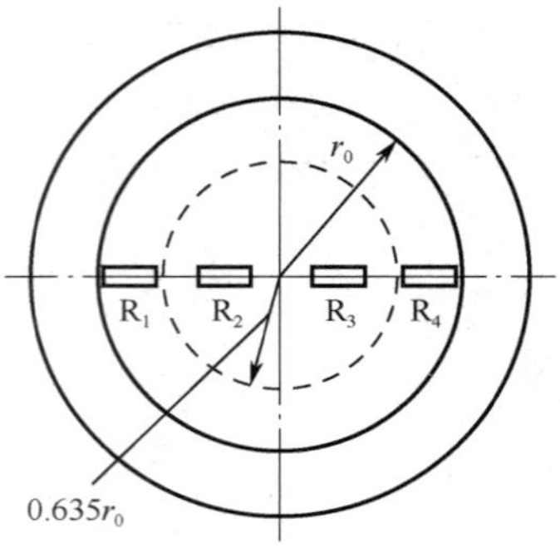

图2-39　膜片上的电阻分布图

利用纵向应力σ_r，其中两个电阻R_2、R_3处于$r<0.635r_0$位置，使其受拉应力；而另外两个电阻R_1、R_4处于$r>0.635r_0$位置，使其受压应力。

只要位置合适，可满足

$$\frac{\Delta R_2}{R_2}=\frac{\Delta R_3}{R_3}=-\frac{\Delta R_1}{R_1}=-\frac{\Delta R_4}{R_4} \tag{2-53}$$

这样就可以形成差动效果，通过测量电路，获得最大的输出电压灵敏度。

3．温度补偿

压阻式传感器受到温度影响后，会引起零点漂移和灵敏度漂移，因此会产生温度误差。这是因为，在压阻式传感器中，半导体材料的电阻温度系数较大，电阻值随温度的变化而变化，故引起传感器的零点漂移。当温度升高时，压阻系数减小，则传感器的灵敏度减小；反之，灵敏度增大。在高精度、高稳定性的应用中，应该对传感器进行温度补偿。

零点温度一般可用串联电阻的方法进行补偿，如图2-40所示。

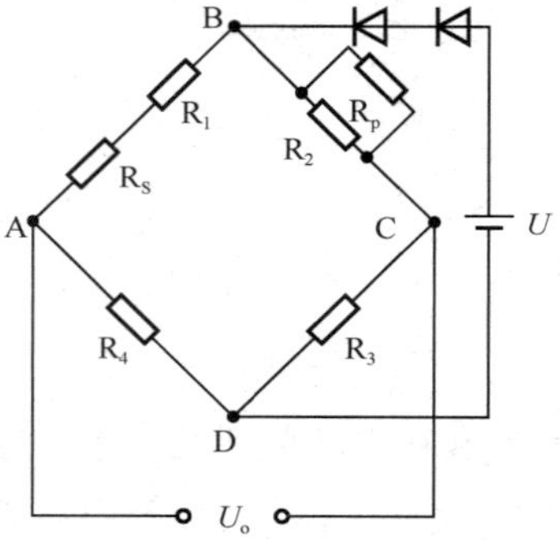

图2-40　温度补偿电路

串联电阻R_s主要起调零作用，并联电阻R_p主要起补偿作用。例如，温度上升，电阻R_2的阻值增量较大，则A点的电位高于C点的电位，V_A-V_C就是零点漂移。在电阻R_2上并联一个负温度系数的阻值较大的电阻 R_p，可约束电阻 R_2 的变化，从而实现补偿，以消除温度误差。

当然，如果在电阻 R_3 上并联一个正温度系数的阻值较大的电阻也是可行的。在电桥的电源回路中串联的二极管电压是补偿灵敏度温度漂移的。二极管的 PN 结为负温度特性，温度升高，压降减小。因此，当温度升高时，二极管正向压降减小，因为电源采用恒压源，所以电桥电压必然增大，使输出变大，以补偿灵敏度的下降。

4．压阻式传感器的应用

压阻式传感器的基本应用就是测量压力，但是根据不同的使用要求，其结构形式、外形尺寸和材料选择有很大的差异。例如，用于动态压力或点压力测量时，要求传感器的体积很小；生物医学用传感器，尤其是植入式传感器，则更要求其微型化，其材料选取还应考虑与生物体的相容性；在化工领域或在有腐蚀性气体、液体的环境中使用的传感器，则要求其有防爆、防腐蚀等性能。

1）压力测量

压阻式压力传感器由外壳、单晶硅膜片和引线组成，如图 2-41 所示，其核心部分是一块方形的单晶硅膜片。在硅膜片上，利用集成电路工艺制作了 4 个阻值相等的电阻。图中虚线圆内是承受压力区域。根据前述原理可知，电阻 R_2、R_4 所承受的是正应变（拉应变），电阻 R_1、R_3 所承受的是负应变（压应变），四个电阻之间用面积较大、阻值较小的扩散电阻引线连接，构成全桥。硅片的表面用二氧化硅薄膜加以保护，并用铝质导线作为全桥的引线。因为单晶硅膜片底部被加工成中间薄（用于产生应变）、周边厚（起支承作用）的形状，所以又称为硅杯。单晶硅膜片在高温下用玻璃黏结剂贴在与其热胀冷缩系数相近的玻璃基板上。将单晶硅膜片和玻璃基板紧密地安装到壳体中，就制成了压阻式压力传感器。

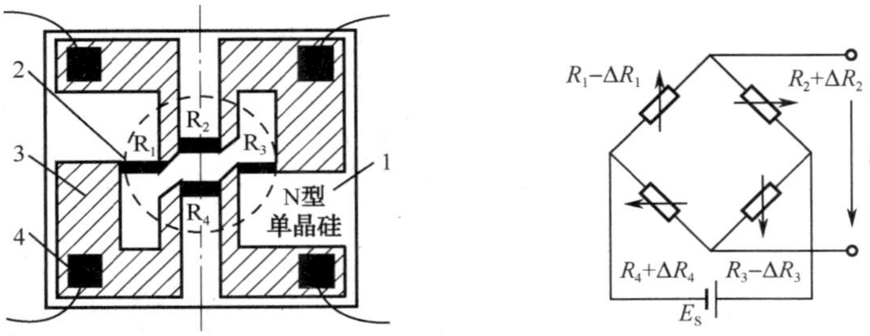

1—单晶硅膜片；2—扩散性应变片；
3—扩散电阻引线；4—电极及引线。

（a）单晶硅膜片电阻布置图　　（b）等效电路图

图 2-41 压阻式压力传感器

当单晶硅膜片两侧存在压差时，单晶硅膜片会产生变形，四个应变电阻在应力作用下其阻值发生变化，电桥失去平衡，按照电桥的工作方式，输出电压 U_o 与膜片两侧的压差 Δp 成正比，即

$$U_o = K\Delta p \tag{2-54}$$

2）液位测量

如图 2-42 所示，压阻式压力传感器安装在不锈钢壳体内，并由不锈钢支架固定放置于液体底部。传感器的高压侧进气孔（用不锈钢隔离膜片及硅油）与液体相通。安装高度 h_0 处的

水压为

$$p_1 = \rho g h_1$$

式中，ρ 为液体密度；g 为重力加速度。传感器的低压侧进气孔通过一根称为“背压管”的管子与外界的仪表接口相连接。被测液位高度为

$$H = h_0 + h_1 = h_0 + \frac{p_1}{\rho g} \tag{2-55}$$

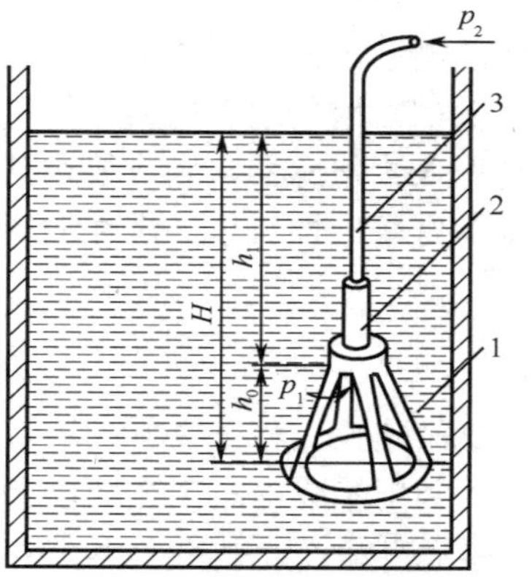

图 2-42　压阻式压力传感器

这种投入式液位传感器安装方便，适用于几米到几十米混有大量污物、杂质的水或其他液体的液位测量。

2.4.2　压阻式传感器的工程应用

压阻式传感器具有下列优点：体积小，结构比较简单，灵敏度高（比金属应变片高 50～80 倍），能测量十几微帕的微压，动态响应好，长期稳定性好，滞后和蠕变小，频率响应高，便于生产，成本低。因此，它在测量压力、压差、液位、物位、加速度和流量等方面得到广泛应用，涉及电力、化工、石油、机械、钢铁、城市供热、供水等领域。

1．压力测量

当硅膜片两边存在压差时，硅膜片上各点就有应力，硅膜片的阻值就会发生变化，使电桥失去平衡，输出相应的电压。这样，由测得的不平衡电桥的输出电压就可得到硅膜片所受的压差。

近年来，随着科学技术的不断发展，出现了一些“特种”压力传感器，如高精度压阻式压力传感器，这种传感器通过优化压阻材料的配方和制备工艺，以及采用先进的信号处理技术，实现了极高的测量精度和稳定性，常被用于需要高精度压力测量的领域，如工业自动化、医疗设备和科学实验等。

1）动态压力测量技术

所谓动态压力，一般指变化相对较快的压力，习惯性把变化频率大于 1000Hz 的压力称为动态压力。为了不失真地测量动态压力，一般要求测量传感器有 5～10kHz 的固有频率。应变式传感器因其固有频率较低而不宜用于动态压力测量。传统测量动态压力的方法是采用压电式压力传感器，它有较高的固有频率，一般可达 100～400kHz，因此可用于 10～40kHz 的动

态压力测量。压电式压力传感器输出的微弱电荷信号须经专门的电荷放大器处理变换为电压或电流信号，也须经优良的同轴电缆传输；还容易受干扰滋生噪声，从而得到信噪比不太好的被测信号。压电式压力传感器的阻抗很高，因此其静态特性很差。压阻式压力传感器采用微机电系统（Micro-Electro-Mechanical System，MEMS）技术设计与加工，因此具有极小的力学敏感元件尺寸与极高的刚度。因力学敏感元件具有高达 100～1000kHz 的固有频率、0.1～1μs 的上升时间，比压电式压力传感器高出一倍甚至一个数量级。

在传感器的结构设计上，还必须遵循以下两个原则：①进气道无管腔；②接触介质的力敏结构无降低力敏元件刚度的设计。目前国内开发生产的 CYG400 系列传感器就是这样的高频动态压力传感器。图 2-43 所示为齐平封装式高频动态压力传感器的结构示意图，它已成功用于爆轰、冲击、喷射等高频动态压力的精确测量。

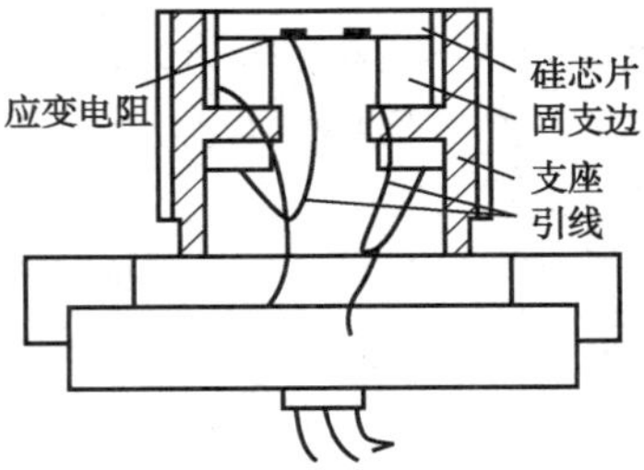

图 2-43　齐平封装式高频动态压力传感器的结构示意图

2）流场测量及微小容器内压力测量技术

流体中运动物体表面的流场测量，如风洞中的飞机、汽车模型，水洞中的桥墩、舰艇模型，表面压力场分布对设计改进被测物的运动性能及安全性极为关键。这种压力测量技术必须考虑两个要点：①测量传感器的尺寸要尽量小或尽量薄，以不影响或改变原流体模型为原则；②多数测量都对传感器有较高的动态频响要求，而且流体变化频率从零频开始，高至上万赫兹。因此，此类测试应用只能采用 MEMS 压阻式压力传感器，它被加工成微小的圆柱形、探针形或薄片形，敏感元件在制成传感器时采用“准、齐、平”的封装原则，尽可能地减小管腔腔容对动态频响的影响。CYG500 系列微型及特型压力传感器就是为此类目的而开发设计的，目前它的最小尺寸为ϕ3.5mm（探针形），最薄尺寸为 2mm（薄片形）。对微小容器内的压力测量可采用这类传感器，一般采用探针形，如图 2-44 所示。

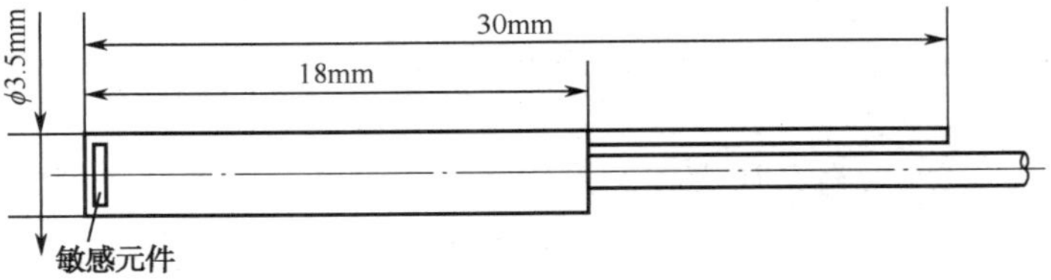

图 2-44　探针形传感器

3）高温及瞬态超高温压力测量技术

大多数情况下，高温压力测量都是指被测压力工作介质是高温状态，它带来的特殊问题如下：①测压传感器的测压元件必须是耐高温的，且温度对其性能的影响要在允许误差范围内，或者至少是已知的或可重复的；②测压传感器的封装材料、密封材料、结构工艺、互连引线及所用元件必须是耐工作介质温度且在工作温度范围内的，热力学性能是相适应的；③测压传感器的封装材料、密封材料及所用元器件在工作温度下有一定的寿命及较慢的老化、失效速度；④在保证被测压力的动态性能不失真的前提下也可采用冷却、隔热等特种结构设计。目前能耐受200℃以上高温的压力传感器有传统的SOS（蓝宝石上硅）型压阻式压力传感器，还有现代的SOI（绝缘体上硅）型压阻式压力传感器。

2．液位测量

图2-45所示为压阻式传感器在液位测量中的应用示意图。它是根据液面高度（液位）与液压成比例的原理工作的，如测量开放罐的液位，如图2-45（a）所示。如果液体密度ρ恒定，那么液体加在测量基准面上的压力P与液面到基准面的高度h成正比。因此，通过压力测量就可得知液位。因为$P=\rho h=\rho(h_1+h_2)$，所以，$h=P/\rho$或$h_1=(P/\rho)-h_2$。式中，h_2为最小液位距测量基准面的高度，它的值可事先设定；h_1为所控液面与最小液位间的高度。

若测量密封罐的液位，如图2-45（b）所示，则高压侧（罐内侧）的压力为

$$P_1=P_0+\rho(h_1+h_2) \tag{2-56}$$

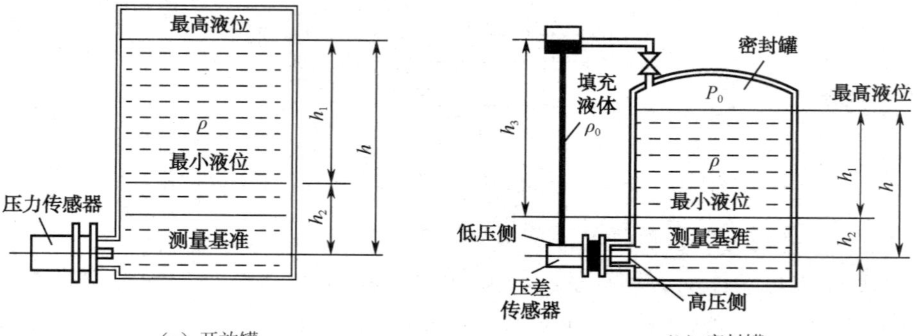

图2-45 压阻式传感器在液位测量中的应用示意图

而低压侧的压力为

$$P_2=P_0+\rho_0(h_3+h_2) \tag{2-57}$$

所以，压差ΔP为

$$\Delta P=P_1-P_2=\rho(h_1+h_2)-\rho_0(h_3+h_2)=\rho h_1-(\rho_0 h_3-\rho h_2+\rho_0 h_2) \tag{2-58}$$

式（2-56）～式（2-58）中，ρ为被测液体的密度；ρ_0为填充液体的密度；h_1为所控液面与最小液位间的高度；h_2为最小液位距测量基准面的高度；h_3为填充液体的液面距最小液位的高度；P_0为密封罐内的压力。压差ΔP由压差传感器的输出求得后，就可由式（2-58）得知液面的高度h_1。

在对江河湖海、水库及有杂质液体的液位进行测量时，需要注意消除水流流动的影响及防止自然水中的杂物、泥沙的淤堵。可在传感器感压元件前端设计一个消动压导流结构，俗称导流头，如图2-46所示。T形导流头有最优的防动压效果，但具有最差的防淤堵性能。紊流设计的多孔导流头有中等的防动压效果和中等的防淤堵性能，但无防动压设计。通常采用测压井法测量液位，如图2-47所示，即用一根直立有孔的长圆钢管直接插入被测液体。传感器从管的内孔中投下，这样就大大减轻了流动和淤堵的影响，但也因此限制了液位传感器的直径尺寸。

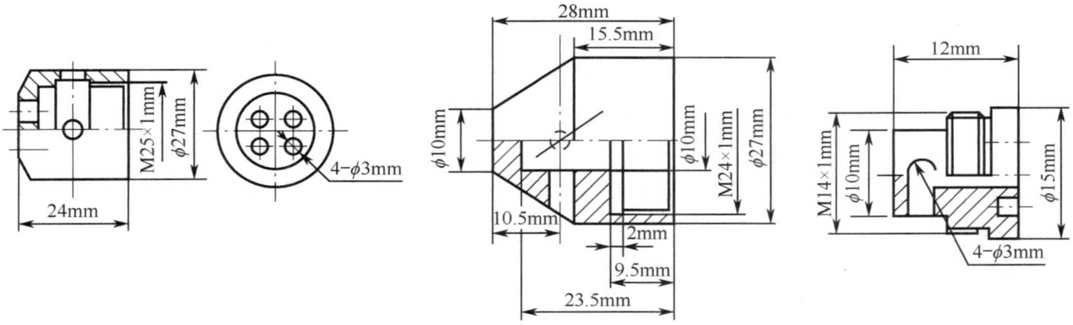

（a）多孔导流头　（b）消除动压的多孔导流头　（c）T形导流头

图 2-46　用于消除动压的导流头结构示意图

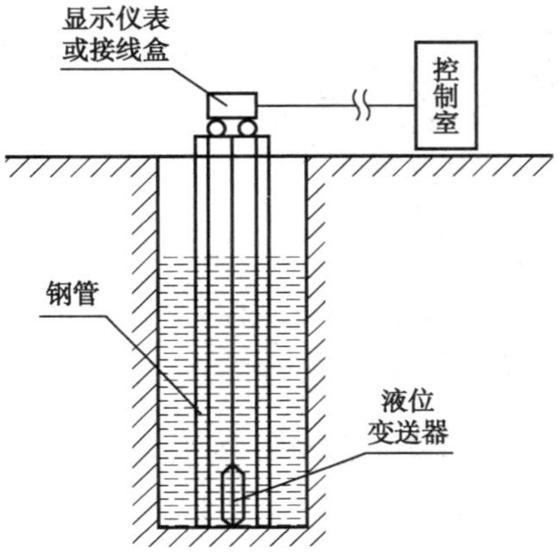

图 2-47　用测压井法测量液位

3. 加速度测量

图 2-48 所示为压阻式传感器在加速度测量中的应用。加速度传感器大多为悬臂梁式加速度传感器。压阻式加速度传感器中的悬臂梁直接用单晶硅制成。在悬臂梁根部的上、下两面各粘两个等值扩散应变片，构成惠斯通电桥。当悬臂梁自由端的质量块受到加速度作用时，悬臂梁因惯性力的作用产生弯矩而发生变形，同时产生应变，使扩散应变片的阻值变化，电桥便有与加速度成比例的电压输出。

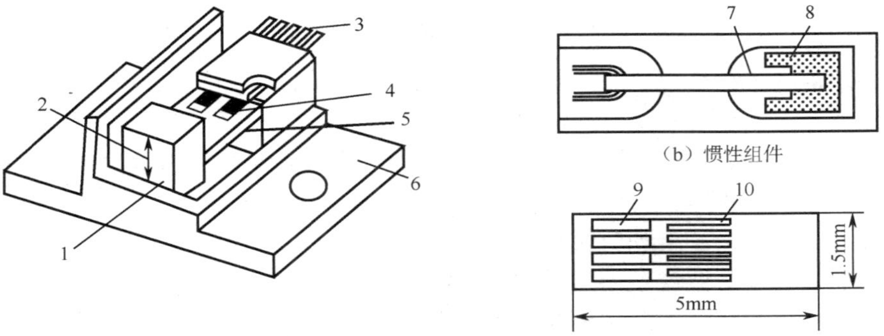

（a）结构示意图　（b）惯性组件　（c）扩散有应变计的硅梁

1、8—惯性质量块；2—振动方向；3—电极；4—扩散应变片；5、7—悬臂梁；6—基座；9—金属化电路；10—扩散应变片。

图 2-48　压阻式传感器在加速度测量中的应用

这种压阻式加速度传感器具有微型化的固态整体结构，性能稳定可靠；灵敏度高，可达0.2mV/g；准确度高，可达2%；频带宽，为0～500Hz；固有频率为2kHz；量程大，可测最大加速度为100*g*等优点。它的质量只有0.5g，适合于对小构件的精密测试，也可用于冲击测量，多用于航空航天等场合。

图2-49所示为闭环压阻式加速度传感器的结构原理图。闭环压阻式加速度传感器适用于某些特殊场合，如高精度、高动态范围的应用。它能对敏感质量进行力反馈，使得在工作范围内敏感质量所感受的由外界加速度引起的惯性力与反馈力处于大小相等、方向相反的状态，所以，又称其为力平衡式加速度传感器。

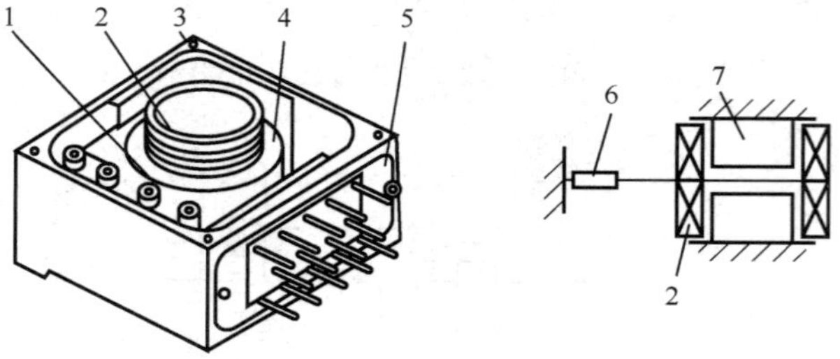

（a）结构示意图　　（b）原理图

1—硅梁组件；2—力矩器线圈；3—壳体；4—下磁路组件；5—插头座；6—压阻电桥；7—力矩器磁钢。

图2-49　闭环压阻式加速度传感器的结构原理图

这种传感器的弹性元件是单晶硅制成的硅梁组件，在它的自由端上、下两面，对称地连接着两个力矩器线圈，这两个线圈分别空套在上、下磁钢与轭铁形成的环形工作气隙中。在硅梁组件上还有压阻电桥，当传感器感受到外界加速度时，与硅梁组件自由端连接的力矩器线圈受到惯性力的作用，使得硅梁组件发生应变，在硅梁根部的压阻电桥输出电信号。这个信号经放大、整流后再输出，同时把相应的直流电流反馈到力矩线圈中，与永磁体磁场相互作用，产生一个与惯性力大小相等、方向相反的平衡力作用于硅梁自由端，从而实现零点检测。

由于采用力平衡工作方式，弹性硅悬臂梁没有过大的挠度，因而有利于提高动态频响特性及改善线性度。

闭环压阻式加速度传感器的特点是精度高、动态范围大，但其结构复杂，质量和尺寸都相对较大，成本也较高。

习题

2-1　什么是应变效应？什么是压阻效应？利用应变效应和压阻效应解释金属应变片和半导体应变片的工作原理。

2-2　说明应变片的种类和对材料的要求。

2-3　试叙述应变片温度误差的概念、产生原因和补偿方法。

2-4　什么是直流电桥？若按桥臂工作方式不同，可分为几种类型？各自的输出电压如何计算？

2-5　在传感器测量电路中，直流电桥与交流电桥有什么不同？如何选择应用场合？用应变片组成的半桥电路、全桥电路与单桥电路相比有哪些改进？

2-6　假设在等截面悬臂梁上粘贴四个完全相同的应变片，并组成差动全桥电路，试问：

（1）四个应变片应怎样粘贴在悬臂梁上？

（2）画出相应的电桥电路图。

2-7　图 2-50 所示为等强度悬臂梁测力系统，R_1 为应变片，应变片的灵敏系数 K=2.05，未受应变时，$R_1=120\Omega$。当试件受到力 F 时，应变片承受平均应变 $\varepsilon=800\mu m/m$。

（1）求应变片的电阻值变化量 ΔR_1 和电阻值相对变化量 $\Delta R_1/R_1$。

（2）将应变片 R_1 接入单臂测量电桥，电桥电源电压为直流 3V，求电桥的输出电压及电桥的非线性误差。

（3）若要减小非线性误差，应采取何种措施？

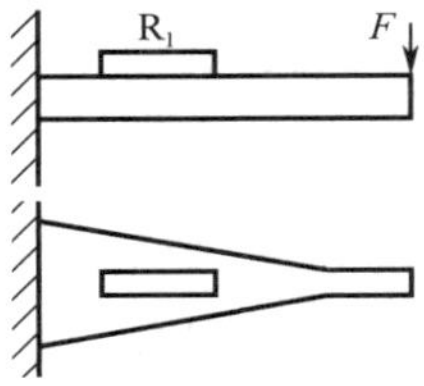

图 2-50　题 2-7 图

2-8　在题 2-7 的条件下，如果试件材质为合金钢，线膨胀系数 $\beta_g=11\times10^{-6}/℃$；应变片敏感栅材质为康铜，其电阻温度系数 $\alpha=15\times10^{-6}/℃$，线膨胀系数 $\beta_s=14.9\times10^{-6}/℃$。当传感器的环境温度从 10℃变化到 50℃时，所引起的附加电阻值相对变化量（$\Delta R/R$）为多少？折合成附加应变 ε_T 为多少？

2-9　一个量程为 10kN 的应变式测力传感器，其弹性元件为薄壁圆筒，轴向受力，外径为 20mm，内径为 18mm，在其表面粘贴八个应变片，其中，四个沿轴向粘贴，四个沿周向粘贴，应变片的电阻值均为 120Ω，灵敏度为 2.0，泊松比为 0.3，材料的弹性模量 $E=2.1\times10^{11}\,Pa$。

（1）画出弹性元件贴片位置及全桥电路。

（2）计算传感器在满量程时各应变片的电阻值。

（3）当桥路的供电电压为 10V 时，计算电桥负载开路时的输出电压。

2-10　将一个阻值为 120Ω的康铜丝应变片粘贴于 10#优质碳素钢杆表面，轴向受力，该试件的直径为 10mm，碳素钢的弹性模量 $E=200\times10^9\,Pa$，由应变片组成一个单臂应变电桥，设应变片允许通过的最大电流为 30mA，求当碳素钢杆受到 100N 的力时电桥可能的最大输出开路电压是多少。

第 3 章

电容式传感器

本章知识点：

- 变极距型电容式传感器的原理及工程应用
- 变面积型电容式传感器的原理及工程应用
- 变介质型电容式传感器的原理及工程应用
- 电容式传感器的灵敏度及非线性
- 电容式传感器的等效电路
- 电容式传感器的测量电路

基本要求：

- 掌握三种类型的电容式传感器的原理及工程应用
- 掌握电容式传感器的灵敏度和非线性的概念及补偿方法
- 掌握电容式传感器的等效电路
- 掌握电容式传感器的测量电路

能力培养目标：

通过本章的内容，对电容式传感器进行系统学习，掌握三种电容式传感器的基本原理及工程应用，并学习电容式传感器的等效电路、测量电路，通过实际案例，培养学生综合应用知识的能力。

电容式传感器是一种基于电容原理的传感器，能够将被测非电量的变化转换为电容量变化，通过测量电容量的变化，就可以确定被测量的大小。它具有结构简单、体积小、分辨率高的特点，可用于非接触式测量，并能在高温、辐射和强烈振动等恶劣条件下工作。电容式传感器广泛应用于压力、压差、液位、加速度、成分含量等多方面测量。随着电容测量技术的迅速发展，电容式传感器在非电量测量和自动检测中得到了广泛应用。

3.1 变极距型电容式传感器

在由绝缘介质分开的两个平行金属板组成的平板电容中，如果不考虑边缘效应，其电容量为

$$C = \frac{\varepsilon S}{d} \tag{3-1}$$

式中，ε为电容极板间介质的介电常数，$\varepsilon = \varepsilon_0 \varepsilon_r$，其中，$\varepsilon_0$为真空介电常数，$\varepsilon_r$为极板间介质的相对介电常数；$S$为两平行板所覆盖的面积；$d$为两平行板之间的距离。

当式（3-1）中的 S、d 或 ε 发生变化时，电容量 C 也随之变化。如果保持其中两个参数不变，而仅改变其中一个参数，就可把该参数的变化转换为电容量的变化，通过测量电路就可转换为电量输出。因此，电容式传感器可分为变极距型、变面积型和变介质型三种。

图 3-1 所示为常用电容式传感器的结构形式。图 3-1（a）、图 3-1（e）为变极距型电容式传感器，图 3-1（b）、图 3-1（c）、图 3-1（d）、图 3-1（f）、图 3-1（g）、图 3-1（h）为变面积型电容式传感器，而图 3-1（i）～图 3-1（l）为变介质型电容式传感器。

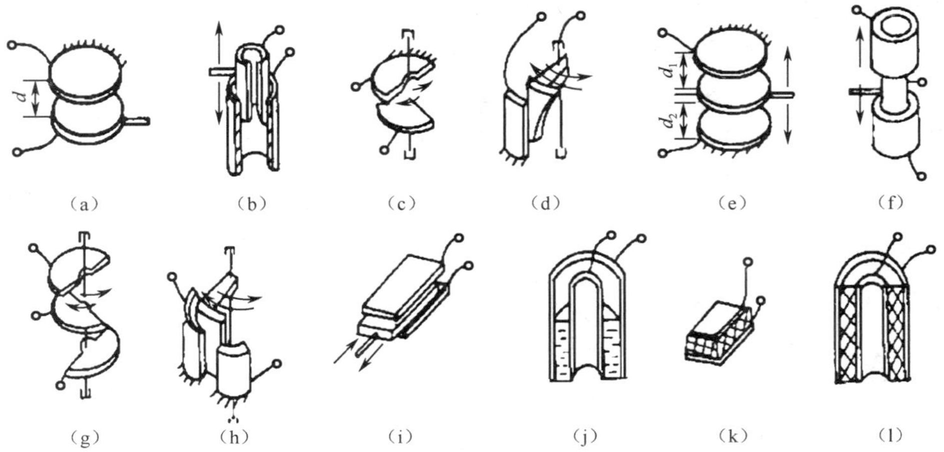

图 3-1 常用电容式传感器的结构形式

3.1.1 变极距型电容式传感器的原理

图 3-2 所示为变极距型电容式传感器的原理图。当传感器的 ε_r 和 S 为常数，初始极距为 d_0 时，由式（3-1）可知其初始电容量 C_0 为

$$C_0 = \frac{\varepsilon_0 \varepsilon_r S}{d_0} \tag{3-2}$$

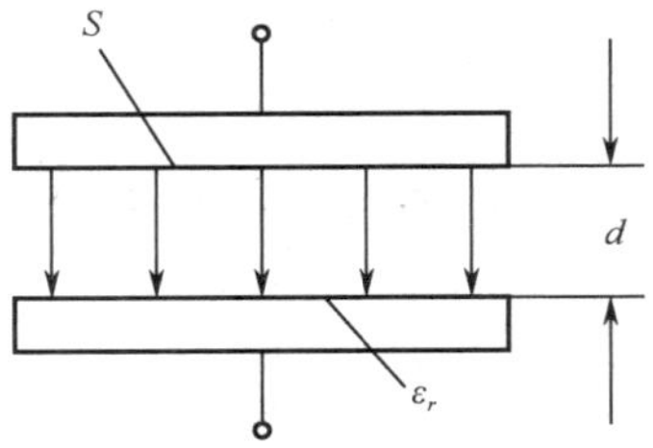

图 3-2 变极距型电容式传感器的原理图

若电容极板间距离由初始值 d_0 缩小了 Δd，电容量增大了 ΔC，则有

$$C = C_0 + \Delta C = \frac{\varepsilon_0 \varepsilon_r S}{d_0 - \Delta d} = \frac{C_0}{1 - \dfrac{\Delta d}{d_0}} = \frac{C_0\left(1 + \dfrac{\Delta d}{d_0}\right)}{1 - \left(\dfrac{\Delta d}{d_0}\right)^2} \tag{3-3}$$

由式（3-3）可知，变极距电容式传感器的输出特性不是线性关系，而是如图 3-3 所示的曲线关系。

在式（3-3）中，若 $\Delta d/d_0 \ll 1$ 时，$1-(\Delta d/d_0)^2 \approx 1$，则式（3-3）可以简化为

$$C = C_0 + C_0 \frac{\Delta d}{d_0} \tag{3-4}$$

此时 C 与 Δd 近似呈线性关系，所以变极距型电容式传感器只有在$\Delta d/d_0$很小时，才有近似的线性关系。

另外，由式（3-4）可以看出，在 d_0 较小时，对于同样的 Δd 变化所引起的 ΔC 增大，从而使传感器的灵敏度提高。但 d_0 过小，容易引起电容击穿或短路。为此，极板间可采用高介电常数的材料（云母、塑料膜等）作为介质，如图 3-4 所示，此时电容量 C 变为

$$C = \frac{S}{\dfrac{d_g}{\varepsilon_0 \varepsilon_g} + \dfrac{d_0}{\varepsilon_0}} \tag{3-5}$$

式中，ε_g 为云母的相对介电常数，$\varepsilon_g=7$；ε_0 为空气的介电常数，$\varepsilon_0=1$；d_0 为气隙的厚度；d_g 为云母片的厚度。

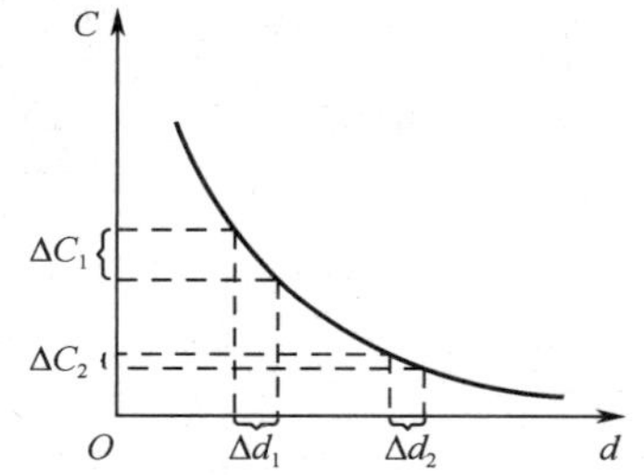

图 3-3　电容量与极板间距离的关系

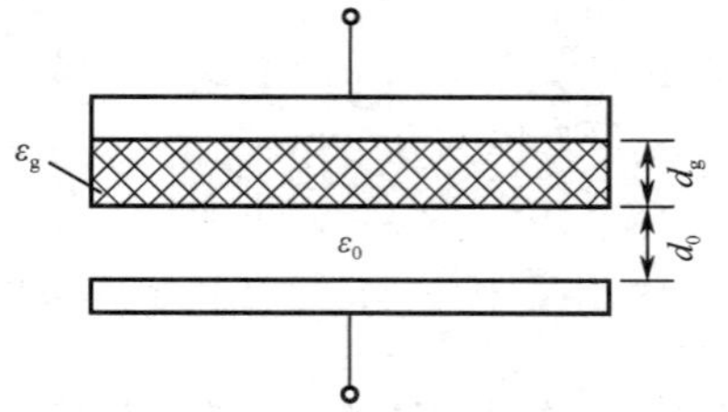

图 3-4　放置云母片的电容

云母片的相对介电常数是空气的 7 倍，其击穿电压不小于 1000kV/mm，而空气仅为 3kV/mm。因此有了云母片，极板间起始距离可大大减小。同时，式（3-5）中的 $d_g/\varepsilon_0\varepsilon_g$ 项为恒定值，它能使传感器的输出特性的线性度得到改善。

一般变极距型电容式传感器的起始电容为 20～100pF，极板间距离为 25～200μm。最大位移应小于间距的 1/10，故其在微位移测量中应用最广。

3.1.2 变极距型电容式传感器的工程应用

1. 电容式压力传感器

电容式压力传感器是一种利用电容敏感元件将被测压力转换成与之成一定关系的电量输出的压力传感器。它一般采用圆形金属薄膜或镀金属薄膜作为电容的一个电极，当薄膜受到压力而变形时，薄膜与固定电极之间的电容量发生变化，通过测量电路可输出与电压成一定关系的电信号。电容式压力传感器属于变极距型电容式传感器，可分为单极电容式压力传感器和差动电容式压力传感器。

1）单极电容式压力传感器

图 3-5 所示为单极电容式压力传感器的结构图，它的固定电极为凹形球面状，膜片为周

边固定的张紧平面，膜片可用塑料镀金属层的方法制成。其工作原理为：薄膜在压力的作用下变形，从而改变电容的容量，其灵敏度大致与薄膜的面积和压力成正比，与薄膜的张力和薄膜到固定电极的距离成反比。这种压力传感器适用于测量低压，并有较高的过载能力。

2）*差动电容式压力传感器*

图 3-6 所示为差动电容式压力传感器的结构图，其由一个膜片动电极和两个在凹形玻璃上电镀而成的固定电极组成。

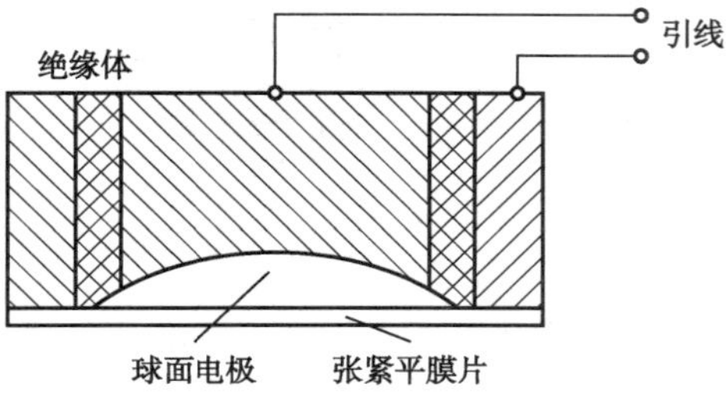

图 3-5　单极电容式压力传感器的结构图

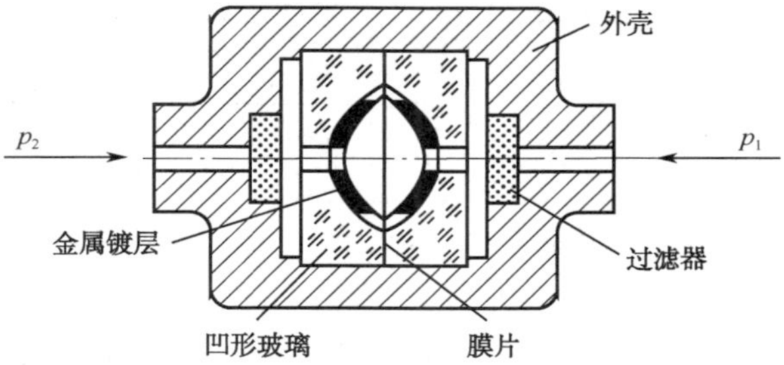

图 3-6　差动电容式压力传感器的结构图

其工作原理为：当被测压力或压差作用于膜片并使之产生位移时，造成两个电容的容量一个增大，一个减小，该电容量的变化经测量电路转换成与压力或压差对应的电流或电压的变化。它的固定电极是在凹形玻璃表面电镀金属层而制成的，因此过载时膜片受到凹面的保护而不致破裂。

差动电容式压力传感器比单极电容式压力传感器的灵敏度高、线性度好，但加工较困难（特别是难以保证对称性），而且不能实现对被测气体或液体的隔离，因此不宜工作在有腐蚀性或杂质的流体中。

2. 电容式加速度传感器

电容式加速度传感器的结构形式一般采用弹簧质量块系统。其工作原理为：质量块受加速度的作用运动，从而改变质量块与固定电极之间的间隙，使电容量变化。电容式加速度传感器与其他类型的加速度传感器相比具有灵敏度高、零频响应、环境适应性好等特点，尤其是受温度的影响较小。但不足之处表现在信号的输入与输出为非线性关系，量程有限，受电缆的电容量影响，以及电容式传感器本身是高阻抗信号源，因此电容式传感器的输出信号往往需通过后继电路进行改善。在实际应用中电容式加速度传感器较多地用于低频测量。

1）*差动电容式加速度传感器*

图 3-7 所示为差动电容式加速度传感器的结构图。它有两个固定电极（与壳体绝缘），中间有一个用弹簧片支撑的质量块，此质量块的两个端面经过磨平抛光后作为可动极板（与壳体相连）。

其工作原理为：当传感器壳体随被测对象沿垂直方向做直线加速运动时，质量块在惯性空间中相对静止，两个固定电极将相对于质量块在垂直方向产生大小正比于被测加速度的位移。此位移使两个电容的间隙发生变化，一个增大，一个减小，从而使电容量 C_1、C_2 产生大小相等、符号相反的增量，此增量正比于被测加速度。

差动电容式加速度传感器的主要特点是频率响应快和量程范围大，大多采用空气或其他气体作为阻尼物质。

2）加速度传感器的应用

如图 3-8 所示，MS9000 惯性加速度传感器是一种新型、超小型产品，适用于使用环境恶劣和耐用度要求极高的场景。

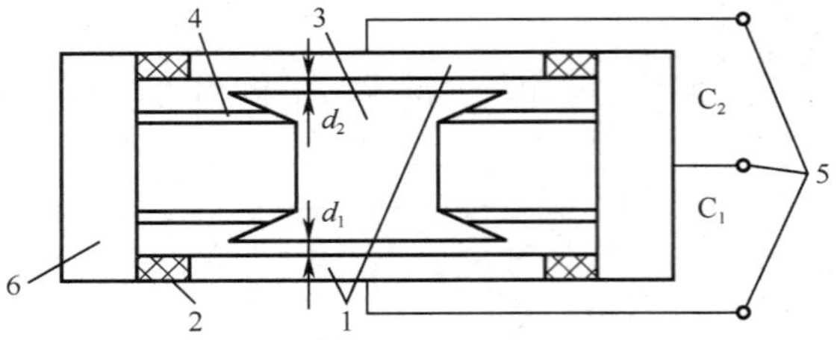

1—固定电极；2—绝缘垫；3—质量块；4—弹簧；5—输出端；6—壳体。

图 3-7　差动电容式加速度传感器的结构图

图 3-8　MS9000 惯性加速度传感器

目前一些笔记本计算机里就内置了加速度传感器，能够动态地监测出笔记本计算机在使用中的振动，根据这些振动数据，系统会智能地选择关闭硬盘还是让其继续运行。这样当在颠簸的工作环境中使用计算机，或者不小心将其摔到地上时，可以最大限度地避免由于振动造成硬盘损坏，从而保护里面的数据。

3．差动电容式测厚传感器

差动电容式测厚传感器用于对金属带材在轧制过程中厚度的检测。其工作原理为：在被测带材的上下两侧各放置一块面积相等、与带材距离相等的极板，这样极板与带材就构成了两个电容 C_1、C_2。把两块极板用导线连接起来成为一个电极，而带材就是电容的另一个电极，其总电容量为 C_1+C_2。如果带材的厚度发生变化，将引起电容量的变化，用交流电桥将电容量的变化测出来，经过放大即可由仪表指示测量结果。

差动电容式测厚传感器的测量原理图如图 3-9 所示。音频信号发生器产生的音频信号，接入变压器 T 的原线圈，变压器副边的两个线圈作为测量电桥的两臂，电桥的另外两桥臂由标准电容 C_0 和带材与极板形成的待测电容 C_x（$C_x=C_1+C_2$）组成。电桥的输出电压经音频放大器放大后整流为直流电压，再经差动放大器放大，即可用仪表指示出带材厚度的变化。

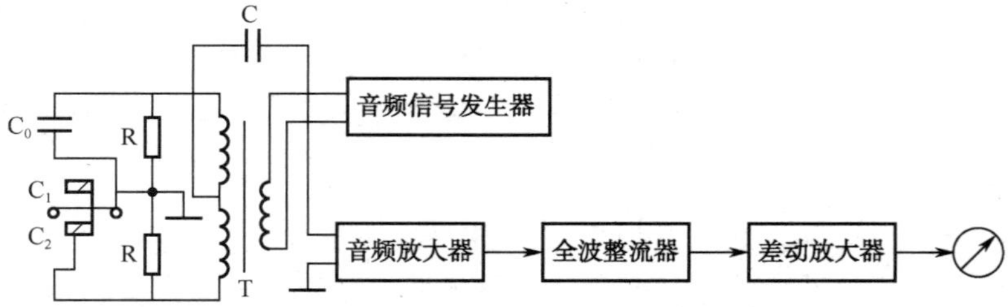

图 3-9　差动电容式测厚传感器的测量原理图

4．电容式载荷传感器

载荷传感器是通过检测受力载体所受的载荷来完成对物体受力测量的传感器装置。载荷传感器能将从载体传来的压力转化成相应的电信号，从而达到测量的目的。而电容式载荷传感器是通过受压变形时电容量的变化来测量所受载荷量的检测装置。

电容式载荷传感器的结构原理如图 3-10 所示。选用浇铸性好、弹性极限高的特种钢（镍铬钼合金），在同一高度上并排平行打圆孔，用特殊的黏结剂将两个截面为 T 形的绝缘体固定于孔的内壁，保持其平行并留有一定的空隙，在相对面上粘贴铜箔，从而形成一排平板电容。当圆孔受载荷变形时，电容量将改变。在电路上各电容并联，因此总电容量增量将正比于被测平均载荷 F。此种传感器的特点是测量误差小，受接触面影响小；采用高频振荡电路为测量电路，把检测、放大等电路置于孔内；利用直流电供电，输入信号也是直流信号；工作可靠，温度漂移可补偿到很小。

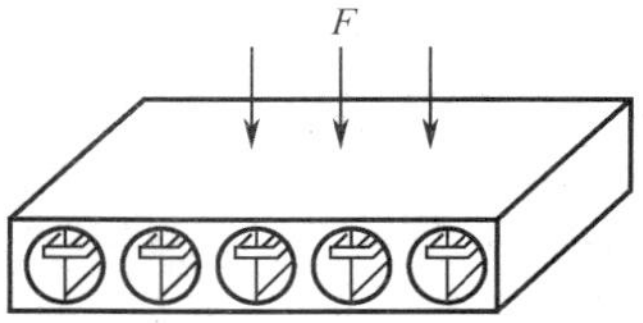

图 3-10　电容式载荷传感器的结构原理

5．电容式指纹识别传感器

电容式指纹识别传感器是一种新型传感器。它在一些防盗系统、高科技及重要场合中得到了应用，如笔记本计算机、手机及汽车等的指纹识别及防盗，如图 3-11 所示。

（a）笔记本计算机指纹识别　（b）手机指纹识别　（c）汽车防盗指纹识别

图 3-11　电容式指纹识别传感器

1）电容式键盘

常规键盘有机械式键盘和电容式键盘两种。电容式键盘是基于电容式开关的键盘，电容式键盘的原理是通过按键改变电极间的距离从而产生电容量的变化，以实现信息的转换。当按下键盘上的按键时，按键下的电容会发生变化，这个变化会被键盘内部的电路检测到，并转化为相应的信号输出。

2）指纹识别

指纹识别传感器中含有指纹传感芯片，指纹传感芯片表面由若干个电容式传感器组成。当人把手指放在传感器上时，皮肤表面的指纹与传感器之间形成微小的电容，手指充当电容的另外一个极板。由于手指上存在指纹纹路，且深浅不一致，导致硅表面电容阵列的各个电容电压不同。通过测量并记录各点的电压就可以获得具有灰度级的指纹图像，分析电容图像，提取出指纹的关键特征，如纹路、脊线、沟槽、交叉点等，从而达到辨别指纹的目的。

3.2　变面积型电容式传感器

3.2.1　变面积型电容式传感器的原理

图 3-12 所示为变面积型电容式传感器的原理图。被测量通过动极板移动引起两极板有效

覆盖面积 S 的改变，从而得到电容量的变化。当动极板相对于定极板沿长度方向平移 Δx 时，电容量为

$$C=\frac{\varepsilon_0\varepsilon_r(a-\Delta x)b}{d}=C_0-\frac{\varepsilon_0\varepsilon_r}{d}\Delta xb=C_0-\Delta C \tag{3-6}$$

$$\Delta C=C_0-C$$

电容量相对变化量为

$$\frac{\Delta C}{C_0}=\frac{\dfrac{\varepsilon_0\varepsilon_r}{d}\Delta xb}{\dfrac{\varepsilon_0\varepsilon_r}{d}ab}=\frac{\Delta x}{a} \tag{3-7}$$

由式（3-7）得出变面积型电容式传感器的电容量 C 与水平位移 Δx 呈线性关系。

如图 3-13 所示，当动极板有一个角位移 θ 时，与定极板间的有效覆盖面积就发生改变，从而改变两极板间的电容量。当 θ=0 时，有

$$C_0=\frac{\varepsilon_0\varepsilon_r S_0}{d_0} \tag{3-8}$$

式中，ε_r 为介质的相对介电常数；d_0 为两极板间的距离；S_0 为两极板间的初始覆盖面积。当 $\theta\neq0$ 时，有

$$C=\frac{\varepsilon_0\varepsilon_r S_0\left(1-\dfrac{\theta}{\pi}\right)}{d_0}=C_0-C_0\frac{\theta}{\pi} \tag{3-9}$$

从式（3-9）可以看出，传感器的电容量 C 与角位移 θ 呈线性关系。

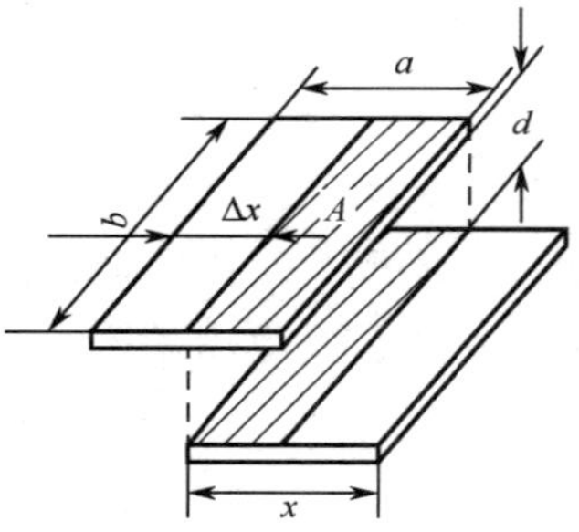

图 3-12　变面积型电容式传感器的原理图

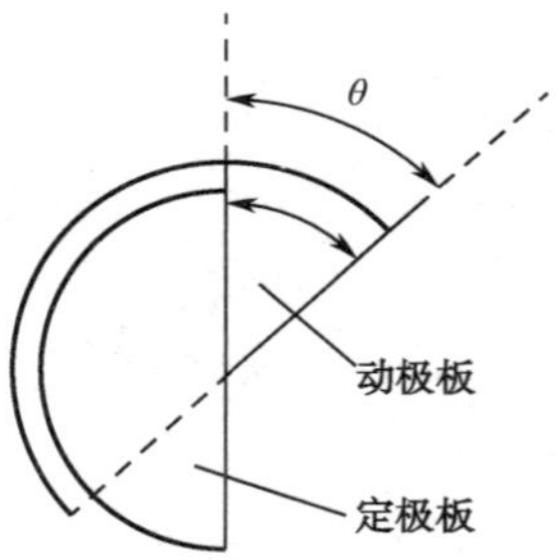

图 3-13　电容式角位移传感器的原理图

3.2.2　变面积型电容式传感器的工程应用

图 3-14 所示为圆筒式变面积型电容式位移传感器，它采用差动式结构，其固定电极与外壳绝缘，活动电极与测杆相连并彼此绝缘。

测量时，活动电极随被测物发生轴向移动，从而改变活动电极与两个固定电极之间的有效覆盖面积，使电容量发生变化，电容量的变化量与位移成正比。开槽弹簧片为传感器提供导向与支撑。电容式传感器无机械摩擦，灵敏度高，但行程小，主要用于接触式测量。

电容式传感器还可用于测量振幅或位移，以及测量转轴的回转精度和轴心偏摆等，属于动态非接触式测量，如图 3-15 所示。

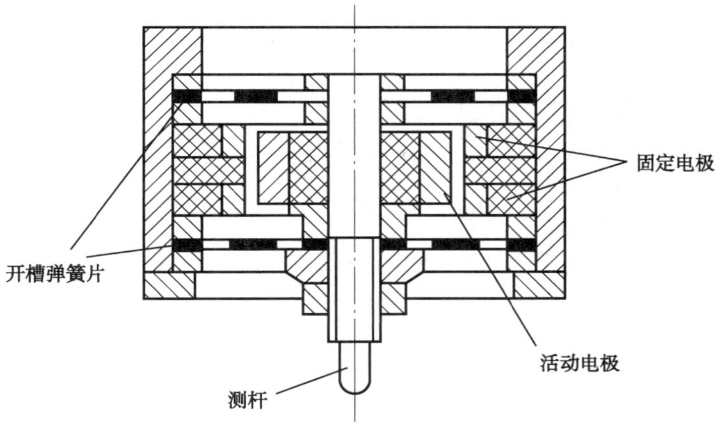

图 3-14　圆筒式变面积型电容式位移传感器

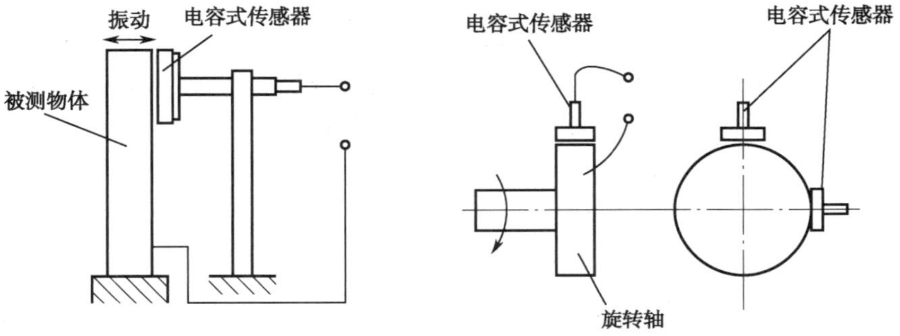

（a）振幅测量　　（b）测量转轴的回转精度和轴心偏摆

图 3-15　电容式传感器的应用

图 3-15（a）中电容式传感器和被测物体分别构成电容的两个极板，当被测物发生振动时，电容两极板之间的距离随之发生变化，从而改变电容量的大小，再经测量电路实现测量。

在图 3-15（b）所示的电容式传感器中，在旋转轴外侧相互垂直的位置放置两个电容极板作为定极板，旋转轴作为电容式传感器的动极板。

测量时，首先调整好电容极板与被测旋转轴之间的初始距离，当轴旋转因轴承间隙等原因产生径向位移和摆动时，定极板和动极板之间的距离发生变化，传感器的电容量也相应地发生变化，再经过测量转换电路即可测得转轴的回转精度和轴心偏摆。

3.3　变介质型电容式传感器

变介质型电容式传感器的工作原理基于不同材料具有不同介电常数的特性。当两个极板间的介质发生变化时，介质的介电常数也会随之变化，从而导致电容量的改变。这种改变可以通过测量电容量的变化来反映被测量的大小。

3.3.1　变介质型电容式传感器的原理

图 3-16 所示为变介质型电容式传感器测量液位的原理图。设被测介质的介电常数为 ε_1，

液面高度为 h，变介质型电容式传感器总高度为 H，内筒外径为 d，外筒内径为 D，此时变介质型电容式传感器电容量为

$$C=\frac{2p\varepsilon_1 h}{\ln\frac{D}{d}}+\frac{2p\varepsilon(H-h)}{\ln\frac{D}{d}}=\frac{2p\varepsilon H}{\ln\frac{D}{d}}+\frac{2ph(\varepsilon_1-\varepsilon)}{\ln\frac{D}{d}}=C_0+\frac{2ph(\varepsilon_1-\varepsilon)}{\ln\frac{D}{d}} \tag{3-10}$$

式中，ε 为空气的介电常数；C_0 为由传感器的基本尺寸决定的初始电容量。

$$C_0=\frac{2p\varepsilon H}{\ln\frac{D}{d}}$$

由式（3-10）可知，传感器的电容量增量正比于被测液位的高度 h。

变介质型电容式传感器的结构形式较多，可以用来测量纸张、绝缘薄膜等的厚度，也可用来测量粮食、纺织品、木材或煤等非导电固体介质的湿度。图3-17所示为常见的变介质型电容式传感器的结构，其两平行极板固定不动，极距为 d_0，相对介电常数为 ε_{r2}，电介质以不同的深度插入电容，从而改变两种介质的极板覆盖面积。变介质型电容式传感器总电容量 C 为

$$C=C_1+C_2=\varepsilon_0 b_0\frac{\varepsilon_{r1}(L_0-L)+\varepsilon_{r2}L}{d_0} \tag{3-11}$$

式中，L_0、b_0 分别为极板的长度和宽度；L 为第二种介质进入极板间的长度。

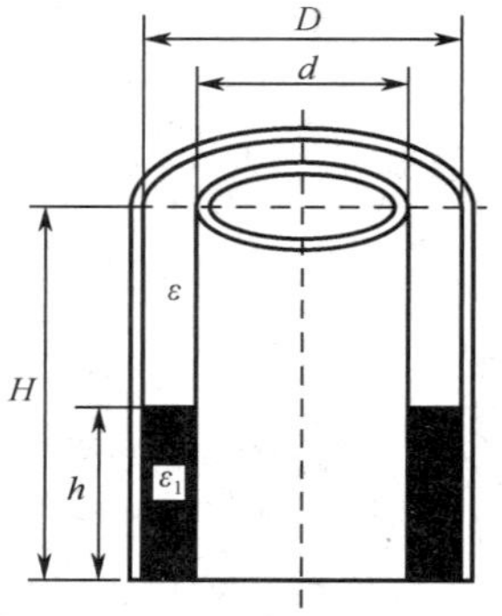

图3-16 变介质型电容式传感器测量液位的原理图

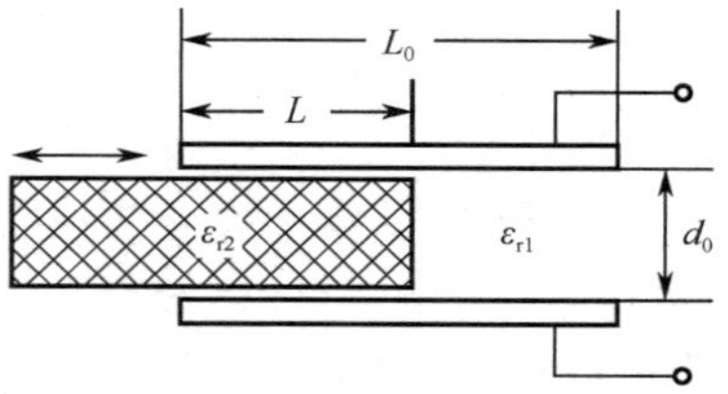

图3-17 常见的变介质型电容式传感器的结构

若第一种介质的介电常数 $\varepsilon_{r1}=1$，当 $L=0$ 时，传感器的初始电容量 $C_0=\varepsilon_0\varepsilon_r L_0 b_0/d_0$。当被测介质进入极板间的深度为 L 时，引起电容量的相对变化量为

$$\frac{\Delta C}{C_0}=\frac{C-C_0}{C_0}=\frac{(\varepsilon_{r2}-1)L}{L_0} \tag{3-12}$$

由此可见，电容量的变化与第二种介质的移动量 L 呈线性关系。

变介质型电容式传感器大多用来测量电介质的厚度、液位，还可根据极板间介质的介电常数随温度、湿度的改变而改变来测量介质的温度、湿度等。在电容两个极板间插入不同介质时，电容的电容量也不同。

3.3.2 变介质型电容式传感器的工程应用

1. 电容式料位传感器

图3-18所示为电容式料位传感器的结构示意图，测定电极安装在储料罐的顶部，这样在罐壁和测定电极之间就形成了一个电容。

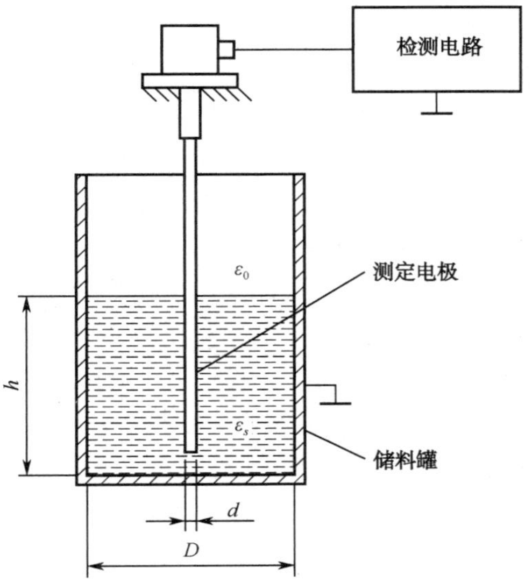

图 3-18　电容式料位传感器的结构示意图

其工作原理为：当罐内放入被测物料时，由于被测物料介电常数的影响，传感器的电容量将发生变化，电容量变化的大小与被测物料在罐内的高度有关，且成比例变化。检测出此时电容量就可测定物料在罐内的高度。

传感器的静电电容可表示为

$$c=\frac{k(\varepsilon_s-\varepsilon_0)h}{\ln\frac{D}{d}} \tag{3-13}$$

式中，k 为比例常数；ε_s 为被测物料的相对介电常数；ε_0 为空气的相对介电常数；D 为储料罐的内径；d 为测定电极的直径；h 为被测物料的高度。

假定罐内没有物料时的传感器的静电电容量为 C_0，放入物料后传感器的静电电容量为 C_1，则两者电容量差为

$$\Delta C=C_1-C_0 \tag{3-14}$$

由式（3-13）可知，两种介质的介电常数差别越大，极径 D 与 d 相差越小，传感器的灵敏度就越高。

2. 电容式接近开关

接近开关是一种用在工业自动化控制系统中以实现检测、控制并与输出环节无触点的开关元件。它的工作原理是，当接近开关接近某一物体时，立即发出控制信号。电容式接近开关通常由电容器的一个极板构成，而另一个极板是开关的外壳。这个外壳在测量过程中通常接地或与设备的机壳相连。当有物体移向接近开关时，不论它是否为导体，由于它的接近，总要使电容介质的介电常数发生变化，从而使电容量发生变化，使得和测量头相连的电路状态也随之发生变化，由此便可控制开关的接通或断开。

图 3-19 所示为电容式接近开关的结构图，检测极板设置在接近开关的最前端，测量转换电路安装在接近开关壳体内，用介质损耗很小的环氧树脂填充、灌封。当没有物体靠近检测极板时，检测极板与大地间的电容量 C 非常小，它与电感 L 构成高品质因数（Q=1）的 LC 振荡电路。当被检测物体为低电位的导体（如与大地有很大分布电容的人体、液体等）时，检测

极板对地电容量 C 增大，LC 振荡电路的 Q 值下降，导致振荡器停振。

当不接地、绝缘被测物体接近检测极板时，由于检测极板上有高频电压，在它附近会产生交变电场，被测物体就会受到静电感应，从而产生极化现象，正负电荷分离，检测极板的对地等效电容增大，使 LC 振荡电路的 Q 值降低。对能量损耗较大的介质（如各种含水有机物），它在高频交变极化过程中是需要消耗一定能量的，该能量是由 LC 振荡电路提供的，必然使 Q 值进一步降低，振荡减弱，振幅减小。当被测物体靠近到一定距离时，振荡器的 Q 值低到无法维持振荡而停振。根据输出电压 U_o 的大小，可大致判定被测物体的接近程度。

图 3-20 所示为电容式接近开关的工程应用实例。要求对某个工件进行加工，工件用夹具固定在移动工作台上，移动工作台由一个电动机拖动，做来回往复运动，刀具做旋转运动。现用两个电容接近开关来决定移动工作台何时换向。当传感器 A 有输出信号时，使电动机停止反转，同时，接通其正转电路，从而使移动工作台向右运动；当传感器 B 有输出信号时，使电动机停止正转，同时，接通其反转电路，从而使移动工作台向左运动。这样，就实现了移动工作台的行程限位。

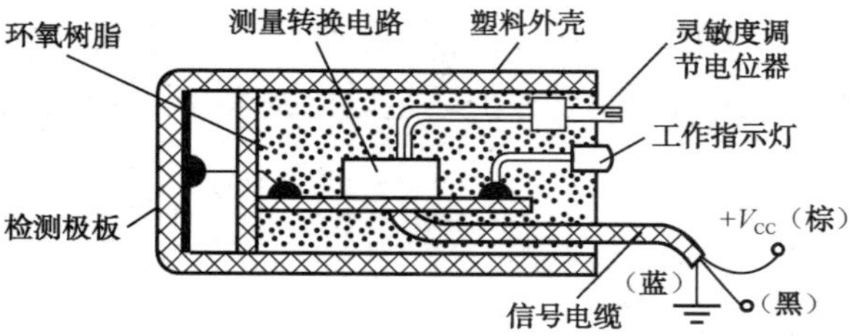

图 3-19 电容式接近开关的结构图

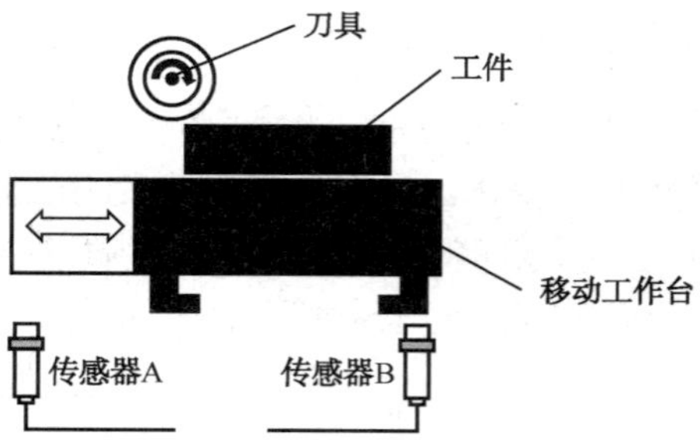

图 3-20 电容式接近开关的工程应用实例

3. 电容式液位传感器

如图 3-21 所示，飞机上使用的一种油量表采用了自动平衡电桥电路，由油箱液位电容式传感器、交流放大器、两相伺服电动机、减速器和指针等部件组成。电容式传感器的电容 C_x 接入电桥的一个臂，C_0 为固定的标准电容，R_P 为调整电桥平衡的电位器，其电刷与指针同轴连接。

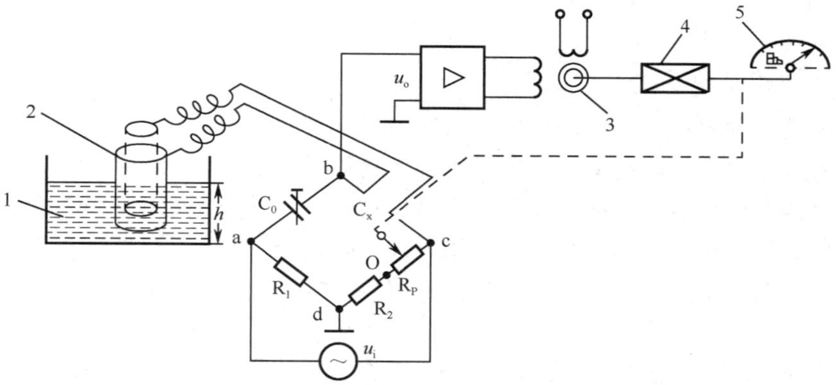

1—油料；2—电容；3—伺服电动机；4—减速器；5—指示表盘。

图 3-21 油箱液位检测电容式传感器

当油箱中注入油时，液位上升至 h 处，电容量的变化量 ΔC_x 与 h 成正比，电容量 $C_x=C_{x0}+\Delta C_x$。此时，电桥失去平衡，电桥的输出电压 U_o 经放大后驱动伺服电动机，由减速箱减速后带动指针顺时针偏转，同时带动电位器 R_P 滑动，使 R_P 的阻值增大，当 R_P 的阻值达到一定值时，电桥又达到新的平衡状态，U_o=0V，伺服电动机停转，指针停留在转角 θ_{x1} 处。可从油量刻度盘上直接读出油位的高度 h。

当油箱中的油位降低时，伺服电动机反转，指针逆时针偏转，同时带动 R_P 滑动，使其阻值减小。当 R_P 的阻值达到一定值时，电桥又达到新的平衡状态，U_o=0，于是伺服电动机再次停转，指针停留在转角 θ_{x2} 处。如此，可判定油箱中的油位。

3.4 电容式传感器的灵敏度及非线性

除变极距型电容式传感器外，其他几种形式传感器的输入与输出电容量之间均为线性关系，故只讨论变极距型电容式传感器的灵敏度及非线性。

由式（3-3）可知，电容量的相对变化量为

$$\frac{\Delta C}{C_0}=\frac{1}{1-\dfrac{\Delta d}{d_0}}\frac{\Delta d}{d_0} \tag{3-15}$$

当 $|\Delta d/d_0|\ll 1$ 时，上式可按级数展开，得

$$\frac{\Delta C}{C_0}=\frac{\Delta d}{d_0}\left[1+\frac{\Delta d}{d_0}+\left(\frac{\Delta d}{d_0}\right)^2+\left(\frac{\Delta d}{d_0}\right)^3+\cdots\right] \tag{3-16}$$

由式（3-16）可知，输出电容量的相对变化量 $\Delta C/C_0$ 与输入位移 Δd 之间呈非线性关系，当 $|\Delta d/d_0|\ll 1$ 时可略去高次项，得到近似的线性关系，即

$$\frac{\Delta C}{C_0}\approx\frac{\Delta d}{d_0} \tag{3-17}$$

电容式传感器的灵敏度为

$$K_0=\frac{\Delta C/C_0}{\Delta d}=\frac{1}{d_0} \tag{3-18}$$

式（3-18）说明了单位输入位移所引起的输出电容的相对变化量与 d_0 成反比。

如果考虑式（3-16）中的线性项与二次项，则有

$$\frac{\Delta C}{C_0}=\frac{\Delta d}{d_0}\left(1+\frac{\Delta d}{d_0}\right) \tag{3-19}$$

由此可得出传感器的相对非线性误差 δ 为

$$\delta=\frac{(\Delta d/d_0)^2}{|\Delta d/d_0|}\times 100\%=\left|\frac{\Delta d}{d_0}\right|\times 100\% \tag{3-20}$$

由式（3-18）与式（3-20）可以看出：要想提高电容式传感器的灵敏度，应减小其起始间隙 d_0，但非线性误差却随着 d_0 的减小而增大。

在实际应用中，为了提高电容式传感器的灵敏度，减小非线性误差，大都采用差动式结构。图 3-22 所示为变极距型差动平板电容式传感器的结构图。

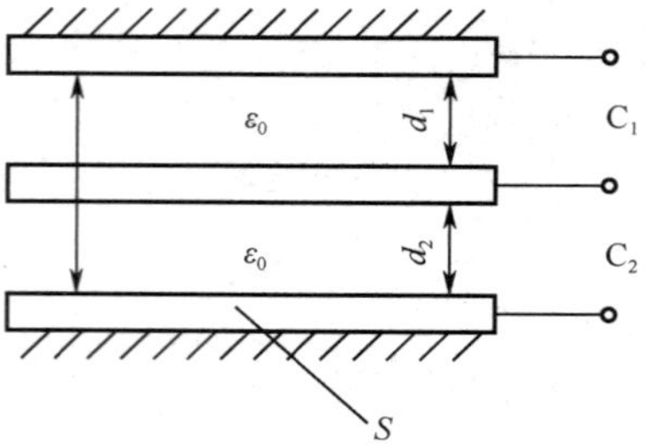

图 3-22　变极距型差动平板电容式传感器的结构图

在差动平板电容中，当动极板位移为 Δd 时，电容 C_1 的间隙 d_1 变为 $d_0-\Delta d$，电容 C_2 的间隙 d_2 变为 $d_0+\Delta d$，则有

$$C_1=C_0\frac{1}{1-\Delta d/d_0} \tag{3-21}$$

$$C_2=C_0\frac{1}{1+\Delta d/d_0} \tag{3-22}$$

当 $\Delta d/d_0 \ll 1$ 时，按级数展开得

$$C_1=C_0\left[1+\frac{\Delta d}{d_0}+\left(\frac{\Delta d}{d_0}\right)^2+\left(\frac{\Delta d}{d_0}\right)^3+\cdots\right] \tag{3-23}$$

$$C_2=C_0\left[1-\frac{\Delta d}{d_0}+\left(\frac{\Delta d}{d_0}\right)^2-\left(\frac{\Delta d}{d_0}\right)^3+\cdots\right] \tag{3-24}$$

电容量的总变化量为

$$\Delta C=C_1-C_2=2C_0\left[\frac{\Delta d}{d_0}+\left(\frac{\Delta d}{d_0}\right)^3+\left(\frac{\Delta d}{d_0}\right)^5+\cdots\right] \tag{3-25}$$

电容量的相对变化量为

$$\frac{\Delta C}{C_0}=2\frac{\Delta d}{d_0}\left[1+\left(\frac{\Delta d}{d_0}\right)^2+\left(\frac{\Delta d}{d_0}\right)^4+\cdots\right] \tag{3-26}$$

略去高次项，则 $\Delta C/C_0$ 与 $\Delta d/d_0$ 近似呈线性关系，即

$$\frac{\Delta C}{C_0}\approx 2\frac{\Delta d}{d_0} \tag{3-27}$$

如果只考虑式（3-26）中的线性项和三次项，则电容式传感器的相对非线性误差 δ 近似为

$$\delta=\frac{2|(\Delta d/d_0)^3|}{2|\Delta d/d_0|}\times 100\%=\left(\frac{\Delta d}{d_0}\right)^2\times 100\% \tag{3-28}$$

3.5　电容式传感器的等效电路

电容式传感器的等效电路可以用图 3-23 所示的电路表示。图中考虑了电容的损耗和电感效应，R_P 为并联损耗电阻，它代表极板间的漏电阻和介质损耗。这些损耗在低频时影响较大，

随着工作频率的增大，容抗减小，其影响就减弱。R_S 代表串联损耗，即代表引线电阻值、电容支架和极板电阻值的损耗。电感量 L 由电容本身的电感量和外部引线电感量组成。

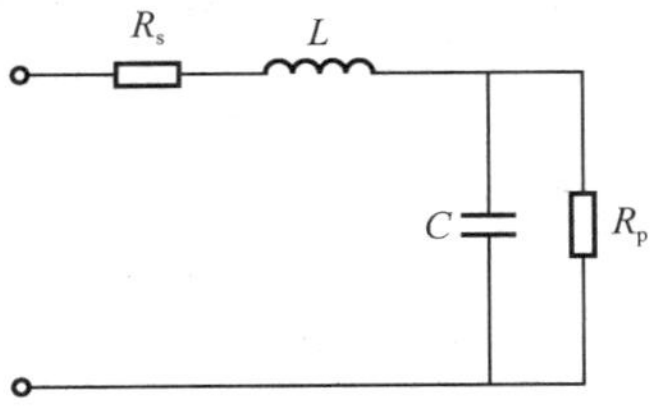

图 3-23　电容式传感器的等效电路

由等效电路可知，它有一个谐振频率，通常为几十兆赫。当工作频率等于或接近谐振频率时，谐振频率破坏了电容的正常功能。因此，工作频率应该低于谐振频率，否则电容式传感器不能正常工作。

传感元件的有效电容 C_e 可由下式求得（为了计算方便，忽略 R_s 和 R_p）

$$\begin{cases} \dfrac{1}{\mathrm{j}\omega C_e} = \mathrm{j}\omega L + \dfrac{1}{\mathrm{j}\omega C} \\ C_e = \dfrac{1}{1-\omega^2 LC} \\ \Delta C_e = \dfrac{\Delta C}{1-\omega^2 LC} + \dfrac{\omega^2 LC\Delta C}{(1-\omega^2 LC)^2} = \dfrac{\Delta C}{(1-\omega^2 LC)^2} \end{cases} \tag{3-29}$$

在这种情况下，电容的实际相对变化量为

$$\frac{\Delta C_e}{C_e} = \frac{\Delta C / C}{1-\omega^2 LC} \tag{3-30}$$

式（3-30）表明电容式传感器的实际相对变化量与其固有电感量 L 和角频率 ω 有关。因此，在实际应用时必须与标定条件相同。

3.6　电容式传感器的测量电路

电容式传感器的电容量及其变化量都十分微小，这样微小的电容量还不能直接在目前的显示仪表中显示，也很难被记录仪所记录，不便于传输。这就必须借助于测量电路检测出这一微小的电容量增量，并将其转换成与其成单值函数关系的电压、电流或频率。电容转换电路有调频电路、运算放大器电路、二极管双 T 形交流电桥、脉冲宽度调制电路等。

3.6.1　调频电路

调频电路把电容式传感器作为振荡器谐振回路的一部分，当输入信号导致电容量发生变化时，振荡器的振荡频率就发生变化。虽然可将频率作为测量系统的输出信号，用以判断被测非电量的大小，但此时系统是非线性的，不易校正，因此必须加入鉴频器，将频率的变化转换为电压振幅的变化，经过放大就可以用仪器指示出来或用记录仪记录下来。调频电路的原理框图如图 3-24 所示，图中调频振荡器的振荡频率为

$$f=\frac{1}{2\pi\sqrt{LC}} \tag{3-31}$$

式中，L 为振荡回路的电感量；C 为振荡回路的总电容量，$C=C_1+C_2+C_x$，其中 C_1 为振荡回路的固有电容量，C_2 为传感器引线的分布电容，C_x 为传感器的电容量，$C_x=C_0\pm\Delta C$。

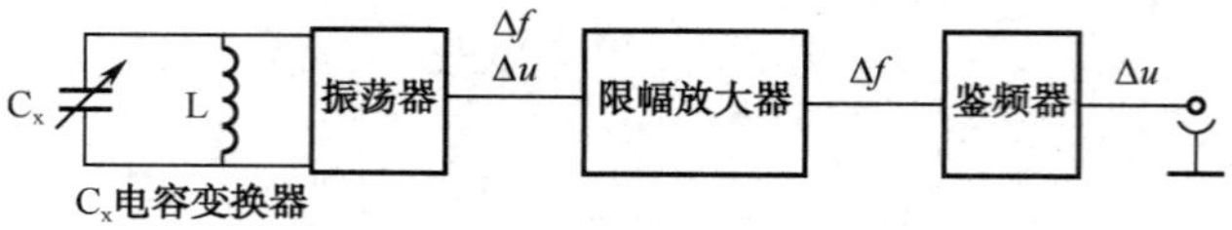

图 3-24　调频电路的原理框图

当被测信号为 0 时，$\Delta C=0$，则 $C=C_1+C_2+C_0$，所以振荡器有一个固有频率 f_0，其表示式为

$$f_0=\frac{1}{2\pi\sqrt{(C_1+C_2+C_0)L}} \tag{3-32}$$

当被测信号不为 0 时，$\Delta C\neq 0$，振荡器频率有相应的变化，此时的频率为

$$f=\frac{1}{2\pi\sqrt{(C_1+C_2+C_0\mp\Delta C)L}}=f_0\pm\Delta f \tag{3-33}$$

电容式传感器调频电路具有较高的灵敏度，可以测量高达 0.01μm 数量级的位移变化量。

3.6.2　运算放大器电路

由于运算放大器的放大倍数非常大，而且输入阻抗 Z_i 很高，运算放大器的这一特点可以作为电容式传感器比较理想的测量电路。图 3-25 所示为运算放大器电路的原理图，图中 C_x 为电容式传感器的电容量，$\dot{U}_i$ 是交流电源电压，$\dot{U}_o$ 是输出信号电压，Σ 是虚地点。

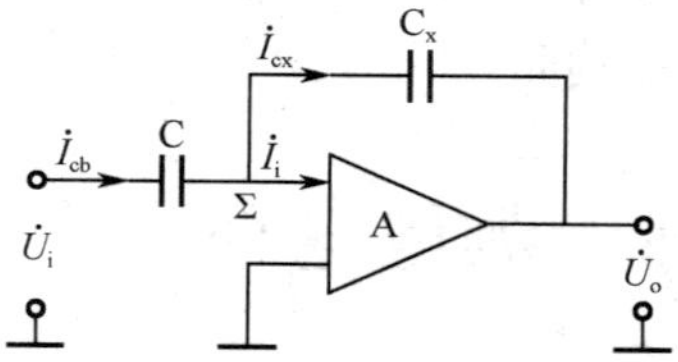

图 3-25　运算放大器电路的原理图

由运算放大器的工作原理可得

$$\dot{U}_o=-\frac{C}{C_x}\dot{U}_i \tag{3-34}$$

如果传感器是一个平板电容，则 $C_x=\varepsilon S/d$，代入式（3-34），可得

$$\dot{U}_o=-\dot{U}_i\frac{C}{\varepsilon S}d \tag{3-35}$$

式中，“-”号表示输出电压 $\dot{U}_o$ 的相位与电源电压相反。

式（3-35）说明运算放大器的输出电压与极板间距离 d 呈线性关系。运算放大器电路虽然解决了单个极板间变极距电容式传感器的非线性问题，但要求 Z_i 及放大倍数足够大。为保证测量精度，还要求电源电压 $\dot{U}_i$ 的幅值和固定电容量 C 稳定。

3.6.3　二极管双 T 形交流电桥

图 3-26 所示为二极管双 T 形交流电桥电路的原理图。图 3-26（a）中，e 是高频电源，它提供了幅值为 U 的对称方波，VD_1、VD_2 为特性完全相同的两个二极管，固定电阻 $R_1=R_2=R$，C_1、C_2 为传感器的两个差动电容。当传感器没有输入时，$C_1=C_2$。二极管双 T 形交流电桥的工作原理如下：当 e 为正半周时，二极管 VD_1 导通、VD_2 截止，于是电容 C_1 充电；随后，负半周出现时，电容 C_1 上的电荷通过电阻 R_1、负载电阻 R_L 放电，流过 R_L 的电流为 I_1，在负半周内，VD_2 导通、VD_1 截止，则电容 C_2 充电；在随后出现的正半周内，C_2 通过电阻 R_2、负载电阻 R_L 放电，流过 R_L 的电流为 I_2。如图 3-26（b）、图 3-26（c）所示，根据上面所给的条件可知 $I_1=I_2$，且方向相反，在一个周期内流过 R_L 的平均电流为零。

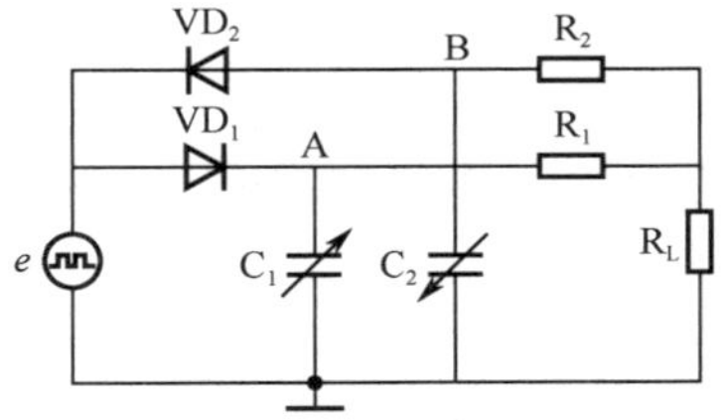

（a）

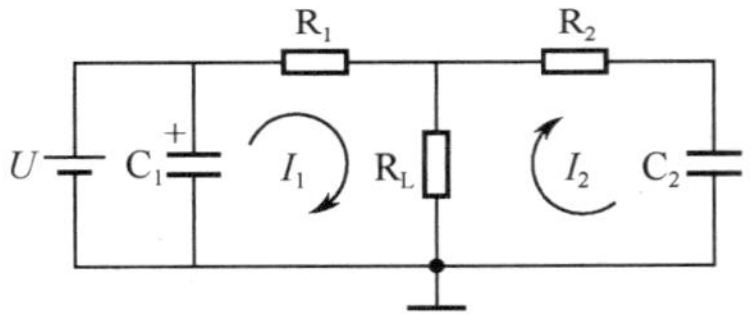

（b）

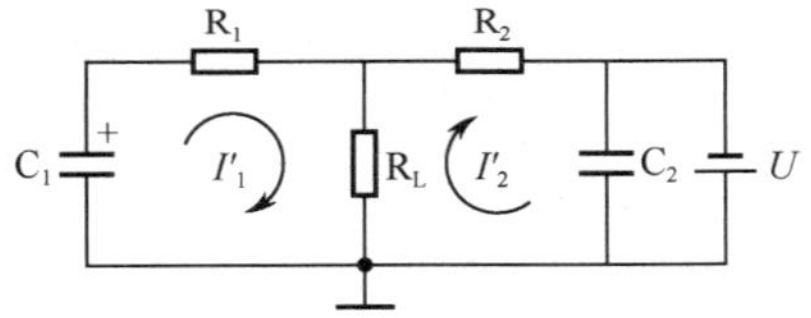

（c）

图 3-26　二极管双 T 形交流电桥电路的原理图

若传感器的输入不为 0，则 $C_1 \neq C_2$，$I_1 \neq I_2$，此时在一个周期内通过 R_L 上的平均电流不为零，因此产生输出电压，输出电压在一个周期内平均值为

$$U_o = I_L R_L = \frac{1}{T}\int_0^T [I_1(t) - I_2(t)]\mathrm{d}t R_L \approx \frac{R(R+2R_L)}{(R+R_L)} \cdot R_L U f (C_1 - C_2) \tag{3-36}$$

式中，f 为电源电压频率。

当 R_L 已知时，式（3-36）可写为

$$\left[\frac{R(R+2R_L)}{(R+R_L)^2}\right] \cdot R_L = M \quad （常数）$$

则式（3-36）可改写为

$$U_o = UfM(C_1 - C_2) \tag{3-37}$$

从式（3-37）可知，输出电压 U_o 不仅与电源电压的幅值和频率有关，还与 T 形网络中电容 C_1 和 C_2 的电容量的差值有关。当电源电压确定后，输出电压 U_o 是电容量 C_1 和 C_2 的函数，该电路的输出电压较高。当电源频率为 1.3MHz，电源电压 U= 46 V 时，电容量在−7～+7pF 之间变化，可以在 1MΩ 的负载上得到−5～+5V 的直流输出电压。电路的灵敏度与电源幅值和频率有关，故输入电源要稳定。当 U_i 幅值较大，使二极管 VD_1、VD_2 工作在线性区域时，测量

输出电压的非线性误差很小。电路的输出阻抗与电容 C_1、C_2 无关，仅与 R_1、R_2 及 R_L 有关，其阻值为 1～100kΩ。输出信号的上升沿时间取决于负载电阻。对于 1kΩ 的负载电阻上升时间为 20μs 左右，故可用来测量高速的机械运动。

3.6.4 脉冲宽度调制电路

脉冲宽度调制电路如图 3-27 所示。图中 C_{x1}、C_{x2} 为差动式电容传感器，电阻值 $R_1=R_2$，A_1、A_2 为比较器。当双稳态触发器处于某一状态时，$Q=1$，$\bar{Q}=0$，A 点为高电位通过 R_1 对 C_{x1} 充电，时间常数为 $\tau_1=R_1C_{x1}$，直至 F 点的电位高于参比电位 U_r，比较器 A_1 输出正跳变信号。与此同时，因为 $\bar{Q}=0$，电容 C_{x2} 上通过 VD_2 迅速放电至零电平。A_1 正跳变信号激励触发器翻转，使 $Q=0$，$\bar{Q}=1$，于是 A 点为低电位，电容 C_{x1} 通过 VD_1 迅速放电，而 B 点高电位通过 R_2 向电容 C_{x2} 充电，时间常数为 $\tau_2=R_2C_{x2}$，直至 G 点的电位高于参比电位 U_r。比较器 A_2 输出正跳变信号，使触发器发生翻转。重复前述过程，脉冲宽度调制电路各点电压波形如图 3-28 所示。

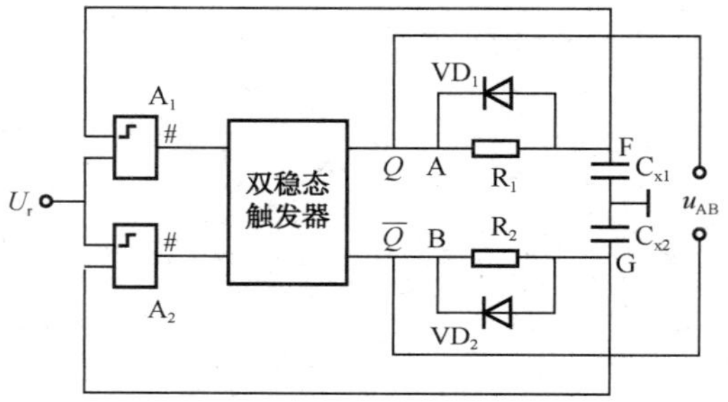

图 3-27　脉冲宽度调制电路

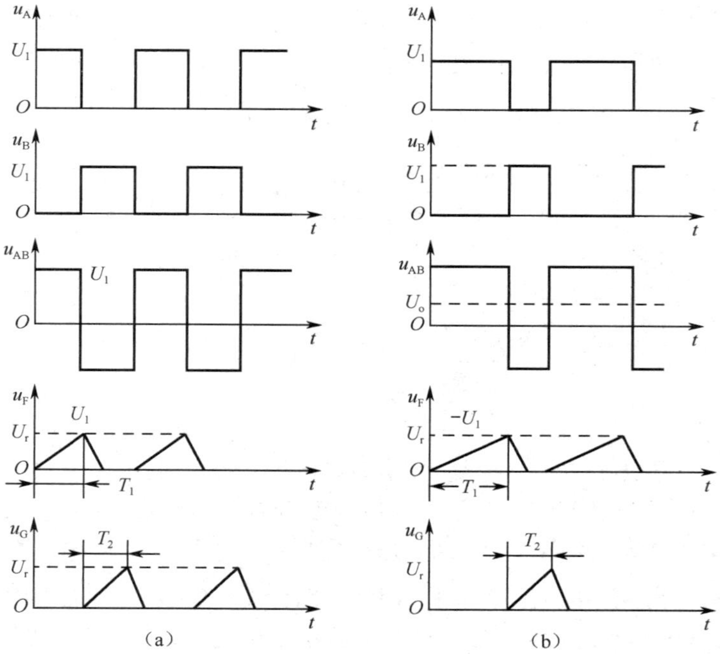

图 3-28　脉冲宽度调制电路各点电压波形

当差动电容的容量 $C_{x1}=C_{x2}$ 时，电路各点的电压波形如图 3-28（a）所示，其平均电压为零。当差动电容的容量 $C_{x1}\neq C_{x2}$，且 $C_{x1}>C_{x2}$ 时，则 $\tau_1=R_1C_{x1}>\tau_2=R_2C_{x2}$。由于充、放电时间常数变化，使电路中各点的电压波形产生相应的改变。电路各点的电压波形如图 3-28（b）所示，此时 u_A、u_B 的脉冲宽度不再相等，一个周期（T_1+T_2）时间内的平均电压不为零。此电压 u_{AB} 经低通滤波器滤波后，可得输出电压 U_o 为

$$U_o=U_A-U_B=U_1\frac{T_1-T_2}{T_1+T_2} \tag{3-38}$$

式中，U_1 为触发器输出高电平；T_1、T_2 分别为电容 C_{x1}、C_{x2} 充电至 U_r 时所需的时间。

由电路知识可知

$$T_1=R_1C_{x1}\ln\frac{U_1}{U_1+U_r} \tag{3-39}$$

$$T_2=R_2C_{x2}\ln\frac{U_1}{U_1-U_r} \tag{3-40}$$

将 T_1、T_2 代入式（3-38），得

$$U_o=\frac{C_{x1}-C_{x2}}{C_{x1}+C_{x2}}U_1 \tag{3-41}$$

把平行电容的公式代入式（3-41），在变极板距离的情况下可得

$$U_o=\frac{d_1-d_2}{d_1+d_2}U_1 \tag{3-42}$$

式中，d_1、d_2 分别为电容 C_{x1}、C_{x2} 极板间的距离。

当差动电容的容量 $C_{x1}=C_{x2}=C_0$，即 $d_1=d_2=d_0$ 时，$U_o=0$；若 $C_{x1}\neq C_{x2}$，且 $C_{x1}>C_{x2}$，$d_1=d_0-\Delta d$，$d_2=d_0+\Delta d$，则有

$$U_o=\frac{\Delta d}{d_0}U_1 \tag{3-43}$$

同样，在变面积型电容式传感器中有

$$U_o=\frac{\Delta S}{S}U_1 \tag{3-44}$$

由此可见，差动脉宽调制电路适用于变极距型及变面积型差动电容式传感器，并具有线性特性，转换效率高，经过低通放大器就有较大的直流输出电压，调宽频率的变化对输出电压没有影响。

习题

3-1　简述电容式传感器的工作原理和优点。

3-2　根据工作原理可将电容式传感器分为哪几种类型？每种类型各有什么特点？各适用于什么场合？

3-3　如何改善单极变极距型电容式传感器的非线性？

3-4　电容式传感器的测量电路主要有哪几种？各自的目的及特点是什么？使用这些测量电路时应注意哪些问题？

3-5　图 3-29 所示为电容式液位传感器的测量原理图。请为该测量装置设计匹配的测量电路，要求输出电压 U_o 与液位 h 之间呈线性关系。

3-6　有一个以空气为介质的变面积型平板电容式传感器，如图 3-30 所示，其中 $a=8\text{mm}$，$b=12\text{mm}$，两极板间的距离为 1mm。一个极板在原始位置上平移了 5mm 后，求该传感器的位移灵敏度 K（已知空气的相对介电常数 $\varepsilon=1\text{F/m}$，真空时的介电常数 $\varepsilon_0=8.854\times10^{-12}\text{F/m}$）。

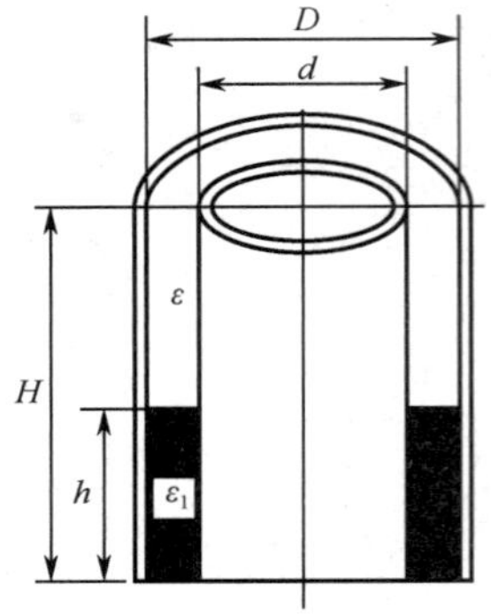

图 3-29　题 3-5 图

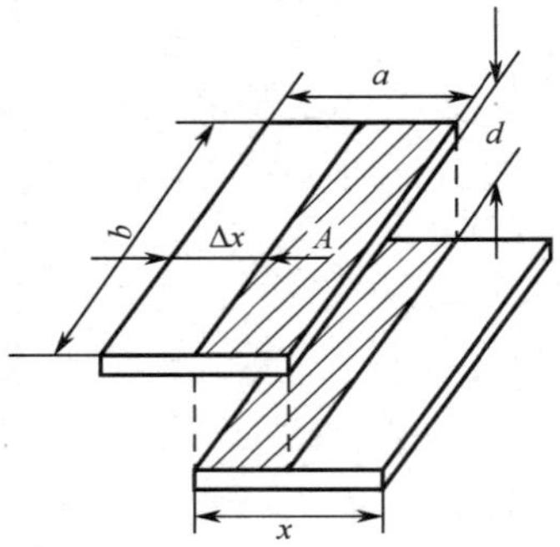

图 3-30　题 3-6 图

3-7　图 3-31 所示为电容式传感器的双 T 形电桥测量电路，已知 $R_1=R_2=R=40\text{k}\Omega$，$R_L=20\text{k}\Omega$，$e=10\text{V}$，$f=1\text{MHz}$，$C_0=10\text{pF}$，$C_1=10\text{pF}$，$\Delta C_1=1\text{pF}$。求 U_L 的表达式，以及在上述已知参数情况下的 U_L 的具体值。

3-8　差动电容式传感器接入变压器交流电桥，当变压器副边两绕组电压的有效值均为 U 时，试推导电桥空载输出电压 U_o 与 C_{x1}、C_{x2} 的关系式。若采用变极距型电容式传感器，设初始极距均为 δ_0，改变 $\Delta\delta$ 后，求空载输出电压 U_o 与 $\Delta\delta$ 的关系式。

3-9　图 3-32 所示为二极管环形电桥检波测量电路，U_p 为恒压信号源，C_1 和 C_2 是差动式电容传感器，C_0 是固定电容，其电容量 $C_0\gg C_1$，$C_0\gg C_2$，设二极管 VD_1～VD_4 的正向电阻为零，反向电阻为无穷大，信号输出经低通滤波器取出直流信号 $\overline{e}_{AB}$。

① 分析检波电路测量原理。

② 求桥路输出信号 $e_{AB}=f(C_1,C_2)$ 的表达式。

③ 画出桥路中 U_A、U_B、e_{AB} 在 $C_1=C_2$、$C_1>C_2$、$C_1<C_2$ 三种情况下的波形图（提示：画出 U_p 正、负半周的等效电路图，并标出工作电流，即可求出 e_{AB} 的表达式）。

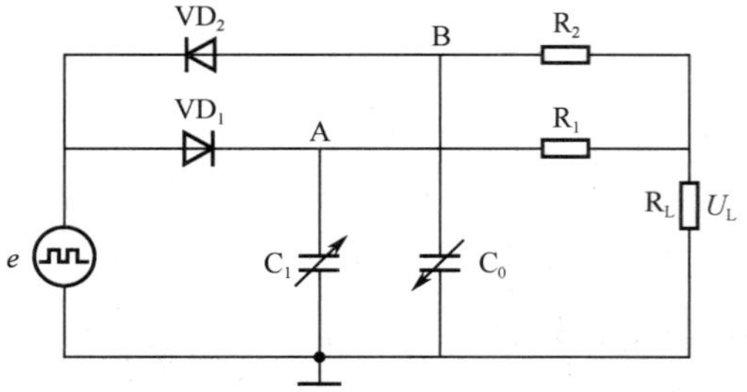

图 3-31　题 3-7 图

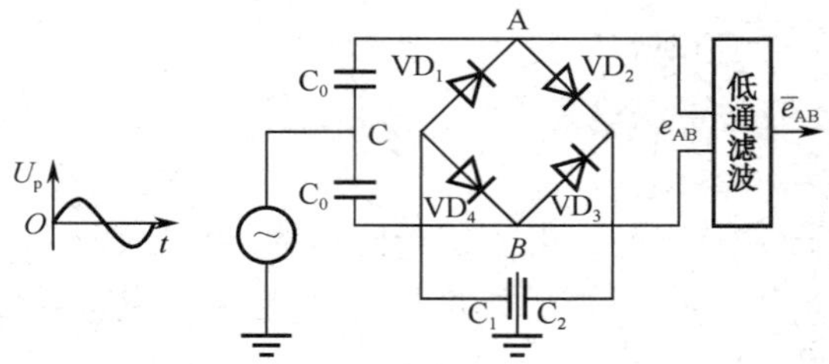

图 3-32　题 3-9 图

3-10　简述差动电容式测厚传感器的工作原理。

第 4 章

电感式传感器

本章知识点：

- 自感式传感器的原理及工程应用
- 差动变压器式传感器的原理及工程应用
- 电涡流式传感器的原理及工程应用

基本要求：

- 掌握三种类型电感式传感器的原理
- 理解电感式传感器的工程应用

能力培养目标：

通过本章的内容，对电感式传感器进行系统学习，掌握三种电感式传感器的原理及工程应用，通过实际应用案例，培养学生知识的综合应用能力及实践能力。

1831 年，法拉第（Faraday）进行了一系列关于电磁感应的实验，对电磁感应现象进行了深入的研究和归纳。他发现，不仅是线圈的通断会产生感应电流，变化的电流、变化的磁场、运动的恒定电流、运动的磁铁和在磁场中运动的导体也会产生感应电流。法拉第将这一现象命名为电磁感应现象。电磁感应理论为电磁学的发展奠定了坚实的基础。它不仅揭示了电与磁之间的内在联系，还为麦克斯韦电磁场理论的建立提供了重要的启示。

电感式传感器建立在电磁感应的基础上，利用线圈自感或互感的改变来实现对非电量的测量。它可以把位移、压力、流量、振动等转换成线圈的自感系数 L 或互感系数 M 的变化，再由测量电路转换为电压或电流输出。根据工作原理的不同，电感式传感器可分为自感式传感器、互感式传感器、电涡流式传感器。

电感式传感器具有结构简单、工作可靠、抗干扰能力强、测量精度高、零点稳定、对工作环境要求不高、分辨率较高、输出功率大等特点。其主要缺点是传感器自身频率响应低，不适用于快速动态测量，分辨率和示值误差与示值范围有关等。电感式传感器能实现信息的远距离传输、记录、显示和控制，在工业自动控制系统中有广泛应用。

4.1 自感式传感器

4.1.1 自感式传感器的原理

1. 自感式传感器的工作原理和等效电路

自感式传感器是利用线圈自感量的变化这一原理实现测量的，其原理图如图 4-1 所示。它由线圈、铁芯和衔铁三部分组成，在铁芯与衔铁之间有厚度为δ的气隙。铁芯和衔铁由导磁材料（如硅钢片、坡莫合金）制成。传感器的运动部分与衔铁相连。当被测量变化时，使衔铁产生位移，引起磁路中磁阻的变化，从而导致电感线圈的电感量变化，因此只要能测出电感量的变化，就能确定衔铁位移量的大小和方向。

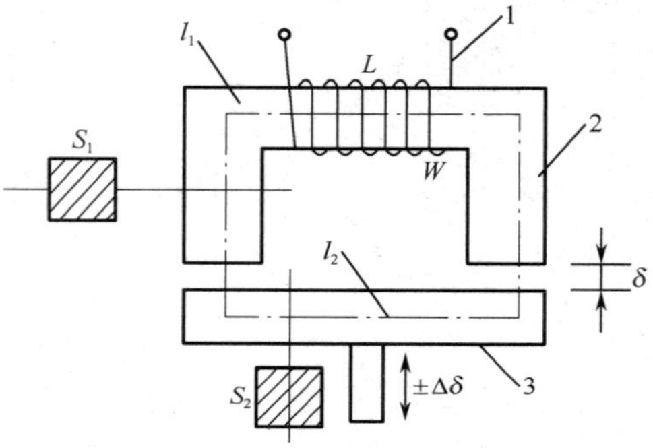

1—线圈；2—铁芯（定铁芯）；3—衔铁（动铁芯）。

图 4-1 自感式传感器的原理图

根据定义，线圈的电感量为

$$L = \frac{W^2}{R_M} \tag{4-1}$$

式中，W 为匝数；R_M 为磁路的总磁阻，它包括铁芯磁阻和气隙的磁阻，即

$$R_M = \sum \frac{l_1}{\mu_i S_i} + R_\delta \tag{4-2}$$

式中，$\sum \frac{l_i}{\mu_i S_i}$ 为铁磁材料各段磁阻之和，当铁芯一定时，其值为定值；l_i 为各段铁芯的长度；μ_i 为各段铁芯的磁导率；S_i 为各段铁芯的截面积；R_δ为气隙的磁阻，$R_\delta=2\delta/\mu_0 S$，其中，S 为气隙截面积，δ为气隙厚度，μ_0 为空气的磁导率。

将式（4-2）代入式（4-1），即可得到电感量为

$$L = \frac{W^2}{\sum \frac{l_i}{\mu_i S_i} + \frac{2\delta}{\mu_0 S}} \tag{4-3}$$

因为铁磁材料的磁阻远大于气隙的磁阻，计算时气隙的磁阻可忽略不计，则有

$$L = \frac{W^2 \mu_0 S}{2\delta} \tag{4-4}$$

由式（4-4）可知，当线圈及铁芯一定时，W 为常数，如果改变 δ 或 S，L 就会发生相应的变化。自感式传感器就是利用这一原理制成的。最常见的是变气隙厚度 δ 的自感式传感器。由于改变 δ 和 S 都会使气隙磁阻变化，从而使电感量发生变化，所以这种传感器也叫变磁阻式传感器。

自感式传感器是一个带铁芯的可变电感，由于线圈的铜耗，铁芯的涡流损耗、磁滞损耗及分布电容的影响，它并非呈现纯电感，其等效电路如图 4-2 所示，其中，L 为电感，R_c 为铜损，R_e 为电涡流损耗，R_h 为磁滞损耗，C 为传感器等效电路的等效电容。当传感器确定后，这些参数就是已知量。

这里需要注意的是传感器等效电路中的等效电容 C，它主要由线圈绕组的分布电容和电缆电容组成，电缆长度的变化将引起 C 的变化。

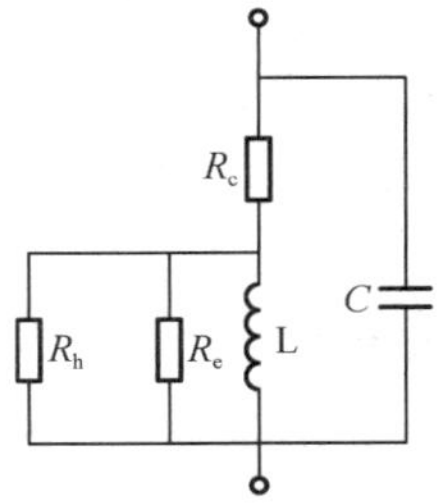

图 4-2　自感式传感器的等效电路

显然，忽略分布电容且不考虑各种损耗时，传感器的等效阻抗为

$$Z = R + \mathrm{j}\omega L \tag{4-5}$$

式中，R 为线圈的直流电阻；L 为传感器线圈的电感量。

当考虑并联分布电容时，等效阻抗 Z_s 为

$$\begin{aligned} Z_s &= \frac{R + \mathrm{j}\omega L \cdot \dfrac{1}{\mathrm{j}\omega C}}{(R + \mathrm{j}\omega L) + \dfrac{1}{\mathrm{j}\omega C}} \\ &= \frac{R}{(1-\omega^2 LC)^2 + (\omega^2 LC/Q)^2} + \mathrm{j}\omega L \frac{(1-\omega^2 LC) - (\omega^2 LC/Q^2)}{(1-\omega^2 LC)^2 + (\omega^2 LC/Q)^2} \end{aligned} \tag{4-6}$$

式中，Q 为品质因数，$Q = \omega L/R$。

当自感式传感器的 Q 值高时，即 $1/Q^2 << 1$，则式（4-6）可变为

$$Z_s \approx \frac{R}{(1-\omega^2 LC)^2} + \frac{\mathrm{j}\omega L}{1-\omega^2 LC} = R_s + \mathrm{j}\omega L_s \tag{4-7}$$

考虑分布电容时，自感式传感器的有效串联电阻值和有效电感量都增加了，而线圈的有效品质因数却减小。此时，自感式传感器的有效灵敏度为

$$\frac{\mathrm{d}L_s}{L_s} = \frac{1}{(1-\omega^2 LC)^2} \frac{\mathrm{d}L}{L} \tag{4-8}$$

即考虑分布电容后，传感器的灵敏度增加了。因此，必须根据测试时所用的电缆长度对传感器进行标定，或者调整并联电容。

2. 自感式传感器的结构类型及特性

常见的自感式传感器有变气隙自感式传感器、变面积自感式传感器和螺线管自感式传感器三类。

根据式（4-4），如果 S 保持不变，则 L 为 δ 的单值函数，可构成变气隙自感式传感器；如果 δ 保持不变，使 S 随位移的改变而改变，则可构成变面积自感式传感器；如果在线圈中放入圆柱形衔铁，当衔铁上下移动时，自感量将发生相应的变化，就构成了螺线管自感式传感器。

1）变气隙自感式传感器

变气隙自感式传感器如图 4-1 所示。当衔铁移动时，气隙将从原始的 δ_0 发生 $\pm\Delta\delta$ 的变化。若衔铁向上移动，则取 $-\Delta\delta$，则由式（4-4）可得此时的电感量为

$$L' = \frac{W^2 \mu_0 S}{2(\delta_0 - \Delta\delta)} \tag{4-9}$$

电感量增量为

$$\Delta L = L' - L_0 = L_0 \frac{\Delta\delta}{\delta_0}\left(\frac{1}{1-\dfrac{\Delta\delta}{\delta_0}}\right) \tag{4-10}$$

线圈电感量的相对变化量为

$$\frac{\Delta L}{L} = \frac{\Delta\delta}{\delta_0}\left(\frac{1}{1-\dfrac{\Delta\delta}{\delta_0}}\right) \tag{4-11}$$

若 $\Delta\delta/\delta_0 << 1$，可将上式按泰勒级数展开为

$$\begin{aligned}\frac{\Delta L}{L} &= \frac{\Delta\delta}{\delta_0}\left[1+\frac{\Delta\delta}{\delta_0}+\left(\frac{\Delta\delta}{\delta_0}\right)^2+\left(\frac{\Delta\delta}{\delta_0}\right)^3+\cdots\right] \\ &= \frac{\Delta\delta}{\delta_0}+\left(\frac{\Delta\delta}{\delta_0}\right)^2+\left(\frac{\Delta\delta}{\delta_0}\right)^3+\left(\frac{\Delta\delta}{\delta_0}\right)^4+\cdots\end{aligned} \tag{4-12}$$

同理可得当衔铁向下移动时的 $\Delta L/L$ 为

$$\begin{aligned}\frac{\Delta L}{L} &= -\frac{\Delta\delta}{\delta_0}\left[1-\frac{\Delta\delta}{\delta_0}+\left(\frac{\Delta\delta}{\delta_0}\right)^2-\left(\frac{\Delta\delta}{\delta_0}\right)^3+\cdots\right] \\ &= -\frac{\Delta\delta}{\delta_0}+\left(\frac{\Delta\delta}{\delta_0}\right)^2-\left(\frac{\Delta\delta}{\delta_0}\right)^3+\left(\frac{\Delta\delta}{\delta_0}\right)^4+\cdots\end{aligned} \tag{4-13}$$

对式（4-12）、式（4-13）进行线性处理，即忽略高次项后，可得

$$\frac{\Delta L}{L} = \frac{\Delta\delta}{\delta_0} \tag{4-14}$$

灵敏度为

$$K = \frac{\dfrac{\Delta L}{L_0}}{\Delta\delta} = \frac{1}{\delta_0} \tag{4-15}$$

由式（4-13）可知，线圈电感量与气隙长度的关系为非线性关系，只有当 $\dfrac{\Delta\delta}{\delta_0}$ 很小时才能忽略高次项，可得到近似的线性关系（这里未考虑漏磁的影响）。为了增加线性度应该增大 δ_0，但是这样做会使得传感器的灵敏度降低。所以变气隙自感式传感器的线性度与灵敏度是相互制约的。

变气隙自感式传感器的 L-δ 特性如图 4-3 所示。它是一条双曲线，所以非线性较严重。

为了得到一定的线性度，一般取 $\Delta\delta/\delta_0 = 0.1\sim0.2$ 。

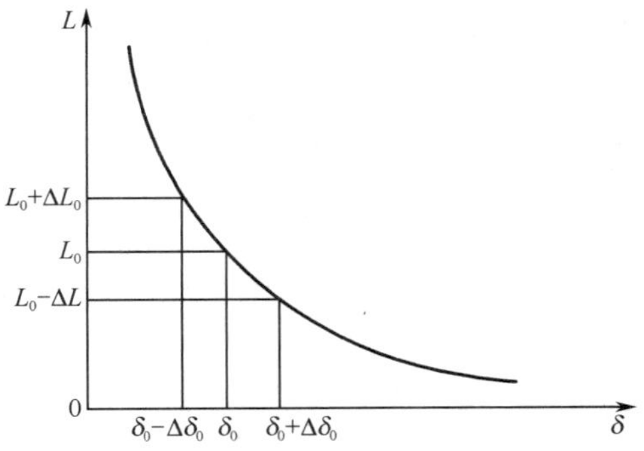

图 4-3　变气隙自感式传感器的 L-δ 特性

图 4-4 所示为差动变气隙自感式传感器的结构图。由图 4-4 可知，差动变气隙自感式传感器由两个完全相同的电感线圈和一个衔铁及相应的磁路组成。测量时，衔铁与被测件相连，当被测件上下移动时，带动衔铁也以相应的位移上下移动，导致一个线圈的电感量增加，另一个线圈的电感量减小，形成差动形式。差动变气隙自感式传感器与单极自感式传感器相比，非线性度大大减小，灵敏度也提高了。

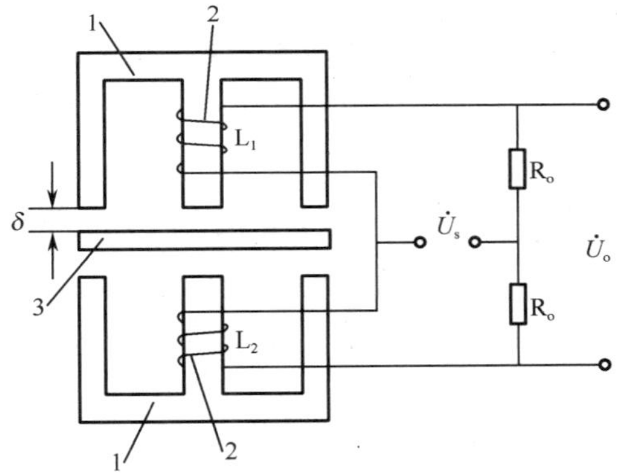

1—铁芯；2—线圈；3—衔铁。

图 4-4　差动变气隙自感式传感器的结构图

两个线圈电感量的总变化量为

$$\frac{\Delta L}{L} = 2\left[\frac{\Delta\delta}{\delta_0} + \left(\frac{\Delta\delta}{\delta_0}\right)^3 + \left(\frac{\Delta\delta}{\delta_0}\right)^5 + \cdots\right] \tag{4-16}$$

忽略高次项，其电感量的变化量为

$$\frac{\Delta L}{L} \approx 2\frac{\Delta\delta}{\delta} \tag{4-17}$$

由此可见，差动变气隙自感式传感器的灵敏度增加了近一倍。所以，实际应用中经常采用差动变气隙自感式传感器。差动变气隙自感式传感器的线性工作范围一般取 $\Delta\delta/\delta_0 = 0.3\sim0.4$ 。

2）变面积自感式传感器

变面积自感式传感器的结构图如图 4-5 所示，对于单边式结构［见图 4-5（a）］，在起始状态时，铁芯与衔铁在气隙处正对着，其截面积 $S_{\delta_0} = ah$ 。当衔铁随被测件上下移动时，

$S=(a-x)h$，则线圈电感量 L 为

$$L=\frac{\mu_0 W^2 h}{2\delta_0}(a-x) \tag{4-18}$$

由此可见，线圈电感量 L 与面积 S（或 x）呈线性关系，其灵敏度 k 为一个常数，即

$$k=\frac{\mu_0 W^2 h}{2\delta_0} \tag{4-19}$$

合理选择线圈匝数、铁芯尺寸，可提高传感器的灵敏度。采用图 4-5（b）所示的差动式结构效果更好。

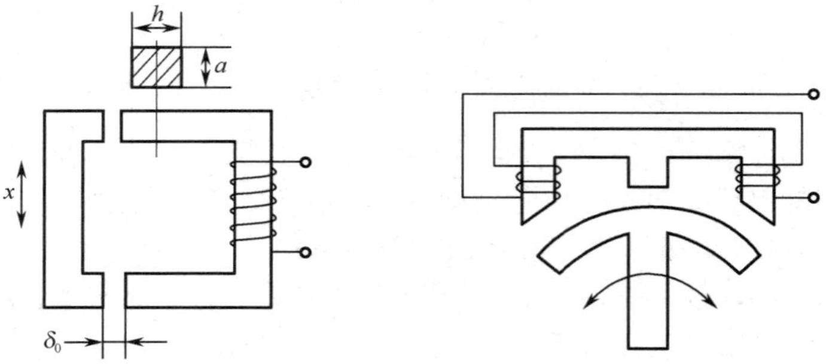

（a）单边式结构　　（b）差边式结构

图 4-5　变面积自感式传感器的结构图

3）螺线管自感式传感器

螺线管自感式传感器的结构图如图 4-6 所示。它由螺线管形成的圈、磁性材料制成的柱形铁芯和外套组成。如图 4-6（a）所示，设线圈长度和平均半径分别为 l 和 r，铁芯进入线圈的长度和铁芯半径分别为 x 和 r_a，铁芯有效磁导率为 μ_0。当 $l/r>>l$ 时，可认为管内磁感应强度为均匀分布，当 $x<<l$ 时，可推导出线圈的电感量为

$$L=\frac{\mu_0 W^2}{l}(lr^2+\mu_a x r_a^2) \tag{4-20}$$

由此可见，L 与 x 呈线性关系，其灵敏度 K 为

$$K=\frac{\mu_0 W^2}{l}\mu_a r_a^2 \tag{4-21}$$

实际上，由于漏磁因素等影响，管内磁场强度 B 的分布并非完全均匀，故其具有非线性特性。但是，在铁芯移动范围内，能够寻找一段非线性度较小的区域或采用差动结构，如图 4-6（b）所示，则可得到较理想的线性关系。

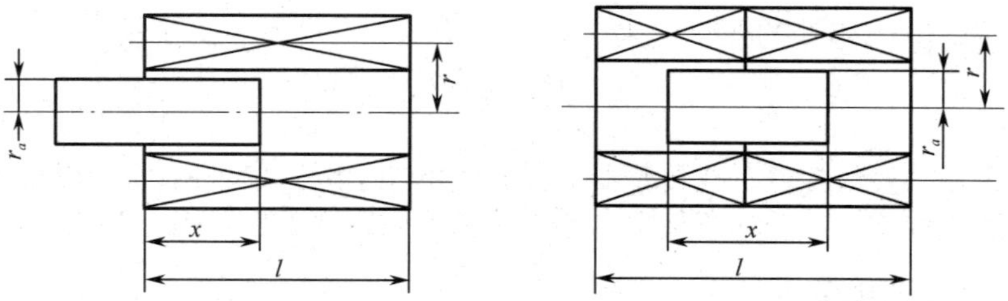

（a）单边式结构　　（b）差边式结构

图 4-6　螺线管自感式传感器的结构图

在差动式结构中，由于两线圈完全对称，故当铁芯处于中央对称位置时，两线圈的电感量相等，即

$$L_{10}=L_{20}=\frac{\mu_0 W^2}{l}\left(lr^2+\mu_a\frac{r_a l_a}{2}\right) \tag{4-22}$$

若铁芯向左移动 Δx，则 L_{10} 增大 ΔL_1， L_{20} 减小 ΔL_2，其值为

$$\begin{aligned}\Delta L_1&=\frac{\mu_0 W^2}{l}\mu_a r_a \Delta x\\ \Delta L_2&=-\frac{\mu_0 W^2}{l}\mu_a r_a \Delta x\end{aligned} \tag{4-23}$$

这样既提高了传感器的灵敏度，又对改善特性的线性度有明显的效果。

3. 自感式传感器的测量电路

自感式传感器的测量电路有交流电桥式和谐振式。

1）交流电桥式测量电路

交流电桥式测量电路和差动自感式传感器配合使用，常用形式有交流电桥和变压器式交流电桥两种。

图 4-7 所示为交流电桥式测量电路，传感器的两线圈作为电桥的相邻两桥臂，另外两个相邻桥臂为纯电阻 R。设 Z 是衔铁在中间位置时单个线圈的复阻抗，ΔZ_1、ΔZ_2 分别是衔铁偏离中心位置时两线圈阻抗的变化量，则 $Z_1=Z+\Delta Z$， $Z_2=Z-\Delta Z$。对于高品质因数 Q 的自感式传感器，线圈的电感量远远大于线圈的有功电阻，即 $\omega L>>R$，则有 $\Delta Z_1+\Delta Z_2\approx \mathrm{j}\omega(\Delta L_1+\Delta L_2)$，电桥输出电压为

$$\dot{U}_{\mathrm{o}}=\frac{Z_1-Z_2}{2(Z_1+Z_2)}\dot{U}=\frac{\Delta Z_1+\Delta Z_2}{2(Z_1+Z_2)}\dot{U}\propto(\Delta L_1+\Delta L_2) \tag{4-24}$$

当采用差动变气隙自感式传感器时，即将式（4-17）代入式（4-24），有 $\dot{U}_o\propto 2L_0\dfrac{\Delta\delta}{\delta_0}$。所以，电桥输出电压与 $\Delta\delta$ 成正比。

图 4-8 所示为变压器交流电桥式测量电路，电桥两臂分别为传感器两线圈的阻抗 Z_1、Z_2，另外两桥臂分别为电源变压器的两次级线圈，其阻抗为次级线圈阻抗的一半。当负载阻抗为无穷大时，电桥的输出电压为

$$\dot{U}_{\mathrm{o}}=\frac{Z_2}{Z_1+Z_2}\dot{U}-\frac{1}{2}\dot{U}=\frac{Z_2-Z_1}{Z_1+Z_2}\cdot\frac{\dot{U}}{2} \tag{4-25}$$

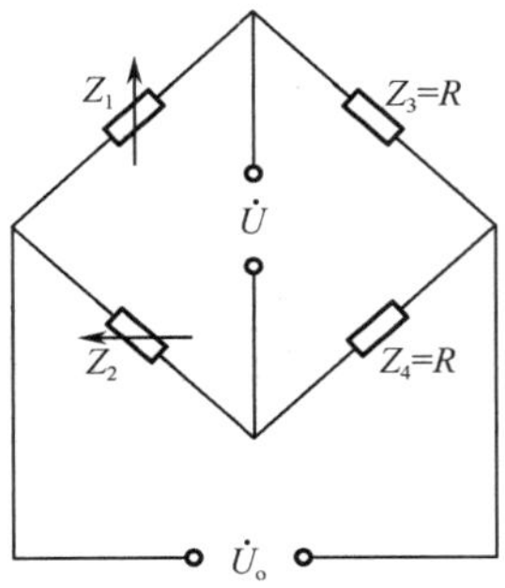

图 4-7 交流电桥式测量电路

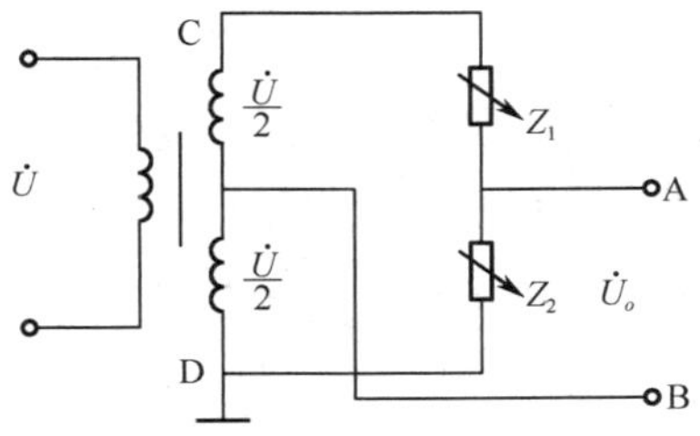

图 4-8 变压器交流电桥式测量电路

测量时被测件与传感器的衔铁相连，当传感器的衔铁处于中间位置，即 $Z_1 = Z_2 = Z_3$ 时，$\dot{U}_o = 0$，电桥平衡。

当传感器衔铁上移时，$Z_1 = Z + \Delta Z$，$Z_2 = Z - \Delta Z$，此时有

$$\dot{U}_o = -\frac{\Delta Z}{Z}\cdot\frac{\dot{U}}{2} = -\frac{\Delta L}{L}\frac{\dot{U}}{2} \tag{4-26}$$

当传感器衔铁下移时，$Z_1 = Z - \Delta Z$，$Z_2 = Z + \Delta Z$，此时有

$$\dot{U}_o = -\frac{\Delta Z}{Z}\cdot\frac{\dot{U}}{2} = \frac{\Delta L}{L}\frac{\dot{U}}{2} \tag{4-27}$$

由以上分析可知，这两种交流电桥输出的空载电压相同，且当衔铁上下移动相同的距离时，电桥输出电压大小相等而相位相反。由于 $\dot{U}$ 是交流电压，输出电压无法判断位移方向，因此必须配合相敏检波电路来判断。

2）谐振式测量电路

谐振式测量电路有谐振式调幅电路（见图 4-9）和谐振式调频电路（见图 4-10）。在调幅电路中，传感器电感 L 与电容 C、变压器原线圈串联在一起，接入交流电源 $\dot{U}$，变压器副线圈将输出电压 $\dot{U}_o$，输出电压的频率与电源频率相同，而幅值随着电感的电感量而变化。图 4-9（b）所示为输出电压 $\dot{U}_o$ 与电感量 L 的关系曲线，其中 L_0 为谐振点的电感量，此电路灵敏度很高，但线性度差，适用于线性度要求不高的场合。

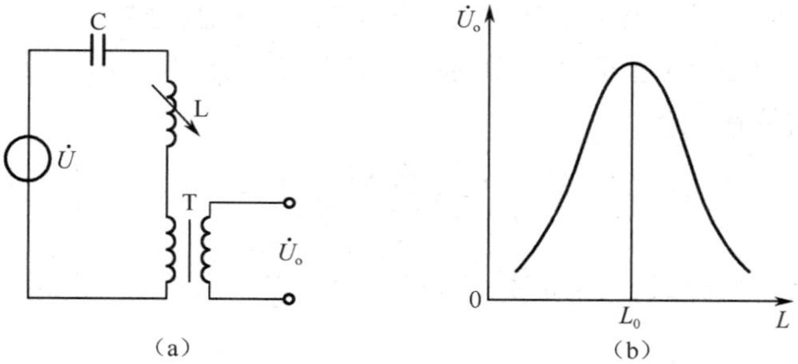

图 4-9　谐振式调幅电路

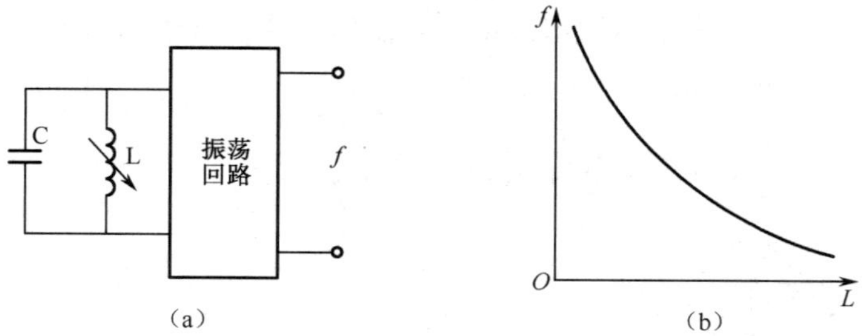

图 4-10　谐振式调频电路

调频电路的基本原理是传感器电感量变化将引起输出电压频率的变化。一般是把传感器电感 L 和电容 C 接入一个振荡回路。当电感量变化时，振荡频率随之变化，根据频率 f 的大小即可测出被测量的值。图 4-10（b）所示为频率 f 与电感量 L 的特性，它具有明显的非线性关系。

4．零点残余电压

由自感式传感器的交流电桥测量电路可以看出，当两线圈的阻抗相等，即 $Z_1 = Z_2$ 时，电桥平衡，输出电压为零。传感器阻抗是一个复阻抗，为了达到电桥平衡，就要求两线圈的电阻值相等，两线圈的电感量也要相等。实际上这种情况是不能精确达到的，因此在传感器的输入为零时，电桥有一个不平衡输出电压 ΔU_o。

电桥的输出电压与活动衔铁位移的关系曲线如图 4-11 所示，虚线为理论特性曲线，实线为实际特性曲线。传感器在零位移时的输出电压称为零点残余电压，记作 ΔU_o。

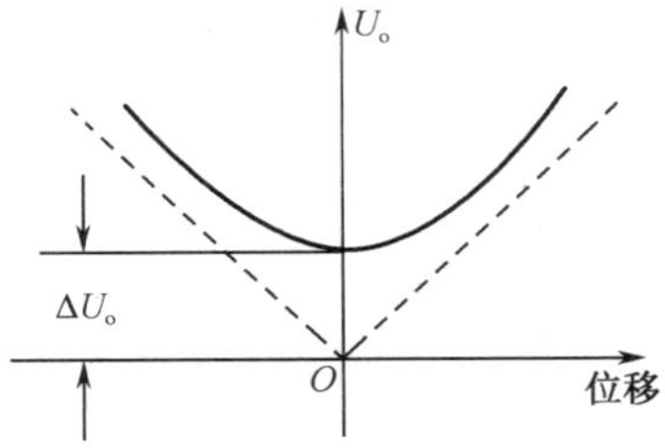

图 4-11　电桥的输出电压与活动衔铁位移的关系曲线

1）零点残余电压的组成

零点残余电压主要由基波分量和高次谐波分量组成。

（1）两电感线圈的电气参数及导磁体的几何尺寸不完全对称，在两电感线圈上的电压幅值和相位不同，从而形成零点残余电压的基波分量。

（2）传感器导磁材料磁化曲线的非线性（如铁磁饱和、磁滞损耗），使激励电流与磁通波形不一致，从而形成零点残余电压的高次谐波分量。

2）零点残余电压的影响

由于零点残余电压的存在，使得传感器输出特性在零点附近不灵敏，限制了分辨率的提高。零点残余电压太大，使线性度变差，灵敏度下降，甚至会使放大器饱和，堵塞有用信号通过，致使仪器不再反映被测量的变化。

3）减小零点残余电压的措施

（1）在传感器设计和制造工艺中，力求做到磁路对称，铁芯材料均匀；要经过热处理以去除机械应力及改善磁性；两线圈绕制要均匀，力求几何尺寸与电气特性保持一致。

（2）在电路上进行补偿。这是一种既简单又行之有效的方法。

4.1.2　自感式传感器的工程应用

1．变气隙电感式压力传感器

图 4-12 所示为变气隙电感式压力传感器的结构图。它由膜盒、铁芯、衔铁及线圈等组成，衔铁与膜盒的上端连在一起。

当压力施加到膜盒上时，膜盒的顶端在压力 P 的作用下产生与压力 P 大小成正比的位移。于是衔铁也发生移动，从而使气隙发生变化，流过线圈的电流也发生了相应的变化，电流表指示值就反映了被测压力的大小，其广泛应用于水利水电、铁路交通、航空航天和军工等场合。图 4-13 所示为德国 STW 电感式压力传感器的实物图。

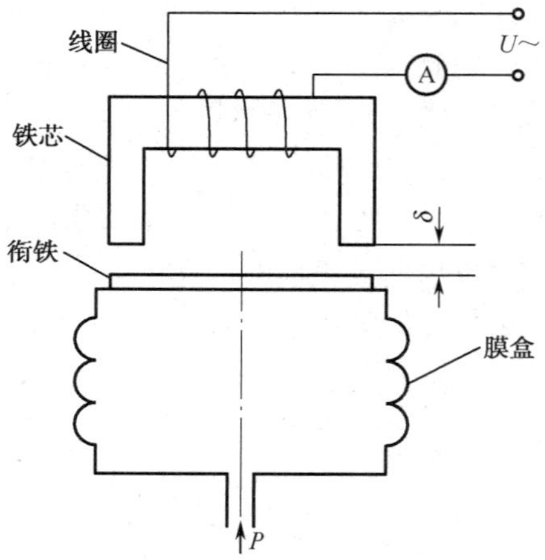

图 4-12　变气隙电感式压力传感器的结构图

2．变磁阻式加速度传感器

图 4-14 所示为变磁阻式加速度传感器。它将通过弹簧片与壳体相连的质量块作为差动变压器的衔铁。当质量块感受加速度而产生相对位移时，差动变压器就输出与位移（也与加速度）呈近似线性关系的电压，加速度方向改变时，输出电压的相位相应地改变180°。

图 4-13　德国 STW 电感式压力传感器的实物图

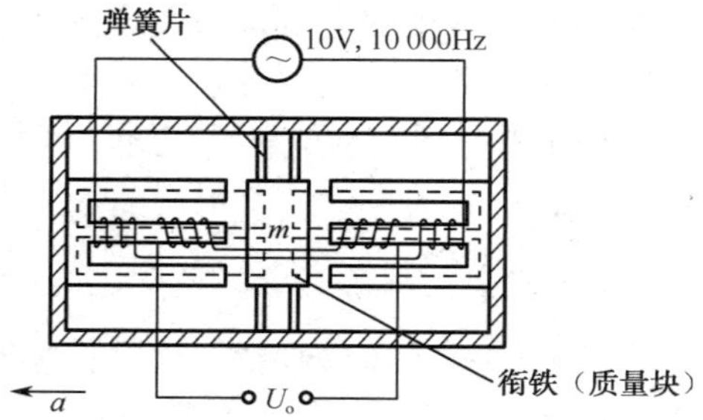

图 4-14　变磁阻式加速度传感器

3．力平衡伺服式加速度传感器

图 4-15（a）所示为力平衡伺服式加速度传感器。它由片状弹簧支承的质量块、位移传感器、放大器和产生反馈力的一对磁电力发生器组成。活动的质量块实际上由力发生器的两个活动线圈构成。磁电力发生器由高稳定性的永久磁铁和活动线圈组成，为了提高力与感应信号之间的线性度，两个磁电力发生器按推挽方式连接。活动线圈的非导磁性金属骨架在磁场中运动时，产生电涡流，从而产生阻尼力，因此它也是一个阻尼器。

当加速度沿敏感轴 a 方向作用时，活动质量块偏离初始位置而产生相对位移，位移传感器检测到位移并将其转换成交流电信号，电信号经放大并被解调成直流电压后，提供一定功率的电流传输到磁电力发生器的活动线圈中。位于磁路气隙中的载流线圈，受到磁场作用而产生电磁力，平衡被测加速度所产生的惯性力，阻止活动质量块继续偏离。当电磁力与惯性力平衡时，活动质量块停止运动，处于与加速度相应的新平衡位置。这时位移传感器的输出电信号在采样电阻 R 上的电压降（输出电压U_o），就反映出被测加速度的大小。显然，只有活动质量块新的静止位置与初始位置之间具有相对位移时，位移传感器才有信号输出，磁电力发生器才会产生反馈力，因此这个系统是有静差的力平衡系统。

图 4-15（b）所示为力平衡伺服式加速结构框图。活动质量块与弹簧片组成二阶振动系统，其传递函数为

$$W_y(s)=\frac{Y(s)}{F_a(s)}=\frac{1}{ms^2+cs+k_s} \tag{4-28}$$

式中，m 为质量；c 为阻尼系数；k_s 为弹簧刚度。

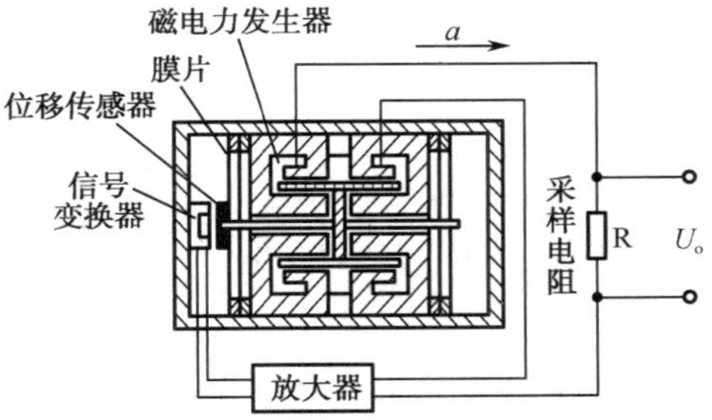

（a）

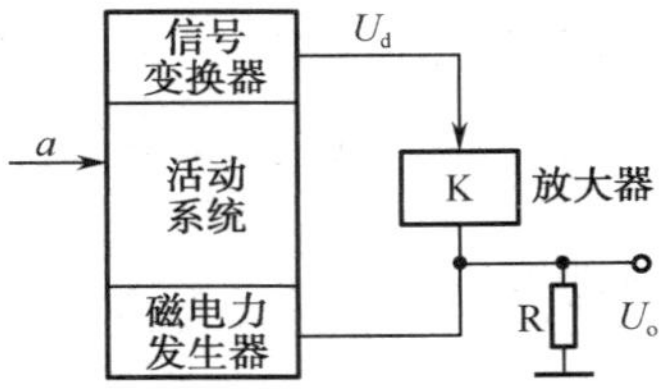

（b）

图 4-15　力平衡伺服式加速度传感器

位移传感器在小位移范围内是一个线性环节。设其传递系数为 K_d，输出电压为

$$U_d=K_dY \tag{4-29}$$

放大电路由于具有解调功能及活动线圈具有一定电感量，因此具有一定的惯性，所以这部分可作为惯性环节。其传递函数为

$$W_A(s)=\frac{I(s)}{U_d(s)}=\frac{K_A}{T_As+1} \tag{4-30}$$

式中，K_A 为放大电路的传递系数（A/V）；T_A 为放大电路的时间常数（s）。

磁电力发生器是一个线性环节，所产生的反馈力为

$$F_f=2\pi BDWI=K_fI \tag{4-31}$$

式中，K_f 为磁电力发生器的灵敏度（N/A）；B 为气隙的磁感应强度（T）；D、W 为活动线圈的平均直径（m）和匝数。

根据系统的工作原理和各环节的传递函数，可绘出系统的结构方框图，如图 4-16 所示，并推导出表征系统特性的几个传递函数。

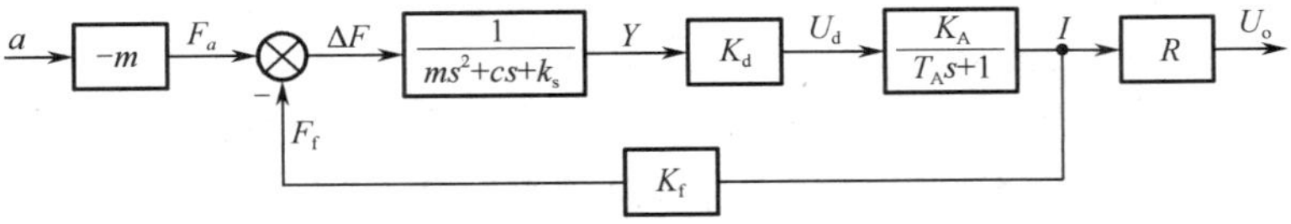

图 4-16　力平衡伺服式加速度传感器的结构方框图

1）输出电压与加速度关系

系统的传递函数为

$$W_U(s)=\frac{U_o(s)}{a(s)}=\frac{-mK_dK_AR}{(ms^2+cs+k_s)(T_As+1)+K_dK_AK_f} \tag{4-32}$$

静态特性方程为

$$U_o = -\frac{mK_dK_AR}{k_s + K_dK_AK_f}a = -\frac{\dfrac{mK_dK_AR}{k_s}}{1+\dfrac{K_dK_AR}{k_s}} \tag{4-33}$$

当传递系数 $K_dK_AK_f/k_s \gg 1$ 时，有

$$U_o = -\frac{mR}{K_f}a \tag{4-34}$$

2）活动质量块相对位移 y 与加速度的关系

系统的传递函数为

$$W_y(s) = \frac{Y(s)}{a(s)} = -\frac{m(T_As+1)}{(ms^2+cs+k_s)(T_As+1)+K_dK_AK_f} \tag{4-35}$$

静态特性方程为

$$y = -\frac{m}{k_s+K_dK_AK_f}a = -\frac{\dfrac{m}{k_s}}{1+\dfrac{K_dK_AK_f}{k_s}}a \tag{4-36}$$

当 $K_dK_AK_f \gg k_s$ 时，有

$$y = -\frac{m}{K_dK_AK_f}a \tag{4-37}$$

3）系统力偏差 ΔF 与加速度的关系

系统的传递函数为

$$W_F(s) = \frac{\Delta F(s)}{a(s)} = -\frac{m(ms^2+cs+k_s)(T_As+1)}{(ms^2+cs+k_s)(T_As+1)+K_dK_AK_f} \tag{4-38}$$

静态特性方程为

$$\Delta F = -\frac{mk_s}{k_s+K_dK_AK_f}a = -\frac{m}{1+\dfrac{K_dK_AK_f}{k_s}}a \tag{4-39}$$

当 $K_dK_AK_f \gg k_s$ 时，有

$$\Delta F = -\frac{mk_s}{K_dK_AK_f}a \tag{4-40}$$

由上述各式可知，该传感器在闭环内静态传递系数很大的情况下，在静态测量或系统处于相对平衡状态时，其静态灵敏度只与闭环以外各串联环节的传递系数及反馈支路的传递系数有关，因此要求其具有较高的精度和稳定性，而与环内前馈支路各环节的传递系数无关。活动质量块的相对位移 y 和系统力的偏差 ΔF 均与被测加速度 a 成正比，且静态传递系数越大，位移和力的偏差越小，只有当静态传递系数为无穷大时，位移 y 和力的偏差 ΔF 才为零。当位移为零时，将不会产生反馈力。因此，静态传递系数不会是无穷大，在这种情况下，各环节静态传递系数的变化将会引起位移误差和力的偏差误差。

4）系统的改进

在如图 4-17 所示的传感器中，各环节静态传递系数的变化和摩擦力等外界干扰都会引起测量误差。为了减小静态误差，除了要求系统具有较大的开环传递系数，还要求支承弹簧刚度尽可能小。当弹簧刚度 $k_s = 0$（如采用无弹簧支承的全液式浮动系统）时，传感器的基本特性将有很大变化，活动部分将变成一个惯性环节和一个积分环节串联，其传递函数为

$$W_y(s) = \frac{Y(s)}{F_a(s)} = \frac{1}{(ms + c)s} \tag{4-41}$$

如果其他各环节仍保持与上述传感器相同，则该系统的结构框图如图 4-17 所示。

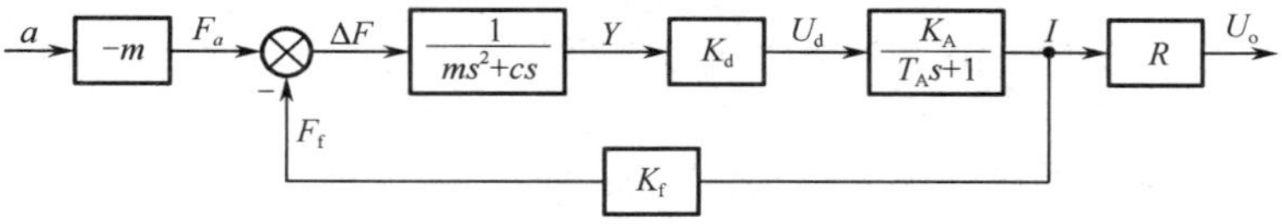

图 4-17 改进的无静差伺服式加速度传感器的结构框图

系统的输出电压与加速度的传递函数为

$$W_U(s) = \frac{U_o(s)}{a(s)} = -\frac{mK_dK_AR}{s(ms + c)(T_As + 1) + K_dK_AK_f} \tag{4-42}$$

静态特性方程为

$$U_o = -\frac{mR}{K_f}a \tag{4-43}$$

活动质量的相对位移 y 与加速度 a 的传递函数和静态特性方程为

$$W_y(s) = \frac{Y(s)}{a(s)} = -\frac{m(T_As + 1)}{s(ms + c)(T_As + 1) + K_dK_AK_f} \tag{4-44}$$

$$y = -\frac{m}{K_dK_AK_f}a \tag{4-45}$$

力的偏差 ΔF 与加速度 a 的传递函数和静态特性方程为

$$W_F(s) = \frac{\Delta F(s)}{a(s)} = -\frac{ms(ms + c)(T_As + 1)}{s(ms + c)(T_As + 1) + K_dK_AK_f} \tag{4-46}$$

$$\Delta F = 0 \tag{4-47}$$

可以看出，这样的改进使传感器的静态力偏差 ΔF 为零，与被测加速度无关。系统具有无静差特性的根本原因在于，闭环前馈支路中包含积分环节。因此，如果传感器的闭环前馈支路内增设积分环节，就可构成无静差系统。LCF-200 系列力平衡式伺服直线加速度传感器如图 4-18 所示，其在实际工程应用中较为常见。

图 4-18 LCF-200 系列力平衡式伺服直线加速度传感器

4.2 差动变压器式传感器

4.2.1 差动变压器式传感器的原理

把被测的非电量变化转换为线圈互感量变化的传感器称为互感式传感器。这种传感器是根据变压器的基本原理制成的，是把被测位移量转换为一次线圈与二次线圈间的互感量变化的装置。当一次线圈接入激励电源后，二次线圈就产生感应电动势，当两者间的互感量变化时，感应电动势也相应变化。由于两个二次线圈采用差动接法，故称为差动变压器式传感器，简称差动变压器。

差动变压器式传感器的结构形式较多，有变间隙式、变面积式和螺线管式等。图4-19所示为差动变压器式传感器的结构图。

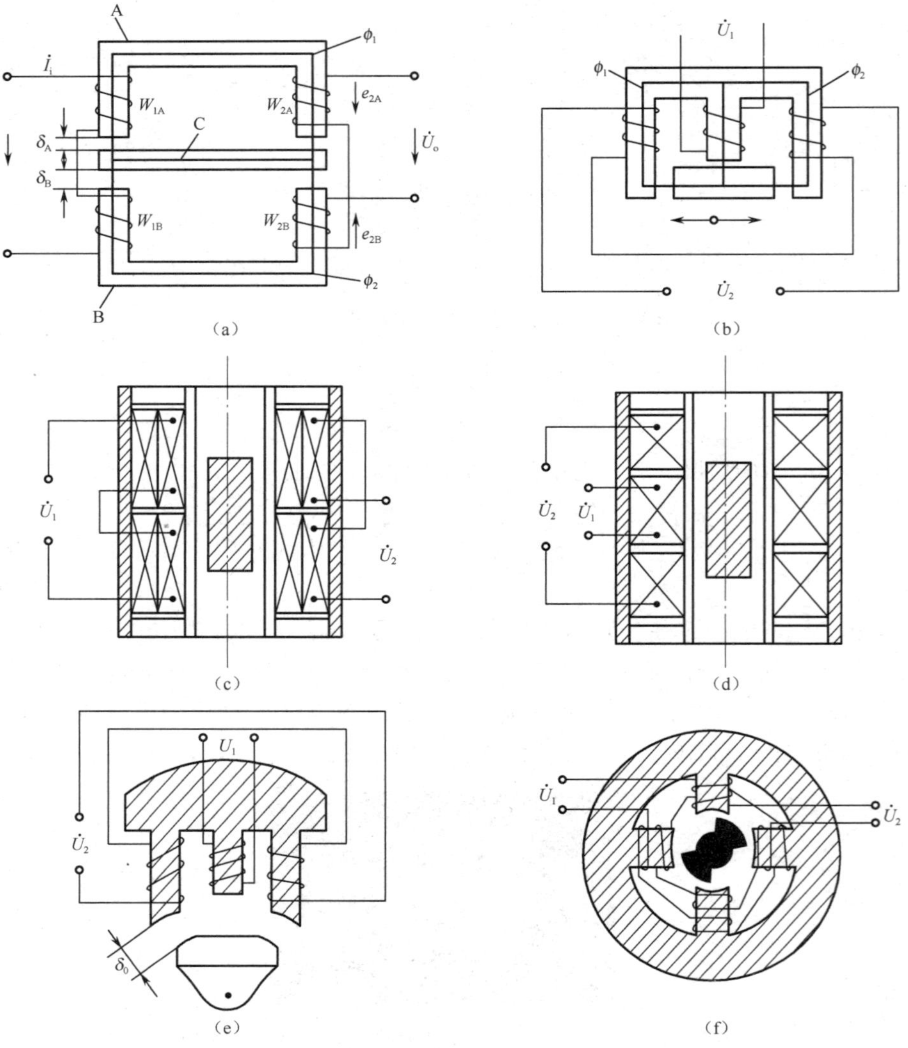

图4-19 差动变压器式传感器的结构图

图 4-19（a）、图 4-19（b）所示的两种结构的差动变压器式传感器为变间隙差动变压器式传感器，其衔铁均为板形，灵敏度高，测量范围较窄，一般用于测量几微米到几百微米的机械位移。

图 4-19（c）、图 4-19（d）所示的两种结构均为螺线管差动变压器式传感器。对于位移在几毫米到上百毫米的测量，常采用圆柱形衔铁的螺线管差动变压器式传感器。

图 4-19（e）、图 4-19（f）所示的两种结构均为变面积差动变压器式传感器，其通常用于测量旋转角，通常可测到几秒的微小角度。

1. 变间隙差动变压器式传感器

1）工作原理

闭磁路变间隙差动变压器式传感器的结构如图 4-19（a）所示，在 A、B 两个铁芯上绕有 $W_{1A}=W_{1B}=W_1$ 的两个初级绕组和 $W_{2A}=W_{2B}=W_2$ 的两个次级绕组。两个初级绕组的同名端同相串联，而两个次级绕组的同名端则反相串联。

当没有位移时，衔铁 C 处于初始平衡位置，它与两个铁芯的间隙为 $\delta_{A0}=\delta_{B0}=\delta_0$，则绕组 1A 和 2A 间的互感 M_A 与绕组 1B 和 2B 的互感 M_B 相等，致使两个次级绕组的互感电动势相等，即 $\dot{E}_{2A}=\dot{E}_{2B}$。由于次级绕组反相串联，因此，差动变压器输出电压 $\dot{U}_2=\dot{E}_{2A}-\dot{E}_{2B}=0$。

当被测体有位移时，与被测体相连的衔铁的位置将发生相应的变化，使 $\delta_A \neq \delta_B$，互感 $M_A \neq M_B$，两次级绕组的互感电动势 $\dot{E}_{2A} \neq \dot{E}_{2B}$，输出电压 $\dot{U}_2=\dot{E}_{2A}-\dot{E}_{2B} \neq 0$，即差动变压器式传感器有电压输出，输出电压的大小与极性反映被测体位移的大小和方向。

2）输出特性

在忽略铁损（涡流与磁滞损耗忽略不计）、漏感及变压器次级开路（或负载阻抗足够大）的条件下，图 4-19（a）的等效电路如图 4-20 所示。图中 r_{1A} 与 L_{1A}、r_{1B} 与 L_{1B}、r_{2A} 与 L_{2A}、r_{2B} 与 L_{2B} 分别为绕阻 1A、1B、2A、2B 的直流电阻与电感。

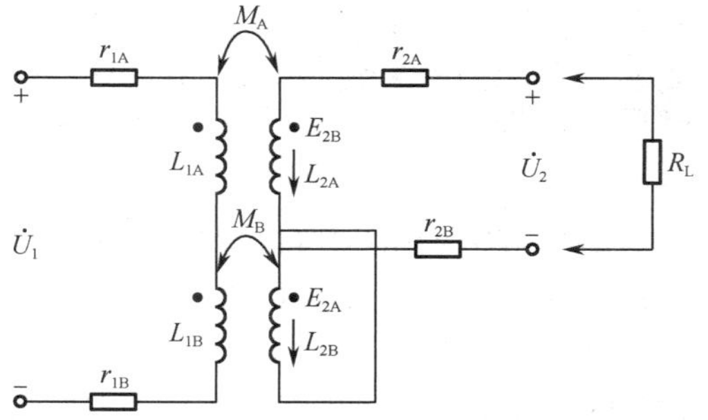

图 4-20　变间隙式差动变压器等效电路

根据电磁感应定律和磁路欧姆定律，当 $r_{1A} \ll \omega L_{1A}$，$r_{1B} \ll \omega L_{1B}$ 时，如果不考虑铁芯与衔铁中磁阻的影响，对图 4-20 所示的等效电路进行分析，可得变间隙式差动变压器式传感器输出电压 $\dot{U}_2$ 的表达式为

$$\dot{U}_2=-\frac{\delta_B-\delta_A}{\delta_B+\delta_A}\frac{W_2}{W_1}\dot{U}_1 \tag{4-48}$$

由式（4-48）可知，当衔铁处于初始平衡位置时，因为 $\delta_A=\delta_B=\delta_0$，则 $\dot{U}_2=0$。但是如果被测体带动衔铁移动，如向上移动 $\Delta\delta$（假设向上移动为正）时，则有 $\delta_A=\delta_0-\Delta\delta$，

$\delta_B = \delta_0 + \Delta\delta$，代入式（4-48）可得

$$\dot{U}_2 = -\frac{W_2}{W_1}\frac{\dot{U}_1}{\delta_0}\Delta\delta \tag{4-49}$$

式（4-49）为闭磁路变间隙差动变压器式传感器的输出特性。它表明变压器的输出电压$\dot{U}_2$与衔铁位移量$\Delta\delta/\delta_0$成正比。式中负号的意义是，当衔铁向上移动时，$\Delta\delta/\delta_0$为正，变压器的输出电压$\dot{U}_2$与输入电压$\dot{U}_1$反相（相位相差180°）；而当衔铁向下移动时，$\Delta\delta/\delta_0$则为$-|\Delta\delta/\delta_0|$，表明$\dot{U}_2$与$\dot{U}_1$同相。图4-21所示为变间隙差动变压器式传感器输出特性。

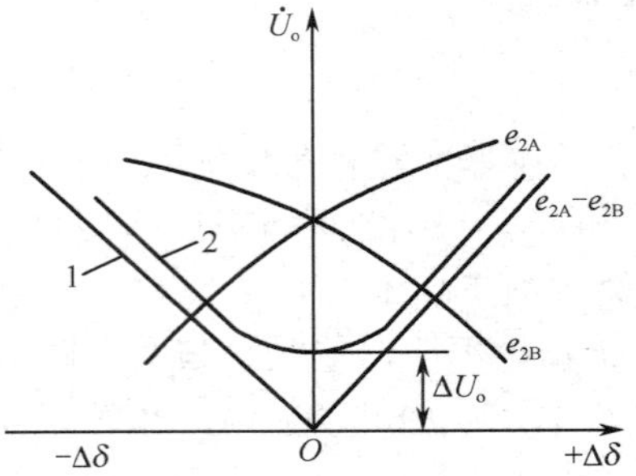

1—理想特性；2—实际特性。

图4-21 变间隙差动变压器式传感器的输出特性

由式（4-49）可得变间隙差动变压器式传感器灵敏度K的表达式为

$$K = \frac{\dot{U}_2}{\Delta\delta} = \frac{W_2}{W_1}\frac{\dot{U}_1}{\delta_0} \tag{4-50}$$

综合以上分析，可得出如下结论。

（1）首先，供电电源$\dot{U}_1$要稳定，以便使传感器具有稳定的输出特性；其次，适当提高电源幅值可以提高传感器的灵敏度K，但要以变压器铁芯不饱和及允许温升为前提。

（2）增加W_2/W_1的比值和减小δ_0都能使传感器的灵敏度K提高。然而，W_2/W_1的比值与变压器的体积及零点残余电压有关，无论是从灵敏度考虑，还是从忽略边缘磁通考虑，均要求变间隙差动变压器式传感器的δ_0越小越好。为兼顾测量范围的需要，一般选择传感器的δ_0=0.5mm。

（3）以上分析的结果是在忽略铁损和线圈中的分布电容等条件下得到的，如果考虑这些影响，将会使传感器的性能变差（灵敏度降低，非线性度加大等）。但是，在一般工程应用中是可以忽略的。

（4）以上结果是在假定传感器的工艺严格对称的前提下得到的，而实际上很难做到这一点，因此传感器的实际输出特性如图4-21中曲线2所示，存在零点残余电压ΔU_o。

（5）进行上述推导的另一个条件是变压器副边开路，对由电子线路构成的测量电路来讲，这个要求很容易满足，但如果直接配接低输入阻抗电路，就必须考虑变压器副边电流对输出特性的影响。

2．螺线管差动变压器式传感器

1）工作原理

图4-22所示为螺线管差动变压器式传感器的结构图，它由初级绕组、两个次级绕组和插入线圈中央的圆柱形铁芯组成。

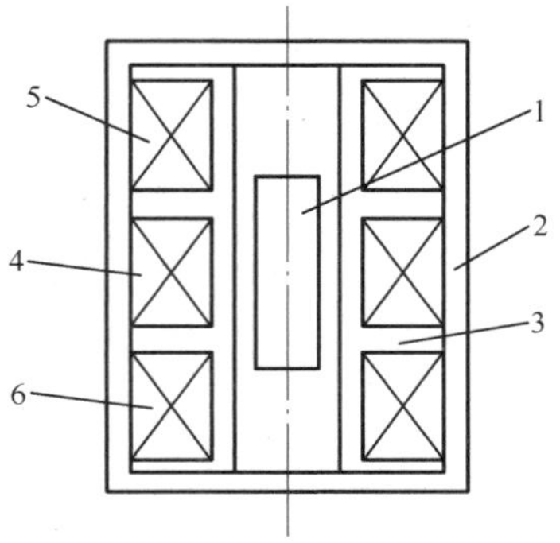

1—活动衔铁；2—导磁外壳；3—骨架；4—匝数为 W_1 的初级绕组；5—匝数为 W_{2a} 的次级绕组；6—匝数为 W_{2b} 的次级绕组。

图 4-22 螺线管差动变压器式传感器的结构图

图 4-23（a）、图 4-23（b）、图 4-23（c）、图 4-23（d）、图 4-23（e）所示依次为螺线管差动变压器式传感器按线圈绕组排列方式不同的一节螺线管差动变压器式传感器、二节螺线管差动变压器式传感器、三节螺线管差动变压器式传感器、四节螺线管差动变压器式传感器和五节螺线管差动变压器式传感器。一节螺线管差动变压器式传感器的灵敏度高，三节螺线管差动变压器式传感器的零点残余电压较小，通常采用的是二节螺线管差动变压器式传感器和三节螺线管差动变压器式传感器两类。

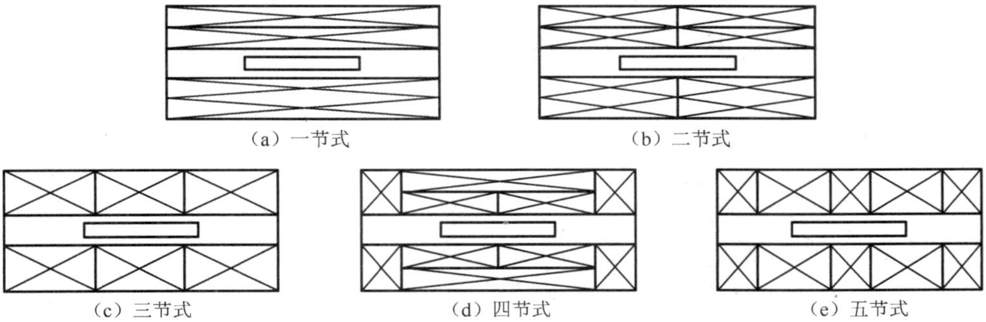

图 4-23 线圈排列方式

螺线管差动变压器式传感器中的两个次级线圈反相串联，并且在忽略铁损、导磁体磁阻和线圈分布电容的理想条件下，其等效电路如图 4-24 所示。设差动变压器式传感器中初级绕组的匝数为 W_1，两个次级绕组的匝数依次为 W_{2a}、W_{2b}。当初级绕组加上激励电压 $\dot{U}_1$ 时，根据变压器的工作原理，在两个次级绕组中便会产生感应电动势 $\dot{E}_{2a}$ 和 $\dot{E}_{2b}$。如果工艺上保证变压器结构完全对称，则当活动衔铁处于初始平衡位置时，必然会使两互感系数 $M_a = M_b$。根据电磁感应原理，将有 $\dot{E}_{2a} = \dot{E}_{2b}$。由于变压器两次级绕组反相串联，因此 $\dot{U}_2 = \dot{E}_{2a} - \dot{E}_{2b} = 0$，即差动变压器式传感器的输出电压为零。

当活动衔铁向上移动时，由于磁阻的影响，匝数为 W_{2a} 的绕组中的磁通将大于匝数为 W_{2b} 的绕组，使 $M_1 > M_2$，因此 $\dot{E}_{2a}$ 增加，而 $\dot{E}_{2b}$ 减小。反之则 $\dot{E}_{2b}$ 增加，$\dot{E}_{2a}$ 减小。因为 $\dot{U}_2 = \dot{E}_{2a} - \dot{E}_{2b}$，所以当 $\dot{E}_{2a}$、$\dot{E}_{2b}$ 随着衔铁位移 x 变化时，$\dot{U}_2$ 也必将随 x 的变化而变化。图 4-25 给出了差动变压器式传感器的输出电压 U_o 与活动衔铁位移 Δx 的关系曲线。由图 4-25 可以看出，当衔铁位于中心位置时，差动变压器式传感器的输出电压并不等于零，把差动变压器式传感器在位移为零时的输出电压称为零点残余电压，记作 $\Delta\dot{U}_o$，它的存在使传感器的输出特性不经过零点，造成实际特性与理论特性不完全一致的现象。

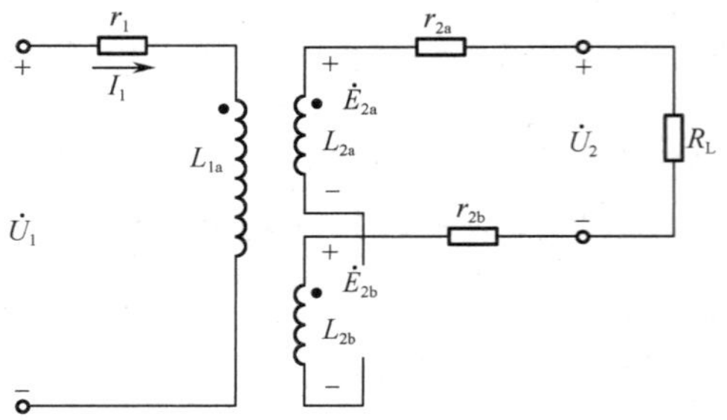

图 4-24　螺线管差动变压器式传感器的等效电路

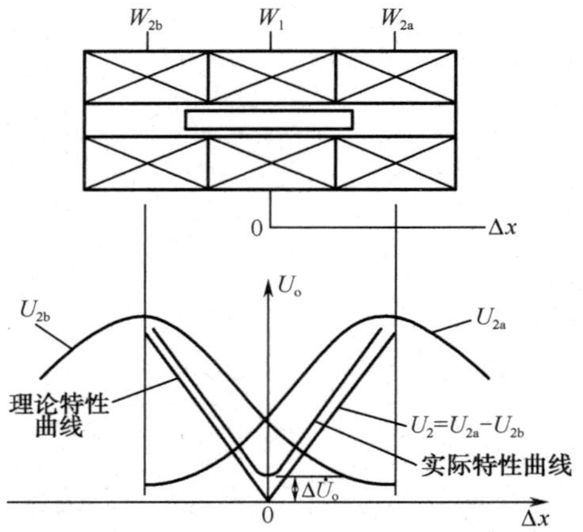

图 4-25　螺线管式差动变压器输出电压的特性曲线

2）基本特性

如图 4-24 所示，当次级绕组开路时有

$$\dot{I}_1 = \frac{\dot{U}_1}{r_1 + j\omega L_1} \tag{4-51}$$

式中，$\dot{U}_1$为初级绕组激励电压；ω为激励电压$\dot{U}_1$的角频率；$\dot{I}_1$为初级绕组激励电流；r_1、L_1为初级绕组直流电阻值和电感量。

根据电磁感应定律，次级绕组中感应电动势的表达式分别为

$$\dot{E}_{2a} = -j\omega M_1 \dot{I}_1 \tag{4-52}$$

$$\dot{E}_{2b} = -j\omega M_2 \dot{I}_1 \tag{4-53}$$

式中，M_1、M_2为初级绕组与两个次级绕组的互感。

由于次级两绕组反相串联，且考虑到次级开路，则由以上关系可得

$$\dot{U}_2 = \dot{E}_{2a} - \dot{E}_{2b} = -\frac{j\omega(M_a - M_b)\dot{U}_1}{r_1 + j\omega L_1} \tag{4-54}$$

输出电压的有效值为

$$U_2 = \frac{\omega(M_a - M_b)U_1}{\sqrt{r_1^2 + (\omega L_1)^2}} \tag{4-55}$$

式（4-55）说明，当激磁电压的幅值U_1和角频率ω、初级绕组的直流电阻r_1及电感量L_1为定值时，差动变压器式传感器的输出电压仅仅是初级绕组与两个次级绕组之间互感之差的函数。因此，只要求出互感M_a和M_b与活动衔铁位移x的关系式，再代入式（4-54），即可得到螺线管式差动变压器式传感器的基本特性表达式。对此，下面分三种情况进行分析。

（1）活动衔铁处于中间位置时有

$$M_a = M_b = M$$

故有

$$U_2 = 0$$

（2）活动衔铁向上移动时有

$$M_a = M + \Delta M\text{，}\quad M_b = M - \Delta M$$

故有

$$U_2 = \frac{2\omega\Delta M U_1}{\sqrt{r_1^2 + (\omega L_1)^2}}$$

与 $\dot{E}_{2a}$ 同极性。

（3）活动衔铁向下移动时有

$$M_a = M - \Delta M\text{，}\quad M_b = M + \Delta M$$

故有

$$U_2 = -\frac{2\omega\Delta M U_1}{\sqrt{r_1^2 + (\omega L_1)^2}}$$

与 $\dot{E}_{2b}$ 同极性。

3．差动变压器式传感器的测量电路

差动变压器式传感器输出的是交流电压，若用交流电压表测量，只能反映衔铁位移的大小，不能反映位移的方向。另外，其测量值中将包含零点残余电压。为了达到能辨别移动方向和消除零点残余电压的目的，实际测量时，常常采用差动整流电路和相敏检波电路。

1）*差动整流电路*

这种电路是把差动变压器式传感器的两个次级绕组输出电压分别整流，然后将整流后的电压或电流的差值作为输出，图 4-26 给出了几种典型的电路形式，其中，图 4-26（a）、图 4-26（b）、图 4-26（c）、图 4-26（d）分别为半波电压输出、半波电流输出、全波电压输出、全波电流输出。图 4-26（a）、图 4-26（c）适用于交流阻抗负载，图 4-26（b）、图 4-26（d）适用于低阻抗负载，电阻 R_0 用于调整零点残余电压。

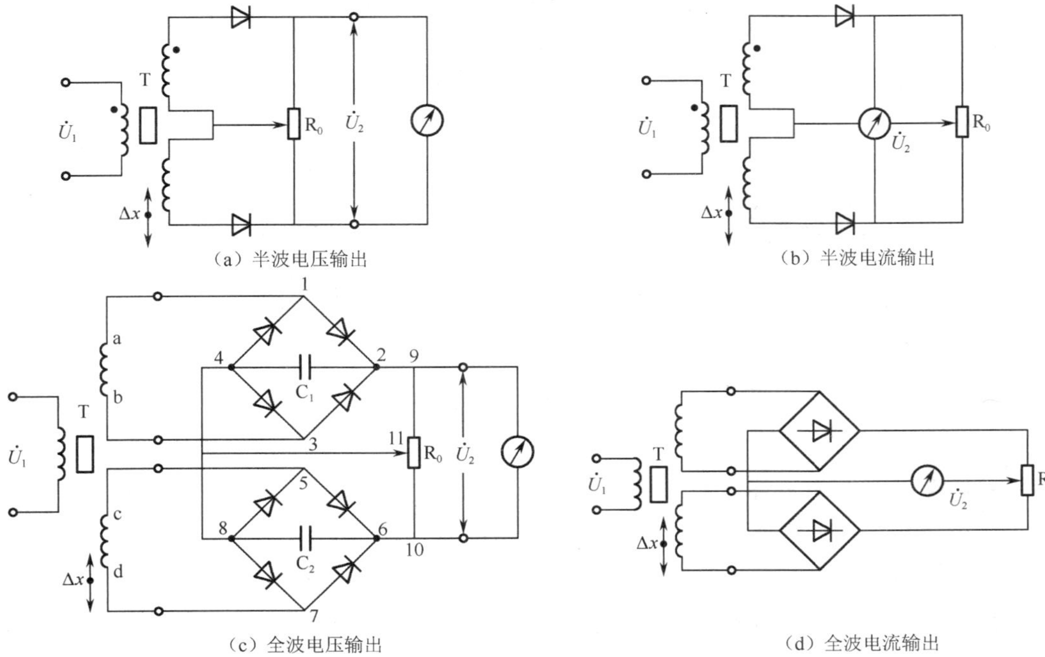

图 4-26　差动整流电路

下面结合图4-26（c），分析差动整流工作原理。

从图4-26（c）所示的电路结构可知，不论两个次级绕组输出瞬时电压的极性如何，流经电容 C_1 的电流方向总是从点2到点4，流经电容 C_2 的电流方向总是从点6到点8，故整流电路的输出电压为

$$U_2 = U_{24} - U_{68} \tag{4-56}$$

当衔铁在零位时，因为 $U_{24} = U_{68}$，所以 $U_2 = 0$；当衔铁在零位以上时，因为 $U_{24} > U_{68}$，则 $U_2 > 0$；而当衔铁在零位以下时，有 $U_{24} < U_{68}$，则 $U_2 < 0$。U_2 的正负表示衔铁位移的方向。

差动整流电路具有结构简单，不需要考虑相位调整和零点残余电压的影响，还有分布电容影响小和便于远距离传输等优点，因此获得广泛的应用。

2）相敏检波电路

相敏检波电路如图4-27所示。图中VD1、VD2、VD3、VD4为四个性能相同的二极管，以同一方向串联成一个闭合回路，形成环形电桥。输入信号 u_2（差动变压器式传感器输出的调幅波电压）通过变压器 T_1 加到环形电桥的一条对角线上。参考信号 u_s 通过变压器 T_2 加到环形电桥的另一个对角线上。输出信号 u_o 从变压器 T_1 与 T_2 的中心抽头引出。图中平衡电阻R起限流的作用，以避免二极管导通时变压器 T_2 的次级电流过大。R_L 为负载电阻。u_s 的幅值要远大于输入信号 u_2 的幅值，以便有效控制四个二极管的导通状态，且 u_s 和差动变压器式传感器激磁电压 u_1 由同一振荡器供电，以保证二者同频同相（或反相）。

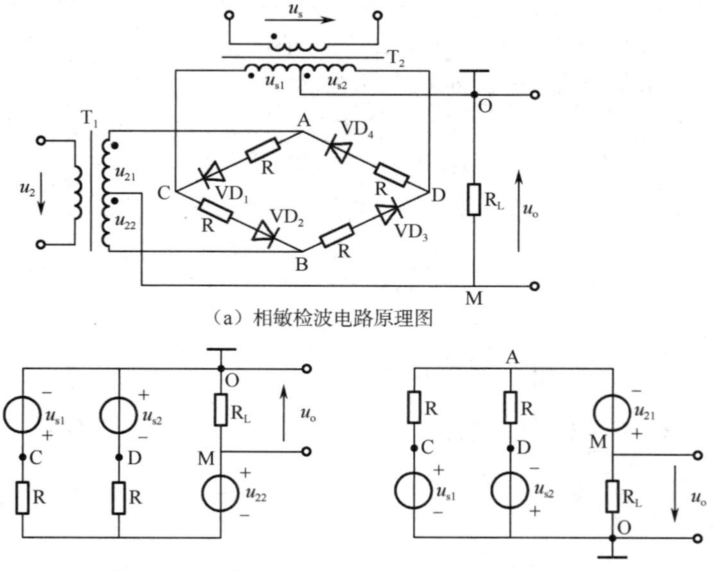

（a）相敏检波电路原理图

（b）u_s、u_2均为正半周时等效电路

（c）u_s、u_2均为负半周时等效电路

图4-27 相敏检波电路

由图4-28（a）、图4-28（c）、图4-28（d）可知，当位移 $\Delta x > 0$ 时，u_s 与 u_2 同频同相；当位移 $\Delta x < 0$ 时，u_s 与 u_2 同频反相。

当 $\Delta x > 0$ 时，u_s 与 u_2 同频同相，当 u_s 与 u_2 均为正半周时，在图4-27（a）所示电路中，环形电桥中二极管VD1、VD4截止，VD2、VD3导通，则可得到如图4-27（b）所示的等效电路。

根据变压器的工作原理，考虑到 O、M 分别为变压器 T_1、T_2 的中心抽头，则有

$$u_{s1}=u_{s2}=\frac{u_s}{2n_2} \tag{4-57}$$

$$u_{21}=u_{22}=\frac{u_2}{2n_1} \tag{4-58}$$

式中，n_1、n_2 分别为变压器 T_1、T_2 的变压比。采用电路分析的基本方法，可求得图 4-27（b）所示电路的输出电压 u_o 的表达式为

$$u_o=\frac{R_L u_{22}}{\frac{R}{2}+R_L}=\frac{R_L u_2}{n_1(R+2R_L)} \tag{4-59}$$

同理，当 u_2 与 u_s 均为负半周时，二极管 VD_2、VD_3 截止，VD_1、VD_4 导通，其等效电路如图 4-27（c）所示。输出电压 u_o 的表达式与式（4-59）相同。说明只要位移 $\Delta x>0$，不论 u_2 与 u_s 是正半周还是负半周，负载电阻 R_L 两端的电压 u_o 始终为正。

当 $\Delta x<0$ 时，u_2 与 u_s 为同频反相。采用上述相同的分析方法不难得到当 $\Delta x<0$ 时，不论 u_2 与 u_s 是正半周还是负半周，负载电阻 R_L 两端得到的输出电压 u_o 表达式总为

$$u_o=-\frac{R_L u_2}{n_1(R+2R_L)} \tag{4-60}$$

所以图 4-28 相敏检波电路输出电压 u_o 的变化规律充分反映了被测位移量的变化规律，即 u_o 的数值反映位移 Δx 的大小，u_o 的极性反映了位移 Δx 的方向。

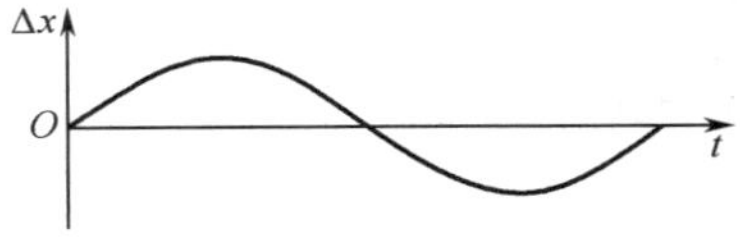

（a）被测位移变化波形图

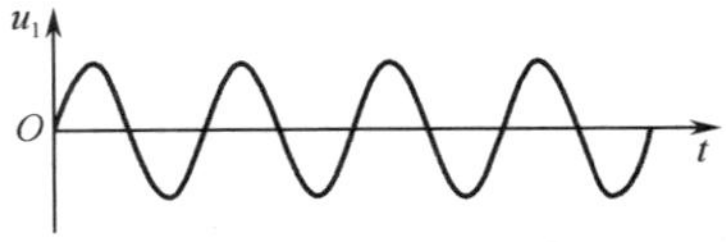

（b）差动变压器激励电压波形

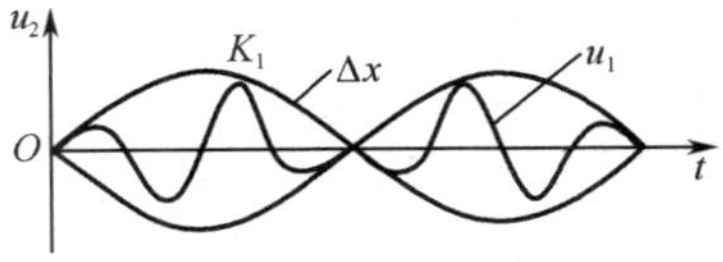

（c）差动变压器输出电压波形

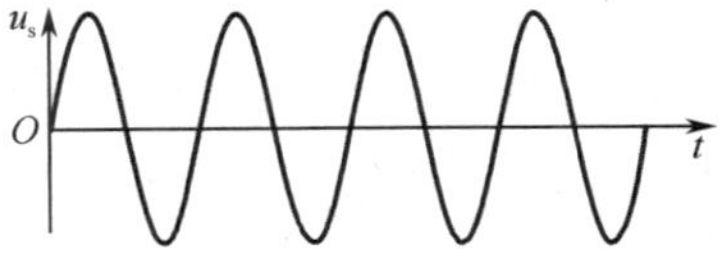

（d）相敏检波解调电压波形

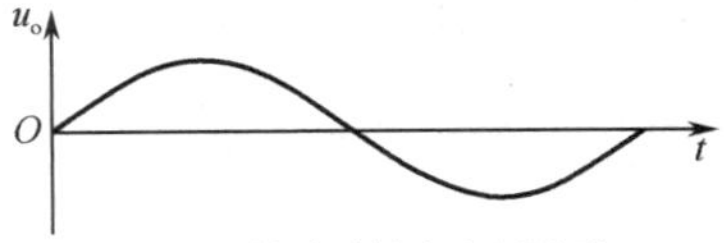

（e）相敏检波输出电压波形

图 4-28　波形图

4.2.2 差动变压器式传感器的工程应用

1．变间隙差动变压器式压力传感器

图4-29所示为变间隙差动变压器式压力传感器的结构图，它主要由C形弹簧管、衔铁、铁芯和线圈等组成。

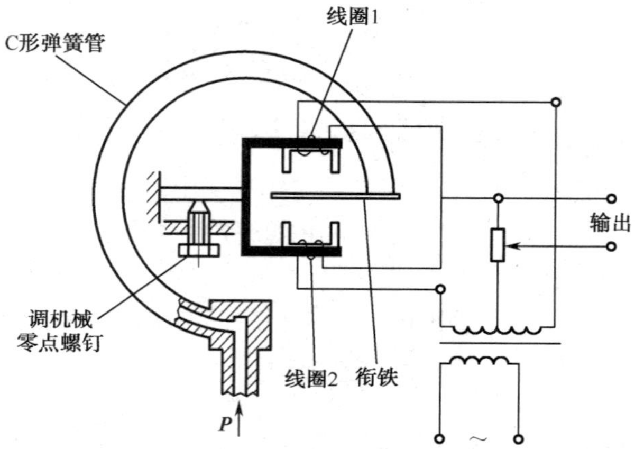

图4-29　变间隙差动变压器式压力传感器的结构图

当被测压力加到C形弹簧管上时，C形弹簧管产生变形，其自由端发生位移，带动与自由端连成一体的衔铁运动，使线圈1和线圈2中的电感量发生大小相等、符号相反的变化，即一个线圈的电感量增大，另一个线圈的电感量减小。电感量的这种变化通过电桥电路转换成电压输出。由于输出电压与被测压力成比例，所以只要用检测仪表测量出输出电压，即可得知被测压力的大小。

2．差动电感式压力传感器

图4-30所示为测量差压用的变间隙差动电感式压力传感器的原理图。它由在结构上和电气参数上完全对称的两部分组成。平膜片感受压差，并作为衔铁使用。由于差动接法比非差动接法具有非线性误差小、电磁吸力小、零位输出小及温度和其他外干扰影响较小等优点，故差动电感式压力传感器一般采用交流差动变换电路。当所测压差$\Delta p = 0$时，两边电感的起始气隙长度相等，即$\delta_1 = \delta_2 = \delta_0$，因此两个电感的磁阻相等，其阻抗相等，即$Z_1 = Z_2 = Z_3$。此时电桥处于平衡状态，电桥输出电压为零。当所测压差$\Delta p \neq 0$时，$\delta_1 \neq \delta_2$，则两个电感的磁阻不等，其阻抗不等，即$Z_1 \neq Z_2$。电桥的输出电压将反映被测压差的大小。若在设计时保证在所测压差范围内电感气隙的变化量很小，那么电桥的输出电压将与被测压差成正比，电压的正、反相位将代表压差的正、负。

应该注意的是，这种测量电路的传感器，其频率响应不仅取决于传感器本身的结构参数，还取决于电源振荡器的频率、滤波器及放大器的频带宽度。一般，电源振荡器的频率在10～20kHz中选择。

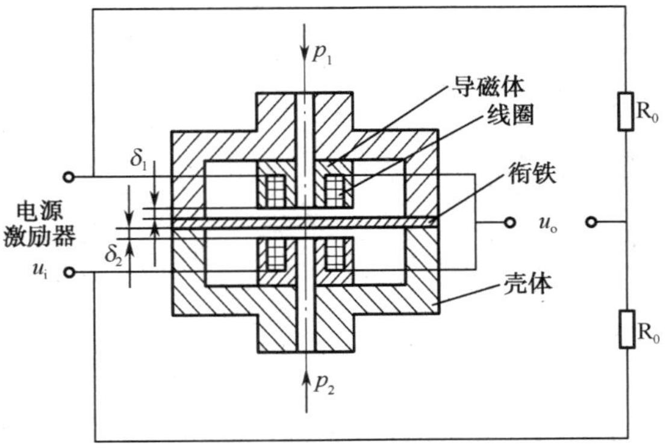

图 4-30　测量压差用的变间隙差动电感式压力传感器的原理图

4.3　电涡流式传感器

4.3.1　电涡流式传感器的原理

根据电磁感应定律，金属导体置于变化着的磁场中或在磁场中做切割磁力线运动时，导体内就会产生感应电流，这种电流像水中旋涡一样在导体中转圈，这种现象称为电涡流效应。

根据电涡流效应制成的传感器称为电涡流式传感器。电涡流式传感器最大的特点是能对位移、厚度、表面温度、速度、应力、材料损伤等进行非接触式连续测量，另外它还具有体积小、灵敏度高、频率响应宽等特点，应用非常广泛。

1824 年，加贝（Gambey）用实验发现金属中有涡电流存在，而后佛科确认了涡电流的存在；1831 年，法拉第发现电磁感应现象；1865 年，麦克斯韦完成法拉第概念的完整数学表达式，建立电磁场理论；1879 年，休斯首先将涡流用于实际金属材料分选；1921—1935 年，涡流探伤仪及涡流测厚仪先后问世；1930 年，实现用涡流法检验钢管的焊接质量；20 世纪 50 年代初，德国福斯特开创现代涡流检测理论和设备研究新阶段，涡流检测技术正式进入实用阶段；20 世纪 60 年代，我国开始研究涡流检测技术，主要应用于航天等领域；20 世纪 70 年代，我国成功研制出了涡流电导仪、膜层测厚仪及涡流探伤仪等一系列涡流检测设备；20 世纪 90 年代，我国电涡流检测技术进入快速发展期，发展了脉冲涡流、阵列涡流、多频涡流等先进的涡流检测技术，并研制出了多款数字化涡流设备。

1．工作原理

图 4-31 所示为电涡流式传感器的原理图，电涡流式传感器是由传感器激励线圈和被测导体组成的线圈-导体系统。当传感器激励线圈中通以正弦交变电流 $\dot{I}_1$ 时，线圈周围空间必然产生正弦交变磁场 $\dot{H}_1$，使置于此磁场中的金属导体中产生感应电涡流 $\dot{I}_2$，$\dot{I}_2$ 又产生新的交变磁场 $\dot{H}_2$。根据楞次定律，$\dot{H}_2$ 的作用将反抗原磁场 $\dot{H}_1$，由于磁场 $\dot{H}_2$ 的作用，涡流要消耗一部分能量，导致传感器线圈的等效阻抗和品质因数发生变化。由此可见，线圈阻抗的变化完全取决于被测金属导体的电涡流效应。电涡流效应既与被测体的电阻率 ρ、磁导率 μ 及几何形状有关，也与线圈的几何参数、线圈中激磁电流的频率 f 有关，还与线圈与导体间的距离 x 有关。因此，传感器线圈受电涡流影响时的等效阻抗 Z 的函数关系式为

$$Z = F(\rho, \mu, r, f, x) \tag{4-61}$$

式中，r 为线圈与被测导体的尺寸因子。

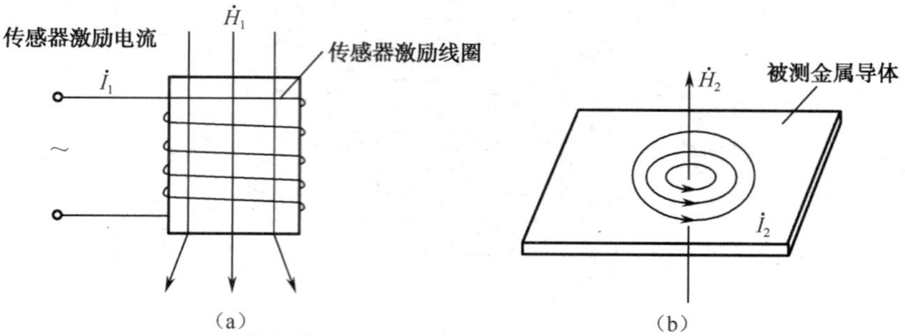

图 4-31　电涡流式传感器的原理图

如果保持式（4-61）中其他参数不变，只改变其中的一个参数，传感器激励线圈的等效阻抗 Z 就仅仅是这个参数的单值函数。通过与传感器配用的测量电路测出阻抗 Z 的变化量，即可实现对该参数的测量。

电涡流式传感器的特点是结构简单，易于进行非接触的连续测量，灵敏度较高，适用性强，因此得到了广泛的应用。它的变换量可以是位移，也可以是被测材料的性质。其应用大致有下列几个方向。

（1）利用位移作为变换量，可制成位移传感器、厚度传感器、振幅传感器、振摆传感器、转速传感器等，也可制成接近开关、计数器等。

（2）利用材料电阻率 ρ 作为变换量，可制成温度传感器、材质判别传感器等。

（3）利用磁导率 μ 作为变换量，可制成应力传感器、硬度传感器等。

2．基本特性

电涡流式传感器的简化模型如图 4-32 所示。在模型中把在被测金属导体上形成的电涡流等效为一个短路环，即假设电涡流仅分布在环体之内，模型中电涡流的贯穿深度 h 可由下式求得

$$h=\sqrt{\frac{\rho}{\pi\mu_0\mu_r f}} \tag{4-62}$$

式中，f 为线圈激励电流的频率。

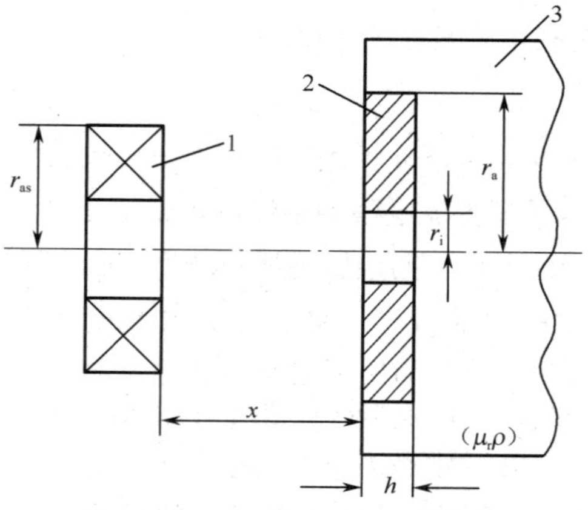

1—传感器线圈；2—短路环；3—被测金属导体。

图 4-32　电涡流式传感器的简化模型

趋肤效应：当高频（100kHz 左右）信号源产生的高频电压施加到一个靠近金属导体附近的电感线圈 L_1 上时，将产生高频磁场 $\dot{H}_1$。如被测导体置于该交变磁场范围内，被测导体就产生电涡流 $\dot{I}_2$。$\dot{I}_2$ 在金属导体的纵深方向并不是均匀分布的，而只集中在金属导体的表面，这称为趋肤效应，也称集肤效应。

根据简化模型，可将金属导体形象地看作一个短路线圈，它与传感器线圈之间存在耦合关系，它们之间可画出如图 4-33 所示的等效电路。

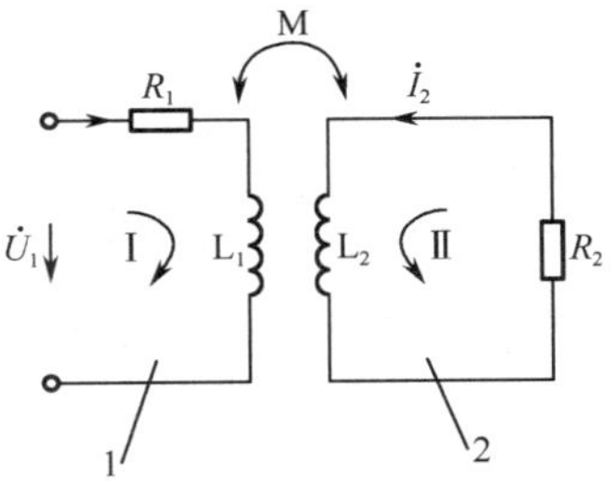

1—传感器线圈；2—电涡流短路环。

图 4-33　电涡流式传感器的等效电路

图中 R_2 为电涡流短路环的等效电阻，其表达式为

$$R_2 = \frac{2\pi\rho}{h\ln\dfrac{r_a}{r_i}} \tag{4-63}$$

根据基尔霍夫第二定律，可列出如下方程：

$$\left.\begin{aligned}\dot{R}_1\dot{I}_1 + \mathrm{j}\omega\dot{L}_1 - \mathrm{j}\omega M\dot{I}_2 = \dot{U}_1\\ -\mathrm{j}\omega M\dot{I}_1 + R_2\dot{I}_2 + \mathrm{j}\omega L_2\dot{I}_2 = 0\end{aligned}\right\} \tag{4-64}$$

式中，ω 为线圈激励电流角频率；R_1、L_1 为线圈的电阻值和电感量；L_2 为短路环等效电感量；R_2 为短路环等效电阻值；M 为互感系数。

由式（4-64）解得等效阻抗 Z 的表达式为

$$\begin{aligned}Z = \frac{\dot{U}_1}{\dot{I}_1} &= R_1 + \frac{\omega^2 M^2}{R_2^2 + \omega^2 L_2^2}R_2 + \mathrm{j}\omega\left(L_1 - \frac{\omega^2 M^2}{R_2^2 + \omega^2 L_2^2}L_2\right)\\ &= R_{eq} + \mathrm{j}\omega L_{eq}\end{aligned} \tag{4-65}$$

式中，R_{eq} 为线圈受电涡流影响后的等效电阻值，且

$$R_{eq} = R_1 + \frac{\omega^2 M^2}{R_2^2 + \omega^2 L_2^2}R_2$$

L_{eq} 为线圈受电涡流影响后的等效电感量，且

$$L_{eq} = L_1 + \frac{\omega^2 M^2}{R_2^2 + \omega^2 L_2^2}L_2$$

线圈的等效品质因数 Q 为

$$Q = \frac{\omega L_{eq}}{R_{eq}} \tag{4-66}$$

综上所述，根据电涡流式传感器的简化模型和等效电路，运用电路分析的基本方法得到的式（4-65）和式（4-66）为电涡流式传感器基本特性表达式。

3．形成范围

1）电涡流的径向形成范围

线圈-导体系统产生的电涡流密度 J 既是线圈与导体间距离 x 的函数，又是线圈半径 r 的函数。当 x 一定时，电涡流密度 J 与半径 r 的关系曲线如图 4-34 所示，图中 J_0 为金属导体表面电涡流密度，即电涡流密度最大值。J_r 为半径 r 处的金属导体表面电涡流密度。由图 4-34 可知：

（1）电涡流径向形成范围大约在传感器线圈外径 r_{as} 的 1.8～2.5 倍范围内，且分布不均匀。

（2）电涡流密度在 $r_i = 0$ 处为零。

（3）电涡流密度的最大值在 $r = r_{as}\left(r_{as} = \dfrac{r_i + r_a}{2}\right)$ 附近的一个狭窄区域内。

（4）可以用一个平均半径为 r_{as} 的短路环来集中表示分散的电涡流（图 4-34 中的阴影部分）。

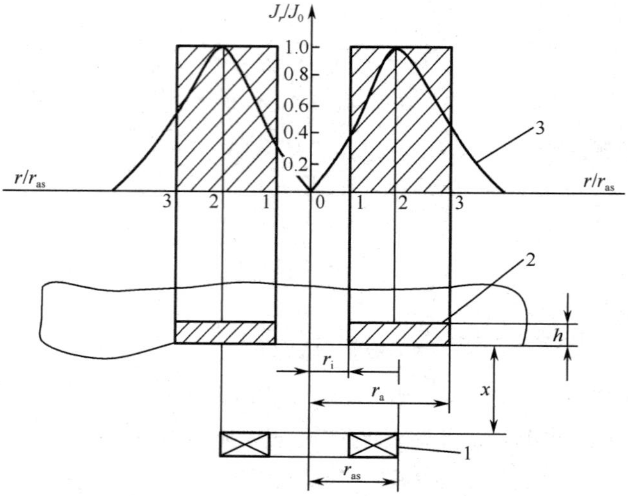

1—电涡流线圈；2—等效短路环；3—电涡流密度分布。

图 4-34　电涡流密度 J 与半径 r 的关系曲线

2）电涡流强度与距离的关系

理论分析和实验都已证明，当 x 改变时，电涡流强度也发生变化，即电涡流强度随距离 x 的变化而变化。根据线圈-导体系统的电磁作用，可以得到金属导体表面的电涡流强度（用金属导体中的等效电流表示）为

$$I_2 = I_1\left(1 - \frac{x}{\sqrt{x^2 + r_{as}^2}}\right) \tag{4-67}$$

式中，I_1 为线圈激励电流；x 为线圈到金属导体表面的距离；r_{as} 为线圈外径。

根据式（4-67）做出的归一化曲线如图 4-35 所示。

以上分析表明：

① 电涡流强度 I_2/I_1 与距离 x 呈非线性关系，且随着 x/r_{as} 的增加而迅速减小。

② 当利用电涡流式传感器测量位移时，只有在 $x/r_{as} \ll 1$（一般取 0.05～0.15）的条件下才能得到较好的线性度和较高的灵敏度。

3）电涡流的轴向贯穿深度

所谓的贯穿深度是指把电涡流强度减小到表面强度的1/e 处的表面厚度。

由于金属导体的趋肤效应，电磁场不能穿过无限厚度的导体，仅作用于表面薄层和一定的径向范围内，并且导体中产生的电涡流强度是随导体厚度的增加按指数规律下降的。其按指数衰减分布规律为

$$J_d = J_0 e^{-d/h} \tag{4-68}$$

式中，d 为金属导体中某一点距表面的距离；J_d 为沿 H_1 轴向 d 处的电涡流密度；J_0 为金属导体表面的电涡流密度，即电涡流密度最大值；h 为电涡流轴向贯穿的深度（趋肤深度）。

图 4-36 所示为电涡流密度的轴向分布曲线，由图 4-36 可见，电涡流密度主要分布在表面附近。

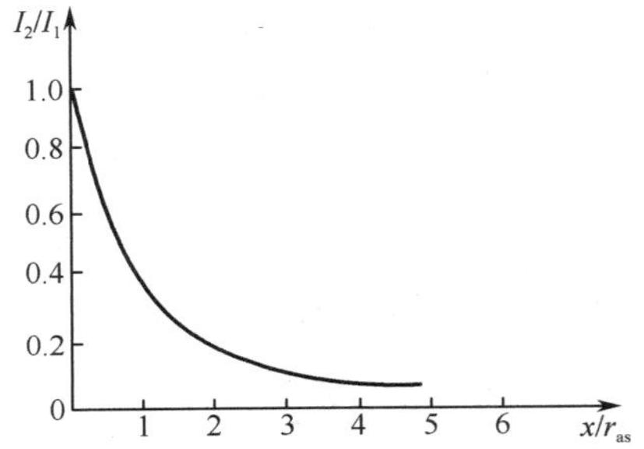

图 4-35　电涡流强度与距离的归一化曲线

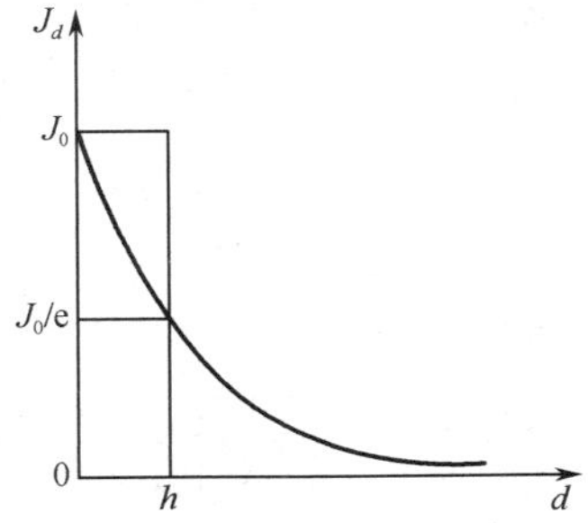

图 4-36　电涡流密度的轴向分布曲线

由式（4-68）可知，被测物体的电阻率越大，相对磁导率越小，以及传感器线圈的激磁电流频率越低，则电涡流贯穿深度 h 越大。故透射式电涡流传感器一般都采用低频激励。

4．电涡流式传感器的测量电路

电涡流式传感器的测量电路主要有调频式电路和调幅式电路。

1）调频式电路

调频式电路如图 4-37 所示，图 4-37（a）所示为测量电路框图，图 4-37（b）所示为振荡电路。

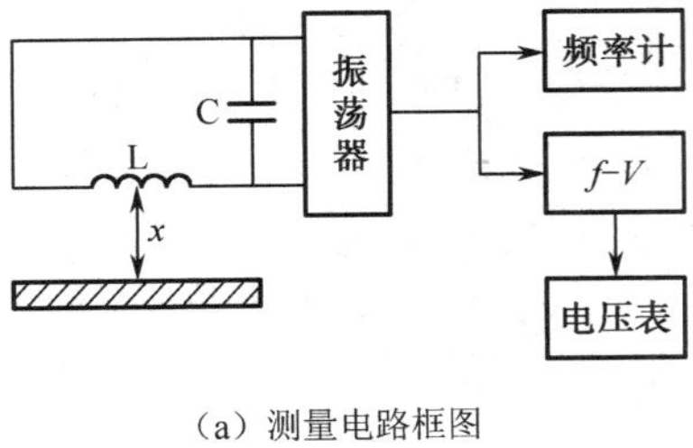

（a）测量电路框图

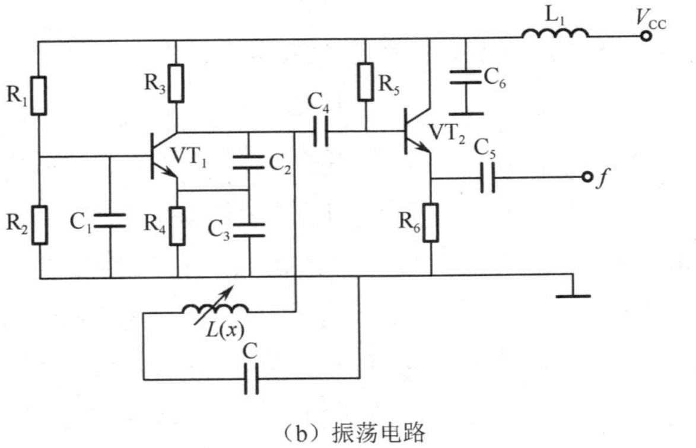

（b）振荡电路

图 4-37　调频式电路

传感器线圈接入LC振荡回路，当传感器与被测导体的距离x改变时，在涡流影响下，传感器的电感量发生变化，将导致振荡频率的变化，该变化的频率是距离x的函数，即$f = L(x)$，该频率可由数字频率计直接测得，或者通过$f-V$变换，用数字电压表测量对应的电压求得。振荡电路由克拉泼电容三点式振荡器（电容C_2、C_3、C、可调电感和VT_1）及射极输出电路两部分组成。振荡器的频率为

$$f = \frac{1}{2\pi\sqrt{L(x)C}} \tag{4-69}$$

为了避免输出电缆分布电容的影响，通常将电感、电容装在传感器内。此时电缆分布电容并联在大电容C_2、C_3上，因而对振荡频率f的影响将大大减小。

2）调幅式电路

由传感器线圈L、电容C和石英晶体组成的石英晶体振荡电路如图4-38所示。石英晶体振荡器起恒流源的作用，给谐振回路提供一个频率为f_0的稳定的激励电流i_0，LC回路的输出电压为

$$U_o = i_0 f(Z) \tag{4-70}$$

式中，Z为LC振荡回路的阻抗。

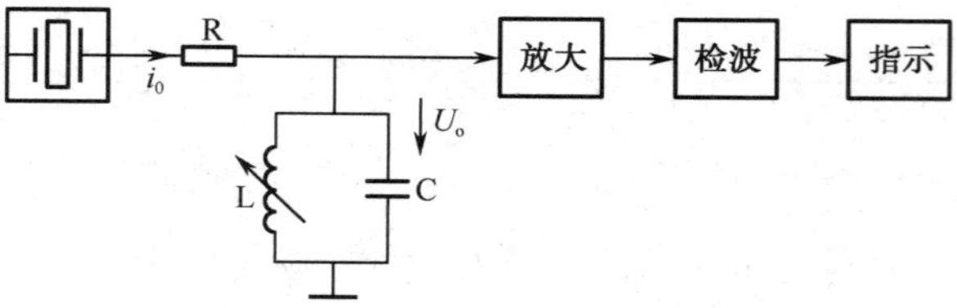

图4-38　调幅式电路

当金属导体远离或去掉时，LC并联谐振回路谐振频率为石英振荡频率f_0，回路呈现的阻抗最大，谐振回路上的输出电压也最大；当金属导体靠近传感器线圈时，线圈的等效电感L发生变化，导致回路失谐，从而使输出电压降低。电感量L随距离x的变化而变化，因此，输出电压也随x的变化而变化。输出电压经放大、检波后，由指示仪表直接显示出x的大小。

4.3.2　电涡流式传感器的工程应用

1．低频透射式涡流厚度传感器

图4-39所示为低频透射式涡流厚度传感器的原理图。在被测金属板的上方设有发射传感器线圈L_1，在被测金属板下方设有接收传感器线圈L_2。当在L_1上加低频电压U_1时，L_1上会产生交变磁通ϕ_1，若两线圈间无金属板，则交变磁通直接耦合至L_2中，L_2产生感应电压U_2。如果将被测金属板放入两线圈之间，则线圈L_1产生的磁场将在金属板中产生电涡流，并将贯穿金属板，此时磁场能量受到损耗，使到达L_2的磁通将减弱为ϕ_1'，从而使L_2产生的感应电压U_2下降。金属板越厚，涡流损失就越大，电压U_2就越小。因此，可根据电压U_2的大小得知被测金属板的厚度。低频透射式涡流厚度传感器的检测范围为1～100mm，分辨率为0.1μm，线性度为1%。

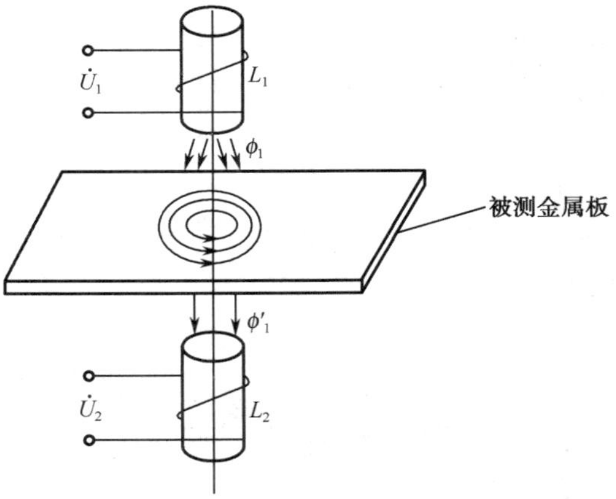

图 4-39 低频透射式涡流厚度传感器的原理图

2. 电涡流式转速传感器

图 4-40 所示为电涡流式转速传感器的原理图。在软磁材料制成的输入轴上加工出一个键槽，在距输入轴表面 d_0 处放置电涡流式转速传感器，输入轴与被测旋转轴相连。

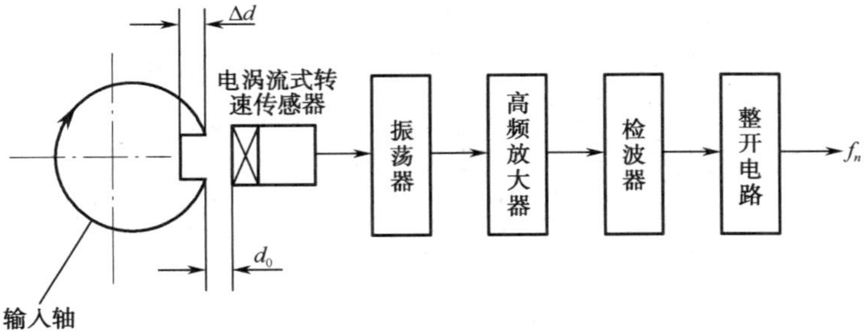

图 4-40 电涡流式转速传感器的原理图

当被测旋转轴转动时，电涡流式转速传感器与输入轴的距离变为 $d_0+\Delta d$ 。由于电涡流效应，使传感器线圈阻抗随 Δd 的变化而变化，这种变化将导致振荡谐振回路的品质因数发生变化，从而直接影响振荡器的电压幅值和振荡频率。因此，随着输入轴的旋转，振荡器输出的信号中包含与转速成正比的脉冲频率信号。该信号由检波器检出电压幅值的变化量，然后经整形电路输出频率为 f_n 的脉冲信号。该信号经电路处理便可得到被测转速。

这种转速传感器可实现非接触式测量，抗干扰能力很强，可安装在旋转轴近旁长期对被测转速进行监视。最高测量转速可达 6 000 000r/min。

3. 电涡流式位移传感器

图 4-41 所示为利用电涡流式传感器测量振动的原理图。图 4-41（a）利用沿轴向并排放置的几个电涡流式传感器，分别测量轴上各处的振动位移，从而测出轴的振形图。图 4-41（b）是涡轮叶片的示意图。叶片振动时周期性地改变其与电涡流式传感器之间的距离，因此电涡流式传感器就输出幅值与叶片振幅成比例、频率与叶片振动频率相同的电压。

图 4-42 所示为 CZF1 型电涡流式传感器的结构图，它主要由一个安置在框架上的扁平圆形线圈构成。此线圈可以粘贴在框架上，或在框架上开一条槽沟，将导线绕在槽内。

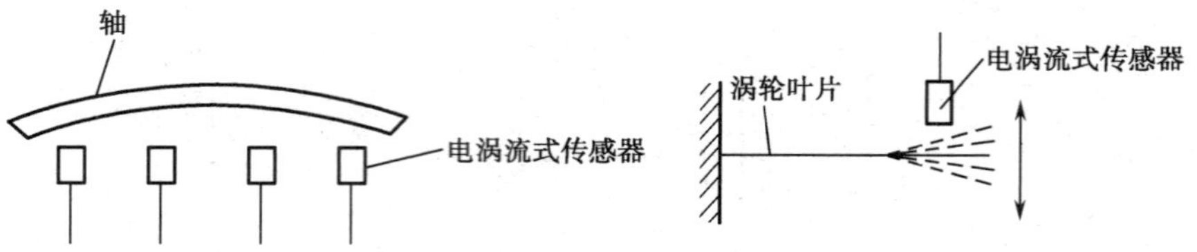

图 4-41 利用电涡流式传感器测量振动的原理图

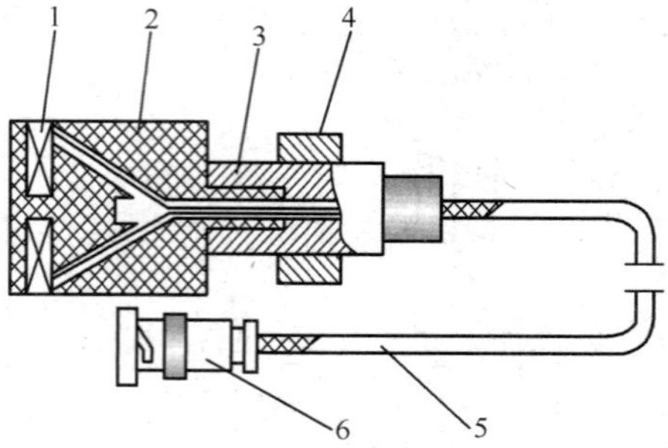

1—线圈；2—框架；3—衬套；4—支架；5—电缆；6—插头。

图 4-42 CZF1 型电涡流式传感器的结构图

图 4-43 所示为 CZF1 型电涡流式传感器的测量原理图，传感器线圈由高频信号激励，产生一个高频交变磁场 ϕ_i，当被测导体靠近线圈时，在磁场作用范围的导体表层，产生了与此磁场相交的电涡流 i，而此电涡流又将产生一交变磁场 ϕ_n 阻碍外磁场的变化。从能量角度来看，在被测导体内存在着电涡流损耗（当频率较高时，忽略磁损耗）。能量损耗使传感器的品质因数 Q 和等效阻抗 Z 降低，因此当被测体与传感器间的距离 d 改变时，传感器的品质因数 Q 和等效阻抗 Z 、电感量 L 均发生变化，把位移量转换为电量。

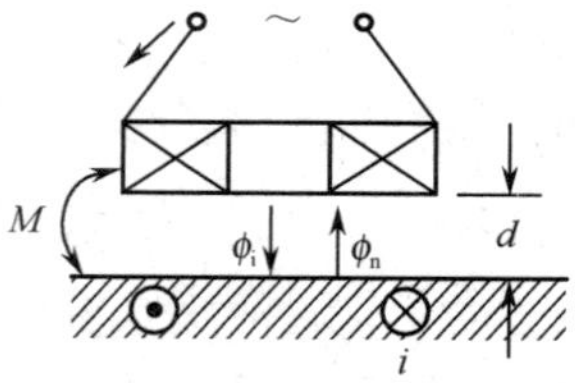

图 4-43 CZF1 型电涡流式传感器的测量原理图

习题

4-1 说明变间隙差动变压器式传感器的主要组成、工作原理和基本特性。

4-2 变间隙差动变压器式传感器的输出特性与哪些因素有关？怎样改善其非线性度？怎样提高其灵敏度？

4-3 差动变压器式传感器有哪几种结构形式？其各有什么特点？

4-4 差动变压器式传感器的等效电路包括哪些元件和参数？其各自的含义是什么？

4-5 差动变压器式传感器产生零点残余电压的原因是什么？怎样减小或消除其影响？

4-6 简述相敏检波电路的工作原理，保证其可靠工作的条件是什么？

4-7　已知差动整流电桥电路如图 4-44 所示。电路由差动变压器式传感器 Z_1、Z_2 及平衡电阻 R_1、R_2（$R_1=R_2$）组成。电桥的一个对角接有交流电源 $\dot{U}_i$，另一个对角线输出电压 U_o，试分析该电路的工作原理。

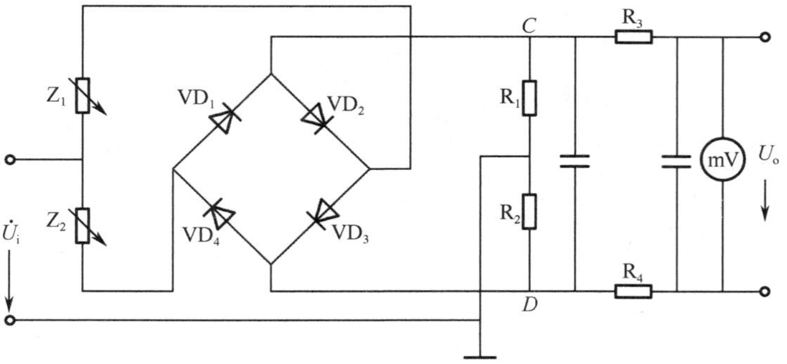

图 4-44　题 4-7 图

4-8　已知变间隙差动变压器式传感器的铁芯截面积 A=1.5cm^2，磁路长度 L=20cm，相对磁导率 μ_1=5000，气隙 δ_0=0.5cm，$\Delta\delta = \pm 0.1\text{mm}$，真空磁导率 $\mu_0 = 4\pi \times 10^{-7}\text{H/m}$，线圈匝数 W=3000，求单端式传感器的灵敏度 $\Delta L / \Delta\delta$。若将其做成差动结构，灵敏度将如何变化？

4-9　分析图 4-45，已知气隙的长度分别为 x_1、x_2，气隙的面积为 A，磁导率为 μ，线圈匝数不变。求当自感传感器的动铁芯左右移动（x_1、x_2 发生变化）时自感量 L 的变化情况。

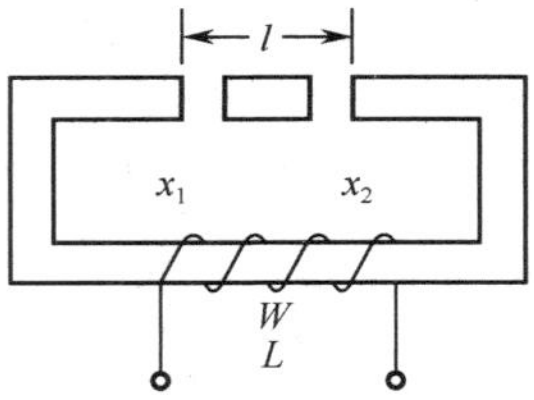

图 4-45　题 4-9 图

4-10　电涡流效应是什么？怎样利用电涡流效应进行位移测量？

4-11　电涡流的形成范围包括哪些？它们的主要特点是什么？

4-12　电涡流传感器常用的测量电路有哪几种？其测量原理是什么？各有什么特点？

第5章 磁电式传感器

本章知识点：

- 磁电感应式传感器的原理及工程应用
- 霍尔式传感器的原理及工程应用

基本要求：

- 掌握磁电感应式传感器的原理
- 掌握霍尔效应的原理
- 理解磁电式传感器的工程应用

能力培养目标：

通过本章的内容，对磁电式传感器进行系统学习，掌握磁电感应式传感器与霍尔式传感器的原理及工程应用，通过实际应用案例，培养学生知识的综合应用能力及系统认知、设计与开发能力。

磁电式传感器利用电磁感应原理，将被测非电量转换成线圈中的感应电动势输出。它不需要外加电源，可以直接从被测物体中吸收机械能并将其转换成电信号输出，是一种典型的发电型传感器。由于这种传感器输出功率较大，因此大大简化了配用的二次仪表电路。另外，磁电式传感器的性能稳定，还可以针对使用对象做成不同的结构形式，如直接式或惯性式。磁电式传感器在各个系统中都获得了较普遍的应用。磁电式传感器有磁电感应式传感器、霍尔式传感器等。

5.1 磁电感应式传感器

磁电感应式传感器简称感应式传感器，也称为电动式传感器，是利用电磁感应原理将被测量（如振动、位移、转速等）转换成感应电动势输出的一种传感器。它不需要辅助电源就能够把被测对象的机械量转换成易于测量的电信号，是一种有源传感器。由于它输出功率大，且性能稳定，输出阻抗小，具有一定的工作带宽（10～1000Hz），所以得到普遍应用，适用于测量振动、转速、扭矩等，但这种传感器的尺寸和质量都较大。

20 世纪初，磁电感应式传感器开始应用于实际生活，如电表、发电机等。随着工业自动化的发展，磁电感应式传感器开始应用于工业控制，如速度传感器、位置传感器等。随着半导体技术的发展，磁电感应式传感器变得更加小型化、集成化。现代磁电感应式传感器不仅具有高精度和高可靠性，还可以与其他传感器和控制系统无缝集成，实现智能化。随着物联网和智能制造技术的发展，磁电感应式传感器在工业领域有着广阔的应用前景。

5.1.1　磁电感应式传感器的原理

1．磁电感应式传感器的工作原理及类型

磁电感应式传感器是以电磁感应原理为基础的。根据法拉第电磁感应定律可知，当运动导体在磁场中切割磁力线或线圈所在磁场的磁通变化时，导体中的磁通Φ发生变化，在导体中产生感应电动势 e，如图 5-1 所示，当导体形成闭合回路时，就会出现感应电流。导体中感应电动势 e 的大小与回路所包围的磁通的变化率成正比，即

$$e=\left|\frac{\mathrm{d}\Phi}{\mathrm{d}t}\right|=Bl\frac{\mathrm{d}x}{\mathrm{d}t}=Blv \tag{5-1}$$

式中，B 为线圈所在磁场的磁感应强度（T）；l 为每匝线圈的平均长度；v 为导体相对磁场的运动速度。

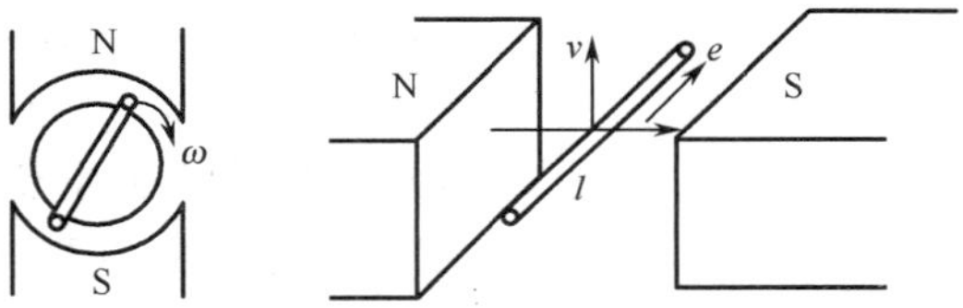

图 5-1　运动导体在磁场中产生感应电动势

若 N 匝线圈以角速度 ω 转动，则感应电动势可写为

$$e=-NBS\omega \tag{5-2}$$

式中，S 为每匝线圈的平均截面积。

只要磁通发生变化，就有感应电动势产生，可实现的方法很多，主要方法如下。

（1）线圈与磁场发生相对运动。

（2）磁路中磁阻变化。

（3）恒定磁场中线圈的面积变化。

当传感器的结构参数确定后，其中 B 、l、N、S 均为定值，则感应电动势 e 与线圈相对于磁场的运动速度 v 或角速度 ω 成正比。所以，可用磁电感应式传感器测量线速度和角速度，对测得的速度进行积分或微分就可以求出位移和加速度。由上述工作原理可知，磁电感应式传感器只适用于动态测量。

根据以上原理，人们设计出两种磁电感应式传感器结构：变磁通磁电感应式传感器和恒磁通磁电感应式传感器。

1）变磁通磁电感应式传感器

变磁通磁电感应式传感器又称为变磁阻磁电感应式传感器或变间隙磁电感应式传感器。这种传感器的线圈和磁铁固定，利用铁磁性物质制成齿轮（或凸轮），使其与被测物体相连而运动。在运动过程中，齿轮（或凸轮）不断改变磁路的磁阻，从而改变线圈的磁通，在线圈中产生感应电动势。这种传感器在结构上有开磁路和闭磁路两种，一般用来测量旋转物体的角速度，产生感应电动势的频率作为输出信号。变磁通磁电感应式传感器以其灵敏度高、可

重复性好和寿命长等特性，在汽车制造、机器制造、航空航天等领域得到了广泛应用。通过测量磁通的变化，它可以提供准确且稳定的测量结果，满足不同场景下的应用需求。

（1）开磁路变磁通磁电感应式传感器。图 5-2 所示为开磁路变磁通磁电感应式传感器的结构图，线圈、永久磁铁静止不动，测量齿轮安装在被测旋转体上，随被测旋转体一起转动。每转动一个齿，齿的凹凸就引起磁路磁阻变化一次，磁通也就变化一次，线圈中产生感应电动势，其变化频率等于被测转速与测量齿轮上齿数的乘积。

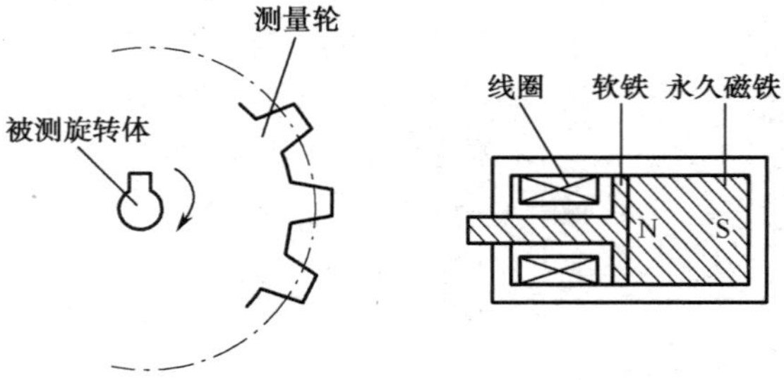

图 5-2 开磁路变磁通磁电感应式传感器的结构图

这种传感器的结构简单，但需要在被测对象上加装齿轮，使用不方便，而且在高速轴上加装齿轮会带来不平衡，因此不宜测量高转速。

（2）闭磁路变磁通磁电感应式传感器。闭磁路变磁通磁电感应式传感器的结构图如图 5-3 所示，被测旋转体带动椭圆形测量轮在磁场气隙中等速转动，使气隙平均长度周期性的变化，因而磁路磁阻也周期性的变化，磁通同样周期性的变化，在线圈中产生感应电动势，其频率 f 与测量轮的转速 n（rad/min）成正比，即 $f=n/30$。在这种结构中，也可以用齿轮代替椭圆形测量轮，软铁制成内齿轮的形式，这时输出信号的频率 $f=nz/60$，其中，z 为测量齿轮的齿数。

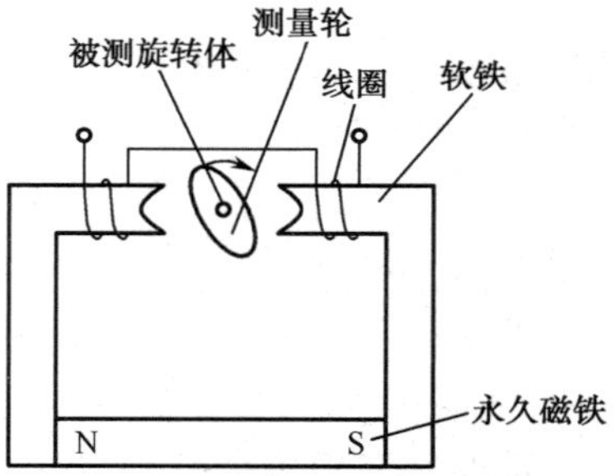

图 5-3 闭磁路变磁通磁电感应式传感器的结构图

变磁通磁电感应式传感器对环境条件要求不高，能在−150～+90℃的温度下工作，且不影响测量精度，也能在油、水雾、灰尘等条件下工作。但它的工作频率下限较高，约为 50Hz，上限可达 100kHz。

2）恒磁通磁电感应式传感器

恒磁通磁电感应式传感器由永久磁铁（磁钢）、线圈、金属骨架和壳体等组成，如图 5-4 所示。磁路系统产生恒定的直流磁场，磁路中的工作气隙是固定不变的，因此气隙中的磁通也是恒定不变的。运动部件可以是线圈（动圈式），也可以是磁铁（动铁式），因此又分为动圈恒磁通磁电感应式传感器和动铁恒磁通磁电感应式传感器两种类型，这里动圈、动铁都是相对于传感器壳体而言的，工作原理完全相同。

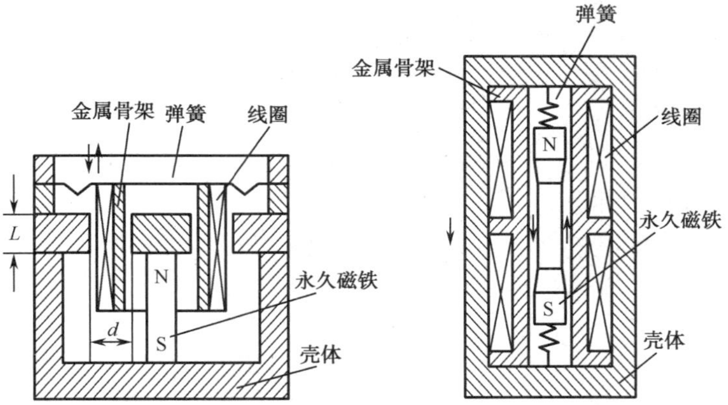

（a）动圈恒磁通磁电感应式传感器　（b）动铁恒磁通磁电感应式传感器

图 5-4　恒磁通磁电感应式传感器的结构图

在动圈恒磁通磁电感应式传感器中，永久磁铁与传感器壳体固定，线圈和金属骨架（合称线圈组件）用柔软的弹簧支撑。在动铁恒磁通磁电感应式传感器中，线圈组件（金属骨架和线圈）与壳体固定，永久磁铁用柔软的弹簧支撑。两者的阻尼都是金属骨架和磁场发生相对运动而产生的电磁阻尼。当壳体随被测振动体一起振动时，由于弹簧较软，运动部件的质量相对较大，当振动频率足够高（远大于传感器的固有频率）时，运动部件的惯性很大，来不及随振动体一起振动，近乎静止不动，振动能量几乎全被弹簧吸收，永久磁铁与线圈之间的相对运动速度接近于被测振动体的振动速度，磁铁与线圈的相对运动切割磁力线，从而产生感应电动势，即

$$e = -B_0 lWv \tag{5-3}$$

式中，B_0 为工作气隙的磁感应强度；l 为每匝线圈的平均长度；W 为线圈在工作气隙磁场中的匝数；v 为相对运动速度。

当传感器的结构确定后，其中 B、l、W 都是常数，线圈的感应电动势仅与相对运动速度 v 有关，传感器的灵敏度为

$$K = \frac{\mathrm{d}e}{\mathrm{d}v} = BlW \tag{5-4}$$

不同结构的恒磁通磁电感应式传感器的频率响应特性是有差异的，但一般频率响应范围为几十到几百赫兹，低的可到 10Hz 左右，高的可达 2kHz 左右。

2. 磁电感应式传感器的特性分析

磁电感应式传感器只适用于测量动态物理量，因此磁电感应式传感器主要考虑其动态性能。磁电感应式传感器的主要技术指标有输出电流 I_o、电流灵敏度 S_I、输出电压 U_o 及电压灵敏度 S_U。

如图 5-5 所示，当测量电路接入磁电式传感器电路时，磁电传感器的输出电流 I_o 为

$$I_o = \frac{E}{R + R_f} = \frac{B_0 lWv}{R + R_f} \tag{5-5}$$

式中，R_f 为测量电路的输入电阻；R 为线圈等效电阻。

传感器的电流灵敏度为

$$S_I = \frac{I_o}{v} = \frac{B_0 lW}{R + R_f} \tag{5-6}$$

而传感器的输出电压和电压灵敏度分别为

$$U_o = I_o R_f = \frac{B_0 lWvR_f}{R + R_f} \tag{5-7}$$

$$S_U = \frac{U_o}{v} = \frac{B_0 lWR_f}{R + R_f} \tag{5-8}$$

当传感器的工作温度发生变化或受到外界磁场干扰、机械振动或冲击时，其灵敏度将发生变化而产生测量误差。相对误差为

$$\gamma = \frac{dS_I}{S_I} = \frac{dB}{B} + \frac{dl}{l} - \frac{dR}{R} \tag{5-9}$$

为了提高灵敏度，可以选用具有磁能积较大的永久磁铁，尽量减小气隙长度，以提高气隙磁感应强度 B、长度 l 和匝数 W，但它们受到体积和质量、内电阻及工作频率等因素的限制。

1）非线性误差

根据上述公式可知，输入信号 v 与输出信号 e 在原理上是成线性的，但在实际情况下，存在着非线性状况。磁电感应式传感器产生非线性误差的主要原因是传感器线圈内有电流 I 流过时，将产生一定的交变磁通 Φ_I，此交变磁通叠加在永久磁铁所产生的工作磁通上，使恒定的气隙磁通变化。另外，磁场中存在边沿效应，磁场做不到绝对均匀，尤其在边沿部分，磁力线的弯曲现象比较明显。使用软铁，减小工作气隙，可以改善磁场，使磁场更加均匀。传感器电流的磁效应如图 5-6 所示。

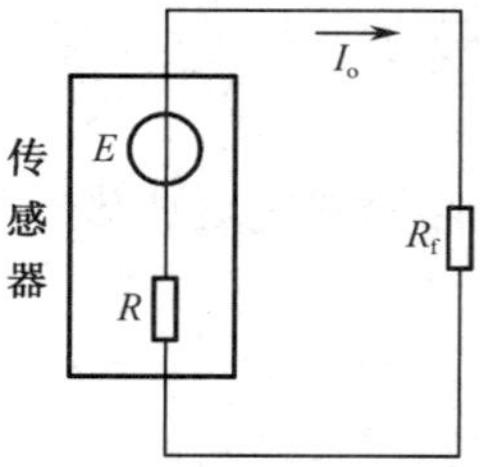

图 5-5　磁电式传感器测量电路

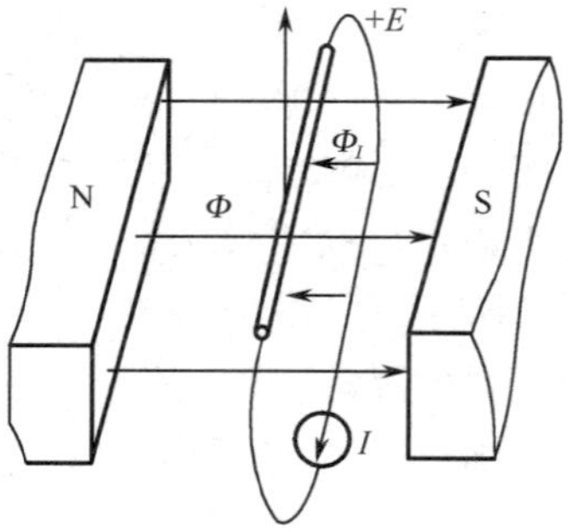

图 5-6　传感器电流的磁效应

当传感器线圈相对于永久磁铁磁场的运动速度增大时，将产生较大的感应电动势 e 和较大的电流 I，由此而产生的附加磁场方向与原工作磁场方向相反，减弱了工作磁场的作用，从而使得传感器的灵敏度随着被测速度的增大而降低。当线圈的运动速度与图 5-6 中所示的方向相反时，感应电动势 e、线圈的感应电流反向，所产生的附加磁场方向与工作磁场同向，从而增大了传感器的灵敏度。其结果是线圈运动的速度、方向不同时，传感器的灵敏度具有不同的数值，使传感器输出基波能量降低，谐波能量增加，即这种非线性特性同时伴随着传感器输出的谐波失真。显然传感器灵敏度越高，线圈中的电流越大，非线性越严重。

通过在传感器中加入补偿线圈可以补偿上述附加磁场的干扰，通过选择合适的补偿线圈参数，再通以经放大 K 倍后的电流，可以使其产生交变磁通与传感线圈本身所产生的交变磁通互相抵消，达到补偿的目的。

2）温度误差

当传感器的工作环境温度发生变化或受到外界磁场干扰、机械振动与冲击时，都将引起 R、B、l 的变化，从而使电流灵敏度发生变化，由此产生的相对误差为

$$\gamma = \frac{\Delta S_I}{S_I} = \frac{\Delta R}{R + R_L} - \frac{\Delta B}{B} - \frac{\Delta l}{l} \tag{5-10}$$

当环境温度变化较大时，误差也比较大，必须进行温度补偿。补偿通常采用热磁分流器。热磁分流器由具有很大的负温度系数的特殊磁性材料制成，在正常工作温度下可将气隙磁通分流掉一小部分。当温度升高时，热磁分流器的磁导率显著下降，经它分流掉的磁通占总磁通的比例较正常工作温度下显著降低，从而保持气隙的工作磁通不随温度变化，维持传感器的灵敏度为常数。

3. 磁电感应式传感器的测量电路

磁电式传感器直接输出感应电动势，其通常具有较高的灵敏度，所以一般不需要高增益放大器。但磁电式传感器是速度传感器，若要获取被测位移或加速度信号，则需要配用积分电路或微分电路。磁电感应式传感器的测量电路方框图如图 5-7 所示。

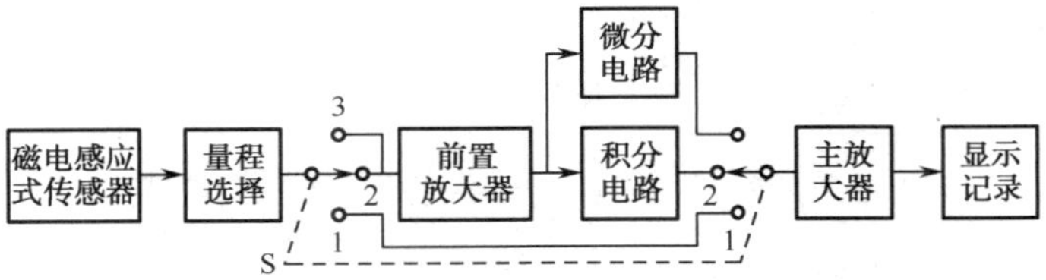

图 5-7　磁电感应式传感器的测量电路方框图

选择开关 S 接位置“1”时，传感器输出信号直接经主放大器放大后显示或记录，得到振动速度信号。选择开关 S 接位置“2”时，经过积分电路处理，得到振动位移信号。选择开关 S 接位置“3”时，经过微分电路处理，得到振动加速度信号。

5.1.2　磁电感应式传感器的工程应用

磁电感应式传感器可用于测量振动速度、扭矩、流量等参数，对应的传感器如下。

（1）磁电感应式振动速度传感器（恒磁通动圈式）。

（2）磁电感应式扭矩传感器（变磁通式）。

（3）磁电感应式流量传感器（所测的流体应具有导电性，蒸馏水及各种油类都不能使用）。

1. 磁电感应式振动速度传感器

图 5-8 所示为动圈恒磁通磁电感应式振动速度传感器的结构示意图，其结构的主要特点是，钢制圆形外壳，里面用铝支架将圆柱形永久磁铁与外壳固定成一体，永久磁铁中间有一小孔，穿过小孔的心轴两端架起线圈和阻尼环，心轴两端通过圆形膜片支撑架空且与外壳相连。工作时传感器与被测物体刚性连接，当物体振动时，传感器外壳和永久磁铁随之振动，而架空的心轴、线圈和阻尼环因惯性而不随之振动。因此，磁路气隙中的工作线圈切割磁力线而产生正比于振动速度的感应电动势，线圈的输出通过引线接到测量电路。

磁电感应式振动速度传感器的输出特性曲线如图 5-9 所示，输出不从零开始，而是从速

度 v_A 开始，在 $v_o > v_A$ 阶段必须克服静摩擦力，才能相对运动，当 $v_o > v_C$ 时，则表示惯性太大，超过测量范围。

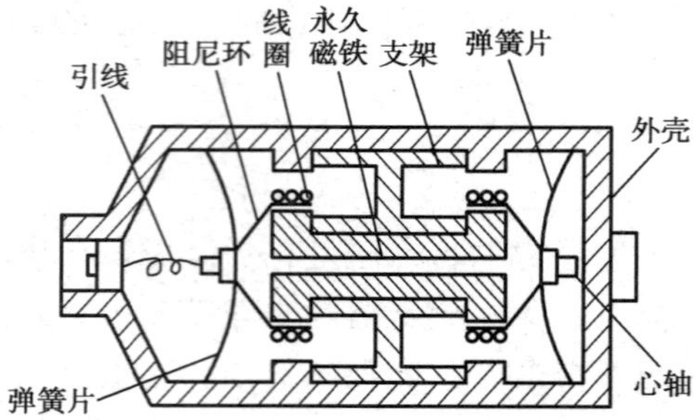

图 5-8　动圈恒磁通磁电感应式振动速度传感器的结构示意图

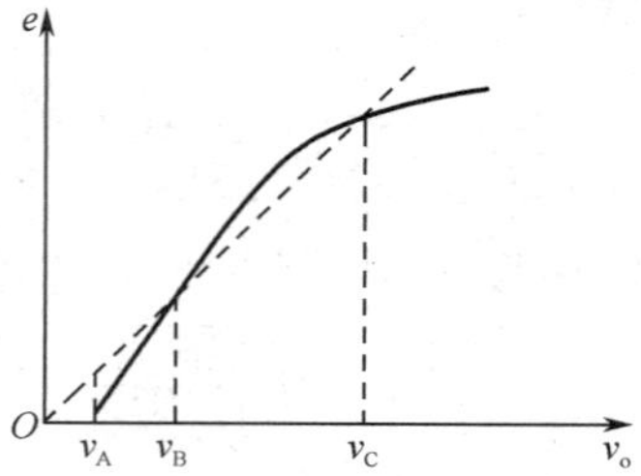

图 5-9　磁电感应式振动速度传感器输出特性曲线

该传感器测量的是振动速度参数，若在测量电路中接入积分电路，则输出电动势与位移成正比；若在测量电路中接入微分电路，则其输出与加速度成正比。

2．磁电感应式扭矩传感器

图 5-10 所示为磁电感应式扭矩传感器的原理图。在驱动源和负载之间的扭转轴两侧安装有齿形圆盘。它们旁边装有相应的两个磁电感应式传感器。传感器的检测元件部分由永久磁铁、感应线圈和铁芯组成。永久磁铁产生的磁力线与齿形圆盘交连。当齿形圆盘旋转时，圆盘齿的凸凹引起磁路气隙的变化，于是磁通也发生变化，在线圈中感应出交流电压，其频率在数值上等于圆盘上齿数与转速的乘积。

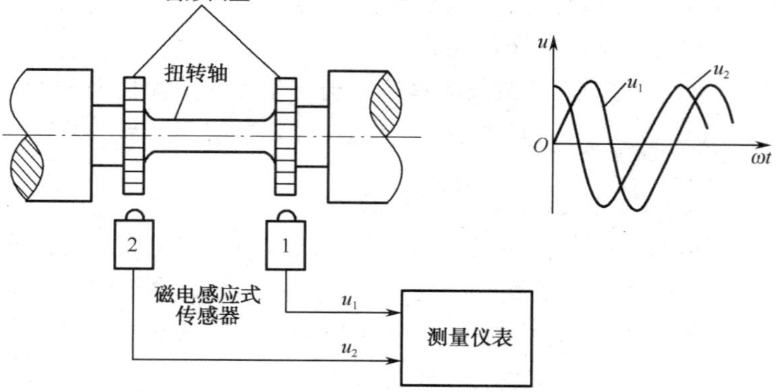

图 5-10　磁电感应式扭矩传感器的原理图

3. 磁电感应式流量传感器

图 5-11 所示为磁电感应式流量传感器的原理图，在绝缘导管的左、右放置永久磁铁，只要被测流体是导电的，当其在导管中流动时，水平方向的两个电极就会产生感应电动势。感应电动势与流体的平均流速成正比，也与单位时间内通过导管横截面的流体体积（流量）成正比。感应电动势经放大后输出，由此可测出导管内流体的流量。磁电感应式流量传感器的结构图如图 5-12 所示。

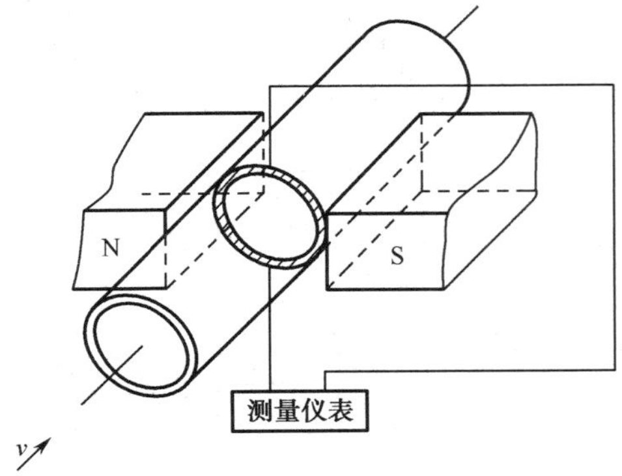

图 5-11　磁电感应式流量传感器的原理图

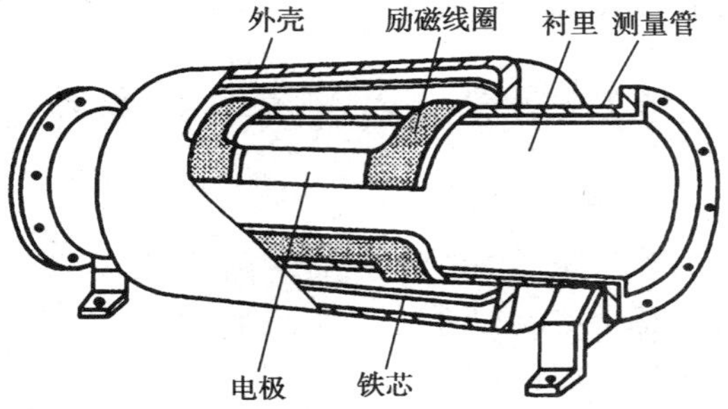

图 5-12　磁电感应式流量传感器的结构图

图 5-13 所示为 LUCMC 型智能磁电感应式旋涡流量传感器（简称磁电流量计），它是采用超低功耗单片机技术制造的流量传感器，可以现场测量并显示管道中液体的瞬时流量和累计总流量，同时具有多种信号输出方式：容积脉冲输出、基于 Modbus 协议的 485 数字信号输出、4～20mA 标准信号输出。隔爆型传感器可以直接安装在可燃、易爆场所。

图 5-13　LUCMC 型智能磁电感应式旋涡流量传感器

该流量传感器适用于对不锈钢 1Cr18Ni9Ti、2Cr13 及刚玉（Al_2O_3）等无腐蚀作用且无纤维、大颗粒等杂质的液体，可以广泛应用于食品、医药、石油化工、冶金、造纸等行业。

5.2　霍尔式传感器

霍尔式传感器是一种基于霍尔效应的传感器。1879 年美国物理学家霍尔首先在金属材料中发现了霍尔效应，但是由于金属材料的霍尔效应太弱而没有得到应用。从 20 世纪 40 年代中期开始，随着半导体技术的出现和发展，半导体霍尔元件开始出现。特别是锗等半导体材料的应用，推动了霍尔元件技术的发展。在这一时期，霍尔元件被用于制造各种磁场传感器、磁罗盘、磁头、电流传感器、非接触开关、接近开关、位置传感器、角度传感器、速度传感器、加速度传感器等，应用范围显著扩大。霍尔式传感器属于磁敏元件，磁敏元件也是基于磁电转换原理，是一种当交变磁场经过载流导体时产生输出电压脉冲的传感器。脉冲的幅度是由激励磁场的场强决定的。因此，霍尔式传感器不需要外界电源供电。

霍尔式传感器具有结构简单、体积小、无触点、可靠性高、使用寿命长、动态特性好、易于集成电路化和微型化等特点。随着半导体技术的发展，磁敏元件得到应用和发展，广泛用于自动控制、信息传递、电磁场、生物医学等方面电磁、压力、加速度、振动的测量。

5.2.1 霍尔式传感器的原理

1. 霍尔效应

置于磁场中的静止载流导体，当导体中流过的电流方向与磁场方向不一致时，载流导体上平行于电流和磁场方向上的两个面之间产生电动势，这种现象称为霍尔效应，该电动势称为霍尔电动势。

如图 5-14 所示，将半导体薄片置于磁场中，在薄片控制电极通以电流 I，方向如图 5-14 所示，半导体薄片中的电流使金属中自由电子在电场作用下做定向运动。此时，每个电子都受到洛伦兹力 F_1 的作用：

$$F_1 = eBv \tag{5-11}$$

电子在洛伦兹力的作用下产生漂移，使金属导电板内侧面积累电子，外侧面积累正电荷，从而形成了附加内电场 E_H，称为霍尔电场。

$$E_H = \frac{U_H}{b} \tag{5-12}$$

式中，U_H 为电位差，即霍尔电动势。

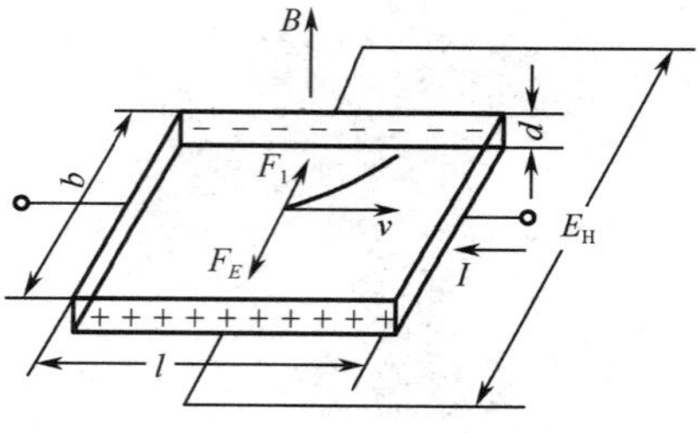

图 5-14　霍尔效应原理图

霍尔电场的出现，使定向运动的电子除了受洛伦兹力作用，还受到霍尔电场力的作用，其力的大小为 eE_H，此力阻止电荷继续积累。随着内、外侧面积累电荷的增加，霍尔电场增强，电子受到的霍尔电场力也增大，当电子所受的洛伦兹力与霍尔电场力大小相等、方向相反时，有

$$eE_H = eBv \tag{5-13}$$

$$E_H = vB \tag{5-14}$$

此时，电荷不再向两侧面积累，即达到平衡状态。

若金属导电板单位体积内的电子数为 n，电子定向运动平均速度为 v，则激励电流为

$$I = nevbd \tag{5-15}$$

即

$$v = \frac{I}{nebd} \tag{5-16}$$

将式（5-16）代入式（5-14），得

$$E_{\mathrm{H}} = \frac{IB}{nebd} \tag{5-17}$$

将式（5-17）代入式（5-12），得

$$U_{\mathrm{H}} = \frac{IB}{ned} \tag{5-18}$$

令 $R_{\mathrm{H}} = 1/ne$，称为霍尔系数，其大小取决于导体载流子密度，则

$$U_{\mathrm{H}} = \frac{R_{\mathrm{H}} IB}{d} = K_{\mathrm{H}} IB \tag{5-19}$$

式中，K_{H} 为霍尔片的灵敏度，$K_{\mathrm{H}} = R_{\mathrm{H}} / d$。

如果磁场与薄片法线方向成 α 夹角，则有

$$U_{\mathrm{H}} = K_{\mathrm{H}} IB\cos\alpha \tag{5-20}$$

由此可见，霍尔电动势正比于激励电流及磁感应强度，其灵敏度与霍尔系数 R_{H} 成正比，与霍尔片厚度 d 成反比。为了提高灵敏度，霍尔元件常制成薄片形状。薄膜型霍尔元件的厚度只有1μm 左右。

霍尔元件激励极间的电阻值 $R = \rho l / bd$，ρ 为材料的电阻率，即

$$R = \frac{U}{I} = \frac{El}{I} = \frac{vl}{\mu nevbd} \tag{5-21}$$

式中，μ 为载流子迁移率，$\mu = v / E$，即单位电场强度作用下载流子的平均速度。

解得

$$R_{\mathrm{H}} = \mu\rho \tag{5-22}$$

因此要想霍尔效应强，则霍尔系数 R_{H} 要大，要求霍尔片的材料有较大的电阻率和载流子迁移率。一般金属材料的载流子迁移率很高，但其电阻率很小，而绝缘材料的电阻率极高，但载流子的迁移率极低，故只有半导体材料才适合制造霍尔片。

目前常用的霍尔元件材料有锗、硅、锑化铟、砷化铟等半导体材料。其中 N 型锗容易加工制造，其霍尔系数、温度性能和线性度都较好。N 型硅的线性度最好，其霍尔系数、温度性能同 N 型锗相近。锑化铟对温度最敏感，尤其在低温范围内温度系数大，但在室温时其霍尔系数较大。砷化铟的霍尔系数较小，温度系数也较小，输出特性的线性度好。

随着集成电路技术的飞速发展，集成霍尔式传感器应运而生。这些传感器将霍尔半导体元件与相关的信号调节电路集成在一起，提高了传感器的性能和可靠性。到了 20 世纪 80 年代，随着大规模和超大规模集成电路及微机械加工技术的进步，霍尔元件开始向三维方向发展，出现了三端口或四端口固态霍尔式传感器，实现了产品的系列化、加工的批量化和体积的微型化。如今，霍尔式传感器技术继续快速发展，出现了可编程霍尔式传感器、智能化霍尔式传感器及微型霍尔式传感器等新型产品。这些传感器在汽车、计算机、手机及新兴消费电子领域得到了广泛应用，市场前景广阔。霍尔式传感器的发展历程显示了从最初的物理现

象发现，到半导体技术的应用，再到集成电路技术的集成，以及现在微型化、智能化的发展趋势，这一技术在不断进步，为现代信息技术的发展提供了重要支撑。

2. 霍尔元件的基本结构

霍尔元件的结构简单，由霍尔片、4 根引线和壳体组成，如图 5-15（a）所示。霍尔片是一块矩形半导体单晶薄片，引出 4 根引线：1、1′两根引线加激励电压或电流，称为激励电极（控制电极）；2、2′两根引线为霍尔输出引线，称为霍尔电极。霍尔元件的壳体是用非导磁金属、陶瓷或环氧树脂封装的。在电路中，霍尔元件一般可用图 5-15（b）所示的符号表示。

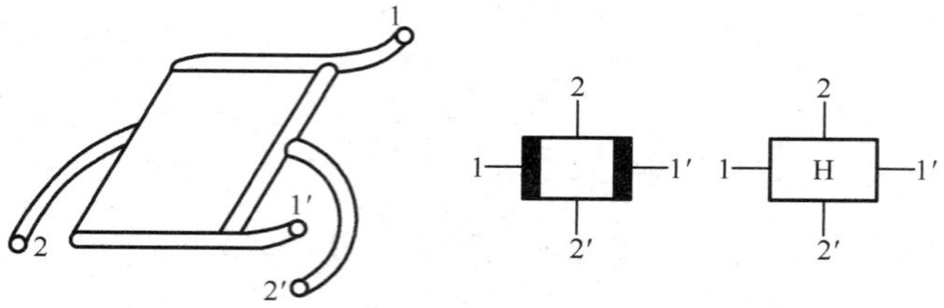

（a）外形结构示意图　（b）图形符号

图 5-15　霍尔元件的基本结构

3. 霍尔元件的基本特性

1）额定激励电流和最大允许激励电流

当霍尔元件自身升温 10℃时所流过的激励电流称为额定激励电流。以霍尔元件允许的最大温升为限制所对应的激励电流称为最大允许激励电流。因为霍尔电动势随激励电流的增加而线性增加，所以使用中希望选用尽可能大的激励电流，因此需要知道霍尔元件的最大允许激励电流，以改善霍尔元件的散热条件，使激励电流增加。

2）输入电阻和输出电阻

激励电极间的电阻值称为输入电阻。霍尔电极输出电动势对电路外部来说相当于一个电压源，其电源内阻为输出电阻。以上电阻值是在磁感应强度为零且环境温度在(20±5)℃的条件下确定的。

3）不等位电动势和不等位电阻

当霍尔元件的激励电流为 I 时，若元件所处位置的磁感应强度为零，则它的霍尔电动势应该为零，但实际并不为零。这时测得的空载霍尔电动势称为不等位电动势，如图 5-16 所示。

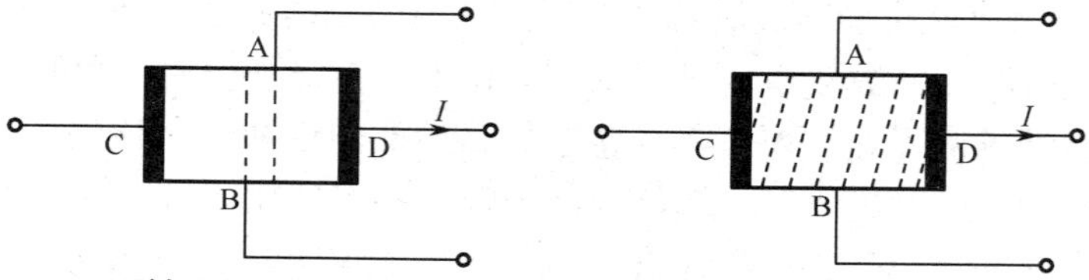

（a）霍尔电极安装不对称　（b）半导体材料不均匀

图 5-16　不等位电动势示意图

产生这一现象的原因如下。

（1）霍尔电极安装位置不对称或不在同一等电位面上。

（2）半导体材料不均匀造成了电阻率不均匀或几何尺寸不均匀。

（3）激励电极接触不良造成激励电流不均匀分布等，造成等电位面倾斜。

不等位电动势也可用不等位电阻表示，即

$$r_0 = \frac{U_0}{I} \tag{5-23}$$

式中，U_0 为不等位电动势；r_0 为不等位电阻；I 为激励电流。不等位电动势就是激励电流流经不等位电阻时所产生的电压。

4）寄生直流电动势

在外加磁场为零、霍尔元件用交流电压激励时，霍尔电极的输出除了交流不等位电动势，还有直流不等位电动势，称为寄生直流电动势。其产生的原因如下。

（1）激励电极和霍尔电极接触不良，形成非欧姆接触，有整流效果。

（2）两个霍尔电极大小不对称，则两个电极点的热容不同、散热状态不同而形成极间温差电动势。

（3）寄生直流电动势一般在 1mV 以下，它是影响霍尔片温度漂移的原因之一。

所以，霍尔元件在制作和安装时，尽量使电极欧姆接触，并注意散热均匀。

5）霍尔电动势温度系数

在一定磁感应强度和激励电流下，温度每变化 1℃，霍尔电动势变化的百分率称为霍尔电动势温度系数，它同时也是霍尔元件灵敏度的温度系数。

4．霍尔元件不等位电动势补偿

不等位电动势与霍尔电动势具有相同的数量级，有时甚至超过霍尔电动势，而实用中要消除不等位电动势是极其困难的，因而必须采用补偿的方法。分析不等位电动势时，可以把霍尔元件等效为一个电桥，用电桥平衡来补偿不等位电动势。

图 5-17 所示为霍尔元件的等效电路，其中 A、B 为霍尔电极，C、D 为激励电极，电极分布电阻分别用 r_1、r_2、r_3、r_4 表示，把它们看作电桥的 4 个桥臂。理想情况下，电极 A、B 处于同一等电位面上，$r_1=r_2=r_3=r_4$，电桥平衡，不等位电动势为 0。实际上，由于电极 A、B 不在同一等电位面上，此 4 个电阻的阻值不相等，电桥不平衡，不等位电动势不等于零。此时可根据 A、B 两电极电位的高低，判断应在某一桥臂上并联一定阻值的电阻，使电桥达到平衡，从而使不等位电动势为零。

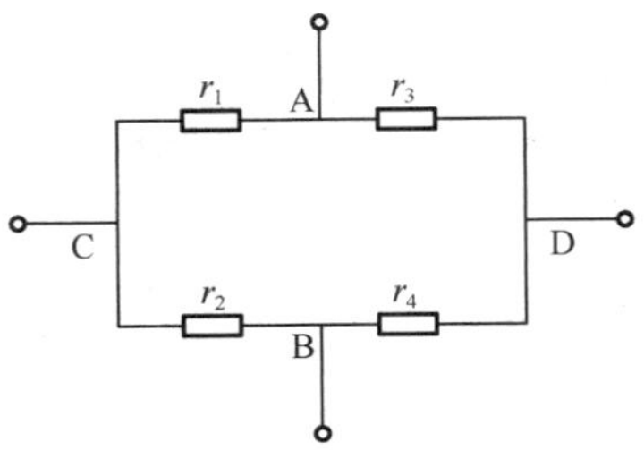

图 5-17　霍尔元件的等效电路

不等位电动势补偿电路如图 5-18 所示。图 5-18（a）、图 5-18（b）为常见的补偿电路，图 5-18（b）、图 5-18（c）相当于在等效电桥的两个桥臂上同时并联电阻，图 5-18（d）用于交流供电的情况。

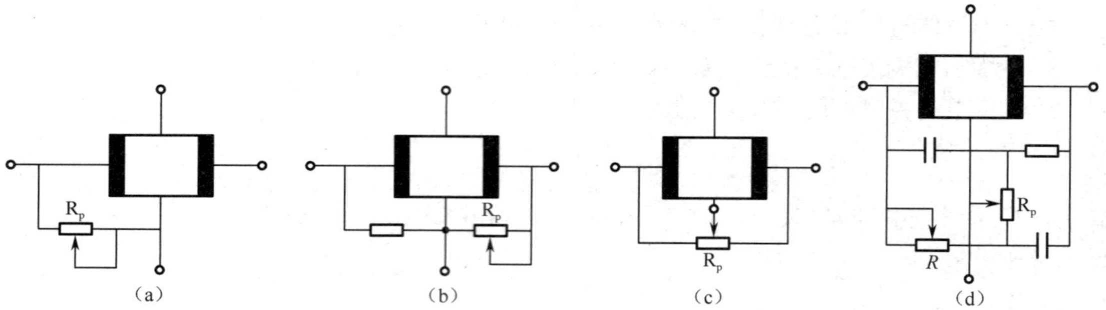

图 5-18　不等位电动势补偿电路

5．霍尔元件温度补偿

霍尔元件是采用半导体材料制成的，因此它们的许多参数都具有较大的温度系数。当温度变化时，霍尔元件的载流子浓度、迁移率、电阻率及霍尔系数都将发生变化，从而使霍尔元件产生温度误差。

为了减小霍尔元件的温度误差，除了选用温度系数小的霍尔元件或采用恒温措施，还可以通过电路进行补偿。

由 $U_H = K_H IB$ 可以看出：采用恒流源供电是个有效的措施，可以使霍尔电动势稳定。但也只能是减小由于输入电阻随温度变化所引起的激励电流 I 的变化的影响。

霍尔元件的灵敏系数 K_H 也是温度的函数，它随温度变化将引起霍尔电动势的变化。霍尔元件的灵敏度系数与温度的关系可写为

$$K_H = K_{H0}(1+\alpha\Delta T) \tag{5-24}$$

式中，K_{H0} 为温度为 T_0 时的 K_H 值；ΔT 为温度变化量，$\Delta T = T - T_0$；α为霍尔元件灵敏度的温度系数。

大多数霍尔元件的灵敏度温度系数α是正值，它们的霍尔电动势随温度升高而增加 $\alpha\Delta T$ 倍。如果同时让激励电流 I 相应地减小，并能保持 $K_H I$ 的乘积不变，也就抵消了灵敏系数 K_H 增加的影响。

图 5-19 就是按此思路设计的一个既简单、补偿效果又较好的补偿电路。电路中 I_s 为恒流源，分流电阻 R_p 与霍尔元件的激励电极并联。当霍尔元件的输入电阻随温度升高而增加时，旁路分流电阻 R_p 自动地增大分流，减小了霍尔元件的激励电流 I_H，从而达到补偿的目的。

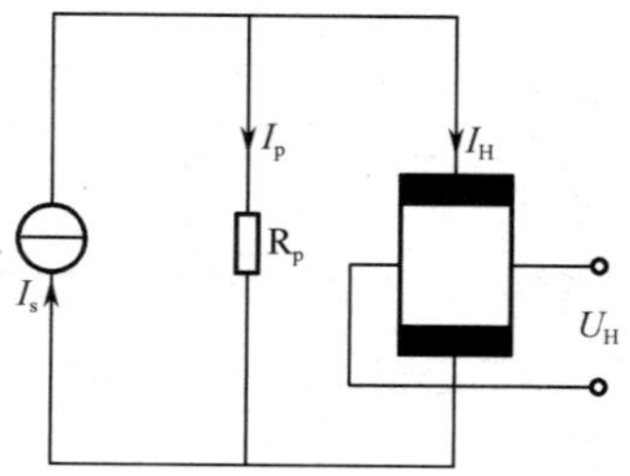

图 5-19　恒流温度补偿电路

在温度补偿电路中，设初始温度为 T_0，霍尔元件输入电阻为 R_{i0}，灵敏系数为 K_{H0}，分流电阻的阻值为 R_{p0}，根据分流概念得

$$I_{H0}=\frac{R_{p0}I_s}{R_{p0}+R_{i0}} \tag{5-25}$$

当温度升至 T 时，电路中各参数变为

$$R_i=R_{i0}(1+\beta\Delta T) \tag{5-26}$$

$$R_p=R_{p0}(1+\delta\Delta T) \tag{5-27}$$

式中，β 为霍尔元件的输入电阻温度系数；δ 为分流电阻的温度系数。

$$I_H=\frac{R_pI_s}{R_p+R_i}=\frac{R_{p0}(1+\delta\Delta T)I_s}{R_{p0}(1+\delta\Delta T)+R_{i0}(1+\beta\Delta T)} \tag{5-28}$$

虽然温度升高了 ΔT，为使霍尔电动势不变，补偿电路必须满足温升前、后的霍尔电动势不变，即 $U_{H0}=U_H$，则有

$$K_{H0}I_{H0}B=K_HI_HB \tag{5-29}$$

即

$$K_{H0}I_{H0}=K_HI_H \tag{5-30}$$

将式（5-24）、式（5-25）、式（5-28）代入式（5-30），经整理并略去 $\alpha\beta(\Delta T)^2$ 高次项后得

$$R_{p0}=\frac{(\beta-\delta-\alpha)R_{i0}}{\alpha} \tag{5-31}$$

当霍尔元件选定后，它的输入电阻 R_{i0} 和温度系数 β 及霍尔电动势灵敏度温度系数 α 是确定值。由式（5-31）即可计算出分流电阻的阻值 R_{p0} 及所需的温度系数。

为了满足 R_{p0} 及 δ 两个条件，分流电阻可取温度系数不同的两种电阻的串、并联组合，这样虽然麻烦但效果很好。

通常情况下，分流电阻的温度系数 δ 远小于霍尔元件的输入电阻的温度系数，可以忽略不计，上式变为

$$R_{p0}=\frac{(\beta-\alpha)R_{i0}}{\alpha} \tag{5-32}$$

通常又因为 $\beta\gg\alpha$，简化为

$$R_{p0}=\frac{\beta R_{i0}}{\alpha} \tag{5-33}$$

5.2.2　霍尔式传感器的工程应用

1．霍尔式位移传感器

图 5-20 给出了一些霍尔式位移传感器的工作原理图。图 5-20（b）是磁场强度相同的两块永久磁铁，同极性相对放置，霍尔元件处于两块磁铁的中间。由于磁铁中间的磁感应强度 B=0，因此霍尔元件输出的霍尔电动势 U_H 也为零，此时位移 $\Delta x=0\text{mm}$。若霍尔元件在两磁铁中产生相对位移，霍尔元件感受到的磁感应强度也随之改变，这时 U_H 不为零，其量的大小反映出霍尔元件与磁铁之间相对位置的变化量。这种结构的传感器，其动态范围可达 5mm，分辨率为 0.001mm。

图 5-20（c）是一个由两个结构相同的磁路组成的霍尔式位移传感器，为了获得较好的线

性分布，在磁极端面装有极靴，霍尔元件调整好初始位置时，可以使霍尔电动势$U_H=0$。这种传感器灵敏度很高，惯性小、频响快、工作可靠、寿命长，但它所能检测的位移量较小，适用于微位移量及振动的测量等领域。以微位移检测为基础，可以构成压力、应力、应变、机械振动、加速度、质量、称重等霍尔式传感器。

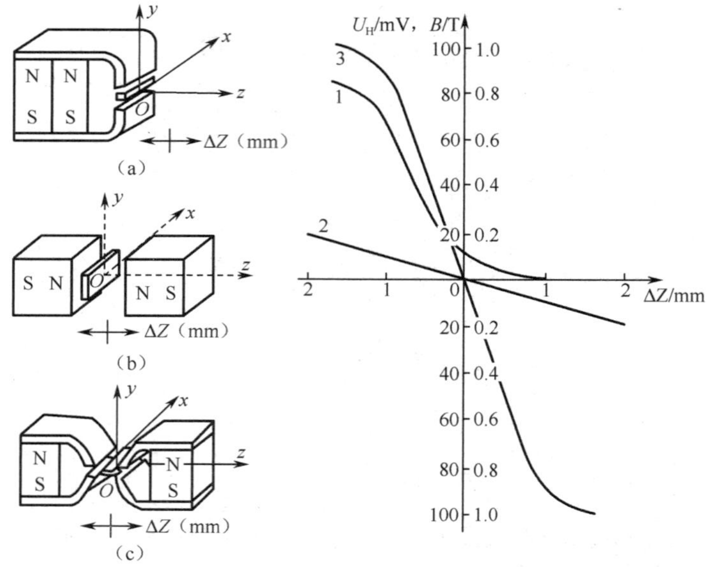

图 5-20　三种梯度磁场的霍尔式位移传感器的输出特性曲线

2. 霍尔式压力传感器

图 5-21 所示为霍尔式压力传感器的结构图。利用管的弯曲变化或扭转变形测量压力的弹性敏感元件称为波登管，又称弹簧管。波登管的一端固定，一端活动，其截面形状为椭圆形或扁平形。非圆形截面的波登管在其内压力的作用下逐渐胀成圆形，波登管在压力作用下将产生位移并带动霍尔元件在磁场中移动，由霍尔电动势U_H即可获知被测压力P的大小。最常用的波登管为C形，此外还有螺旋形、C形组合、麻花形等类型，如图 5-22 所示。波登管的材料采用铜基合金或铁基合金。它与其他压力敏感元件相比灵敏度低些，常用于测量较大的压力，与其他弹性元件组合使用。1852 年波登取得波登管的专利权。至今波登管仍在许多仪器中广泛应用，特别是用于压力等力的测量方面。

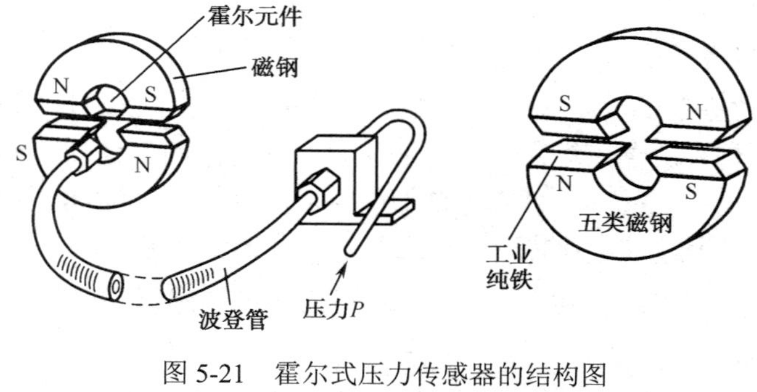

图 5-21　霍尔式压力传感器的结构图

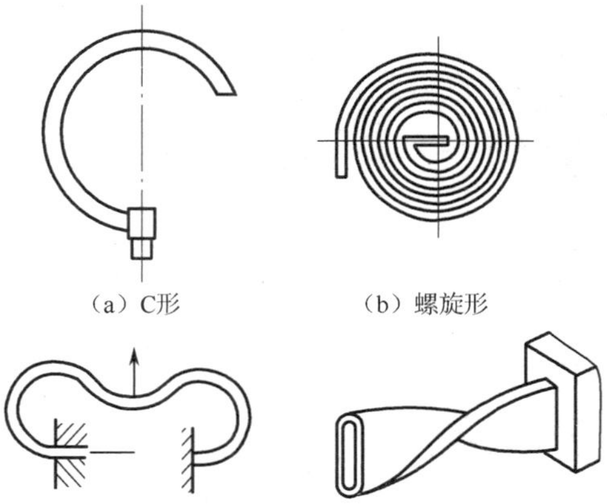

（a）C形 （b）螺旋形

（c）C形组合 （d）麻花形

图 5-22 波登管的常见类型

3. 霍尔式振动传感器

图 5-23 所示为霍尔式振动传感器的结构图，霍尔元件在磁场中按被测振动频率做往复运动，输出霍尔电动势反映了被测振动的频率和幅值。

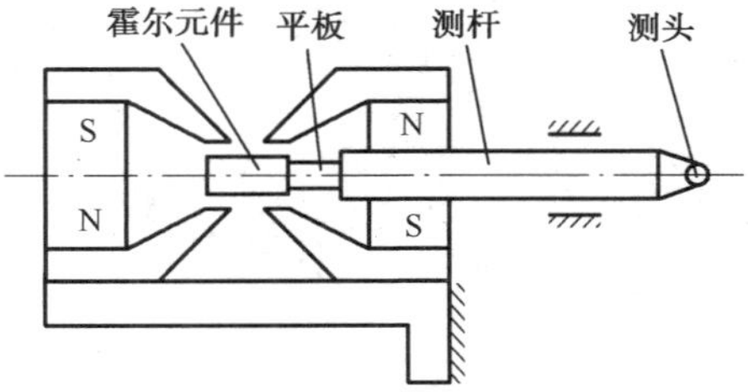

图 5-23 霍尔式振动传感器的结构图

图 5-24 所示为 KH4600 低频振动传感器，该传感器的工作原理是导体做切割磁力线的运动，就会产生一个与其运动速度成正比的电动势。

图 5-24 KH4600 低频振动传感器

KH4600 低频振动传感器主要用于测量水轮发电机组、低速转动机器、工程建筑和桥梁等的振动。这种传感器测量的振动是相对于自由空间的绝对振动。它输出的电压信号与振动幅值成正比。这种传感器直接安装在机器的外部，因此使用、维护极为方便。

4. 霍尔式转速传感器

图 5-25 所示为霍尔式转速传感器的结构图，当被测轴旋转时，磁路的磁阻发生周期性的变化，使霍尔元件输出信号的频率与转速成正比，测量其频率后可通过公式 $n=60f/z$（r/min）获得被测转速，霍尔式转速传感器可用于出租车计价器等装置。

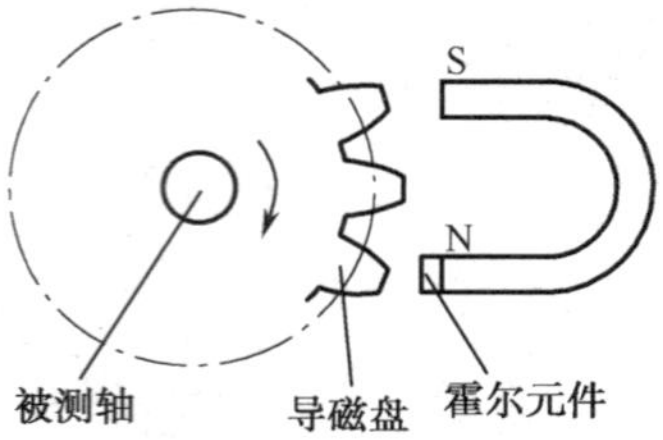

图 5-25　霍尔式转速传感器的结构图

如图 5-26 所示，Hal-12 霍尔式转速传感器是一种采用霍尔效应制成的转速传感器。它的感应对象为磁钢。当被测体上嵌入磁钢并随着被测物体转动时，传感器输出与旋转频率相关的脉冲信号，达到测速或位移检测发送信号的目的。

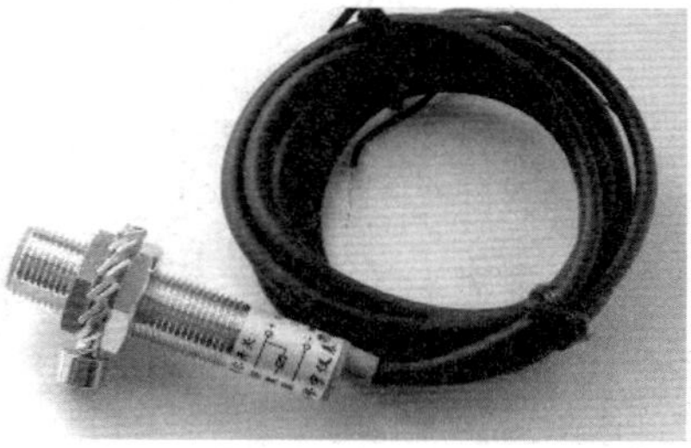

图 5-26　Hal-12 霍尔式转速传感器

图 5-27 所示为利用霍尔式转速传感器测量汽车速度的案例。当齿对准霍尔元件时，磁力线集中穿过霍尔元件，可产生较大的霍尔电动势，放大、整形后输出高电平；反之，当齿轮的齿槽对准霍尔元件时，输出为低电平。通过检测汽车行驶中的车轮转动的快慢，从而间接地测出汽车运动的速度。

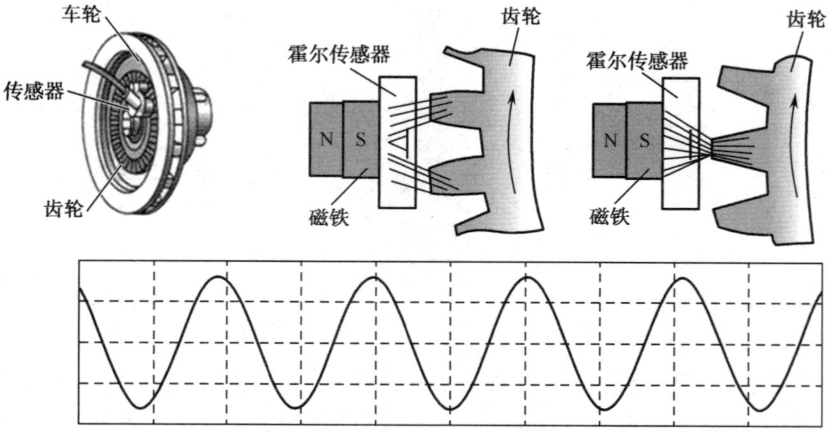

图 5-27　利用霍尔式转速传感器测量汽车速度的案例

5．霍尔式电流传感器

霍尔式电流传感器的结构图如图 5-28 所示，当被测导线中有电流时，在导线周围产生磁场，钳形导磁铁芯起着集中磁力线的作用，变成一个暂时性的磁铁。电流越大，霍尔元件处的磁场就越强，输出的霍尔电动势就越大。

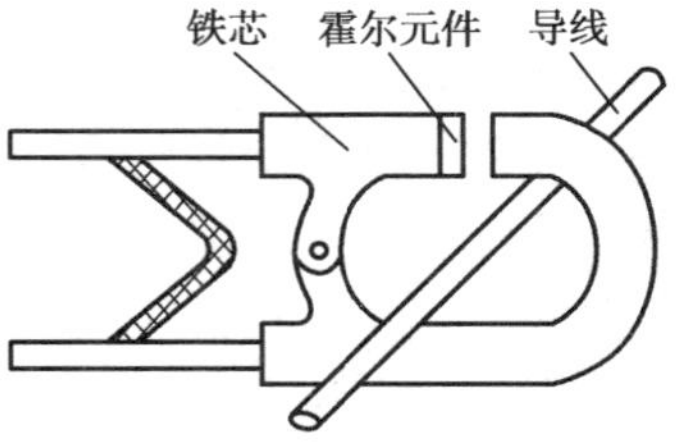

图 5-28　霍尔式电流传感器的结构图

图 5-29 所示为 JK400T14～JK800T14（ϕ30mm）系列直测式霍尔电流传感器，它是一种能隔离主回路与控制回路，能检测 400～800A，直流或 20kHz 交流电流的模块化产品，孔径为ϕ30mm，耗电≤20mA，响应时间≤10μs，可以同时测量交流、直流脉动电流，具有良好的温度特性（<0.04%℃），输入过负荷能力为额定值的 10 倍，性价比高，全封闭，可在恶劣环境中使用。

该产品采用薄形化设计，尺寸小、质量轻，具有电源极性反接保护，可与微机连接，主要功能是对 1200V 及以下电压等级的直流、交流、脉冲和不规则电流的测量、控制与保护，广泛应用于电力系统的微机监测、交流变频调速器、新型逆变器、整流器、焊接设备、安全电源、铁路信号监控、数控机床、铁路电车、无轨电车、工业自动化控制等领域。

图 5-29　JK400T14～JK800T14（ϕ30mm）系列直测式霍尔电流传感器

习题

5-1　简述变磁通磁电感应式传感器和恒磁通磁电感应式传感器的工作原理。

5-2　磁电式传感器的误差及其补偿方法是什么？

5-3　磁电式传感器测量扭矩的工作原理是什么？

5-4　什么是霍尔效应？霍尔电动势与哪些因素有关？如何提高霍尔式传感器的灵敏度？

5-5　简述霍尔电动势产生的原理。

5-6　磁电式传感器与电感式传感器有哪些不同？磁电式传感器主要用于测量哪些物理参数？

5-7　霍尔元件能够测量哪些物理参数？霍尔元件的不等位电动势的概念是什么？温度补偿方法有哪几种？

5-8　简述霍尔式传感器的应用场合。

5-9　试证明霍尔式位移传感器的输出电压 U_H 与位移 Δx 成正比关系。

5-10　为什么说磁电感应式传感器是一种有源传感器？

5-11　一个霍尔元件在一定电流的作用下，其霍尔电动势与哪些因素有关？

5-12　霍尔元件常用的材料有哪些？其各有什么特点？

5-13　温度变化对霍尔元件输出电动势有什么影响？该如何补偿？

5-14　图5-30所示为汽车霍尔点火装置示意图，试说明其工作原理。

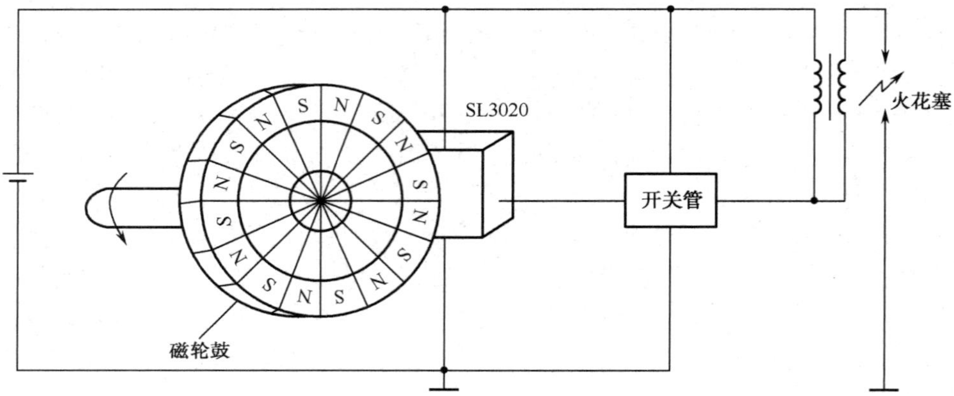

图5-30　题5-14图

第6章 压电式传感器

本章知识点：

- 压电式传感器的原理
- 压电式传感器的测量电路
- 压电式传感器的工程应用

基本要求：

- 掌握压电式传感器的原理
- 掌握压电式传感器测量电路的基本原理
- 理解压电式传感器的工程应用

能力培养目标：

通过本章的内容，对压电式传感器进行系统学习，掌握压电式传感器的基本原理、测量电路及工程应用，通过实际应用案例，培养学生知识的综合应用能力及系统认知、设计与开发能力。

压电式传感器是一种有源传感器，它以某些材料的压电效应为基础，在外力作用下，这些材料的表面上产生电荷，从而实现非电量到电量的转换。压电式传感器体积小、质量轻、结构简单、工作可靠，适用于测量动态物理量。压电式传感器可以对各种动态力、机械冲击和振动进行测量，在声学、医学、力学、导航方面都得到广泛的应用。

6.1 压电式传感器的原理

6.1.1 压电效应及压电材料

压电效应的发现归功于皮埃尔·居里和雅克·居里兄弟，他们在1880年首次观察到某些电介质（晶体），当沿着一定方向施加力时，内部会产生极化现象，同时在它的两个表面会产生符号相反的电荷，当外力去掉后，又重新恢复为不带电状态，这种现象称为压电效应。当作用力方向改变后，电荷的极性也随之改变。把这种机械能转换为电能的现象，称为“正压电效应”。相反，当在电介质极化方向施加电场时，这些电介质也会产生几何变形，这种现象称为“逆压电效应”（电致伸缩效应）。

压电效应的相互转换作用如图 6-1 所示，既可以将机械能转化成电能，也可以将电能转化成机械能。

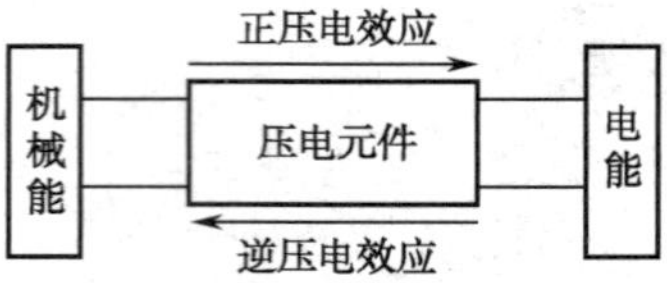

图 6-1　压电效应的相互转换作用

具有压电效应的电介质物质称为压电材料，压电材料能实现机械能与电能的相互转换。在自然界中，大多数晶体都具有压电效应。压电材料的独特特性使其在传感器技术中应用广泛，其能够快速响应并测量高频动态信号，同时在自供电设备方面也显示出巨大潜力。

压电材料的主要特性参数如下。

（1）压电常数：衡量材料压电效应强弱的参数，直接关系到压电材料输出的灵敏度。

（2）弹性常数（刚度）：决定压电材料的固有频率和动态特性。

（3）介电常数：与压电材料的固有电容有关，而固有电容又影响着传感器的频率下限。

（4）机电耦合系数：衡量压电材料机电能量的转换效率，定义为输出能量与输入能量比值的平方根。

（5）绝缘电阻：压电材料的绝缘电阻可减小电荷泄漏，从而改善压电式传感器的低频特性。

（6）居里点温度：它是指压电材料开始丧失压电特性的温度。

压电材料分为三大类，即压电晶体、压电陶瓷及新型压电材料，它们都具有较好的压电特性，如具有较大的压电常数，机械性能优良（强度高、固有振荡频率稳定），时间稳定性好，温度稳定性好等。

表 6-1 所示为常用压电材料的性能参数。

表 6-1　常用压电材料的性能参数

性能参数	压电材料				
	石英	钛酸钡	锆钛酸铅 PZT-4	锆钛酸铅 PZT-5	锆钛酸铅 PZT-8
压电系数 d/（pC/N）	d_{11}=2.31 d_{14}=0.73	d_{15}=260 d_{31}=−78 d_{33}=190	d_{15}≈410 d_{31}=−100 d_{33}=230	d_{15}≈670 d_{31}=−185 d_{33}=600	d_{15}≈330 d_{31}=−90 d_{33}=200
相对介电常数ε_r	4.5	1200	1050	2100	1000
居里点温度/℃	573	115	310	260	300
密度/（10^3kg/m^3）	2.65	5.5	7.45	7.5	7.45
弹性模量/（10^3N/m^2）	80	110	83.3	117	123
机械品质因数	10^5～10^6		≥500	80	≥800
最大安全应力/（10^5N/m^2）	95～100	81	76	76	83
体积电阻率/（Ω · m）	>10^{12}	10^{10}（25℃）	>10^{10}	10^{11}（25℃）	
最高允许温度/℃	550	80	250	250	
最高允许湿度/%	100	100	100	100	

1．石英晶体

天然石英晶体和人工石英晶体都属于单晶体，化学式为SiO_2，外形结构为六面体。石英晶体各个方向的特性是不同的，如图 6-2 所示，其中纵向轴 z 称为光轴，经过六面体棱线并垂直于光轴的 x 轴称为电轴，与 x 轴和 z 轴同时垂直的 y 轴称为机械轴。通常把沿电轴 x 方向的力作用下产生电荷的压电效应称为“纵向压电效应”，而把沿机械轴 y 方向的力作用下产生电荷的压电效应称为“横向压电效应”，在光轴 z 轴方向不产生压电效应。从石英晶体上沿轴线切下来的一片平行六面体称为压电晶体切片。

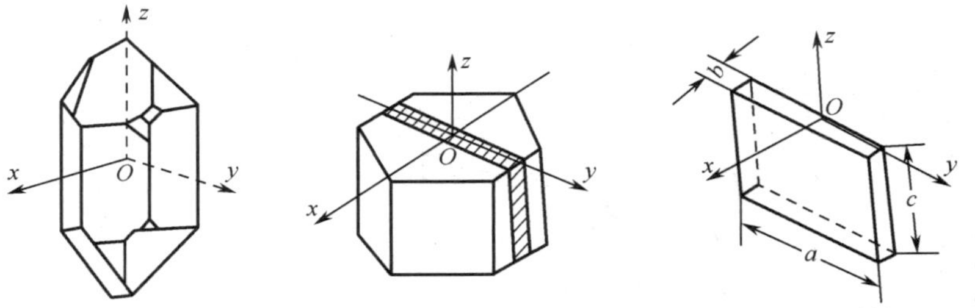

（a）晶体外形　（b）切割方向　（c）压电晶体切片

图 6-2　石英晶体

压电晶体切片受力后，表面电荷量与外力成正比关系，即

$$q = dF \tag{6-1}$$

当压电晶体切片受到沿 x 轴方向的作用力 F_x 时，晶片产生厚度变形并发生极化现象。在晶体的线性弹性范围内，在 x 轴面所产生的电荷量与作用力成正比，垂直 x 轴面上产生电荷大小为

$$q_x = d_{11}F_x \tag{6-2}$$

式中，d_{11} 为 x 轴方向受力的压电系数。

同一压电晶体切片，当受到 y 轴方向的作用力 F_y 时，仍在垂直 x 轴面上产生极性相反的电荷，其电荷量与 y 轴方向作用力成正比，即

$$q_y = d_{12}\frac{a}{b}F_y \tag{6-3}$$

式中，d_{12} 为 y 轴方向受力的压电系数，根据石英晶体的对称性，有 $d_{12} = -d_{11}$；a、b 分别为压电晶体切片的长度和厚度。

F_x 和 F_y 的符号由受压力还是受拉力决定。

石英晶体的压电特征与内部分子结构有关，按照石英晶体的分子式，每个晶格单元中含有硅离子和氧离子，硅离子和氧离子呈正六边形排列，图 6-3（a）是它们在垂直于 z 轴的 xy 坐标平面的投影。图中“⊕”代表硅离子，“⊖”代表氧离子。当石英晶体没有受到外力作用时，正、负离子分布在六边形顶角，形成三个大小相等、互成 120° 夹角的电偶极矩 $\boldsymbol{P}_1$、$\boldsymbol{P}_2$、$\boldsymbol{P}_3$，电偶极矩的大小为

$$P = ql \tag{6-4}$$

式中，l 为两电荷间的距离，由于三个电偶极矩 $\boldsymbol{P}_1 = \boldsymbol{P}_2 = \boldsymbol{P}_3$，矢量和等于零，即 $\boldsymbol{P}_1 + \boldsymbol{P}_2 + \boldsymbol{P}_3 = 0$，因此晶体表面不产生电荷，石英晶体呈中性。

当石英晶体受沿 x 轴方向作用力 F_x 时，晶体沿 x 方向压缩变形，使正、负离子的相对位

置随之改变，正、负电荷中心不重合，如图 6-3（b）所示。由于 P_1 减小，P_2、P_3 增大，电偶极矩在 x 轴方向的分量不再为零，而是大于零，即 $P_1+P_2+P_3>0$，在 x 轴的正方向出现正电荷，在 x 轴的负方向出现负电荷。由于电偶极矩在 y 轴和 z 轴方向分量仍为零，所以 y 轴和 z 轴晶体表面不会出现电荷。

当石英晶体受沿 y 轴方向的作用力 F_y 时，晶体沿 y 轴方向压缩变形，如图 6-3（c）所示。由于 P_1 增大，P_2、P_3 减小，这时电偶极矩在 x 轴方向的分量小于零，即 $P_1+P_2+P_3<0$，在 x 轴的正方向出现负电荷，而在 x 轴的负方向出现正电荷，电偶极矩在 y 轴和 z 轴方向分量仍为零，不出现电荷。

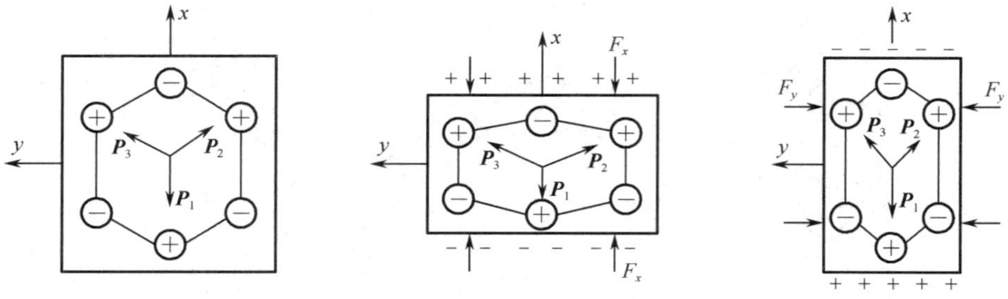

（a）不受力时　　（b）x轴方向受力　　（c）y轴方向受力

图 6-3　石英晶体压电模型

当石英晶体沿 z 轴方向有压缩应力或拉伸应力时，晶体沿 x 轴、y 轴方向产生相同变形，正、负电荷中心处于重合状态，电偶极矩在 x 轴和 y 轴方向的分量均等于零。因此沿 z 轴方向施加作用力时，石英晶体不产生压电效应。

同理，上述情况如果沿 x 轴、y 轴方向施加相反方向的作用力，则 x 轴的正、负方向出现的电荷极性与上述情况相反。

2. 压电陶瓷

压电陶瓷是一种经极化处理后的人工多晶铁电体，其实物图如图 6-4 所示。

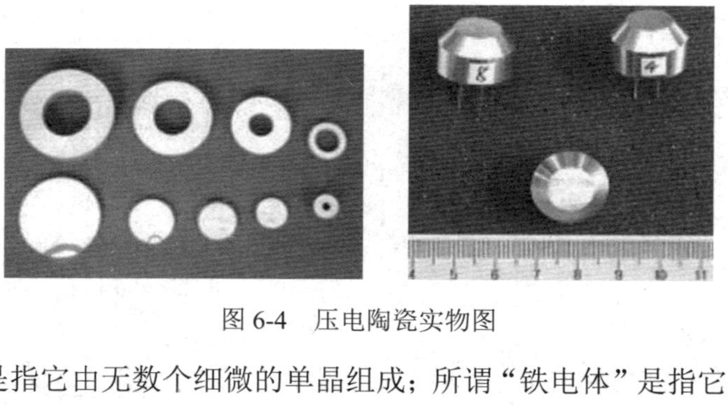

图 6-4　压电陶瓷实物图

所谓"多晶"是指它由无数个细微的单晶组成；所谓"铁电体"是指它具有类似铁磁材料磁畴的"电畴"结构。电畴是分子自发形成的区域，它有一定的极化方向，从而存在一定的电场。每个单晶形成一个电畴。在无外电场作用时，各个电畴在晶体内杂乱分布，它们的极化效应相互抵消，因此原始的压电陶瓷内极化强度为零，如图 6-5（a）所示。

为使压电陶瓷具有压电效应，必须在一定条件下对其进行极化处理，可给压电陶瓷施加外加电场，电畴的极化方向发生转动，所有的电畴趋向外电场方向排列，外电场越强，电畴转向外电场的越多，外电场强度达到饱和程度时，所有的电畴与外电场方向一致。外电场去掉后，电畴极化方向基本保持原极化方向不变，因此压电陶瓷的极化强度不为零，这时的材料才具有压电特性，如图 6-5（b）所示。

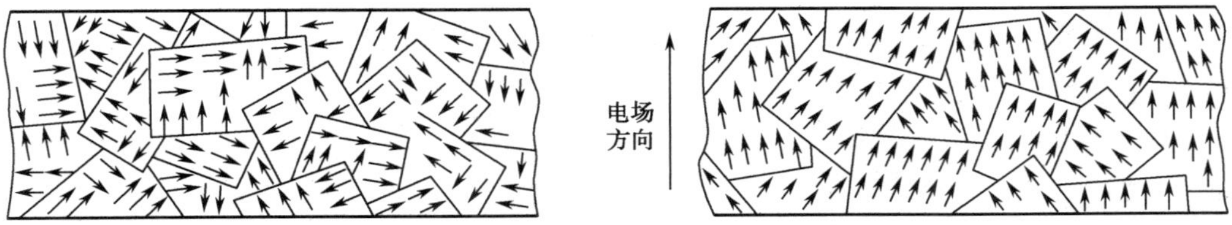

（a）未极化　　（b）极化

图 6-5　压电陶瓷的极化

极化处理后陶瓷材料内部仍存在有很强的剩余极化，当陶瓷材料受到外力作用时，电畴的界限发生移动，电畴发生偏转，从而引起剩余极化强度的变化，因此在垂直于极化方向的平面上将出现极化电荷的变化。这种因受力而产生的由机械效应转变为电效应，将机械能转变为电能的现象，就是压电陶瓷的正压电效应。电荷量与外力成正比，即

$$q = d_{33}F \tag{6-5}$$

式中，d_{33} 为压电陶瓷的压电系数；F 为作用力。

压电陶瓷的特点是压电系数大，灵敏度高，制造工艺成熟，可通过合理的配方和掺杂等人工控制手段达到所要求的性能；成形工艺性也好，成本低廉，有利于广泛应用。

最早使用的压电陶瓷材料是钛酸钡（$BaTiO_3$）。目前使用较多的压电陶瓷材料是锆钛酸铅（$Pb(ZrTi)O_3$），它是由钛酸铅（$PbTiO_3$）和锆酸铅（$PbZrO_3$）组成的，有较高的压电系数和较高的工作温度。

铌镁酸铅压电陶瓷是 20 世纪 60 年代发展起来的，它是由铌镁酸铅（$Pb(Mg \cdot Nb)O_3$）、锆酸铅和钛酸铅按不同比例配成的不同性能的压电陶瓷，具有极高的压电系数和较高的工作温度，而且能承受较高的压力。

3. 新型压电材料

1）压电半导体

1968 年以来出现了多种压电半导体，如硫化锌（ZnS）、碲化镉（CdTe）、氧化锌（ZnO）、硫化镉（CdS）、碲化锌（ZnTe）和砷化镓（GaAs）等。这些材料的显著特点是既具有压电特性，又具有半导体特性，因此既可用其压电特性研制传感器，又可用其半导体特性制作电子器件，还可以两者结合，集元件与电路于一体，研制成新型集成压电式传感器系统。

2）有机高分子压电材料

有机高分子压电材料是某些合成高分子聚合物经延展拉伸和极化后具有压电性的高分子压电薄膜，如聚氟乙烯（PVF）、聚偏二氟乙烯（PVDF）、聚氯乙烯（PVC）、聚γ甲基-L 谷氨酸脂（PMC）和尼龙Ⅱ等。这些材料的独特优点是质轻柔软，抗拉强度较高、耐冲击，体电阻率达$10^{12}\,\Omega \cdot m$，击穿强度为 150～200kV/mm，声阻抗近似水和生物体含水组织，热释电性和热稳定性好，且便于批量生产和大面积使用，可制成大面积阵列传感器和人工皮肤。

有机高分子压电材料也可以是高分子化合物中掺杂压电陶瓷锆钛酸铅或钛酸钡粉末制成

的高分子压电薄膜。这种复合压电材料同样既保持了高分子压电薄膜的柔软性，又具有较高的压电系数和机电耦合系数。

4．压电式传感器的基本原理

压电式传感器的基本原理就是利用压电材料的压电效应，即当有力作用在压电材料上时，压电式传感器就有电荷（或电压）输出。

在实际应用中，由于单片压电元件输出的电荷量很小，因此组成压电式传感器的压电元件不止一片，常常将两片或两片以上的压电元件黏接在一起。黏接的方法有两种，即并联和串联。压电元件的连接方式如图6-6所示。

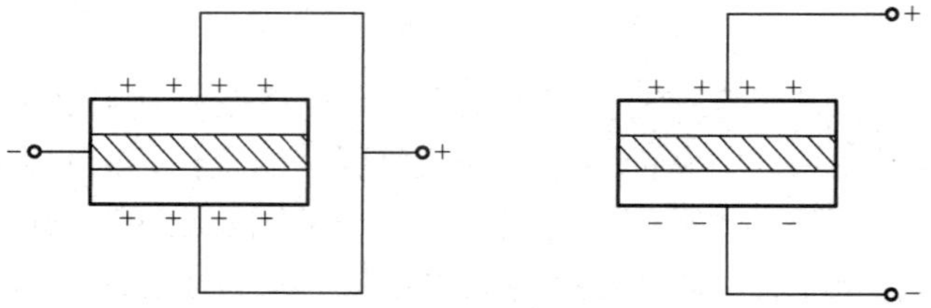

（a）相同极性端黏接（并联）　（b）不同极性端黏接（串联）

图6-6　压电元件的连接方式

并联的两片压电元件的负电荷集中在中间电极上，正电荷集中在两侧的电极上，传感器的电容量大、输出电荷量大、时间常数也大，故这种传感器适用于测量缓慢变化的信号及电荷量输出的信号。

串联的压电元件的正电荷集中于上极板，负电荷集中于下极板，传感器本身的电容量小、响应快、输出电压大，故这种传感器适用于测量以电压作为输出的信号。

6.1.2　压电式传感器的测量电路

1．压电式传感器等效电路

当压电式传感器的压电元件受力时，在元件表面就会出现电荷，且两个表面聚集的电荷量相等、极性相反，因此可以把压电式传感器看作一个电荷源（静电荷发生器），而压电元件是绝缘体，在这一过程中，它又可以看作一个电容，其电容量C_a为

$$C_a=\frac{\varepsilon_r\varepsilon_0 S}{d} \tag{6-6}$$

式中，S为压电元件的面积；d为压电元件的厚度；ε_r为压电材料的相对介电常数。

从性质上讲，压电元件实际上是一个有源电容。

当需要压电元件输出电压时，可以把它等效为一个电压源与一个电容相串联的电压等效电路，如图6-7（a）所示。在开路状态时，其输出端电压为

$$U_a=\frac{q}{C_a} \tag{6-7}$$

当需要压电元件输出电荷时，又可以把压电元件等效为一个电荷源与一个电容相并联的电荷等效电路，如图6-7（b）所示。在开路状态时，其输出端电荷为

$$q=C_a\cdot U_a \tag{6-8}$$

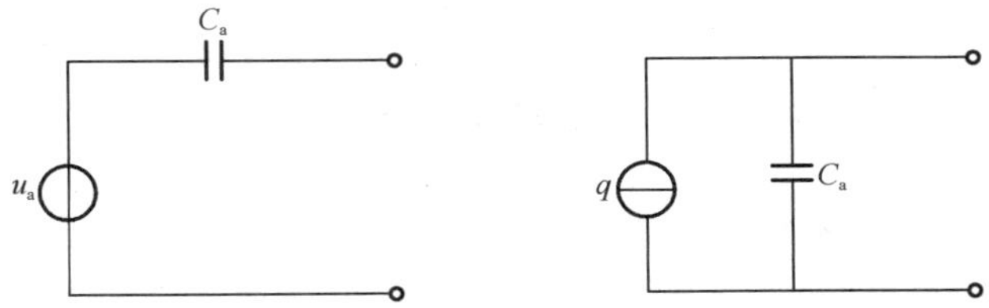

（a）电压等效电路　　（b）电荷等效电路

图 6-7　压电元件等效电路

实际应用中，压电式传感器在连接测量电路时，还要考虑连接电缆的等效电容 C_c、前置放大器输入电阻 R_i、输入电容 C_i 及传感器漏电阻 R_a 的影响。压电式传感器漏电阻 R_a 与前置放大器输入电阻 R_i 并联，为保证传感器具有一定的低频响应，要求传感器的漏电阻在 $10^{12}\Omega$ 以上，使 R_aC_a 足够大。与此相适应，测量系统应有较大的时间常数 τ，要求前置放大器有相当高的输入阻抗。图 6-8 所示为压电式传感器电压源与电荷源的实际等效电路。

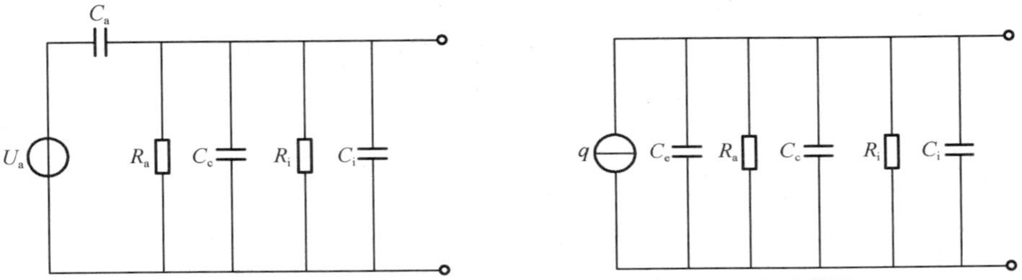

（a）电压源　　（b）电荷源

图 6-8　压电式传感器电压源与电荷源的实际等效电路

2．压电式传感器测量电路

压电式传感器本身的内阻抗很高，而输出能量较小，因此它的测量电路通常需要接入一个高输入阻抗的前置放大器，其作用一是把压电式传感器的高输出阻抗变换为低输出阻抗；二是放大传感器输出的微弱信号。压电式传感器的输出可以是电压信号，也可以是电荷信号，因此前置放大器也有两种形式：电压放大器和电荷放大器。

1）电压放大器（阻抗变换器）

压电式传感器连接电压放大器的等效电路如图 6-9 所示。

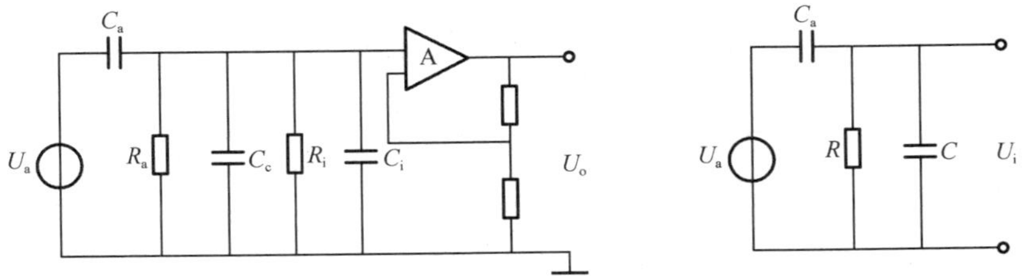

（a）电压放大器电路　　（b）输入端简化等效电路

图 6-9　压电式传感器连接电压放大器的等效电路

在图 6-9（b）中，电阻值 $R = R_aR_i/(R_a + R_i)$，电容量 $C = C_c + C_i$，而 $U_a = q/C_a$，若压电元件受正弦力 $F = F_m \sin\omega t$ 的作用，则其电压为

$$\dot{U}_{\mathrm{a}}=\frac{dF_{\mathrm{m}}}{C_{\mathrm{a}}}\sin\omega t=U_{\mathrm{m}}\sin\omega t \tag{6-9}$$

式中，U_{m} 为压电元件输出电压幅值，$U_{\mathrm{m}}=\frac{dF_{\mathrm{m}}}{C_{\mathrm{a}}}$；$d$ 为压电系数。

由此可得放大器输入端电压 $\dot{U}_{\mathrm{i}}$ 的复数形式为

$$\dot{U}_{\mathrm{i}}=dF_{\mathrm{m}}\frac{\mathrm{j}\omega RC_{\mathrm{a}}}{1+\mathrm{j}\omega R(C_{\mathrm{a}}+C)}$$

$\dot{U}_{\mathrm{i}}$ 的幅值 U_{im} 为

$$U_{\mathrm{im}}(\omega)=\frac{dF_{\mathrm{m}}\omega R}{\sqrt{1+\omega^2R^2(C_{\mathrm{a}}+C_{\mathrm{c}}+C_{\mathrm{i}})^2}} \tag{6-10}$$

输入电压和作用力之间相位差为

$$\varPhi(\omega)=\frac{\pi}{2}-\arctan[\omega(C_{\mathrm{a}}+C_{\mathrm{c}}+C_{\mathrm{i}})R] \tag{6-11}$$

在理想情况下，传感器的电阻值 R_{a} 与前置放大器输入电阻 R_{i} 都为无限大，即 $\omega(C_{\mathrm{a}}+C_{\mathrm{c}}+C_{\mathrm{i}})R\gg 1$，那么由式（6-10）可知，理想情况下输入电压幅值 U_{im} 为

$$U_{\mathrm{im}}=\frac{dF_{\mathrm{m}}}{C_{\mathrm{a}}+C_{\mathrm{c}}+C_{\mathrm{i}}} \tag{6-12}$$

式（6-12）表明前置放大器的输入电压 U_{im} 与频率无关。一般认为 $\omega/\omega_0>3$ 时，就可以认为 U_{im} 与 ω 无关，ω_0 表示测量电路时间常数的倒数，即

$$\omega_0=\frac{1}{(C_{\mathrm{a}}+C_{\mathrm{c}}+C_{\mathrm{i}})R} \tag{6-13}$$

这表明压电式传感器有很好的高频响应，但是，当作用于压电元件力为静态力（$\omega=0$）时，则前置放大器的输入电压等于零，因为电荷会通过放大器输入电阻和传感器本身漏电阻泄漏掉，所以压电式传感器不能用于静态力测量。

2）电荷放大器

电荷放大器常作为压电式传感器的输入电路，由一个反馈电容 C_{f} 和高增益运算放大器构成，当略去 R_{a} 和 R_{i} 的并联电阻值后，电荷放大器可用图 6-10 所示的电路等效。

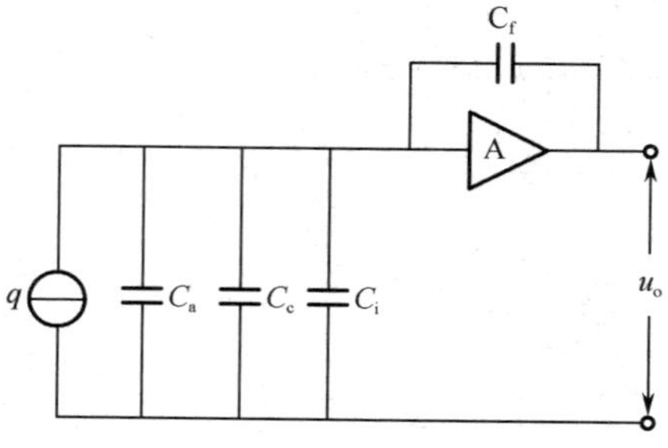

图 6-10　电荷放大器等效电路

运算放大器增益为 A，由于运算放大器输入阻抗极高，放大器输入端几乎没有分流，其输出电压 u_{o} 为

$$u_{\mathrm{o}}\approx u_{C_{\mathrm{f}}}=-\frac{q}{C_{\mathrm{f}}} \tag{6-14}$$

式中，u_o 为电荷放大器的输出电压；u_{C_f} 为反馈电容两端的电压。

由运算放大器基本特性，可求出电荷放大器的输出电压为

$$u_o = -\frac{Aq}{C_a + C_c + C_i + (1 + A)C_f} \tag{6-15}$$

通常放大器增益 $A=10^4 \sim 10^8$，满足 $(1 + A)C_f \gg C_a + C_c + C_i$，因此可认为电荷放大器的输入电压近似为反馈电容上的电压，即

$$u_o \approx -\frac{q}{C_f} \tag{6-16}$$

式（6-16）说明，电荷放大器的输出电压直接与传感器电荷量 q 成正比，与电容量 C_f 成反比。并且输出电压 u_o 与电缆电容量 C_c 无关，电缆电容的变化不影响传感器灵敏度，这是电荷放大器的优点。使用电荷放大器时电缆长度变化可忽略，并允许使用长电缆，但实际的电荷放大器电路较复杂、价格较贵。

6.2 压电式传感器的工程应用

压电式传感器因其高灵敏度、宽频率范围和快速响应等特性，在工程领域中有着广泛的应用，包括振动监测与控制、声波检测、压力测量、加速度检测、能量收集及精密测量等。

1. 基于 PVDF 压电薄膜的脉搏传感器

由于 PVDF 压电薄膜具有变力响应灵敏度高、易于制备、可紧贴皮肤等特点，可用人手指端大小的压电薄膜制成可感应人体脉搏压力变化的脉搏传感器。脉搏传感器的硬件组成如图 6-11 所示，HK-2000B 集成化脉搏传感器的实物图如图 6-12 所示。

图 6-11　脉搏传感器的硬件组成

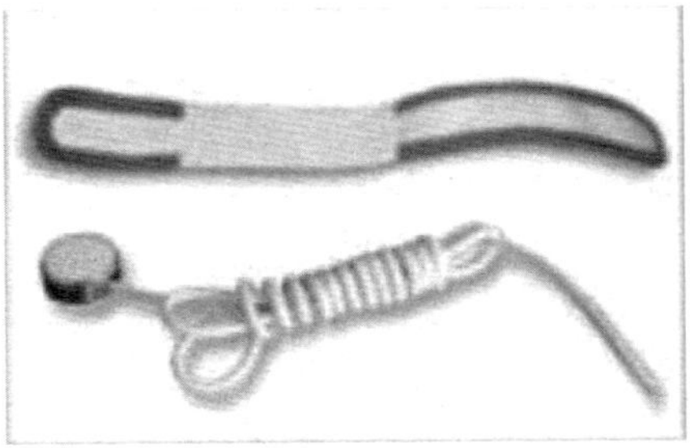

图 6-12　HK-2000B 集成化脉搏传感器的实物图

因为压电薄膜的内阻很高，且脉搏信号微弱，设计其前置电荷放大器有如下两个作用。

（1）与换能器阻抗匹配，把高阻抗输入变为低阻抗输出。

（2）将微弱电荷信号转换成电压信号并放大。

为提高测量的精度和灵敏度，前置放大电路采用电荷放大电路，可获得较低的下限频率，

消除电缆的分布电容对灵敏度的影响，使传感器体积小型化。在一般的电荷放大器设计中，要求的时间常数很大，在小型的 PVDF 压电薄膜脉搏传感器中很难实现，因为反馈电容的容量不能选得太小。在时间常数不够大的情况下（小于 100s），电荷放大器的输出电压与换能器受到的压力呈非线性关系，因此需要对放大电路进行非线性修正。

由于脉搏信号的频率很低，是微弱信号，且干扰信号较多，在传感器设计中滤波电路非常重要。运算放大器应尽量选择低噪声、低温度漂移的器件。根据脉搏信号的特点，以及考虑高频噪声及温度效应噪声的影响，带通滤波器的通带频率宽度应选择 0.5～100Hz。

2. 压电式加速度传感器

图 6-13 所示为压电式加速度传感器的结构图与实物图。它主要由压电元件、质量块、预压弹簧、基座及外壳等组成。整个部件装在外壳内，并用螺栓加以固定。

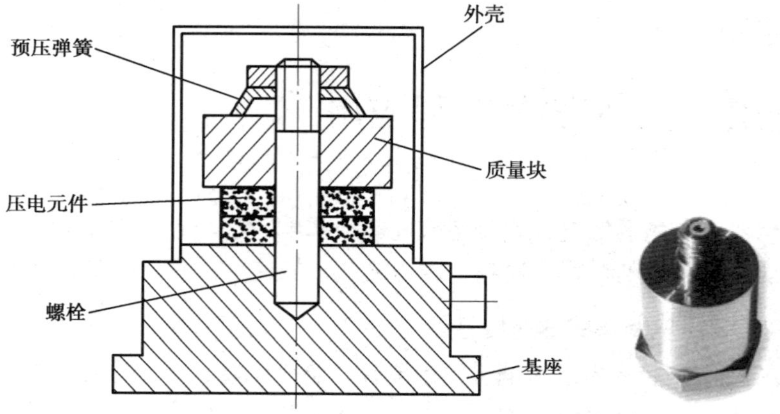

图 6-13　压电式加速度传感器的结构图与实物图

当加速度传感器和被测物一起受到冲击振动时，压电元件受质量块惯性力的作用，根据牛顿第二定律，此惯性力是加速度的函数，即

$$F = ma \tag{6-17}$$

式中，F 为质量块产生的惯性力；m 为质量块的质量；a 为加速度。

此时惯性力 F 作用于压电元件上，产生电荷 q，当传感器选定后，m 为常数，则传感器输出电荷为

$$q = d_{11}F = d_{11}ma \tag{6-18}$$

由式（6-18）可知，电荷 q 与加速度 a 成正比。因此，测得加速度传感器输出的电荷便可得知加速度的大小。

3. 压电式振动传感器

将厚约 0.2mm 左右的 PVDF 压电薄膜裁制成 10mm×20mm 的大小，在它的正反两面各喷涂透明的二氧化锡导电电极，再用超声波焊接上两根柔软的电极引线，并用保护膜覆盖即构成压电式振动传感器。

使用时，用瞬干胶将压电式振动传感器粘贴在玻璃上。在玻璃遭暴力打碎的瞬间，压电薄膜感受到剧烈的振动，表面产生电荷，在两个输出引脚之间产生窄脉冲报警信号。用以监测玻璃打碎的压电式振动传感器的实物图如图 6-14 所示。

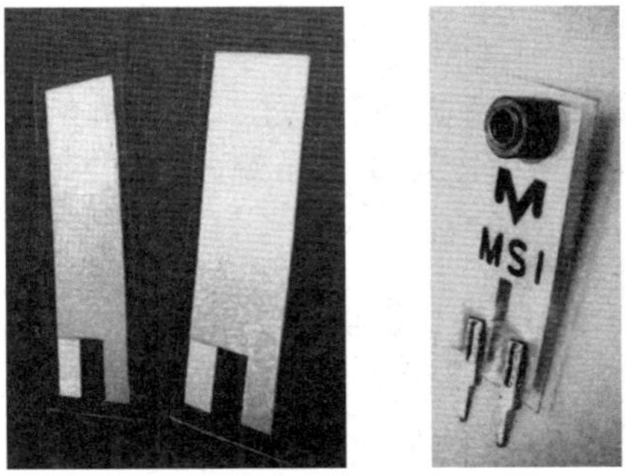

图 6-14 用以监测玻璃打碎的压电式振动传感器的实物图

4．压电式力传感器

压电式力传感器是利用压电元件直接实现力电转换的传感器，通常采用双片或多片石英晶片作为压电元件。它刚度大，测量范围宽，线性及稳定性高，动态特性好。按被测力状态不同，分为单向传感器、双向传感器和三向传感器，它们在结构上基本一样，必须通过弹性膜（Elastic Film）、盒等，把压力收集、转换后，再传递给压电元件。压电式力传感器的实物图如图 6-15 所示。

5．压电薄膜交通传感器

图 6-16 所示为 Poadtrax BL 型压电薄膜交通传感器的实物图。该传感器被广泛用于检测车轴数、轴距，车速监控，车型分类，动态称重（WIM），收费站地磅，闯红灯拍照，停车区域监控，交通信息采集（道路监控）及机场滑行道监控。压电薄膜交通传感器的优势是可获取精确数据，如精确的速度信号、触发信号和分类信息及长期反馈交通信息的统计数据。

图 6-15 压电式力传感器的实物图

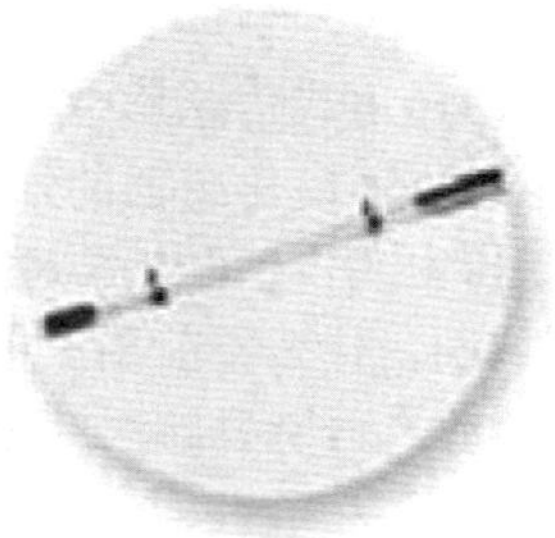

图 6-16 Poadtrax BL 型压电薄膜交通传感器的实物图

1）闯红灯拍照

压电薄膜交通传感器也可作为闯红灯照相机的触发器。在交叉路口的红灯线前安装两个传感器，一般传感器与红灯线的最小距离为 2m。两个传感器的间距小于或等于 1m，采集数据由前轮触发，在车辆通过传感器时启动信号采集，信号采集与速度监控和车辆类型无关，可在交通流量高密度时使用，照相机控制器与红绿灯控制器相连，以便只在红灯时完成动作，用两个传感器确定车辆到达停车线前的车速，如果红灯已亮并且车速大于预置值，就会自动拍下第一张照片。第一张照片证明红灯已亮，而且车辆在红灯亮时未超越停车线，并可证明车速及已亮红灯的时间。第二张照片根据车速在第一次拍照后一定的时间内拍出，证明事实上车辆越过了停车线进入交叉路口并闯了红灯。

2）行驶中称重

压电薄膜交通传感器在美国、巴西、德国、日本和韩国有大量应用，其主要用途是高速公路车辆超重、超载监测的预警和桥梁超载警告系统，即判断正在高速行驶中的车辆，尤其是驶过桥梁的车辆是否超载。

3）车速检测

通常在每条车道上安装两个传感器，以便分别采集每条车道的数据。使用两个传感器可计算出车辆的速度。当轮胎经过传感器A时，启动电子时钟，当轮胎经过传感器B时，时钟停止。两个传感器之间的距离一般为3m，或比3m短一些（可根据需要确定）。传感器之间的距离已知，将两个传感器之间的距离除以两个传感器信号的时间差，就可得出车速。根据德国联邦物理技术研究院（PTB）的报告，当汽车以200km/h的速度匀速行驶时，测量精度可达1%。

习题

6-1 请分别解释正压电效应和逆压电效应，以及纵向压电效应和横向压电效应。

6-2 石英晶体 x 轴、y 轴、z 轴的名称及其特点分别是什么？

6-3 简述压电陶瓷的结构及特性。

6-4 画出压电元件的两种等效电路。

6-5 压电式传感器测量电路的作用是什么？其核心是解决什么问题？

6-6 压电式传感器前置放大器的作用是什么？电压式前置放大器与电荷式前置放大器各有何特点？

6-7 试说明压电式传感器中，压电元件并联和串联后对测量的影响。

6-8 压电式加速度传感器的结构及原理是什么？

6-9 简述压电式传感器需要配置前置放大器的原因。

6-10 试说明为什么不能用压电式传感器测量变化比较缓慢的信号。

6-11 电荷放大器所要解决的核心问题是什么？试推导其作用力输入与输出电荷关系。

第7章 光电式传感器

本章知识点：

- 光电效应的原理
- 光电效应式传感器的原理及工程应用
- 光纤传感器的原理及工程应用
- 光电式编码器的原理

基本要求：

- 掌握光电效应式传感器的原理及工程应用
- 掌握光纤传感器的原理及工程应用
- 掌握光电式编码器的原理

能力培养目标：

通过本章的内容，对光电式传感器进行系统学习，掌握光电效应的原理及工程应用、光纤传感器的原理及工程应用、光电式编码器的原理，通过实际应用案例，培养学生知识的综合应用能力及系统认知、设计与开发能力。

光电式传感器是以光电器件作为转换元件的传感器。光电式传感器是各种光电检测系统中实现光电转换的关键器件，它是把光信号（红外光、可见光及紫外光）转变成为电信号的器件。光电检测方法具有精度高、反应快、非接触等优点，而且可测参数多，传感器的结构简单，形式灵活多样，因此，光电式传感器在检测和控制中应用非常广泛。它可用于检测直接引起光参量变化的非电量，如光强、光照度、辐射、气体成分等；也可用来检测能转换成光参量变化的其他非电量，如零件直径、表面粗糙度、应变、位移、振动、速度、加速度，以及物体的形状、工作状态等，在工业自动化装置和机器人中得到广泛应用。

7.1 光电效应式传感器

光电效应式传感器的物理基础是光电效应。光电效应分为外光电效应和内光电效应。外光电效应又称为光电发射效应，多发生在金属和金属氧化物中，基于外光电效应原理工作的光电器件有光电管和光电倍增管。内光电效应又分为光电导效应和光生伏特效应。光电导效应多发生在半导体中，基于光电导效应原理工作的光电器件有光敏电阻等。光生伏特效应发生在半导体 PN 结中，基于光生伏特效应原理工作的光电器件有光电池等。

光电效应的发展历程始于 19 世纪末期，当时物理学家海因里希·赫兹（Heinrich Hertz）观察到光照射在金属表面上会产生电荷，但当时并未完全理解这一现象。直到 1905 年，爱因斯坦提出了光电效应的量子理论，他提出光能以量子（光子）的形式传递能量，并解释了光子能量如何被电子吸收导致电子从金属表面逸出，这一理论为量子力学的发展奠定了基础，并因此爱因斯坦获得了 1921 年的诺贝尔物理学奖。随后，物理学家罗伯特·安德鲁·密立根通过实验进一步精确测量了电子的电荷量，验证了爱因斯坦的理论。20 世纪中叶以来，随着半导体技术的发展，光电效应在光电探测器、光电二极管、太阳能电池等技术中得到广泛应用，极大地推动了信息技术、能源利用和空间探测等领域的进步。如今，光电效应依然是现代物理学和工程学中一个活跃的研究领域，其应用也在不断拓展和深化。

7.1.1 光电效应式传感器的原理

1. 外光电效应

在光线的作用下，物质内的电子逸出物体表面向外发射的现象，称为外光电效应。光子是具有能量的粒子，每个光子的能量可表示为

$$E = h\nu \tag{7-1}$$

式中，h 为普朗克常数，$h=6.626\times10^{-34}$（J.s）；ν 为光波频率。

根据爱因斯坦的假设，一个光子的能量只给一个电子，因此，如果要使一个电子从物质表面逸出，光子具有的能量必须大于该物质表面的逸出功 A_0，这时逸出表面的电子就具有动能 E_k，即

$$E_k = \frac{1}{2}mv_0^2 = h\nu - A_0 \tag{7-2}$$

式中，m 为电子质量；v_0 为电子逸出时的初速度；ν 为光波频率。

由上式可见，光电子逸出时所具有的初始动能 E_k 与光的频率有关，频率高则动能大。

由于不同材料具有不同的逸出功，因此对不同的材料而言便有不同的频率限，当入射光的频率低于频率限时，不论光强多大，也不能激发出光电子；反之，当入射光的频率高于此极限频率时，即使光线微弱也会有光电子发射出来，这个频率限称为“红限频率”。

基于外光电效应的光电器件属于光电发射型器件，有光电管、光电倍增管等。光电管又分为真空光电管和充气光电管。

2. 内光电效应

受光照物体（通常为半导体材料）的电导率发生变化或产生电动势的效应称为内光电效应。

内光电效应按其工作原理分为两种：光电导效应和光生伏特效应。

（1）光电导效应：半导体材料受到光照时会产生电子–空穴对，使其导电性能增强，光强越强，阻值越低，这种光照后电阻率发生变化的现象，称为光电导效应。基于这种效应的光电器件有光敏电阻（光电导型）和反向工作的光敏二极管、光敏三极管（光电导结型）。

（2）光生伏特效应：半导体材料 PN 结受到光照后产生一定方向电动势的效应称为光生伏特效应，因此光生伏特型光电器件是自发电式的，属于有源器件。以可见光作为光源的光电池是常用的光生伏特型器件，硒和硅是光电池常用的材料，也可以使用锗。基于该效应的器件有光电池和光敏二极管、光敏三极管等。光生伏特效应原理如图 7-1 所示。

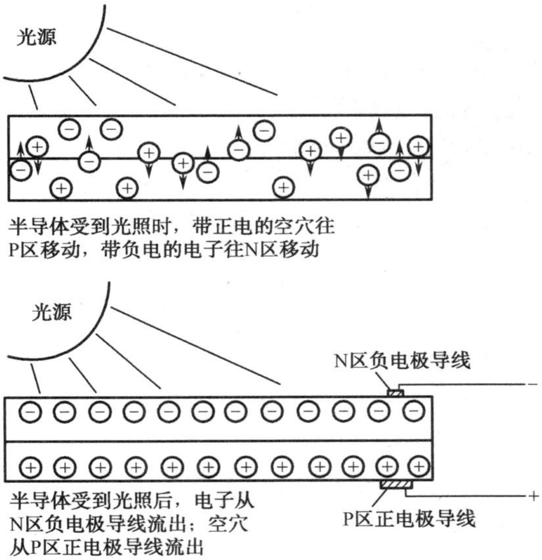

图 7-1　光生伏特效应原理

7.1.2　光电效应式传感器的工程应用

光电器件是构成光电效应式传感器最主要的部件。光电效应式传感器的工作原理如图 7-2 所示。首先将被测量的变化转换成光信号的变化，然后通过光电转换器件变换成电信号。图中 x_1 表示被测量能直接引起光量变化的检测方式；x_2 表示被测量在光传播过程中调制光量的检测方式。

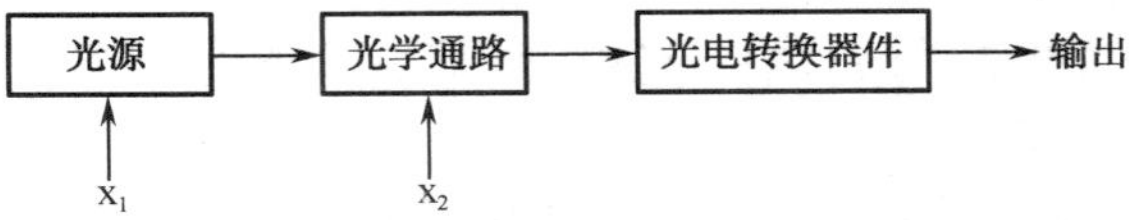

图 7-2　光电效应式传感器的工作原理

1. 光电管及光电倍增管

1）光电管

（1）结构与工作原理。光电管是基于外光电效应的器件，有真空光电管和充气光电管两类。

光电管的阴极通常是用逸出功小的光敏材料涂覆在玻璃泡内壁上制成的，其感光面对准光的照射孔，如图 7-3 所示。当光线照射到光敏材料上时，便有电子逸出，这些电子被具有正电位的阳极所吸引，在光电管内形成空间电子流，在外电路就产生电流。

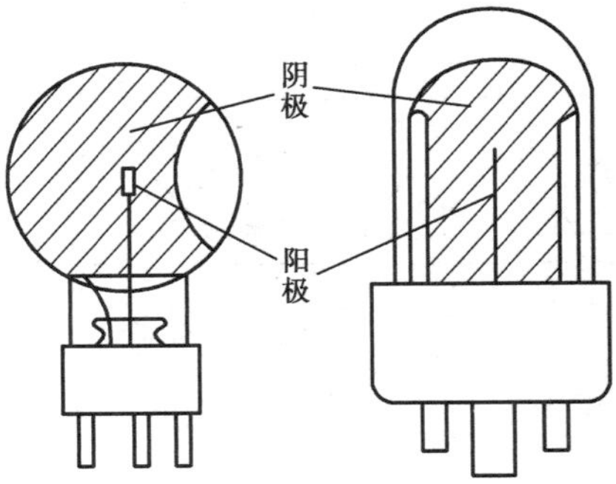

图 7-3　光电管的结构

（2）主要性能。

① 光电管的伏安特性。在一定的光照射下，对光电器件的阴极所加的电压与阳极所产生的电流之间的关系称为光电管的伏安特性。

真空光电管和充气光电管的伏安特性分别如图 7-4（a）、图 7-4（b）所示。它是应用光电传感器的主要依据。

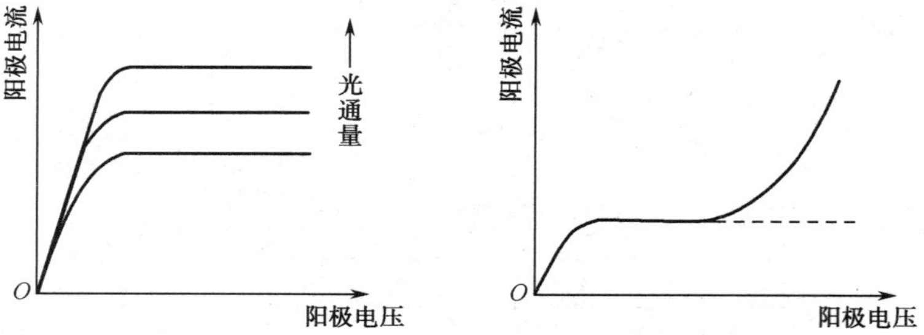

（a）真空光电管　　（b）充气光电管

图 7-4　光电管的伏安特性

② 光电管的光照特性。当光电管的阳极和阴极之间所加的电压一定时，光通量和光电流之间的关系为光电管的光照特性。光电管阴极材料不同，其光照特性也不同。

光照特性曲线的斜率（光电流与入射光通量之比）称为光电管的灵敏度。

③ 光电管的光谱特性。一般对于阴极材料不同的光电管，它们有不同的红限频率，因此它们可用于不同的光谱范围。

即使照射在阴极上的入射光的频率高于红限频率，且强度相同，随着入射光频率的不同，阴极发射的光电子的数量也不同，即同一光电管对于不同频率的光的灵敏度不同，这就是光电管的光谱特性。

所以，对各种不同波长区域的光，应选用不同的材料制作光电管的阴极。

2）光电倍增管

（1）结构与原理。光电倍增管也是基于外光电效应的器件，其外形和工作原理如图 7-5 所示。

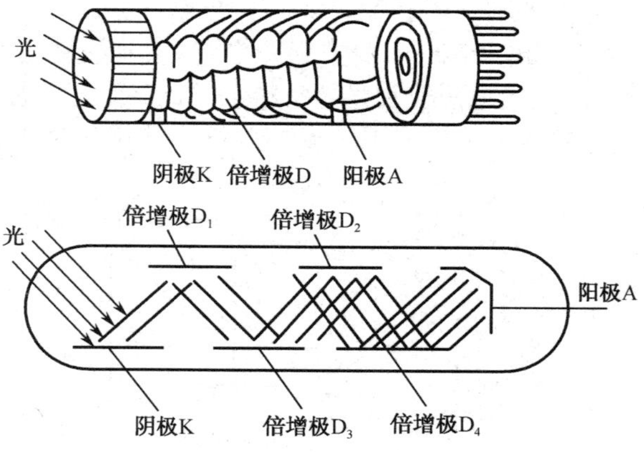

图 7-5　光电倍增管的外形和工作原理

（2）主要参数。

① 倍增系数 M。光电倍增管的倍增系数 M 等于各倍增电极的二次电子发射系数 δ_i 的乘

积。如果 n 个倍增电极的二次电子发射系数 δ_i 都一样，则 $M=\delta_i^n$，此时，阳极电流 I 为

$$I=i\delta_i^n \tag{7-3}$$

式中，i 表示阴极的光电流。光电倍增管的电流放大倍数 β 为

$$\beta=\frac{I}{i}=\delta_i^n \tag{7-4}$$

M 与所加的电压有关，一般为 10^5～10^8。若电压有波动，则倍增系数 M 也要波动，因此 M 具有一定的统计涨落。一般阳极和阴极之间的电压为 1000～2500V，两个相邻的倍增电极的电位差为 50～100V。所加电压越稳越好，这样可以减小统计涨落，从而减小测量误差。

② 阴极灵敏度和总灵敏度。一个光子在阴极上能够打出的平均电子数叫作阴极灵敏度，而一个光子在阳极上产生的平均电子数叫作总灵敏度。

光电倍增管的特性曲线如图 7-6 所示。极间电压越高，灵敏度越高；但极间电压也不能太高，太高反而会使阳极电流不稳。另外，由于光电倍增管的灵敏度很高，所以不能受强光照射，否则其将会损坏。

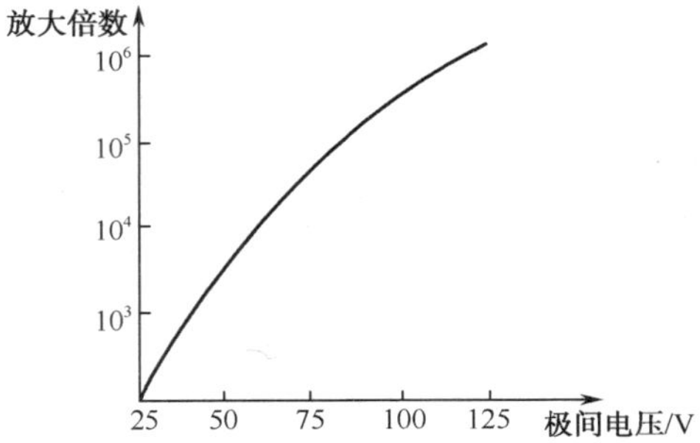

图 7-6　光电倍增管的特性曲线

（3）光谱特性。光电倍增管的光谱特性与相同材料光电管的光谱特性相似。

（4）暗电流及本底电流。一般在使用光电倍增管时，必须把光电倍增管放在暗室里避光使用，使其只对入射光起作用；但是由于环境温度、热辐射和其他因素的影响，即使没有光信号输入，加上电压后光电倍增管的阳极仍有电流，这时的电流称为暗电流。暗电流通常可以用补偿电路消除。

如果光电倍增管与闪烁体放在一起，在完全避光的情况下出现的电流称为本底电流，其值大于暗电流。增加的部分是由宇宙射线对闪烁体进行照射而使其激发，被激发的闪烁体照射在光电倍增管上而形成的。本底电流为脉冲形式，因此也称为本底脉冲。

2. 光敏电阻

光敏电阻是一种纯电阻器件，具有很高的光电灵敏度。光敏电阻由一两边带有金属电极的光电半导体制成，电极与半导体之间呈欧姆接触，使用时在两电极上加直流或交流工作电压。光敏电阻的工作原理基于内光电效应。光敏电阻的暗电阻与亮电阻之比一般为 100∶1～10000∶1，这取决于光敏电阻的材料。光敏电阻对于不同波长的入射光其灵敏度是不同的。因此，在选用光敏电阻时，应当把元件的光谱特性与光源的类型结合起来进行选择，这样才能获得良好的使用效果。

1）光敏电阻的结构与工作原理

光敏电阻又称为光导管，是内光电效应器件，它几乎都是用半导体材料制成的光电器

件。光敏电阻没有极性，是一个纯粹的电阻器件，使用时既可加直流电压，也可以加交流电压。无光照时，光敏电阻的阻值（暗电阻）很大，电路中的电流（暗电流）很小。光敏电阻如图7-7所示。一般希望暗电阻越大越好，亮电阻越小越好，此时光敏电阻的灵敏度高。实际光敏电阻的暗电阻一般在兆欧级，亮电阻在几千欧以下。

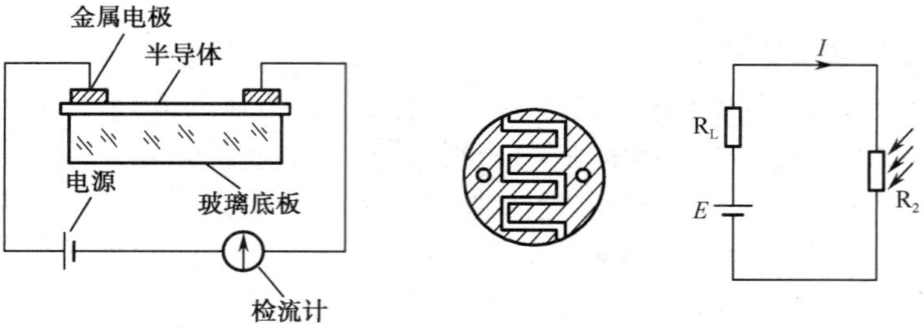

（a）光敏电阻结构　（b）光敏电阻电极　（c）光敏电阻接线图

图7-7　光敏电阻

典型的光敏电阻有硫化镉、硫化铅（PbS）、锑化铟（InSb）及碲化镉汞（$Hg_{1-x}Cd_xTe$）等系列。

2）光敏电阻的主要参数

（1）暗电阻。光敏电阻在不受光照时的阻值称为暗电阻，此时流过的电流称为暗电流。

（2）亮电阻。光敏电阻在受光照射时的阻值称为亮电阻，此时流过的电流称为亮电流。

（3）光电流。亮电流与暗电流之差称为光电流。

3）光敏电阻的基本特性

（1）伏安特性。在一定的光照度下，流过光敏电阻的电流与光敏电阻两端的电压的关系称为光敏电阻的伏安特性。图7-8所示为硫化镉光敏电阻的伏安特性曲线。由图7-8可见，光敏电阻在一定的电压范围内，其 I-U 曲线为直线，说明其阻值与入射光量有关，而与电压、电流无关。

（2）光谱特性。光敏电阻的相对灵敏度与入射波长的关系称为光谱特性，也称为光谱响应。图7-9所示为几种不同材料光敏电阻的光谱特性曲线。对应于不同波长，光敏电阻的灵敏度是不同的。

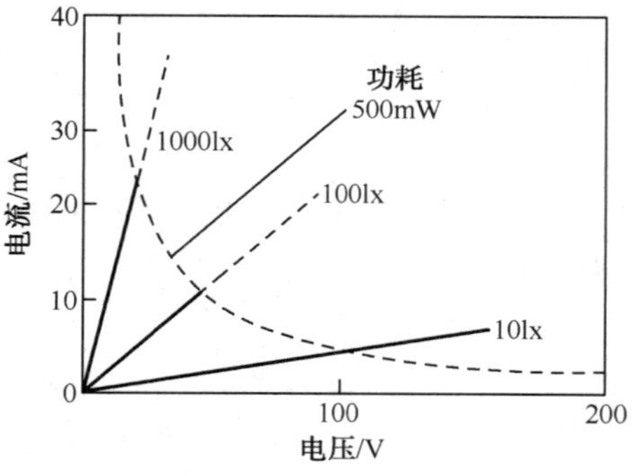

图7-8　硫化镉光敏电阻的伏安特性曲线

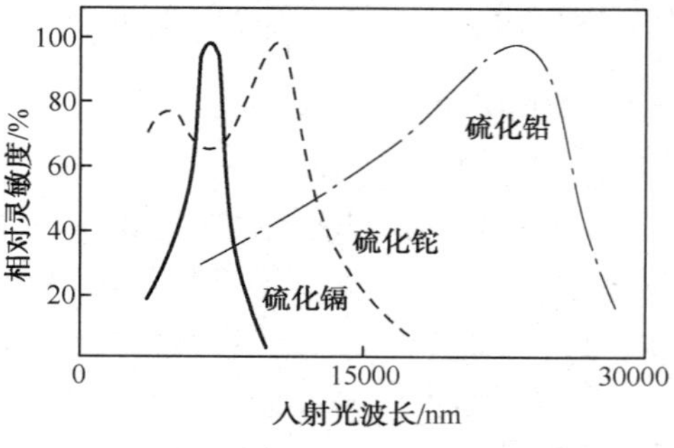

图7-9　几种不同材料光敏电阻的光谱特性曲线

（3）光照特性。光敏电阻的光照特性是光敏电阻的光电流与光强之间的关系，如图7-10所示。由于光敏电阻的光照特性呈非线性关系，因此不宜作为测量元件，一般在自动控制系统中常用作开关式光电信号传感元件。

（4）温度特性。光敏电阻受温度的影响较大。当温度升高时，它的暗电阻和灵敏度都下降。温度变化影响光敏电阻的光谱响应，尤其是响应于红外区的硫化铅光敏电阻受温度影响更大。图 7-11 所示为硫化铅光敏电阻的光谱温度特性曲线。

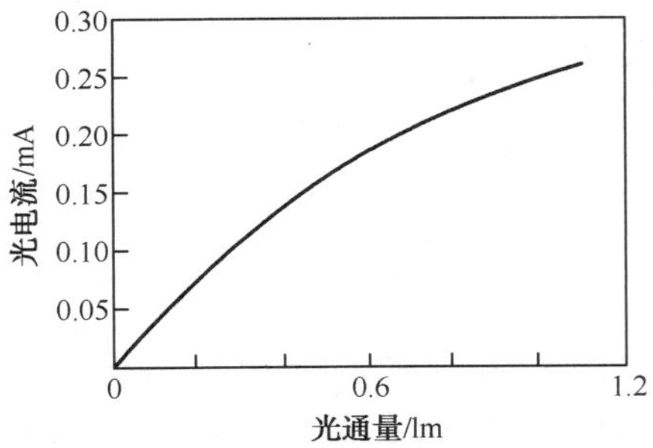

图 7-10　光敏电阻的光照特性曲线

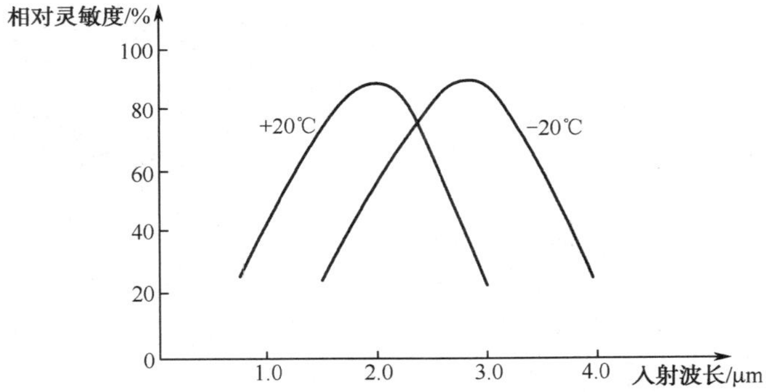

图 7-11　硫化铅光敏电阻的光谱温度特性曲线

（5）光敏电阻的响应时间和频率特性。实验证明，光电流的变化对于光的变化，在时间上有一个滞后，通常用时间常数 t 来描述，这叫作光电导的弛豫现象。所谓时间常数就是光敏电阻自停止光照起到电流下降到原来的 63%所需的时间，因此，t 越小，响应越快，但大多数光敏电阻的时间常数都较大，这是它的缺点之一。图 7-12 所示为光敏电阻的频率特性曲线。

4）光敏电阻基本应用电路

在如图 7-13 所示的电路中，利用光敏电阻将光线的强弱转化为电阻值的变化，以达到光控制电路的目的。

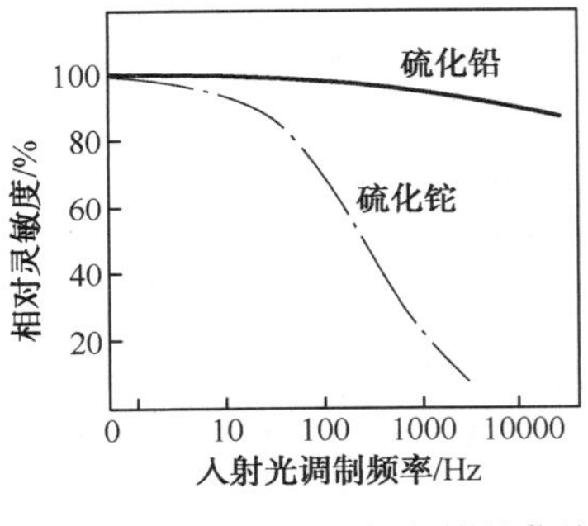

图 7-12　光敏电阻的频率特性曲线

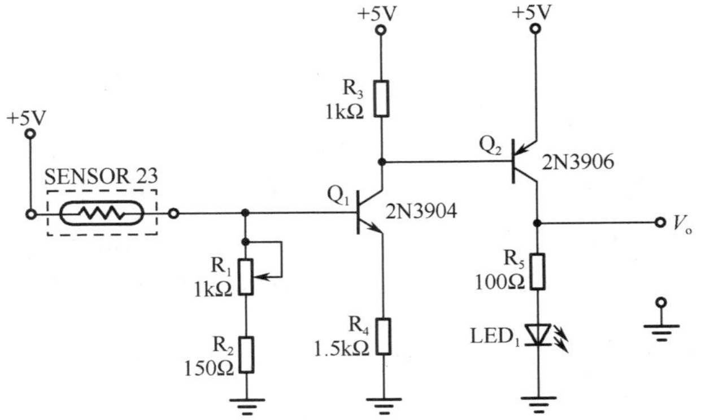

图 7-13　硫化镉光敏电阻的实验电路

3．光电池

光电池是基于光生伏特效应制成的，是一种可直接将光能转换为电能的光电元件。制造光电池的材料很多，主要有硅、锗、硒、硫化镉、砷化镓和氧化亚铜等，其中硅光电池的应用最为广泛，其光电转换效率高、性能稳定、光谱范围宽、频率特性好、耐高温辐射等。

硅光电池是在一块 N 型硅片上，先用扩散的方法掺入一些 P 型杂质，形成一个大面积的 PN 结，再在硅片的上下两面制作两个电极，最后在受光照的表面上蒸发一层抗反射膜，构成一个电池单体。如图 7-14 所示，光敏面采用栅状电极以减少光生载流子的复合，从而提高转换效率，减小表面接触电阻。

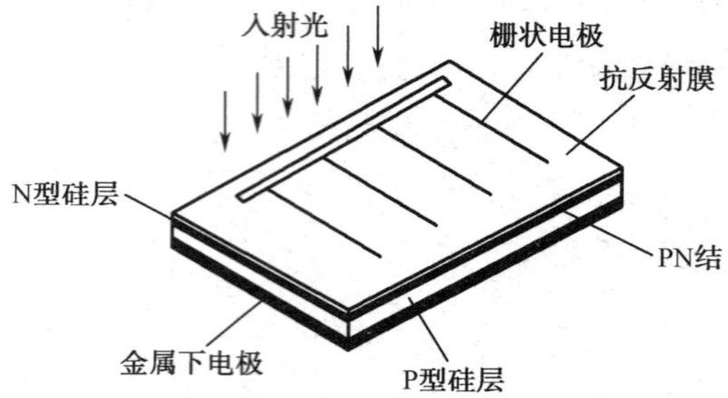

图 7-14　硅光电池结构

当光照射到电池上时，一部分光被反射，另一部分光被光电池吸收。被吸收的光能一部分变成热能，另一部分以光子的形式与半导体中的电子相碰撞，在 PN 结处产生电子–空穴对，在 PN 结内电场的作用下，空穴移向 P 区，电子移向 N 区，从而使 P 区带正电，N 区带负电，于是 P 区和 N 区之间产生光电流或光生电动势。受光面积越大，接收的光能越多，输出的光电流越大。

光电池的基本特性如下。

1）光照特性

光照特性是指光电池的开路电压 U_{OC} 和短路电流 I_{SC} 与光照度之间的关系。图 7-15 所示为硅光电池的光照特性曲线。由图 7-15 可见，短路电流与光照度呈线性关系；而开路电压与光照度之间呈非线性关系，当光照度大于 2000lx 时趋于饱和。因此，当光电池作为测量元件使用时，应注意使其工作在接近短路状态为宜，即负载电阻的阻值应尽量小。因此，使用时应把光电池作为电流源来使用，并且根据具体应用情况选择合适的负载电阻，充分利用其线性关系。

2）光谱特性

光电池的光谱特性取决于光电池的材料，图 7-16 所示为光电池的光谱特性曲线。硒光电池响应波段为 300～700nm，峰值出现在 500nm 左右；硅光电池响应波段为 400～1200nm，峰值出现在 800nm 左右。硒光电池在可见光范围内有较高的灵敏度，常用作光照度传感器测定光的强度。

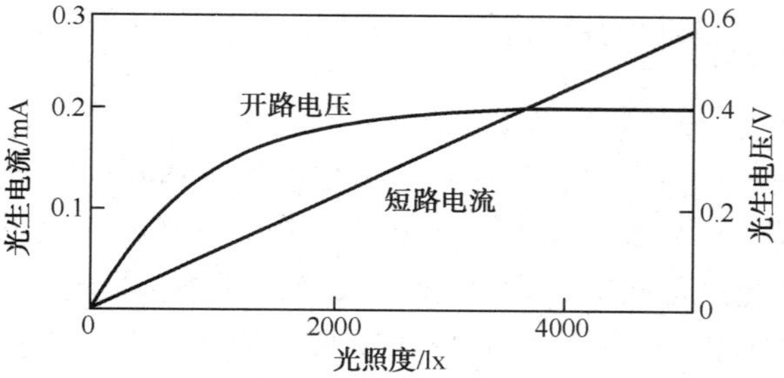

图 7-15　硅光电池的光照特性曲线

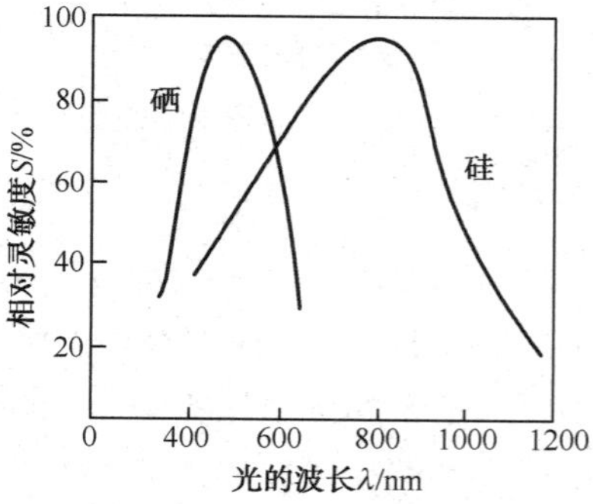

图 7-16　光电池的光谱特性曲线

在实际使用中，应根据光源的性质来选择光电池，也可以根据现有光电池来选择光源。另外应注意，和光敏电阻一样，光电池的光谱峰值也会随着温度的变化而变化。

3）频率特性

在实际应用中，如将光电池作为测量元件、计数元件及接收元件时，常采用调制光输入。光电池的频率特性就是指调制光的频率与光电流的关系。频率特性与光电池的材料、结构、尺寸和使用条件有关。光电池的 PN 结面积大，极间电容大，因此频率特性差。图 7-17 所示为硅光电池和硒光电池的频率特性曲线，可见，硅光电池有较好的频率特性。

4）温度特性

光电池的温度特性是指光电池的开路电压 U_{OC} 和短路电流 I_{SC} 随温度变化的关系，如图 7-18 所示。光电池的温度特性关系到应用光电池的仪器设备的温度漂移，是影响测量精度的主要性能指标之一，因此在将光电池作为测量元件时，最好能保证温度恒定，或采取温度补偿措施。

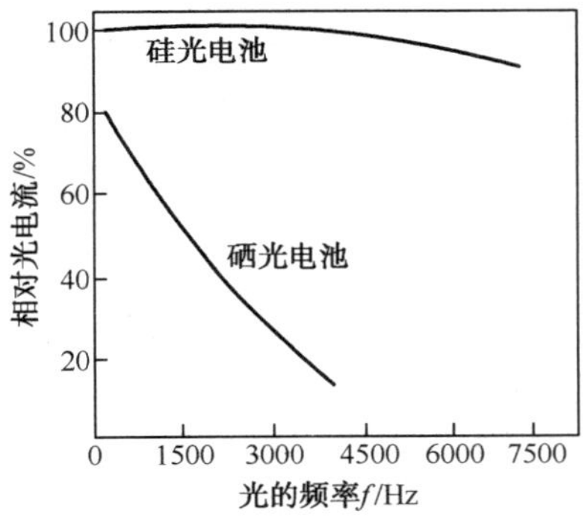

图 7-17 硅光电池和硒光电池的频率特性曲线

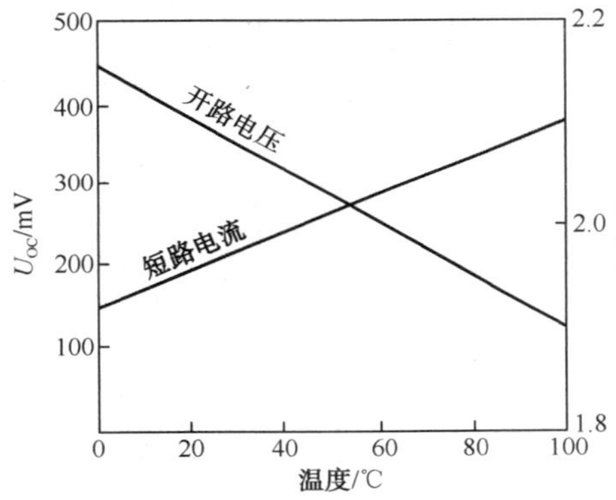

图 7-18 光电池的温度特性曲线

4. 光电二极管和光电三极管

光电二极管和光电三极管通常统称为光敏晶体管，工作原理同样是基于内光电效应，但是半导体的 PN 结参与了光电转换过程。大多数半导体二极管和三极管都是对光敏感的，当二极管和三极管的 PN 结受到光照射时，通过 PN 结的电流将增大，因此，常规的二极管和三极管都用金属罐或其他壳体密封起来，避免光照。而光敏晶体管（包括光电二极管和光电三极管）则必须使 PN 结能接收最大的光照度。光电池与光电二极管、光电三极管都有 PN 结，它们的主要区别在于：后者的 PN 结处于反向偏置，无光照时反向电阻很大、反向电流很小，相当于截止状态；当有光照时将产生光生的电子-空穴对，在 PN 结电场作用下电子向 N 区移动，空穴向 P 区移动，形成光电流。

光电二极管的结构与一般二极管相似，在电路中一般处于反向偏置状态。在没有光照射时，反向电阻很大，反向电流很小，该反向电流称为暗电流。当光照射到 PN 结上时，光子打在 PN 结附近，使 PN 结附近产生光生电子-光生空穴对，它们在 PN 结处的内电场作用下做定向运动，形成光电流。光照度越大，光电流越大。光电二极管在不受光照射时处于截止状态，受光照射时处于导通状态，如图 7-19 所示。

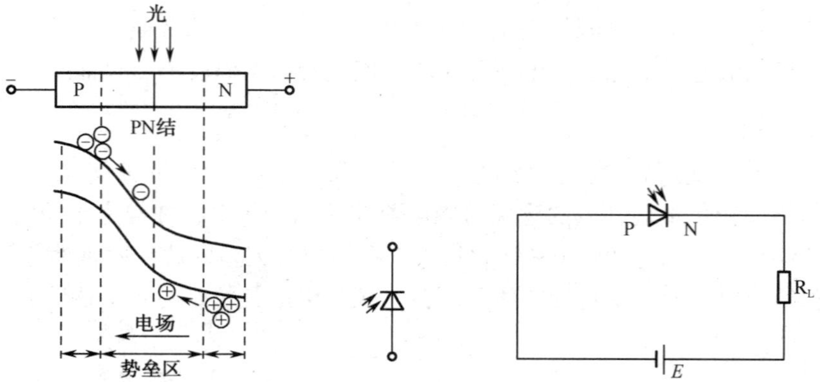

（a）结构原理　（b）符号　（c）基本电路

图 7-19　光电二极管

光敏三极管与一般晶体管很相似，具有两个 PN 结，只是它的发射极一边做得很大，以扩大光的照射面积。

大多数光敏三极管的基极无引出线，当集电极加上相对于发射极为正的电压而不接基极时，集电结就是反向偏置。当光照射到集电结上时，就会在结的附近产生电子-空穴对，光生电子被拉到集电极，基区留下空穴，使基极与发射极间的电压升高，这样便会有大量的电子流向集电极，形成输出电流，且集电极电流为光电流的 β 倍，所以光敏三极管有放大作用，如图 7-20 所示。

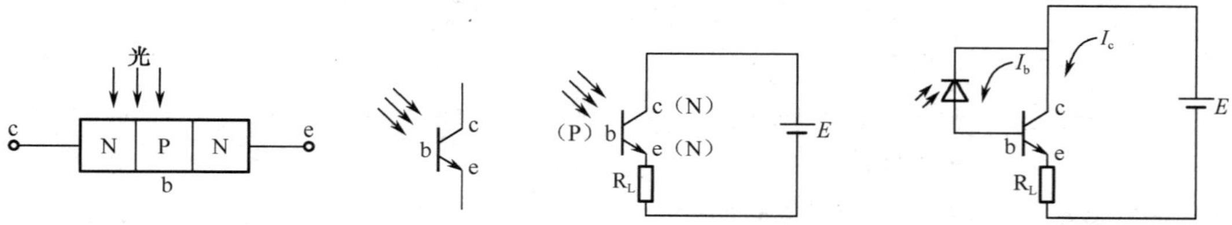

（a）结构　（b）符号　（c）基本电路　（d）工作原理示意图

图 7-20　光敏三极管

光敏三极管在恒定电压作用和恒光通量照射下，光电流与入射光的关系称为光敏三极管的光谱特性。光敏三极管的光谱特性在光敏三极管的设计应用中有着重要意义，应根据光谱特性选择光敏器件和光源。

光电二极管光照特性的线性度较好，适合做检测元件；光敏三极管在照度小时，光电流随照度增加而减小，且在大电流时有饱和现象，因此，光敏三极管不适用于弱光和强光的检测。

5. 光电耦合器

光电耦合器是将发光元件和光敏元件合并使用，以光为媒介实现信号传递的光电器件。为了保证灵敏度，要求发光元件与光敏元件在光谱上得到最佳匹配。光电耦合器将发光元件和光敏元件集成在一起，封装在一个外壳内。光电耦合器的输入电路和输出电路在电气上完全隔离，仅仅通过光的耦合才把二者联系在一起，如图 7-21 所示。工作时，把电信号加到输入端，使发光器件发光，光敏元件则在此光照下输出光电流，从而实现电一光一电的两次转换。光电耦合器实际上能起到电量隔离的作用，具有抗干扰和单向信号传输功能。光电耦合器广泛应用于电量隔离、电平转换、噪声抑制、无触点开关等领域。

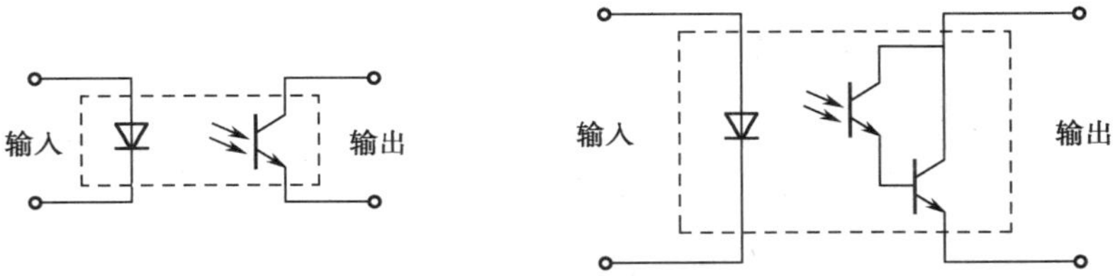

图 7-21　光电耦合器

6. 光电式数字转速表

图 7-22 所示为光电式数字转速表的原理图。在被测转速的电动机轴上固定一个调制盘，将光源发出的恒定光调制成随时间变化的调制光。光线每照射到光电器件上一次，光电器件就产生一个电信号脉冲，经放大器整形后被计数。

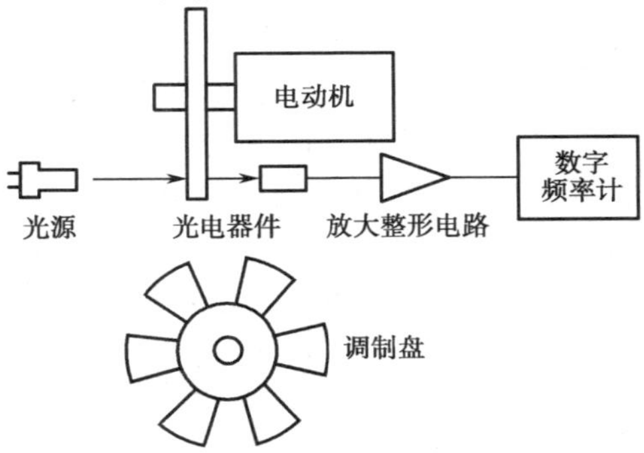

图 7-22　光电式数字转速表的原理图

如果调制盘上开 Z 个缺口，测量电路计数时间为 T（s），被测转速为 N（r/min），则此时得到的计数值 C 为

$$C=\frac{ZTN}{60} \tag{7-5}$$

为了使读数 C 能直接读转速 N，一般取 $ZT=60\times10^{n}$（$n=0,1,2\cdots$）。

7.2　光纤传感器

光纤传感技术是 20 世纪 70 年代中期伴随着光通信技术的发展而逐步形成的一门新技术，当时光纤技术主要应用于通信领域。随着光纤制造技术的进步和光通信的快速发展，光纤传感器作为光纤技术的一个分支开始兴起。最初，光纤传感器主要用于军事和航空领域，进行温度、压力、应变等物理量的测量。随着光纤布拉格光栅（FBG）等关键技术的突破，光纤传感器的应用领域开始扩展到结构健康监测、环境监测、医疗诊断等。20 世纪 90 年代，随着光纤传感网络和智能算法的发展，光纤传感器的集成度和智能化水平不断提高。如今，随着微纳加工技术、光谱技术及光纤放大技术的进步，光纤传感器的灵敏度、测量范围和稳定性得到显著提升，其应用领域进一步拓展到深海探测、生物医学成像、智能交通系统等新兴领域。如今，光纤传感器凭借其独特的优势，如频带宽、动态范围大、灵敏度高、固有的安全性好、抗电磁干扰、耐高温、耐腐蚀、电绝缘性好、能与数字通信系统兼容、集传感与传输于一体、易实现远距离测量等，已成为传感器领域的一个重要发展方向，持续推动着相关技术的发展和创新。

光纤中所传输的光信号（光波）的特征量（如光强、相位、频率、偏振态等）将随外界环境因素（温度、压力、电场、磁场等）的变化而变化。光纤传感器已用于位移、振动、转动、压力、速度、加速度、电流、磁场、电压、温度等70多个物理量的测量，在生产过程自动控制、在线检测、故障诊断、安全报警等方面有广泛的应用。

7.2.1 光纤传感器的原理

1. 光纤的结构

光纤是一种多层介质结构的同心圆柱体，包括纤芯、包层和保护层（护套及涂覆层）。核心部分是纤芯和包层，纤芯粗细、纤芯材料和包层材料的折射率对光纤的特性起决定性作用。纤芯是光波主要的传输通道，纤芯材料的主体是二氧化硅（SiO_2），并掺入微量的二氧化锗（GeO_2）、五氧化二磷（P_2O_5），以提高材料的光折射率。纤芯直径为5～75μm。包层可以是一层、两层或多层结构，总直径为100～200μm，包层材料主要也是二氧化硅，掺入了微量的氧化硼（B_2O_3）或四氟化硅（SiF_4）以降低包层对光的折射率。包层的折射率略小于纤芯，这样的构造可以保证入射到光纤内的光波集中在纤芯内传输。涂覆层保护光纤不受水汽的侵蚀和机械擦伤，同时增加了光纤的柔韧性，起着延长光纤寿命的作用。

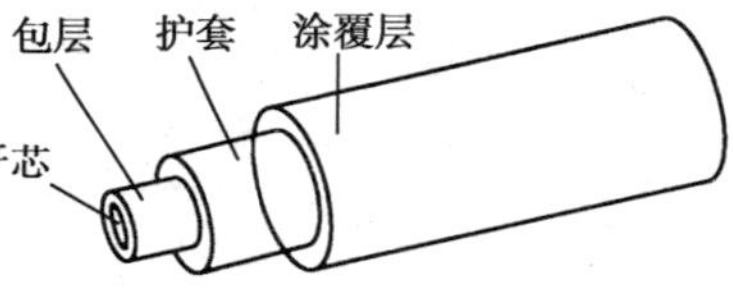

图7-23　光纤的结构

1）光纤的传光原理

光纤是光导纤维的简称，形状一般为圆柱形，材料以高纯度的石英玻璃为主，掺少量杂质锗、硼、磷等元素。光纤的结构如图7-23所示。

纤芯的折射率比包层的折射率稍大，当满足一定条件时，光就被“一定的条件束缚”在光纤中传播。它由折射率n_1较大（光密介质）的纤芯及折射率n_2较小（光疏介质）的包层构成双层同心圆柱结构。

光的全反射现象是研究光纤传光原理的基础，如图7-24（a）所示。根据几何光学原理，当光线以较小的入射角θ_1由光密介质（介质1）射向光疏介质（介质2）（$n_1>n_2$）时，则一部分入射光将以折射角θ_2折射入介质2，其余部分仍以θ_1反射回介质1，如图7-24（b）所示。根据折射定律（斯涅尔定律），光折射和反射之间的关系为

$$n_1 \sin\theta_1 = n_2 \sin\theta_2 \tag{7-6}$$

当光线的入射角θ_1增大到某一角度θ_c时，透射入光疏介质的折射光则沿界面传播，即$\theta_2 = 90°$，称此时的入射角θ_c为临界角。那么，由折射定律得

$$\sin\theta_c = \frac{n_2}{n_1} \tag{7-7}$$

当入射角$\theta_1 > \theta_c$时，光线不会透过其界面，而是全部反射到光密介质内部，也就是说光被全反射。根据这个原理，只要是使光线射入光纤端面的光与光轴的夹角θ_0小于一定值，则入射到光纤纤芯和包层界面的角θ_1就满足大于临界角θ_c的条件，光线就射不出光纤的纤芯。光线在纤芯和包层的界面上不断产生全反射从而向前传播，光就能从光纤的一端以光速传播到另一端，这就是光纤传光的基本原理。

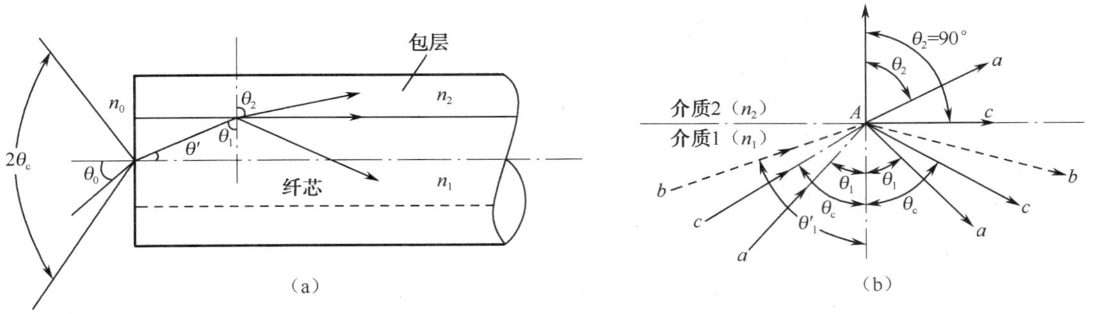

图 7-24　光纤的传光原理

2）光纤的主要参数

由图 7-24（a）和折射定律可导出光线由折射率为 n_0 的外界介质（空气的折射率 n_0=1）射入纤芯时实现全反射的临界角（始端最大入射角）为

$$\sin\theta_c = \frac{1}{n_0}\sqrt{n_1^2 - n_2^2} = \mathrm{NA} \tag{7-8}$$

式中，NA 定义为“数值孔径”。它是衡量光纤集光性能的主要参数，它表示无论光源发射功率多大，只有 $2\theta_c$ 张角内的光才能被光纤接收、传播（全反射）；NA 越大，光纤的集光能力越强。光纤产品通常不给出折射率，而只给出 NA。石英光纤的 NA=0.2～0.4（$2\theta_c$ 为 11.5°～23.5°）。

光纤的另一个主要参数是光纤模式。光波在光纤中的传播途径和方式称为光纤模式。对于不同入射角的光线，在界面反射的次数是不同的，传递的光波间的干涉也是不同的，这就是光纤模式不同。一般总希望光纤信号的模式数要少，以减小信号畸变的可能。单模光纤直径较小（2～12μm），只有一种传输模式。其优点是信号畸变小、信息容量大、线性度好、灵敏度高；缺点是纤芯较小，制造、连接、耦合较困难。多模光纤直径较大（50～100μm），传输模式不止一种，其缺点是性能较差。优点是纤芯面积较大，制造、连接、耦合容易。

2. 光纤传感器

光纤传感器的工作原理：由于外界因素（温度、压力、电场、磁场、振动等）对光纤的作用，会引起光波特征参量（振幅、相位、频率、偏振态等）发生变化，只要能测出这些参量随外界因素的变化关系，就可以用光纤传感器来检测对应物理量的变化。

1）光纤传感器的组成

光纤传感器除了光纤，还必须有光源和光探测器，另外还有一些光无源器件。

光源：一般要求光源的体积尽量小，以便于它与光纤耦合；光源发出的光波长应合适，以便减少光在光纤中传输的损失；光源要有足够亮度，以便提高传感器的输出信号。另外，还要求光源稳定性好、噪声小、安装方便和寿命长等。光纤传感器使用的光源种类很多，按照光的相干性可分为相干光和非相干光。非相干光源有白炽灯、发光二极管；相干光源包括各种激光器，如氦氖激光器、半导体激光二极管等。

光探测器：光探测器的作用是把传送到接收端的光信号转换成电信号，以便做进一步的处理。它和光源的作用相反，常用的光探测器有光电二极管、光电三极管、光电倍增管等。光探测器性能的好坏既影响被测量变换的准确度，又关系到光探测接收系统的质量（线性度、灵敏度、带宽等）。

光无源器件是一种不必借助外部的任何光或电的能量，由自身就能够完成某种光学功能的光学元器件，光无源器件按其功能可分为光连接器件、光衰减器件、光功率分配器件、光波长分配器件、光隔离器件、光开关器件、光调制器件等。

2）光纤传感器的分类

按光纤在光纤传感器中功能的不同，光纤传感器可分为功能型光纤传感器和非功能型光纤传感器。

功能型（传感型）光纤传感器：利用光纤本身的特性将光纤作为敏感元件，根据被测量对光纤内传输的光波进行调制，使传输的光信号的强度、相位、频率或偏振等特性发生变化，再通过对被调制过的信号进行解调，从而得出被测量，如图7-25所示。

非功能型（传光型）光纤传感器：它是利用其他敏感元件感受被测量的变化，光敏元件与其他敏感元件组合而成的传感器。这类光纤传感器中光纤仅起导光作用，只“传”不“感”，对外界信息的“感觉”功能依靠其他物理性质的功能元件来完成，光纤在系统中是不连续的，如图7-26所示。此类光纤传感器无须特殊光纤及其他特殊技术，比较容易实现，成本低，但灵敏度也较低，适用于对灵敏度要求不太高的场合。

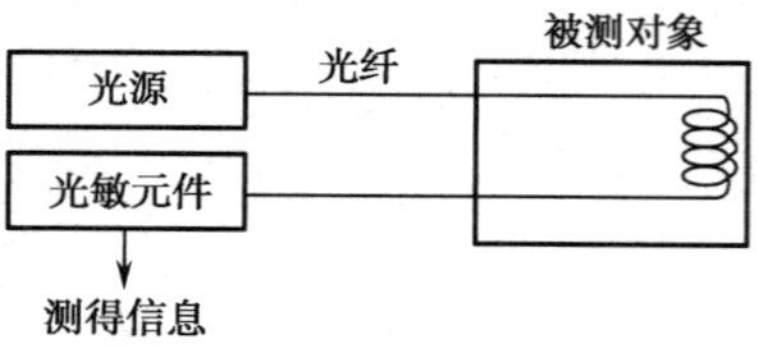

图7-25　功能型光纤传感器

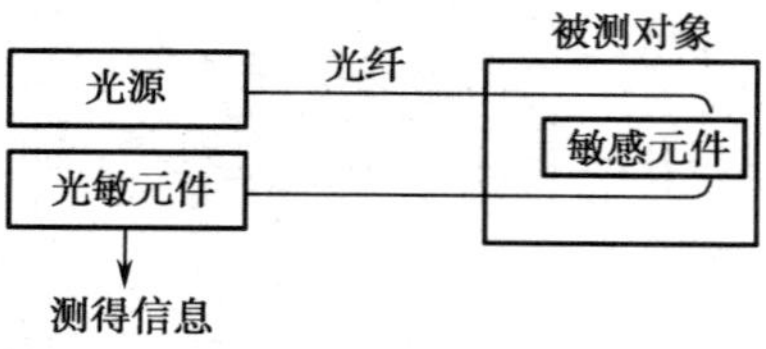

图7-26　非功能型光纤传感器

7.2.2　光纤传感器的工程应用

1. 光纤位移传感器

由光纤输出的光照射到反射面上发生反射，其中一部分反射光返回光纤，测出反射光的光强，就能确定反射面位移情况。光纤位移传感器可使用两根光纤，分别用于传输发射光及接收光；也可以用一根光纤同时承担这两种功能。为增加光通量可采用光纤束，此方法的测量范围在9mm以内，反射式光强调制测量位移原理如图7-27所示。

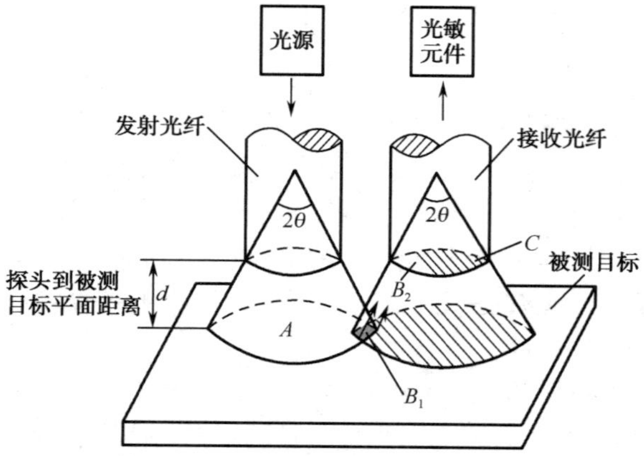

（a）测量原理

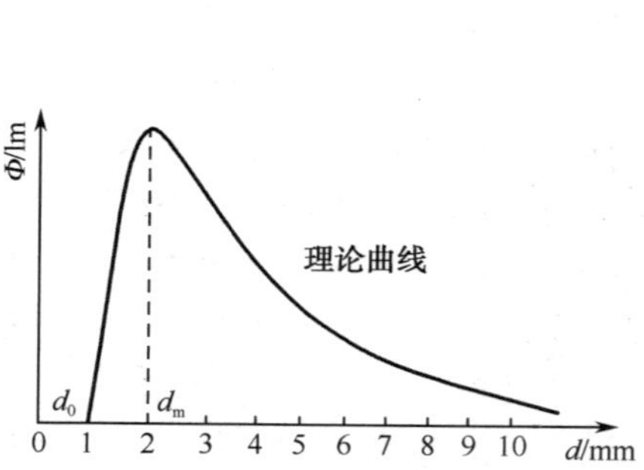

（b）位移输出曲线

图7-27　反射式光强调制测量位移原理

接收光通量 Φ 与位移 d 的关系为

$$\Phi=\begin{cases}0 & (d<d_0)\\ k(d-d_0)^{\frac{3}{2}} & (d_0\leqslant d\leqslant d_{\mathrm{m}})\\ \dfrac{P}{d} & (d>d_{\mathrm{m}})\end{cases} \tag{7-9}$$

式中，k、P 均为常数。

在位移输出曲线的前坡区，输出信号的强度增加得非常快，这一区域可以用来进行微米级的位移测量。在位移输出曲线后坡区，信号的减弱约与探头和被测表面之间距离的平方成反比，可用于距离较远而灵敏度、线性度和精度要求不高的位移测量。在光峰区，信号达到最大值，其大小取决于被测物体的表面状态。这个区域可用于对物体的表面状态进行光学测量。

2. 光纤液体浓度传感器

光纤液体浓度传感器的原理图如图 7-28 所示。

放入液体中的光纤部分为裸芯，此时液体起到了包层的作用，液体的折射率 n_2 就是包层折射率。由于折射率的改变致使光在纤芯中传播的模式发生变化，故有一部分入射光不再满足全反射的条件，就会在两种媒质的交界面处发生光的折射现象，致使一部分光能量损失掉。对于给定的光纤材料，出射光强 I 与入射光强 I_0 之间的关系为

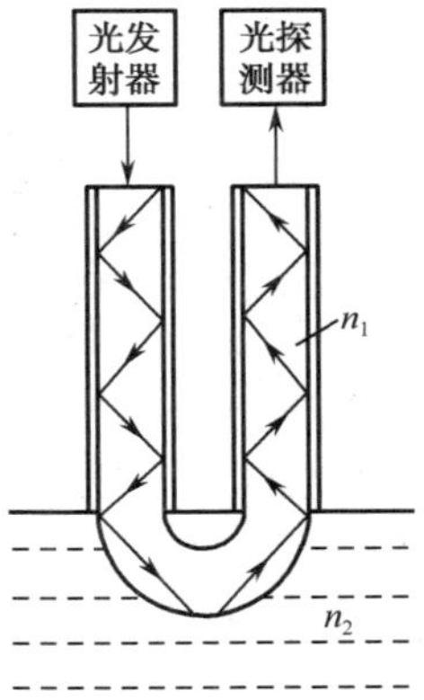

图 7-28　光纤液体浓度传感器的原理图

$$I=I_0\mathrm{e}^{-\alpha(r\lambda n_2)l} \tag{7-10}$$

式中，r 为光纤弯曲半径；λ 为入射光波长；α 为衰减系数，与光纤弯曲半径 r、入射光波长 λ 及液体的折射率 n_2 有关；l 为弯曲光纤的长度。

3. 光纤高温测量系统

图 7-29 所示为光纤高温测量系统测量钢水温度的原理图。

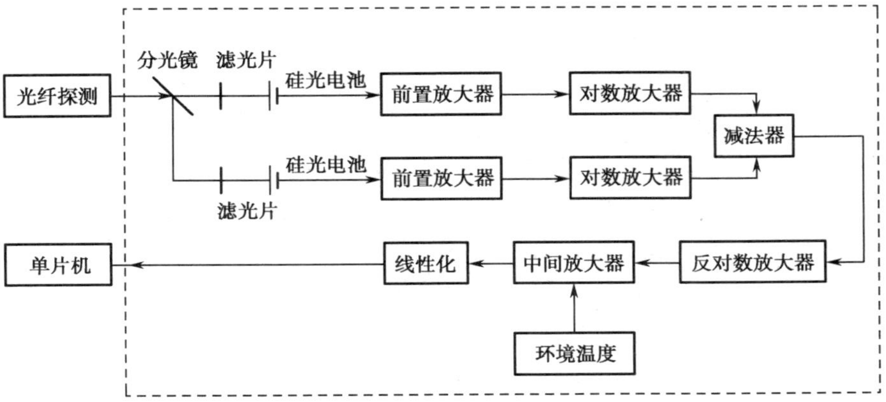

图 7-29　光纤高温测量系统测量钢水温度的原理图

测量时，测量光纤插入钢水内部约 40cm 深。可采用金属套层光纤，光纤插入钢水的瞬间，光纤被烧蚀，端面形成半圆形凹面，这时，在金属套层被烧蚀前，光纤最前端可近似视为黑体。在测量段光纤被烧蚀前，钢水内部温度通过对光纤端面的辐射由光纤传输到光电转换系统及单片机处理系统。

4．采用弹性元件的光纤压力传感器

图 7-30 所示为膜片反射式光纤压力传感器的示意图，它是利用 Y 形光纤束的光纤压力传感器。在 Y 形光纤束前端放置一片感压膜片，当感压膜片受压变形时，使光纤束与感压膜片间的距离发生变化，从而使输出光强受到调制。

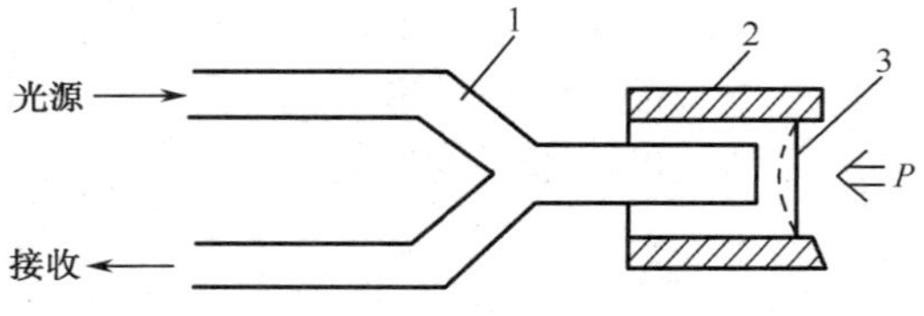

1—Y 形光纤束；2—壳体；3—感压膜片。

图 7-30 膜片反射式光纤压力传感器的示意图

膜片的安装采用周边固定的方式焊接到外壳上。对于周边固定的感压膜片，在小挠度的条件下，感压膜片的中心挠度 y 为

$$y = \frac{3(1-\mu^2)R^4}{16Et^3}P \tag{7-11}$$

式中，R 为感压膜片有效半径；t 为感压膜片厚度；E 为感压膜片材料的弹性模量；μ 为感压膜片的泊松比；P 为外加压力。

由此可见，在一定的范围内，感压膜片的中心挠度与所加的压力呈线性关系。若利用 Y 形光纤束位移特性的线性区，则传感器的输出光功率也与待测压力呈线性关系。

传感器的固有频率可表示为

$$f_r = \frac{2.56t}{\pi R^2}\frac{gE}{3\rho(1-\mu^2)}P \tag{7-12}$$

式中，ρ 为感压膜片材料的密度；g 为重力加速度。

这种光纤压力传感器的结构简单、体积小、使用方便，但如果光源不够稳定或长期使用，感压膜片的反射率会有所下降，其精度就会受到影响。

图 7-31（a）所示为差动膜片反射式光纤压力传感器的结构，其采用了特殊结构的光纤束。该光纤束的一端分成 3 束，其中一束为输入光纤，两束为输出光纤。3 束光线在另一端结合成一束，并且在端面呈同心环排列分布，如图 7-31（b）所示。其中最里面一圈为输出光纤束，中间一圈为输入光纤束，外面一圈为输出光纤束。当压差为零时，膜片不变形，反射回两束输出光纤的光强相等，即 $I_1=I_2$。当膜片受压变形后，使得处于里面一圈的光纤束接收到的反射光强减小，而处于外面一圈的光纤束接收到的反射光强增大，形成差动输出。两束输出光强之比可表示为

$$\frac{I_2}{I_1} = \frac{1+AP}{1-AP} \tag{7-13}$$

式中，A 为与膜片尺寸、膜片材料及输入光纤束数值孔径等有关的常数；P 为待测量压力。上式表明，输出光强比 I_2/I_1 与膜片的反射率、光强等因素均无关，因此可有效地消除这些因素的影响。

将上式两边取对数，在满足$(AP)^2 \leqslant 1$ 的情况下，有

$$\ln\frac{I_2}{I_1}=\frac{P}{2A} \tag{7-14}$$

这表明待测压力与输出光强比的对数呈线性关系。若将 I_1、I_2 检出后分别经对数放大，再通过减法器即可得到线性的输出。采用不同的尺寸、不同材料的膜片，可获得不同的测量范围，如图 7-31（c）所示。

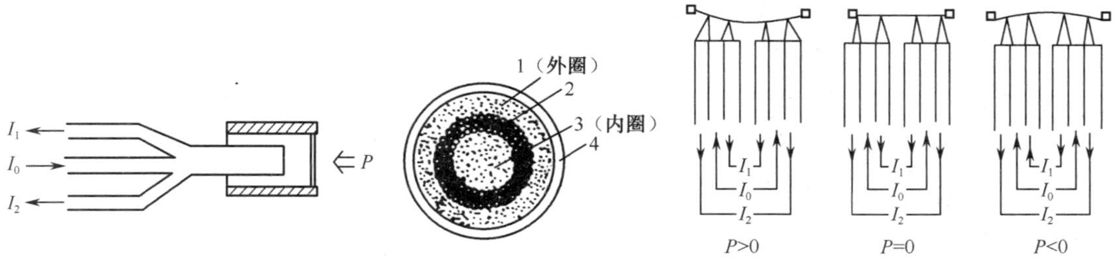

1、3—输出光纤；2—输入光纤；4—膜片。

（a）传感器结构　（b）探头截面结构　（c）测量原理

图 7-31　差动膜片反射式光纤压力传感器

5．光弹性式光纤压力传感器

晶体在受压后其折射率会发生变化，从而呈现双折射现象，这种效应称为光弹性效应。光弹性式光纤压力传感器的结构图如图 7-32 所示。源自发光二极管的入射光经过起偏器后成为直线偏振光。当有与入射光偏振方向成 45° 角的压力作用于晶体时，使晶体呈双折射从而使出射光成为椭圆形偏振光，由检偏器测出与入射光偏振方向相垂直方向上的光强，即可测出压力的变化。其中 1/4 波长板用于提供偏置，使系统获得最大灵敏度。

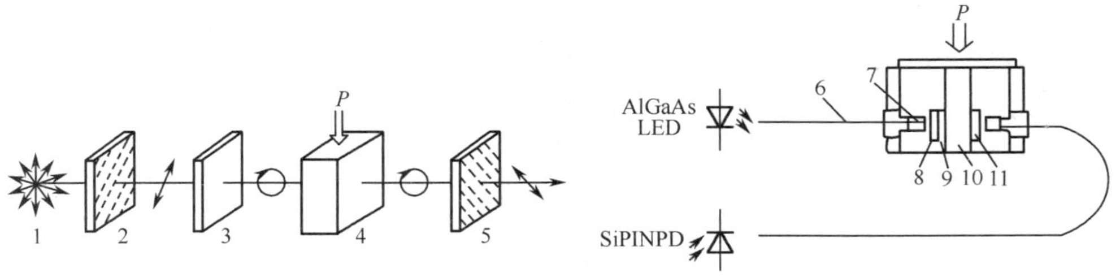

（a）检测原理　（b）传感器结构

1—光源；2、8—起偏器；3、9—1/4 波长板；4、10—光弹性元件；5、11—检偏器；6—光纤；7—自聚焦透镜。

图 7-32　光弹性式光纤压力传感器的结构图

为了提高传感器的精度和稳定性，图 7-33 所示给出了另一种检测方法的原理图。输出光用偏振分光镜分别检测出两个相互垂直方向的偏振分量，并将这两个分量经“差/和”电路处理，即可得到与光源强度及光纤损耗无关的输出。

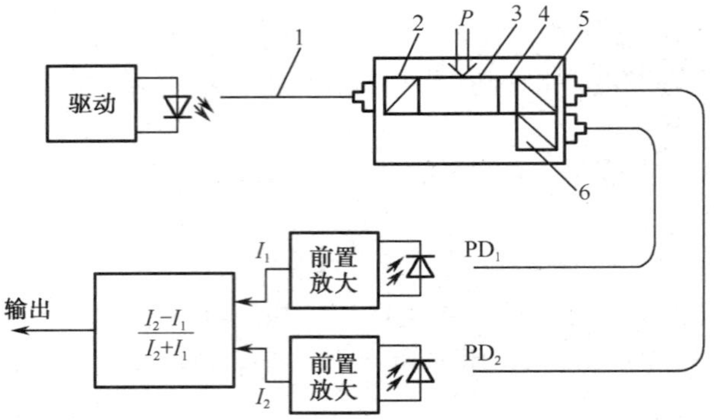

1—光纤；2—起偏器；3—光弹性元件；4—1/4波长板；5—偏振分光镜；6—反射镜。

图7-33 光弹性式光纤压力传感器的另一种结构

这种结构的传感器在光弹性元件上加上质量块后，也可用于测量振动、加速度等物理量。

7.3 光电式编码器

编码器是将机械转动的位移（模拟信号）转换成数字信号的传感器。编码器在角位移测量方面应用广泛，具有高精度、高分辨率、高可靠性等特点。光电式编码器从结构上可分为码盘式光电编码器和脉冲盘式光电编码器。

1. 码盘式光电编码器

码盘式光电编码器（绝对编码器）主要由安装在旋转轴上的编码圆盘（码盘）、窄缝及安装在圆盘两边的光源和光敏元件组等组成。码盘由光学玻璃制成，其上刻有许多同心码道，每个码道上都有按一定规律排列的透光部分和不透光部分，即亮区和暗区。当光源将光投射到码盘上时，转动码盘，通过亮区的光线经窄缝由光敏元件组接收。光敏元件组的排列与码道一一对应，对应于亮区和暗区的光敏元件输出的信号分别为“1”和“0”。当码盘旋至不同位置时，光敏元件组的输出信号是按一定规律编码的数字信号，代表了码盘轴的角位移的大小。如图7-34所示，黑色不透光区和白色透光区分别代表二进制信号“0”和“1”。在一个四位光电码盘上，有四圈数字码道，每个码道表示二进制信号中的一位，里侧是高位，外侧是低位，在360°范围内可编码的个数为$2^4=16$。

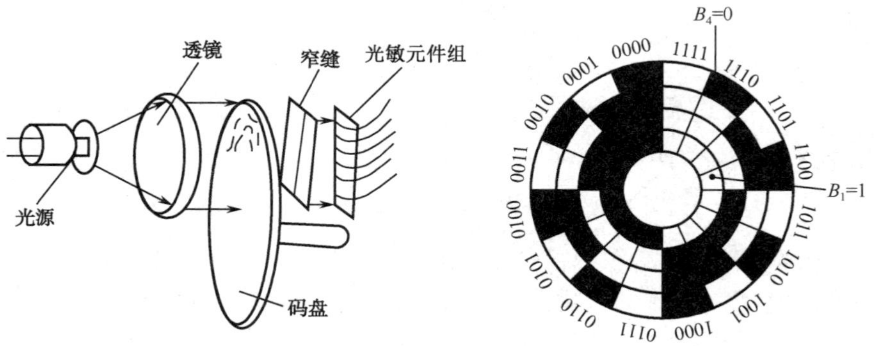

图7-34 码盘式光电编码器

编码器码盘按其所用码制可分为二进制码盘、十进制码盘、循环码盘等。对于 6 位二进制码盘，码盘最内圈一半透光，一半不透光，最外圈一共分成 $2^6=64$ 个黑白间隔。每一个角度方位对应于不同的编码。例如，零位对应于 000000（全黑）；第 23 个方位对应于 010111。测量时根据码盘的起始和终止位置可以确定角位移，而与转动的中间过程无关，故又称为绝对码盘。一个 n 位二进制码盘的最小分辨率，即能分辨的最小角度 $\alpha=360°/2^n$，如一个 6 位二进制码盘，其最小分辨的角度 $\alpha\approx5.6°$。

2．脉冲盘式光电编码器

脉冲盘式光电编码器（增量编码器）的输出是一系列脉冲，需要一个计数系统对脉冲进行加减（正向或反向旋转）累计计数，一般还需要一个基准数据，即零位基准，才能完成角位移测量，其原理图如图 7-35 所示。

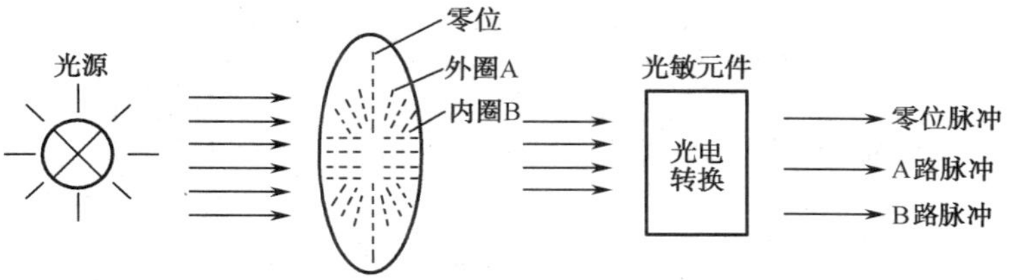

（a）

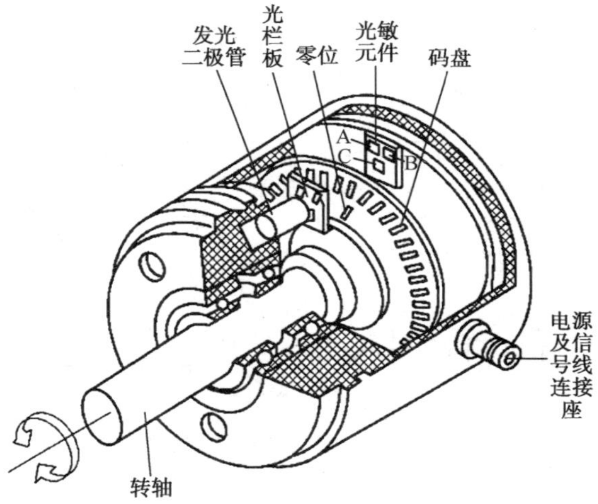

（b）

图 7-35　脉冲盘式光电编码器的原理图

脉冲盘式编码器在码盘上开有内、外两圈相等角矩的缝隙，内、外圈的相邻两缝隙之间的距离错开半条缝宽。在内、外圈之外的某一径向位置，也开有一个缝隙，表示码盘的零位，码盘每转一圈，零位对应的光敏元件就产生一个脉冲，这个脉冲称为“零位脉冲”。光栏板上有两个狭缝，其距离是码盘上两个相邻狭缝距离的 1/4，并设置了两组对应的光敏元件，对应图中的 A、B 两路脉冲（1/4 间距差保证了两路脉冲的相位差为 90°，便于辨向），C 路脉冲代表零位脉冲。

当码盘随被测工作轴转动时，每转过一个缝隙就发生一次光线明暗的变化，通过光敏元件就产生一次电信号的变化，所以每圈码道上的缝隙数将等于其光敏元件每一转输出的脉冲数。利用计数器记录脉冲数，就能知道码盘转过的角度。

脉冲盘式光电编码器的辨向原理如图7-36所示。光敏元件1和光敏元件2的输出信号经放大整形后，产生矩形脉冲 P_1 和 P_2，它们分别接到D触发器的D端和C端，D触发器在脉冲C（P_2）的上升沿触发。两个矩形脉冲相差1/4个周期（或相位相差90°）。当编码器正转时，设光敏元件1比光敏元件2先感光，即脉冲 P_1 超前脉冲 P_2 90°，D触发器的输出Q=1，使可逆计数器的加减控制线为高电位，计数器将做加法计数。同时脉冲 P_1 和 P_2 又经与门Y输出脉冲P，经延时电路送到可逆计数器的计数输入端，计数器进行加法计数。当编码器反转时，脉冲 P_2 超前脉冲 P_1 90°，D触发器输出Q=0，计数器进行减法计数。设置延时电路的目的是等计数器的加减信号抵达后，再送入计数脉冲，以保证不丢失计数脉冲。可见，不论编码器是正转还是反转，计数器每次反映的都是相对于上次角度的增量，故又称为增量式编码器。

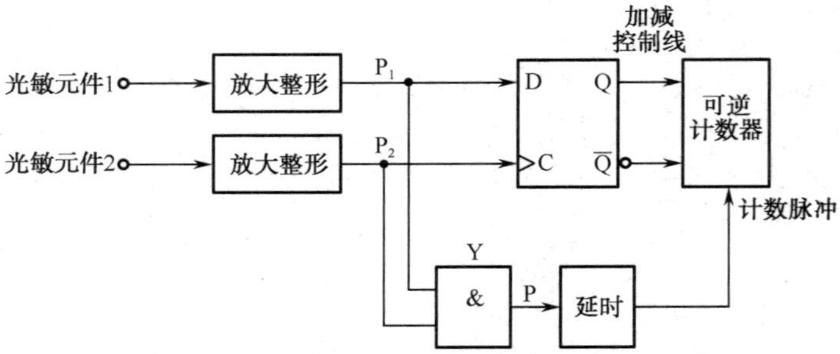

（a）辨向原理框图

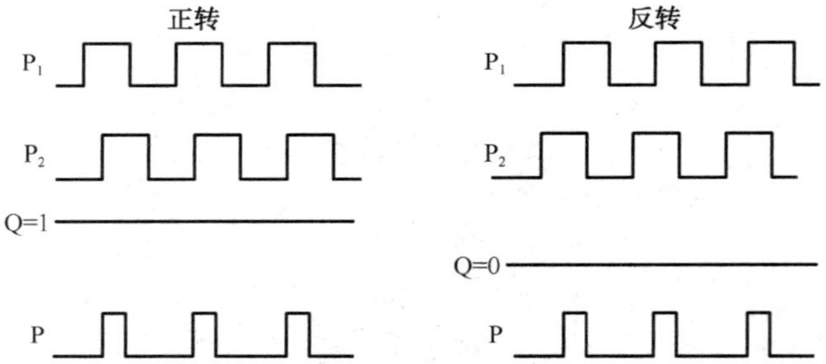

（b）波形图

图7-36 脉冲盘式光电编码器的辨向原理

习题

7-1 什么是外光电效应、光电导效应和光生伏特效应？

7-2 光电效应通常分为哪几类？请简要叙述，与之对应的光电器件有哪些？

7-3 半导体内光电效应与入射光频率的关系是什么？

7-4 试比较光电池、光敏晶体管、光敏电阻及光电倍增管在使用性能上的差别。

7-5 怎样根据光敏元件的光照特性和光谱特性来选择光敏元件？试举例说明。

7-6 简述光电式传感器的主要形式及其应用。

7-7 简述电荷耦合器件的结构及存储电荷与转移电荷的工作过程。

7-8 在用光开关检测物体的系统中，画出输出电压的时间波形。

7-9　在用光开关检测物体的系统中，由受光器的受光次数可计算通过输送带上物体的个数，那么，用输送带搬运两种高度的物体时，画出能分别计算两种高度的物体个数的系统组成图。

7-10　用光电二极管二维阵列组成面型传感器进行图像检测，图像的分辨率由光电二极管的个数决定，试说明理由。

7-11　简述模拟信号光电式传感器的要求及工作方式。

7-12　光电器件的基本特性有哪些？它们分别是如何定义的？

第 8 章

热电式传感器

本章知识点：

- 热电偶传感器的原理及工程应用
- 热电阻传感器的原理及工程应用
- 热敏电阻传感器的原理及工程应用
- 集成温度传感器的原理及工程应用

基本要求：

- 掌握热电偶传感器的原理与工程应用
- 掌握热电阻传感器的原理及工程应用
- 掌握热敏电阻传感器的原理及工程应用
- 理解集成温度传感器的原理及工程应用

能力培养目标：

通过本章的内容，对热电式传感器进行系统学习，掌握热电偶传感器、热电阻传感器、热敏电阻传感器的基本原理及工程应用，通过实际应用案例，培养学生知识的综合应用能力及系统认知、设计与开发能力。

热电式传感器是将温度变化转换为电量变化的装置。它利用某些材料或元件的性能随温度变化的特性进行测量，将温度变化转换为电阻值、热电动势、热膨胀或磁导率等的变化，再通过适当的测量电路达到检测温度的目的。常用的热电式传感器有热电偶传感器、热电阻传感器、热敏电阻传感器和集成温度传感器等。

8.1 热电偶传感器

热电偶传感器的发展历程可以追溯到 1821 年，当时德国物理学家托马斯·约翰·塞贝克发现了塞贝克效应，即两种不同的金属或半导体材料构成的闭合回路中，当两个接点处于不同温度时，就会产生电压。这一发现奠定了热电偶传感器的基础。随后，在 19 世纪中叶，热电偶技术开始被用于温度测量，最初使用的是铜-铅合金热电偶和铁-铂合金热电偶。20 世纪初，随着工业革命的推进和精密加工技术的发展，热电偶传感器的制造工艺得到改进，性能更加稳定可靠。到了 20 世纪中叶，国际标准化组织（ISO）和国际电工委员会（IEC）等标准化机构开始制定热电偶的标准，统一了热电偶的类型、分度表和制造规范。此后，随着电子技术和计算机技术的发展，热电偶传感器的信号处理技术也在不断进步，出现了冷端补偿、线性化处理等先进技术。进入 21 世纪，随着纳米技术和新材料的研究与发展，热电偶传感器向着微型化、智能化和多功能化的方向发展，应用领域也从传统的工业过程控制扩展到生物医学、环境监测和航空航天等新兴领域。如今，热电偶传感器因其结构简单，成本低廉，使用、维护方便，准确度高，热惯性小，稳定性及复现性好，温度测量范围宽，适于信号的远传、自动记录和集中控制等优点，在温度测量领域仍占有重要地位。

8.1.1　热电偶传感器的原理

1. 热电偶测温原理

两种不同材料的导体（或半导体）组成一个闭合回路，如图 8-1 所示，当两接点温度 T 和 T_0 不同时，则在该回路中就会产生电动势，这种现象称为热电效应，该电动势称为热电势。这两种不同材料的导体或半导体的组合称为热电偶，导体 A、B 称为热电极。两个接点，一个称为热端，又称为测量端或工作端，测温时将热端置于被测介质；另一个称为冷端，又称为参考端或自由端，测温时通过导线与显示仪表相连。

图 8-2 所示为最简单的热电偶温度传感器测温系统示意图，它是由热电偶、连接导线及显示仪表构成的一个测温回路。

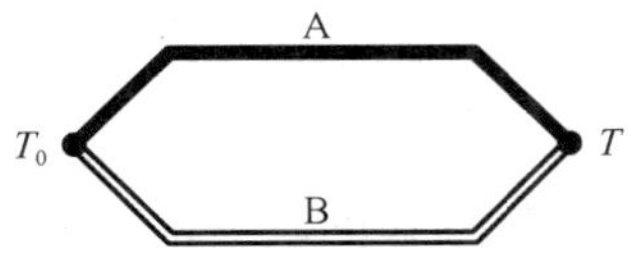

图 8-1　热电偶回路

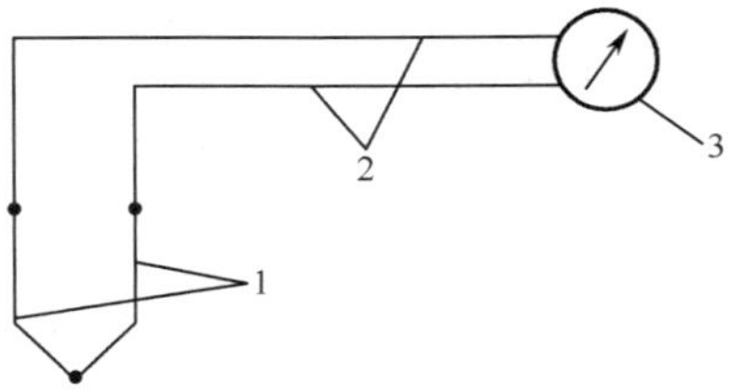

1—热电偶；2—连接导线；3—显示仪表。

图 8-2　最简单的热电偶温度传感器测温系统示意图

在图 8-1 所示的回路中，所产生的热电势由两部分组成：接触电势和温差热电势。

接触电势是由于两种不同导体的自由电子密度不同而在接触处形成的电动势。两种导体接触时，自由电子由密度大的导体向密度小的导体扩散，在接触处失去电子一侧带正电，得到电子一侧带负电，当扩散达到动态平衡时，在接触面的两侧就形成稳定的接触电势。接触电势的大小取决于两种不同导体的性质和接点的温度。两接点的接触电势 $E_{AB}(T)$ 和 $E_{AB}(T_0)$ 可表示为

$$E_{AB}(T)=\frac{KT}{e}\ln\frac{N_{AT}}{N_{BT}} \tag{8-1}$$

$$E_{AB}(T_0)=\frac{KT_0}{e}\ln\frac{N_{AT_0}}{N_{BT_0}} \tag{8-2}$$

式中，K 为玻耳兹曼常数；e 为单位电荷电量；N_{AT}、N_{BT}、N_{AT_0}、N_{BT_0} 分别为温度在 T 和 T_0 时，A、B 两种材料的电子密度。

温差热电势是同一导体的两端因温度不同而产生的一种电动势。同一导体的两端温度不同时，高温端的电子能量要比低温端的电子能量大，因此从高温端跑到低温端的电子数比

从低温端跑到高温端的要多，因此高温端因失去电子而带正电，低温端因获得多余的电子而带负电，因此，在导体两端便形成温差热电势。两导体的温差热电势 $E_{A}(T,T_0)$ 和 $E_{B}(T,T_0)$ 分别为

$$E_{A}(T,T_0)=\frac{K}{e}\int_{T_0}^{T}\frac{1}{N_{AT}}\frac{d(N_{AT}T)}{dT}dt \tag{8-3}$$

$$E_{B}(T,T_0)=\frac{K}{e}\int_{T_0}^{T}\frac{1}{N_{BT}}\frac{d(N_{BT}T)}{dT}dt \tag{8-4}$$

式中，N_{AT} 和 N_{BT} 分别为导体 A 和导体 B 的电子密度，是温度的函数。

在图 8-1 所示的热电偶回路中，总热电势为

$$E_{AB}(T,T_0)=[E_{AB}(T)-E_{AB}(T_0)]+[E_{A}(T,T_0)-E_{B}(T,T_0)] \tag{8-5}$$

由于总热电势中，温差热电势比接触电势小得多，可忽略不计，因此热电偶的热电势可表示为

$$E_{AB}(T,T_0)=E_{AB}(T)-E_{AB}(T_0) \tag{8-6}$$

对于已选定的热电偶，当参考温度 T_0 恒定时，$E_{AB}(T_0)=c$，c 为常数，则总的热电势就只与温度 T 成单值函数关系，即

$$E_{AB}(T,T_0)=E_{AB}(T)-c=f(T) \tag{8-7}$$

式（8-7）在实际测量中是很有用的，即只要测出 $E_{AB}(T,T_0)$ 的大小，就能得到被测温度 T，这就是利用热电偶测温的原理。

2. 热电偶基本定律

利用热电偶测温，还要掌握热电偶的基本定律。下面介绍几个常用的热电偶定律。

1）均质导体定律

由两种均质导体组成的热电偶，其热电势的大小只与两导体的材料及两接点的温度有关，与热电偶的尺寸、形状及沿电极各处的温度分布无关。如果导体的材质不均匀，当导体上存在温度梯度时，将会有附加电动势产生。均质导体定律说明，热电偶必须由两种不同性质的均质材料构成。

2）中间导体定律

利用热电偶进行测温，必须在回路中引入连接导线和仪表，接入导线和仪表后会不会影响回路中的热电势呢？中间导体定律说明，在热电偶测温回路内，接入第三种导体时，只要第三种导体的两端温度相同，则对回路的总热电势没有影响。

一个由几种不同的导体材料连接成的闭合回路，只要它们彼此连接的接点温度相同，则此回路各接点产生的热电势的代数和为零。

图 8-3 所示为具有三种导体的热电偶回路。

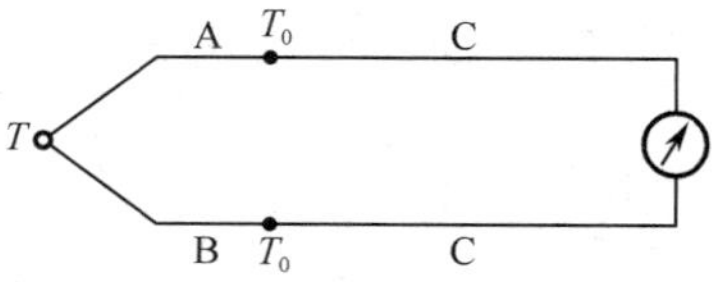

图 8-3　具有三种导体的热电偶回路

在图 8-3 所示的回路中，由于温差热电势可忽略不计，则回路中的总热电势等于各接点

的接触电势之和，即

$$E_{ABC}(T,T_0)=E_{AB}(T)+E_{BC}(T_0)+E_{CA}(T_0) \tag{8-8}$$

当 $T=T_0$ 时，有

$$E_{BC}(T_0)+E_{CA}(T_0)=-E_{AB}(T_0) \tag{8-9}$$

整理得

$$E_{ABC}(T,T_0)=E_{AB}(T)-E_{AB}(T_0)=E_{AB}(T,T_0) \tag{8-10}$$

式（8-10）表明，接入第三种导体后，并不影响热电偶回路的总热电势。

同理，在热电偶回路中加入第四种、第五种导体后，只要加入的每一种导体两端温度相等，同样不影响回路中的总热电势。这样就可以用导线从热电偶冷端引出，并接至温度显示仪表或控制仪表，组成相应的温度测量回路或温度控制回路。

3）中间温度定律

如图 8-4 所示，热电偶在接点温度为 T、T_0 时的热电势等于该热电偶在接点温度为 T、T_n 和 T_n 、T_0 时相应的热电势的代数和，即

$$E_{AB}(T,T_0)=E_{AB}(T,T_n)+E_{AB}(T_n,T_0) \tag{8-11}$$

上式称为中间温度定律，T_n 称为中间温度，$E_{AB}(T,T_0)$ 为热电偶热端温度为 T、冷端温度为 T_0 时的热电势。

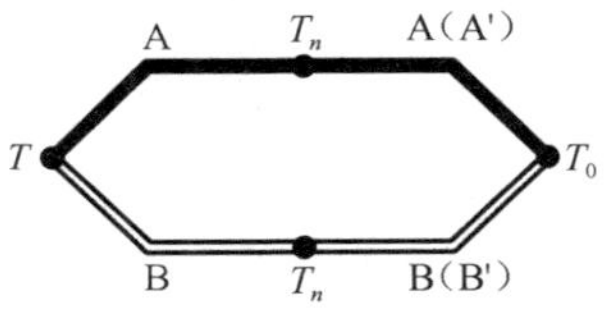

图 8-4　中间温度定律

若 T_0=0℃，则有

$$E_{AB}(T,0)=E_{AB}(T,T_n)+E_{AB}(T_n,0) \tag{8-12}$$

式中，$E_{AB}(T,0)$、$E_{AB}(T_n,0)$ 分别为该热电偶保持冷端为 0℃而热端分别为 T 和 T_n 时的热电势，可从热电偶分度表查出。

根据中间温度定律，在冷端温度为任一恒定温度时，利用热电偶分度表，可求出被测热端的温度。

3. 热电偶类型

理论上讲，任何两种不同材料的导体都可以组成热电偶，但为了准确可靠地测量温度，对组成热电偶的材料必须经过严格的选择。工程上用于热电偶的材料应满足以下条件。

（1）物理性能稳定，热电特性不随时间改变。

（2）化学性能稳定，以保证在不同介质中测量时不被腐蚀。

（3）热电势高，电导率高，且电阻温度系数小。

（4）便于制造。

（5）复现性好，便于批量生产。

实际上并非所有材料都能满足上述要求。目前在国际上被公认比较好的热电偶的材料只有几种。IEC 向世界各国推荐八种标准化热电偶。所谓的标准化热电偶，就是已列入工业标准化文件，具有统一的分度表。我国已采用 IEC 标准生产热电偶，并按标准分度表生产与之相

配的显示仪表。

目前工业上常用的有四种标准化热电偶，即铂铑 30–铂铑 6 热电偶、铂铑 10–铂热电偶、镍铬–镍硅热电偶和镍铬–铜镍（我国通常称为镍铬–康铜）热电偶。

另外，还有一些特殊用途的热电偶，以满足特殊测温需要，如用于测量 3800℃超高温的钨镍系列热电偶，用于测量–269℃超低温的镍铬–金铁热电偶。

4．热电偶的结构形式

为了适应不同生产对象的测温要求和条件，热电偶的结构形式有普通热电偶、铠装热电偶和薄膜热电偶等。图 8-5 所示为工业中常用的热电偶。

（1）普通热电偶。普通热电偶在工业中使用得最多，它一般由热电极、绝缘套管、保护管和接线盒组成，其结构如图 8-6 所示。普通热电偶安装时的连接形式有固定螺纹连接、固定法兰连接、活动法兰连接、无固定装置等多种形式。

图 8-5 工业中常用的热电偶

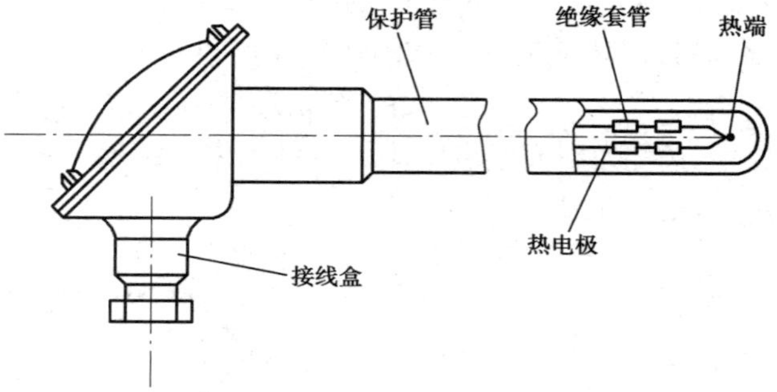

图 8-6 普通热电偶的结构

（2）铠装热电偶。铠装热电偶又称为套管热电偶，它是由热电极、绝缘材料和金属套管三者经拉伸加工而成的坚实组合体，如图 8-7 所示。它可以做得很细、很长，使用中随需要能任意弯曲。铠装热电偶的主要优点是测温端热容量小，动态响应快，机械强度高，挠性好，可安装在结构复杂的装置上，因此被广泛用于工业生产。

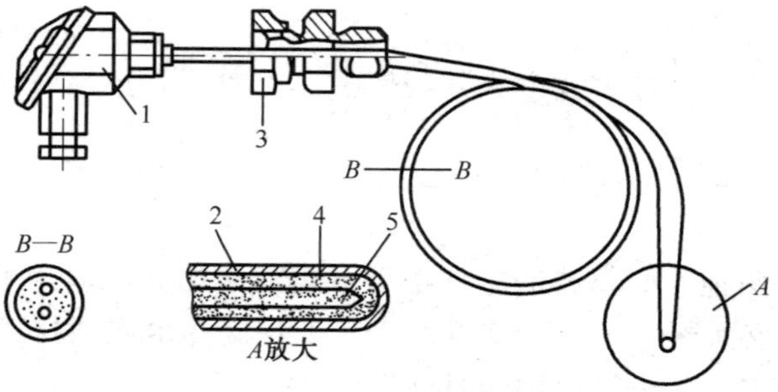

1—接线盒；2—金属套管；3—固定装置；4—绝缘材料；5—热电极。

图 8-7 铠装热电偶的结构

（3）薄膜热电偶。薄膜热电偶是由两种薄膜热电极材料用真空蒸镀、化学涂层等办法蒸镀到绝缘基板上而制成的一种特殊的热电偶，如图 8-8 所示。薄膜热电偶的热接点可以做得很小（可薄到 0.01～0.1μm），具有热容量小、反应速度快等特点，热响应时间可达到微秒级，适用于微小面积的表面温度测量及快速变化的动态温度测量。

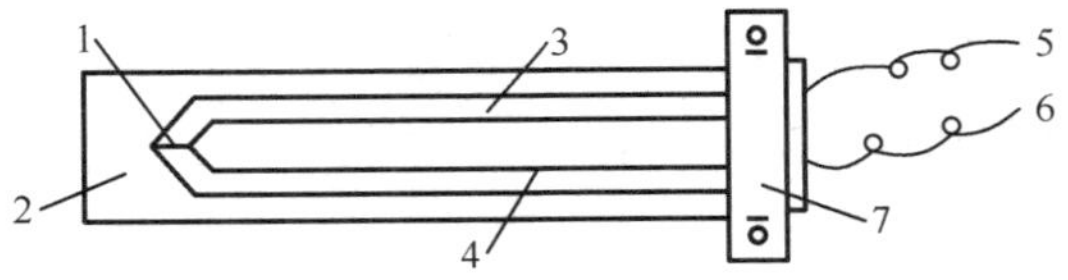

1—热端；2—绝缘基板；3、4—热电极；5、6—引出线；7—接头夹具。

图 8-8 薄膜热电偶的结构

（4）多点热电偶。在许多场合，有时需要同时测量几个或几十个点的温度，使用一般的热电偶则需要安装几只或几十只，此时若使用多点热电偶，则既方便又经济。常见的多点热电偶有棒状和树枝状两种，如图 8-9 所示。

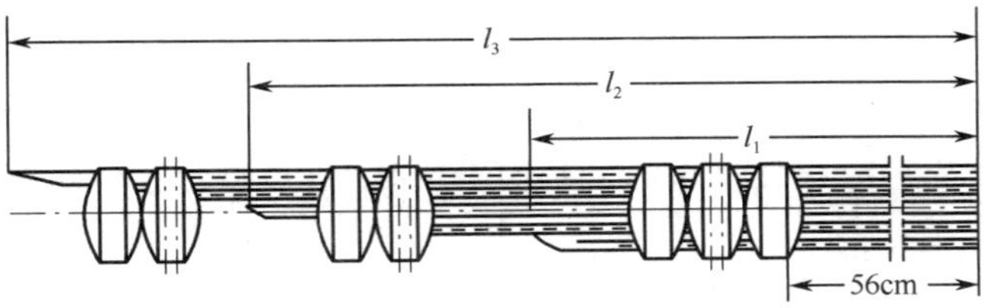

（a）棒状三点式热电偶

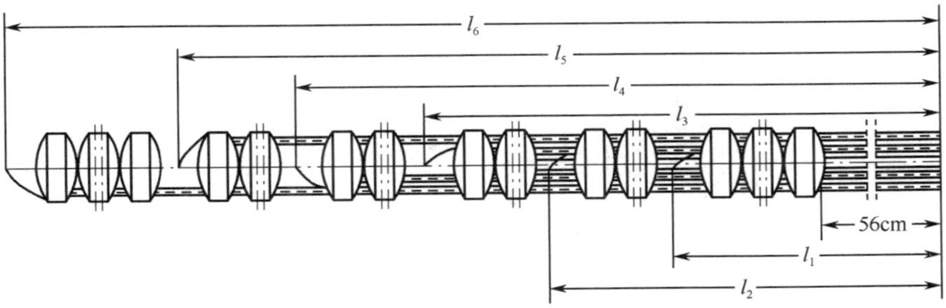

（b）树枝状六点式热电偶

图 8-9 多点热电偶的结构

5．热电偶的补偿导线及冷端温度的补偿方法

当热电偶的材料选定以后，热电势只与热端和冷端的温度有关。因此只有当冷端温度恒定时，热电偶的热电势和热端温度才有单值函数关系。此外，热电偶的分度表和显示仪表是以冷端温度为 0℃作为基准进行分度的，而在实际使用过程中，冷端温度通常不为 0℃，且往往是波动的，所以必须对冷端温度进行处理，消除冷端温度的影响。

通常冷端温度处理方法有以下几种。

（1）热电偶补偿导线。由于热电偶的长度有限，在实际测温时，热电偶的冷端一般离热源较近，冷端温度波动较大，因此需要把冷端延伸到温度变化较小的地方；另外，热电偶输出的电动势信号也需要传输到远离现场数十米远的控制室里的显示仪表或控制仪表。而热电偶通常做得较短，一般为 350～2000mm，需要用导线将热电偶的冷端延伸出来。工程中采用一种补偿导线，它通常由两种不同性质的导线制成，也有正极和负极，而且在 0～100℃温度范围内，要求补偿导线和所配热电偶具有相同的热电特性。

（2）冷端温度修正法。冷端温度修正法是对热电偶实际测得的热电势 $E_{AB}(T,T_0)$ 根据冷端温度进行修正，修正值为 $E_{AB}(T_0,0)$，其中，T 为热电偶的热端温度，T_0 为冷端温度。分度表所对应的热电势 $E_{AB}(T_0,0)$ 与热电偶的热电势 $E_{AB}(T,T_0)$ 之间的关系可根据中间温度定律求得

$$E_{AB}(T,0)=E_{AB}(T,T_0)+E_{AB}(T_0,0) \tag{8-13}$$

由热电偶分度表就可得到热电偶热端对应的温度。

（3）冷端0℃恒温法。在实验室及精密测量过程中，通常把冷端放入0℃恒温器或装满冰水混合物的容器中，以便冷端温度保持 0℃，这种方法又称冰浴法。这是一种理想的补偿方法，但工业中使用极为不便。

（4）冷端温度自动补偿法（补偿电桥法）。补偿电桥法是利用不平衡电桥产生的不平衡电压作为补偿信号，来自动补偿热电偶测量过程中因冷端温度不为 0℃或冷端温度变化而引起热电势的变化。补偿电桥如图8-10所示，它由三个电阻温度系数较小的锰铜丝绕制的电阻 R_1、R_2、R_3 及电阻温度系数较大的铜丝绕制的电阻 R_{Cu} 和稳压电源组成。补偿电桥与热电偶冷端处在同一环境温度中，当冷端温度变化引起的热电势 $E_{AB}(T,T_0)$ 变化时，由于 R_{Cu} 的阻值随冷端温度的变化而变化，适当选择桥臂电阻的阻值和桥路电流，就可以使电桥产生的不平衡电压 U_{ab} 补偿由于冷端温度 T_0 变化引起的热电势变化量，从而达到自动补偿的目的。

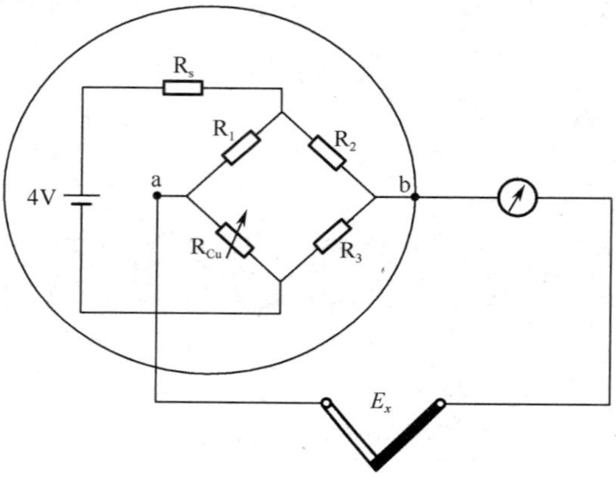

图8-10　补偿电桥

6. 热电偶测温电路

当用热电偶测温时，可以直接与显示仪表（如电子电位差计、数字表等）配套使用，也可与温度变送器配套使用，转换成标准的电流信号，图8-11所示为典型的热电偶测温电路。如用一台显示仪表显示多点温度时，可按图8-12连接，这样可节约显示仪表和补偿导线。

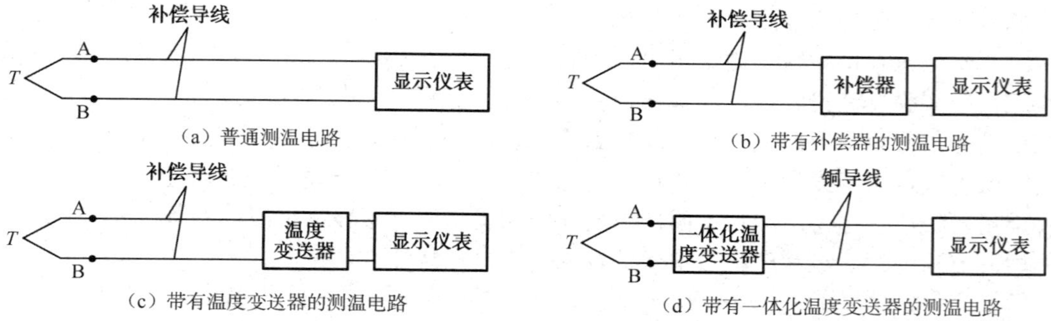

图8-11　典型的热电偶测温电路

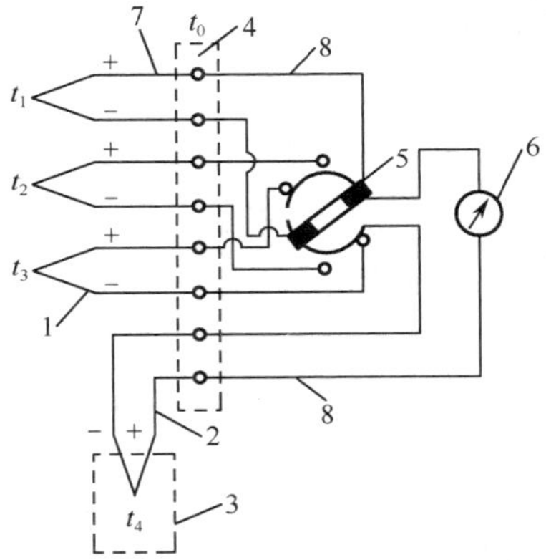

1—主热电偶；2—辅助热电偶；3—恒温箱；4—接线端子排；5—切换开关；6—显示仪表；7—补偿导线；8—铜导线。

图 8-12 多点测温线路

特殊情况下，热电偶可以串联或并联使用，但必须是同一分度号的热电偶，且冷端应在同一温度下。若热电偶正向串联，可获得较大的输出热电势和高灵敏度；在测量两点温差时，可采用两只热电偶反向串联；利用热电偶并联可以测量平均温度。热电偶串、并联电路如图 8-13 所示。

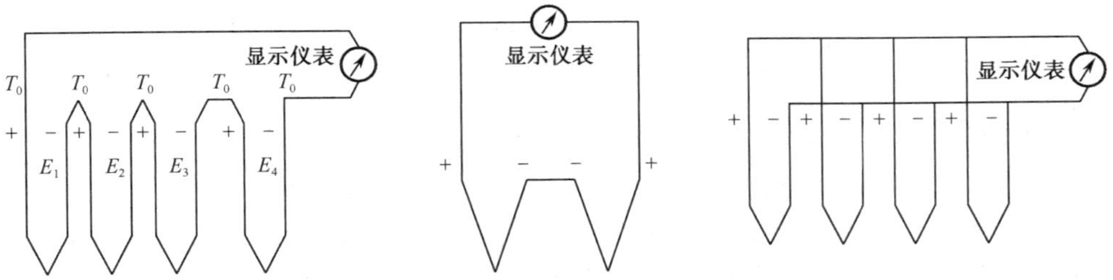

（a）正向串联 （b）反相串联 （c）并联

图 8-13 热电偶串、并联电路

8.1.2 热电偶传感器的工程应用

1. 利用热电偶测量炉温

图 8-14 所示为测量炉温采用的热电偶测温系统。

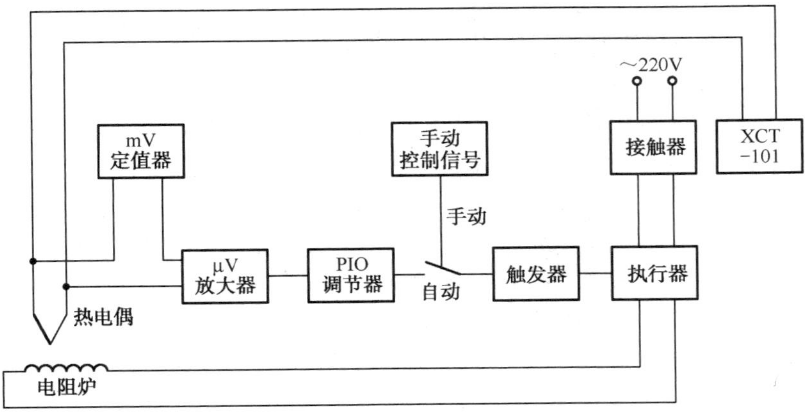

图 8-14 测量炉温采用的热电偶测温系统

2. 热电偶对爆炸产物的热响应

在炸药的爆炸过程中，温度变化极快，数值极高，且为非稳态传热，冲击波的传播速度远大于热流的传播速度，测试仪器在测得信号前容易损坏，用实验方法测定较为困难，信号不易捕捉。热电偶技术的迅速发展为研究瞬态热作用提供了简便可靠的测试方法。

采用钨铼热电偶温度传感器，热电偶丝为 WRe5/26，直径为 0.2mm，最高测量温度可达 2800℃。热电偶用标准铂铑 10−铂热电偶标定。热电偶测温系统结构图如图 8-15 所示。其工作过程如下：热电偶温度传感器将温度信号转换为电压信号，经直流电压放大器放大后通过 A/D 转换电路将模拟信号转换为数字信号。采集系统将给出电压值，其变化反映热电偶温度的变化。数据采集后对信号加以滤波处理，然后根据分度表进行温度转换。其优点如下。

（1）采用热电偶观测和分析爆炸热作用的方法为研究爆炸产物的热输出特性提供了一种简单而有效的测试方法，可用于评价炸药的热毁伤效果。

（2）采用热电偶温度传感器能够迅速反映爆炸产物的温度平衡特性。

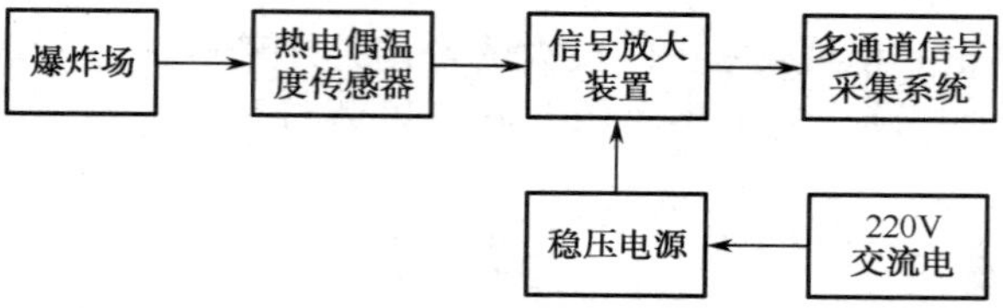

图 8-15　热电偶测温系统结构图

3. 薄膜热电偶传感器测量高温物体表面温度

薄膜热电偶作为固体表面温度传感器具有许多优点，其质量很小（2mm×2mm 的焊点只有约 0.0001g）使其对表面热传导的干扰极小，对于大多数实际测量而言，被测点的这一热变化是微乎其微的；由于厚度仅为 1μm 的薄膜对于多数对流换热应用来说尺寸很小，所以薄膜热电偶与被测表面之间的对流换热变化也极其微小。另外，由于薄膜热电偶传感器自身构造上的特点，它可以贴在某些需要测量温度但又不方便直接测温的物体上。

20 世纪 70 年代初，美国 Pratt 和 Whitney 等航空发动机公司对薄膜热电偶产生了兴趣，研究用其测量汽轮机一级叶片的表面温度。由于其他方法都无法达到上述目的，因此这一关键应用极大地推动了薄膜热电偶的研究工作。汽轮机叶片薄膜热电偶断面示意图如图 8-16 所示。

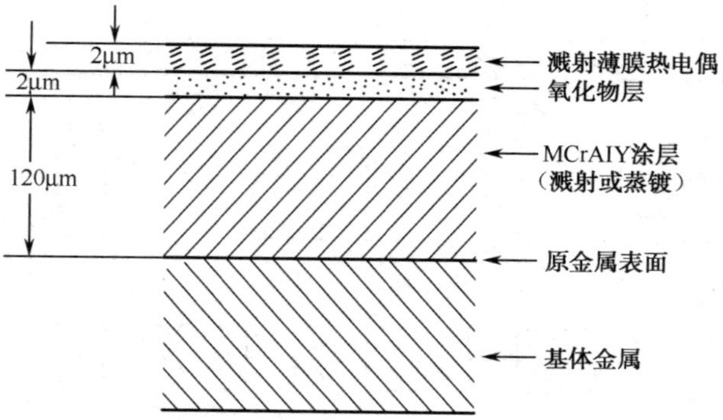

图 8-16　汽轮机叶片薄膜热电偶断面示意图

8.2　热电阻传感器

热电阻传感器是利用导体或半导体的电阻值随温度的变化而变化的原理进行测温的。常用热电阻传感器分为金属热电阻传感器和半导体热电阻传感器两大类，一般把金属热电阻称为热电阻，而把半导体热电阻称为热敏电阻。

热电阻温度传感器一般称作热电阻传感器，它是利用金属导体随温度升高而阻值增大的原理进行测温的。温度是分子平均动能的标志，当温度升高，金属晶格的动能增加，从而导致振动加剧，使自由电子通过金属内部时的阻碍增加，金属导电能力下降，即电阻值增加。通过测量导体的电阻值变化情况就可以得到温度变化情况。最基本的热电阻传感器由热电阻、连接导线及显示仪表组成，其主要制造材料是铂和铜，测量温度范围为-200～+850℃。

8.2.1　热电阻传感器的原理

1．热电阻传感器的工作原理

大多数金属导体的电阻值都具有随温度变化的特性。其特性方程为

$$R_T = R_0[1+\alpha(T-T_0)] \tag{8-14}$$

式中，R_T、R_0 分别为热电阻在 T℃、0℃时的电阻值；α 为电阻温度系数；T 为被测温度。

对于绝大多数金属导体来说，α并不是一个常数，而是温度的函数。但在一定的温度范围内，α可近似看作一个常数。不同的金属导体，α所对应的温度范围不同。选作感温元件的材料应满足如下要求。

（1）材料的电阻温度系数α要大。α越大，热电阻的灵敏度越高。

（2）在测温范围内，材料的物理、化学性质应稳定。

（3）在测温范围内，α保持常数，便于实现测温的线性特性。

（4）具有比较大的电阻率，以利于减小热电阻的体积，减小热惯性。

（5）特性复现性好，容易批量生产。

满足以上要求的材料有铂、铜、铁、镍。

2．常用的热电阻

在实际应用中，应用得比较多的是金属热电阻，常用的金属热电阻有铂热电阻和铜热电阻，如图 8-17 所示。

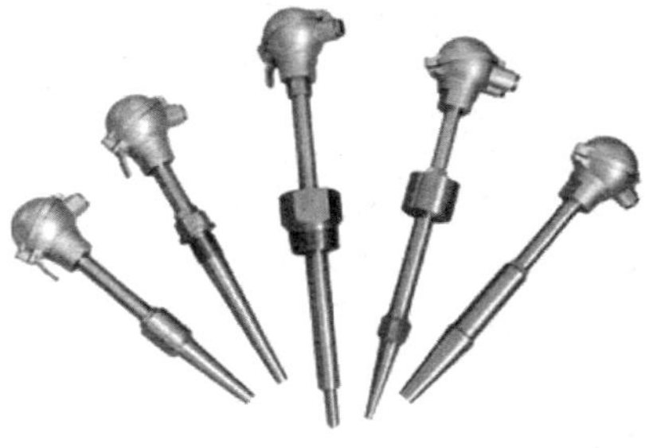

图 8-17　常用的热电阻

（1）铂热电阻。铂热电阻的特点是精度高、稳定性好、性能可靠，所以在温度传感器中得到了广泛应用。按照 IEC 标准，铂热电阻的使用温度范围为-200～+850℃。

在-200～0℃的温度范围内铂热电阻的特性方程为

$$R_T = R_0[1 + AT + BT + CT^3(T - 100)] \tag{8-15}$$

在 0～850℃的温度范围内铂热电阻的特征方程为

$$R_T = R_0(1 + AT + BT^2) \tag{8-16}$$

式中，R_T、R_0 为铂热电阻分别在 T ℃和 0℃时的电阻值；A、B、C 为常数。

在 ITS-90 中，这些常数规定为

$$A=3.9083\times10^{-3}/℃$$
$$B=-5.775\times10^{-7}/℃$$
$$C=-4.183\times10^{-12}/℃$$

从式（8-16）可看出，热电阻在温度 T 时的电阻值与 0℃时的电阻值 R_0 有关。目前我国规定工业用铂热电阻有 R_0=10Ω和 R_0=100Ω两种，它们的分度号分别为 Pt10 和 Pt100，其中 Pt100 更常用。铂热电阻不同的分度号也有相应分度表，即 R_T-T 的关系表，这样在实际测量中，只要测得热电阻的阻值 R_T，便可从分度表上查出对应的温度。铂热电阻的分度表如表 8-1 所示。

表 8-1 铂热电阻的分度表

分度号：Pt100 R_0=100Ω

温度/℃	电阻值/Ω									
	0	10	20	30	40	50	60	70	80	90
-200	18.49									
-100	60.25	56.19	52.11	48.00	43.87	39.71	35.53	31.32	27.08	22.80
0	100.00	96.09	92.16	88.22	84.27	80.31	76.33	72.33	68.33	64.30
0	100.00	103.90	107.79	111.67	115.54	119.40	123.24	127.07	130.89	134.70
100	138.50	142.29	146.06	149.82	153.58	157.31	161.04	164.76	168.46	172.16
200	175.84	179.51	183.17	186.82	190.45	194.07	197.69	201.29	204.88	208.45
300	212.02	215.57	219.12	222.65	226.17	229.67	233.17	236.65	240.13	243.59
400	247.04	250.48	253.90	257.32	260.72	264.11	267.49	270.86	274.22	277.56
500	280.90	284.22	287.53	290.83	294.11	297.39	300.65	303.91	307.15	310.38
600	313.59	316.80	319.99	323.18	326.35	329.51	332.66	335.79	338.92	342.03
700	345.13	348.22	351.30	354.37	357.37	360.47	363.50	366.52	369.53	372.52
800	375.51	378.48	381.45	384.40	387.34	390.26				

铂热电阻中的铂丝纯度用电阻比 $W(100)$表示，即

$$W(100) = \frac{R_{100}}{R_0} \tag{8-17}$$

式中，R_{100} 为铂热电阻在 100℃时的电阻值；R_0 为铂热电阻在 0℃时的电阻值。

电阻比 $W(100)$越大，其纯度越高。按照 IEC 标准，工业使用的铂热电阻的 $W(100)\geqslant1.3850$。目前技术水平可达到 $W(100)=1.3930$，其对应铂的纯度为 99.9995%。电阻比还和材料的内应力有关，一般内应力越大，$W(100)$越小，因此在制造和使用热电阻温度计时，一定要注意消除和避免产生内应力。

（2）铜热电阻。由于铂是贵重金属，因此，在一些测量精度要求不高且温度较低的场合，可采用铜热电阻进行测温，它的测量范围为-50～+150℃。

铜热电阻在测量范围内其电阻值与温度的关系几乎是线性的，可近似地表示为

$$R_T = R_0(1+\alpha T) \tag{8-18}$$

式中，α为铜热电阻的电阻温度系数，$\alpha = 4.28\times10^{-3}$ / ℃。

铜热电阻有两种分度号，分别为 Cu50（R_0=50Ω）和 Cu100（R_0=100Ω）。

铜热电阻的线性度好，价格便宜，但它的测量范围窄，易氧化，不适宜在腐蚀性介质或高温下工作。

3．热电阻的结构

如图 8-18 所示，热电阻主要由感温元件（电阻丝）、骨架、引出线（导线）、绝缘套管、保护管和接线盒等组成。

1）电阻丝

由于铂的电阻率较大，而且机械强度相对较大，通常铂丝的直径为（0.03～0.07）mm±0.005mm。可以单层绕制，若铂丝太细，电阻体可做小点，但强度低；若铂丝粗，虽然强度大，但电阻体大，热惰性大，成本高。由于铜的机械强度低，电阻丝的直径需要较大，一般由（0.1±0.005）mm 的漆包线或丝包线分层绕在骨架上，并涂上绝缘漆制成电阻体。一般采用双绕法，即两根丝平行绕制，这样工作起来电流从一根热电阻丝进入，从另一根丝反向出来，形成两个电流方向相反的线圈，其磁场方向相反，产生的电感量互相抵消，故又称为无感绕法。

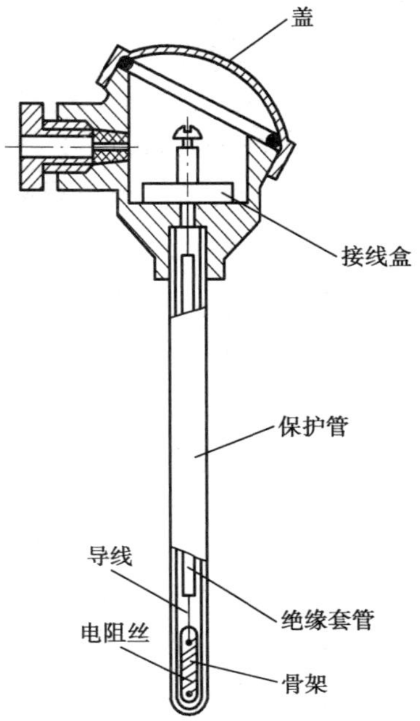

图 8-18　热电阻结构

2）骨架

电阻丝是绕制在骨架上的，骨架用来支持和固定电阻丝。骨架应使用绝缘性能好、高温下机械强度高、体膨胀系数小、物理化学性能稳定、对热电阻丝无污染的材料制造，常用的是云母、石英、陶瓷、玻璃、塑料等。

3）引出线

引出线的直径应当比热电阻丝大几倍，以尽量减小引出线的电阻值，增加引出线的机械强度和连接的可靠性。对于工业用的铂热电阻，一般采用 1mm 的银丝作为引出线；对于标准的铂热电阻，则可采用 0.3mm 的铂丝作为引出线；对于铜热电阻，则常用 0.5mm 的铜丝作为引出线。

在骨架上绕制好热电阻丝，并焊好引出线后，在其外面加上云母片进行保护，再装入外保护套管中，并和接线盒或外部导线相连接。

4．热电阻的测量电路

热电阻传感器采用热电阻测量温度，具有精度高、结构简单的特点，因此在工业上广泛应用于−200～+500℃的温度测量。但需要注意的是，热电阻阻值的变化一般要经过不平衡电桥转换为不平衡电压输出，如图 8-19（a）所示。为了克服热电阻的阻值随温度变化而变化所产生的误差，热电阻连入不平衡电桥通常采用三线制接法或四线制接法。

1）三线制接法

工业用热电阻一般采用三线制接法，在电阻体 R_T的一端引出两根引出线，另一端引出一

根连接线，此种引线方式称为三线制接法，如图 8-19（b）所示。当热电阻和电桥配合使用时，三线制接法可以较好地消除引出线电阻值的影响，以提高测量精度。

2）四线制接法

精密测量中采用四线制接法，如图 8-19（c）所示。在电阻体两端各引出两根连接线称为四线制接法。这种引出线的方式不仅消除了连接线电阻值的影响，还消除了测量电路中寄生电势引起的误差。

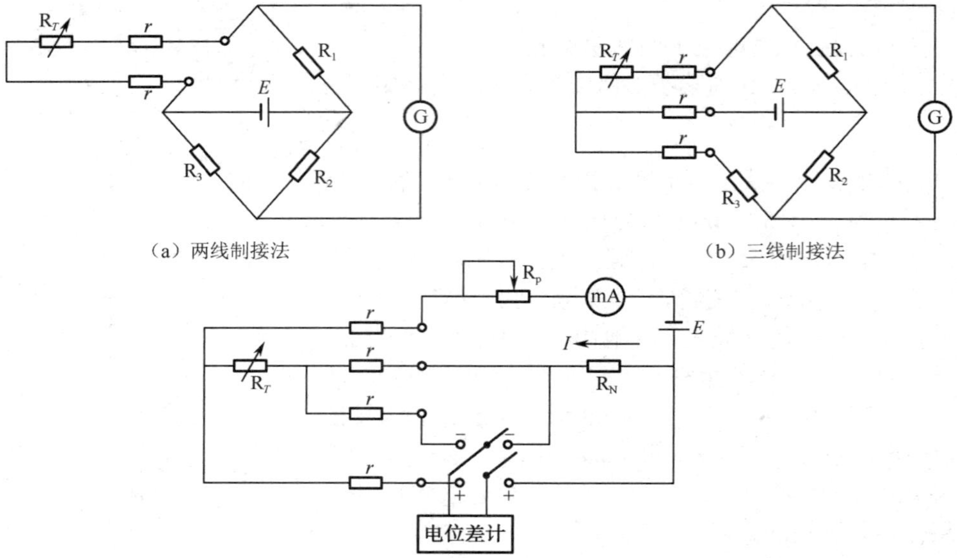

（a）两线制接法

（b）三线制接法

（c）四线制接法

图 8-19　热电阻的接线方式

8.2.2　热电阻传感器的工程应用

1．热电阻流量计

图 8-20 所示为热电阻流量计的原理图，它采用两个铂热电阻探头 R_{T1} 和 R_{T2}。R_{T1} 放在被测介质的流通管道内的中心，它耗散的热量与被测介质的平均流速成正比；R_{T2} 放在温度与被测介质相同，但不受介质流速影响的连通室中。

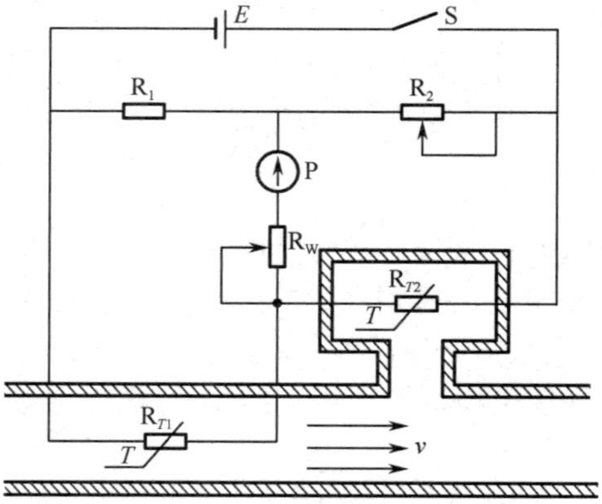

图 8-20　热电阻流量计的原理图

热电阻流量计是根据介质内部热传导现象制成的。如果将温度为 T_N 的热电阻放入温度为 T_C 的介质中，若热电阻与介质相接触的面积为 A，则热电阻耗散的热量 Q 为

$$Q = KA(T_N - T_C) \tag{8-19}$$

式中，K 为热传导系数。实验证明，K 与介质的密度、黏度、平均流速等参数有关。当其他参数为定值时，K 仅与介质的平均流速有关。这样就可以通过测量热电阻耗散热量 Q，获得介质的平均流速或流量。

电路采用两个铂热电阻探头 R_{T1} 和 R_{T2} 分别接在电桥的两个桥臂上。当被测介质处于静止状态时，将电桥调至平衡状态，检流计 P 的指针指向零；当介质以平均流速流动时，由于介质流动要带走热量，因此 R_{T1} 的温度下降，引起电阻值下降，电桥失去平衡，检流计有相应的指示。可以将检流计按平均流速或流量标定，这样就构成了直流式热电阻流速表或流量计。

2. 燃气直流式热水器

燃气直流式热水器的工作原理图如图 8-21 所示。当打开进气阀，按下开关 S 时，电源通过 VD_1 向电容 C_1 充电，C_1 两的电压上升，使 VT_1、VT_2 导通，电磁阀 Y 得电工作，打开燃气输入通道，高压发生器产生的高压脉冲将长明火点燃。打开冷水进水阀门，水进入水气联动装置，在水压的作用下把燃气送入主燃烧室，经长明火引燃形成大火。冷水经热交换器在燃烧室的加热下变为热水。在热水器中的两个热电偶，一个设置在长明火的旁边，由长明火加热产生电动势，该电动势加在电磁阀 Y 线圈的两端维持电磁阀的工作，此时松开开关 S，电磁力仍能保证电磁阀为开通状态。如果发生意外使长明火熄灭，则热电偶失去热源，电动势消失，电磁阀失去磁力而关闭，切断燃气通路。

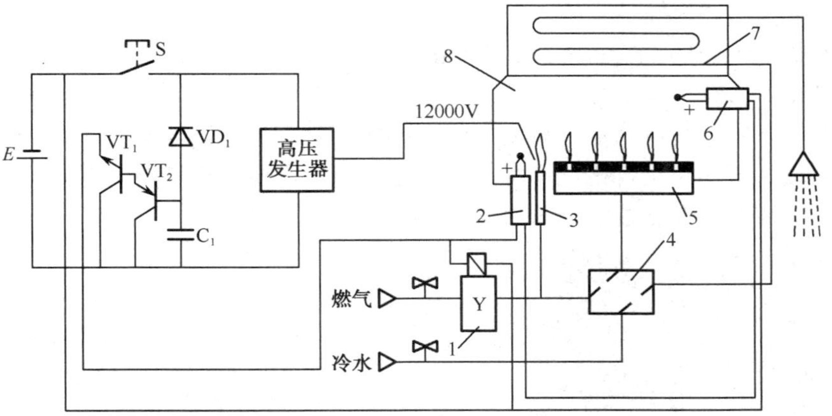

1—进燃气电磁阀；2、6—热电偶；3—长明火；4—水气联动开关；5—主燃烧器；7—热交换器；8—燃烧室。

图 8-21　燃气直流式热水器的工作原理图

缺氧保护热电偶 2 设置在燃烧室的上方，热电偶 2 为负载热电偶。热水器正常工作时，热电偶 2 产生较小的电流，它也只能抵消热电偶 6 产生的小部分电流，并不影响电磁阀的工作。当外界氧气不足，空气中的氧气下降到 17%～19%时，燃烧室不能充分燃烧，火焰变红且拉长，热电偶 2 被拉长的火焰加热，产生较大的反电动势，抵消了热电偶 6 产生的电动势，使电磁阀 Y 关闭，起到了缺氧保护的作用。

8.3 热敏电阻传感器

在温度传感器中应用最多的有热电偶、热电阻（如铂热电阻、铜热电阻等）和热敏电阻。其中，热敏电阻发展最为迅速，由于其性能得到不断改进，稳定性已大为提高，在许多场合下（-40～+350℃），热敏电阻已逐渐取代传统的温度传感器。

热敏电阻是利用某些金属氧化物或单晶锗、单晶硅等半导体材料，按特定工艺制成的电阻率随温度的变化而变化的感温元件。按照温度特性，热敏电阻可分为正温度系数热敏电阻、负温度系数热敏电阻和临界温度系数热敏电阻（Critical Temperature Resistor，CTR）三种类型。

8.3.1 热敏电阻传感器的原理

1．热敏电阻的工作原理

1）正温度系数热敏电阻的工作原理

正温度系数（Positive Temperature Coefficient，PTC）热敏电阻是指材料的电阻值会随温度的升高而增加。正温度系数热敏电阻以钛酸钡为基本材料，再掺入适量的稀土元素，利用陶瓷工艺高温烧结而成。纯钛酸钡是一种绝缘材料，但掺入适量的稀土元素以后，就变成了半导体材料。正温度系数热敏电阻的温度达到居里点时，阻值会发生急剧变化。居里点即临界温度，钛酸钡的居里点为120℃。正温度系数热敏电阻如图8-22所示。

2）负温度系数热敏电阻的工作原理

负温度系数（Negative Temperature Coefficient，NTC）热敏电阻是指材料的电阻值会随温度的升高而减小。负温度系数热敏电阻是以氧化锰、氧化钴和氧化铝等金属氧化物为主要原料，采用陶瓷工艺制造而成。这些金属氧化物材料都具有半导体性质，又具有灵敏度高、稳定性好、响应快、寿命长、价格低等优点，广泛应用于需要定点测温的自动控制电路，如冰箱、空调等。负温度系数热敏电阻如图8-23所示。

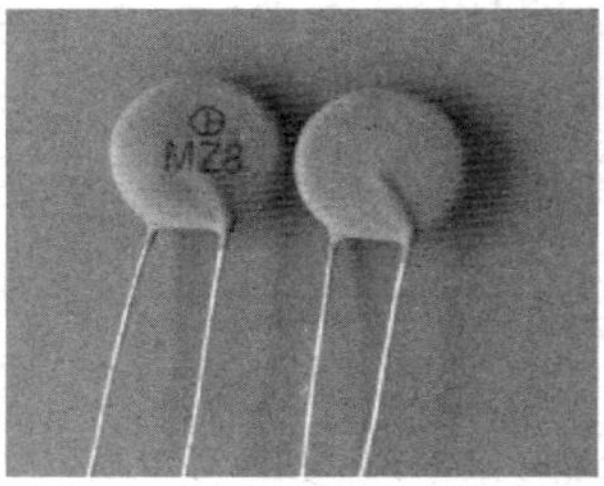

图8-22 正温度系数热敏电阻

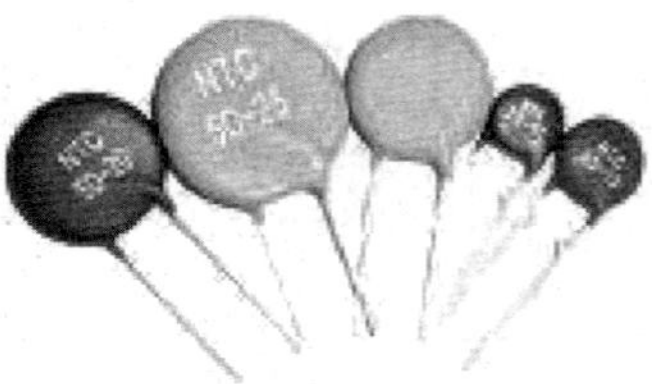

图8-23 负温度系数热敏电阻

3）临界温度系数热敏电阻的工作原理

还有一类热敏电阻叫作临界温度系数热敏电阻，临界温度系数是指在某一温度下此材料的电阻值会发生突变，也属于负温度系数，主要用于温度开关的控制。临界温度系数热敏电阻如图8-24所示。

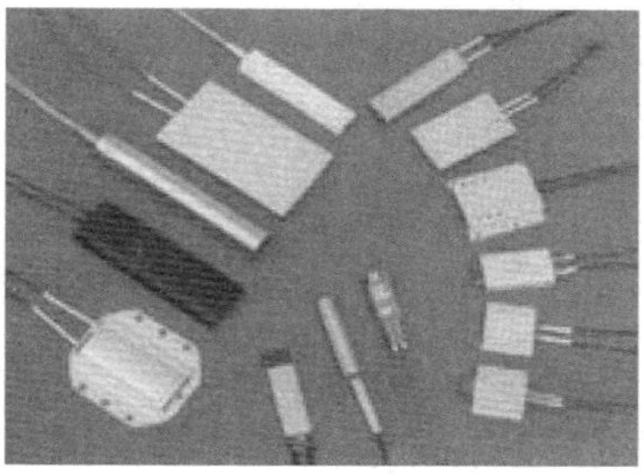

图 8-24　临界温度系数热敏电阻

2. 热敏电阻的特性

1）热敏电阻的伏安特性

伏安特性是热敏电阻的重要特性之一，它表示在稳态情况下，加在热敏电阻两端的电压和通过其电流的关系，如图 8-25 所示。从图 8-25 中可以看出，当流过热敏电阻的电流很小时，曲线呈直线状，热敏电阻的伏安特性符合欧姆定律；随着电流的增加，热敏电阻的温度明显增加（耗散功率增加），由于负温度系数的关系，其电阻的阻值减小，于是端电压的增加速度减慢，呈现非线性；当电流继续增加时，热敏电阻自身温度上升变快，使其阻值大幅度下降，其下降速度超过电流的增加速度，因此，出现电压随电流增加而降低的现象。

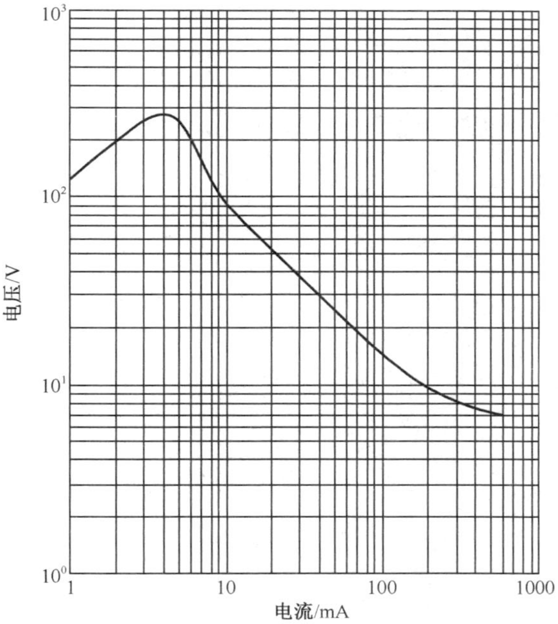

图 8-25　热敏电阻的伏安特性曲线

热敏电阻的伏安特性有助于正确选择热敏电阻的正常工作范围。例如，用于测温和控温及补偿用的热敏电阻，应当工作在伏安特性曲线的线性区，也就是说测量电流要小。这样就可以忽略电流加热所引起的热敏电阻阻值的变化，而使热敏电阻的阻值变化仅与环境温度（被测温度）有关。如果传感器是利用热敏电阻的耗散原理工作的，如测量流量、真空度、风速等，就应当工作在伏安特性曲线的负阻区（非线性段）。

热敏电阻的使用范围一般为-100～+350℃，如果要求热敏电阻特别稳定，最高温度最好是在 150℃左右。热敏电阻虽然具有非线性的特点，但利用温度系数很小的金属电阻与其串联或并联，也可使热敏电阻的阻值在一定范围内呈线性关系。

2）热敏电阻的其他特性

（1）热敏电阻温度系数比金属大 4～9 倍。

（2）电阻率大，体积小，热惯性小，适于测量点温、表面温度及快速变化的温度。

（3）结构简单、机械性能好、稳定性好。

（4）阻值在 1Ω～10MΩ 之间可自由选择。

（5）原料资源丰富，价格低廉；材料加工容易、性能好。

3. 热敏电阻的测量电路

热敏电阻的测量电路有分压测量电路和电桥测量电路两种，如图 8-26 所示。负温度系数的热敏电阻特性还可以表示为

$$R_T = R_{T_0} e^{B\left(\frac{1}{T}-\frac{1}{T_0}\right)} \tag{8-20}$$

式中，R_T、R_{T_0} 分别为温度在 T 和 T_0 时的电阻值；B 为热敏电阻的材料常数。因此当温度变化时，热敏电阻阻值的变化将导致测量电路的输出电压变化，其关系可表示为

$$\frac{U_{T_0}}{R_{T_0}} = \frac{U_T}{R_T} \tag{8-21}$$

式中，U_T、U_{T_0} 分别为温度为 T 和 T_0 时的测量电路的输出电压。

根据上面两式得到测量电路的输出电压与被测温度的关系为

$$\frac{1}{T} = \frac{1}{B}\ln\frac{U_T}{U_{T_0}} + \frac{1}{T_0} \tag{8-22}$$

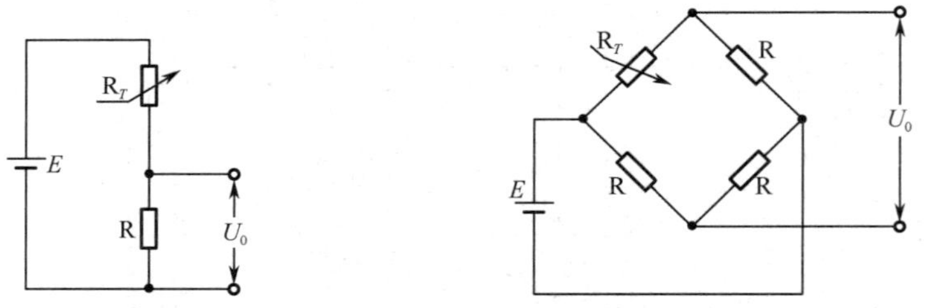

（a）分压测量电路　（b）电桥测量电路

图 8-26　热敏电阻测量电路的连接方法

8.3.2　热敏电阻传感器的工程应用

1. 温度控制器

热敏电阻的温度控制原理如图 8-27 所示，用热敏电阻 R_T 与一个电阻 R 串联，并加上一个恒定电压 V_{CC}。当要控制的温度比实际温度高时，三极管 VT_1 的基极与发射极间的电压大于导通电压，VT_1 导通，相继三极管 VT_2 也导通，继电器吸合，电热丝加热。当实际温度升到控制温度时，由于 R_T（负温度系数型）的阻值降低，使得 VT_1 的基极与发射极间电压过低（<0.6V），VT_1 截止，相继 VT_2 也截止，继电器断开，电热丝断电停止加热。这样就可实现温度控制或过热保护。

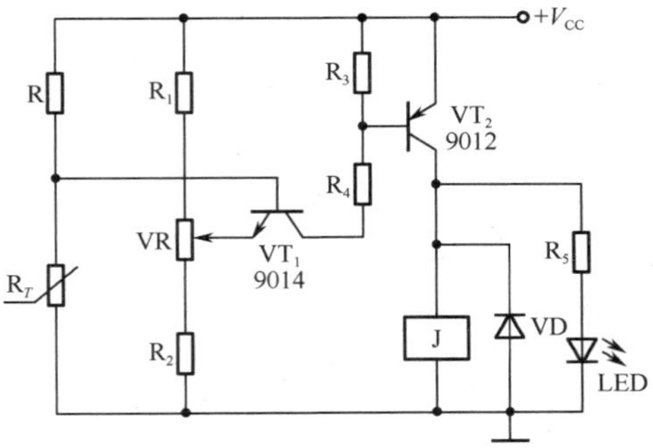

图 8-27　热敏电阻的温度控制原理

2．电子体温计

利用热敏电阻传感器和运算放大器可组成一个有足够测量精度的电子体温计。

电子体温计电路如图 8-28 所示。热敏电阻 R_T 和 R_1、R_2、R_3 及 R_P 组成一个测温电桥。当温度为 20℃时，选择 R_1 和 R_3 并调节 R_P 使电桥平衡。当温度升高时，热敏电阻的阻值变小，电桥处于不平衡状态，电桥输出的不平衡电压由运算放大器放大，利用微安表检测反馈电路中的电流。

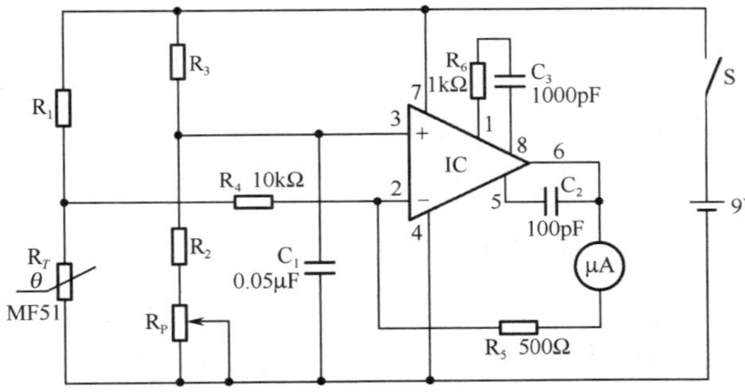

图 8-28　电子体温计电路

热敏电阻选用的阻值为 500～5000Ω。

3．电热杯恒温器

电热杯恒温器电路如图 8-29 所示。由 C_1、C_2、VD_1～VD_4 组成简易的电容降压稳压电路，供恒温器作为电源使用。由集成电路 F007、R_2、R_3、R_4、R_P 及热敏电阻 R_T 组成温度检测电路，由 VT_1 及继电器 K 组成控制电路，通过继电器常开触点 K_1 控制电热杯热丝 R_L 的加热。

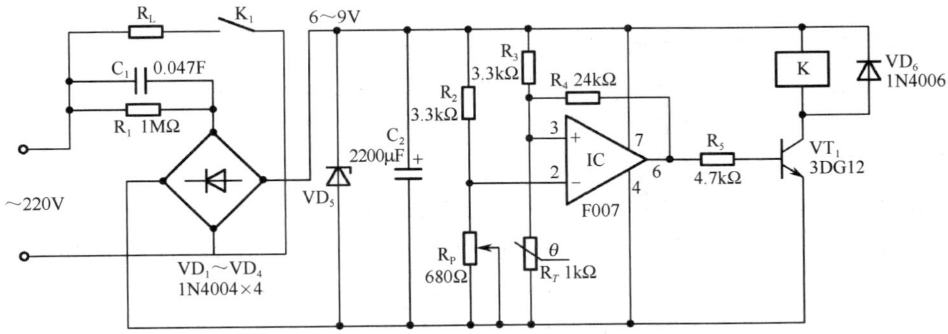

图 8-29　电热杯恒温器电路

当电热杯水温低于由电位器 R_P 设定的温度时，集成电路 F007 同相输入端的电压大于反相输入端的电压，集成电路 F007 输出高电平，VT_1 导通，继电器 K 工作，K_1 吸合，电热杯通电加热。当水温加热到设定的温度时，由于热敏电阻 R_T 的阻值减小，使集成电路 F007 同相输入端的电压小于反相输入端的电压，集成电路 F007 输出低电平，VT_1 截止使继电器停止工作，K_1 触点释放，电热杯停止加热，使电热杯的水温基本保持恒定。

热敏电阻 R_T 应紧挨着电热杯的板壁放置。温度的设定由电位器 R_P 完成，其设定范围为 40～55℃。

4．电热水器控温器

图 8-30 所示为电热水器控温器电路，电路主要由热敏电阻、比较器、驱动电路及加热器 R_L 等组成。通过电路可自动控制加热器的开关，使水温保持在设置的温度附近。

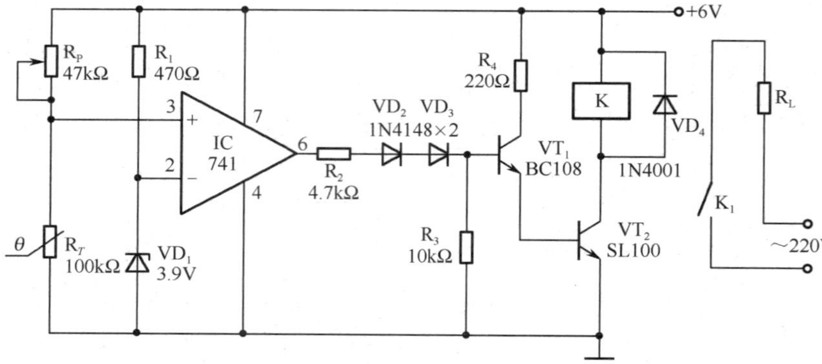

图 8-30 电热水器控温器电路

热敏电阻在 25℃时阻值为100kΩ，温度系数为 1%/℃。在比较器 IC 的反相端加有 3.9V 的基准电压，在比较器 IC 的同相端加有 R_P 和热敏电阻 R_T 的分压电压。当水温低于设定温度时，比较器 IC 输出高电位，驱动 VT_1 和 VT_2 导通，使继电器 K 工作，闭合加热器电路；如果水温高于设定温度，比较器 IC 输出端变为低电位，VT_1 和 VT_2 截止，继电器断开加热器电路，调节 R_P 可以改变设定的水温。

8.4 集成温度传感器

集成温度传感器是将温度检测元件与信号处理电路集成在一个芯片上的微型传感器。自 20 世纪 60 年代半导体技术兴起以来，集成温度传感器的发展经历了从分立元件到集成电路的演变。早期的温度传感器依赖于热电偶或热电阻等分立元件，需要外部电路进行信号放大和处理。随着集成电路技术的发展，20 世纪 70 年代末和 80 年代初，出现了将温度敏感元件与模拟信号处理电路集成在一起的集成温度传感器，如线性输出的热敏电阻和电压输出的集成温度传感器。20 世纪 90 年代以来，随着微电子技术和计算机辅助设计技术的发展，集成温度传感器的性能得到了显著提升，尺寸不断缩小的同时集成度不断提高，可以实现温度测量、信号调节、模数转换甚至通信功能的高度集成。如今，集成温度传感器广泛应用于家用电器、汽车电子、医疗设备、工业控制及物联网等领域，以其高精度、低功耗、微型化和智能化的特点，成为现代温度测量技术中的重要组成部分。

集成温度传感器是目前应用范围最广的一种集成传感器，有模拟集成温度传感器和智能集成温度传感器两种。模拟集成温度传感器是最简单的一种集成化的专门用来测量温度的传感器，其主要特点是功能单一、性能好、价格低、外围电路简单，是目前应用较为广泛的集成温度传感器。智能集成温度传感器是采用数字化技术，能以数字形式直接输出被测温度的传感器，它具有测温误差小、分辨率高、抗干扰能力强、能够远程传输数据、带串行总线接口等优点，是研制和开发具有高性价比的新一代温度测量系统必不可少的核心器件。下面介绍应用广泛的模拟集成温度传感器。

模拟集成温度传感器是利用晶体管 PN 结的电流-电压特性与温度的关系，把感温 PN 结及电子相关线路集成在一个小硅片上，构成一个小型化、一体化的专用集成电路片。由于 PN 结受耐热性能和特性范围的限制，它只能用来测量低于 150℃的温度。模拟集成温度传感器按照输出方式不同可分为电流输出型模拟集成温度传感器、电压输出型模拟集成温度传感器、周期输出型模拟集成温度传感器、频率输出型模拟集成温度传感器和比率输出型模拟集成温度传感器。模拟集成温度传感器的输出量与温度呈线性关系，并且能以最简单的方式构成测温仪表或测温系统。模拟集成温度传感器的典型产品有电流输出型模拟集成温度传感器 AD590、HTS1 和电压输出型模拟集成温度传感器 TMP17、LM35、LM135 等。

8.4.1　集成温度传感器的原理

1. 集成温度传感器的基本工作原理

目前在集成温度传感器中，都采用一对非常匹配的差分对管作为温度敏感元件。图 8-31 所示为集成温度传感器的原理图。

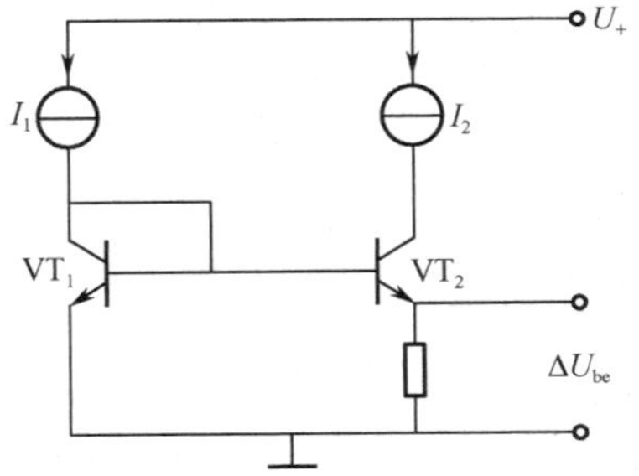

图 8-31　集成温度传感器的原理图

其中，VT_1 和 VT_2 是互相匹配的三极管，I_1 和 I_2 分别是 VT_1 和 VT_2 的集电极电流，由恒流源提供。VT_1 和 VT_2 的两个发射极和基极电压之差 ΔU_{be} 可表示为

$$\Delta U_{be}=\frac{KT}{q}\ln\left(\frac{I_1}{I_2}\frac{AE_2}{AE_1}\right)=\frac{KT}{q}\ln\left(\frac{I_1}{I_2}\gamma\right) \tag{8-23}$$

式中，K 为玻耳兹曼常数；q 为电子电荷量；T 为热力学温度；γ 为三极管 VT_2 和 VT_1 发射结的面积之比。

从式（8-23）中可看出，如果保证 I_1/I_2 恒定，则 ΔU_{be} 就与温度 T 成单值线性函数关系。这就是集成温度传感器的基本工作原理，在此基础上可设计出各种不同的电路，以及不同输出类型的集成温度传感器。

2. 集成温度传感器的信号输出方式

（1）电压输出型。电压输出型集成温度传感器的原理图如图 8-32 所示。

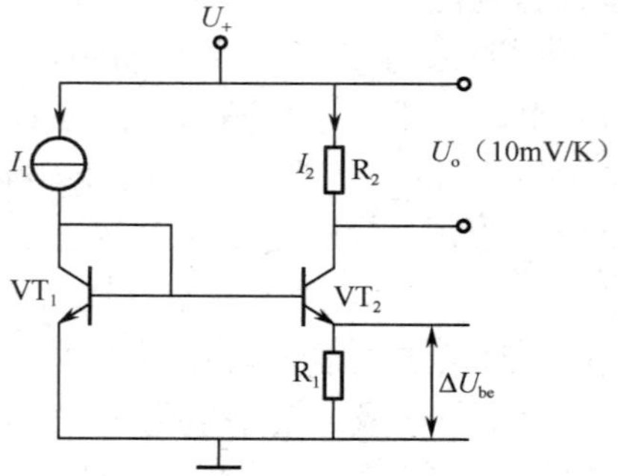

图 8-32　电压输出型集成温度传感器的原理图

当电流 I_1 恒定时，通过改变 R_1 的阻值，可实现 $I_1=I_2$。当晶体管的 $\beta \geqslant 1$ 时，电路的输出电压为

$$U_o = I_2 R_2 = \frac{\Delta U_{be}}{R_1} R_2 = \frac{R_2}{R_1}\frac{KT}{q}\ln\gamma \tag{8-24}$$

若取 $R_1=940\Omega$，$R_2=30\text{k}\Omega$，$\gamma=37$，则电路输出的温度系数为

$$C_T = \frac{\mathrm{d}U_o}{\mathrm{d}T} = \frac{R_2}{R_1}\cdot\frac{K}{q}\ln\gamma \approx 10\text{mV/K} \tag{8-25}$$

（2）电流输出型。电流输出型集成温度传感器的原理图如图 8-33 所示。

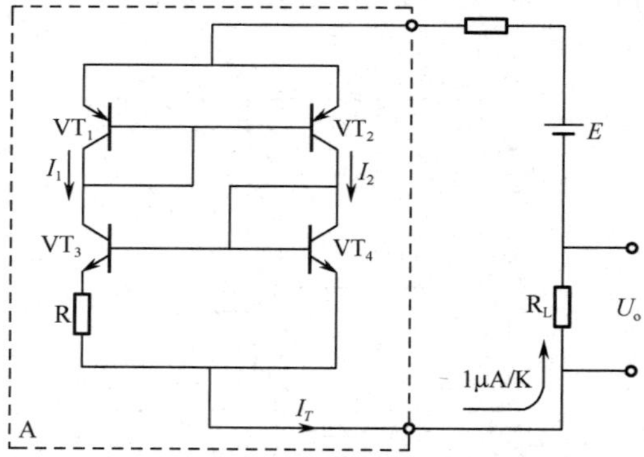

图 8-33　电流输出型集成温度传感器的原理图

VT_1 和 VT_2 是结构对称的两个三极管，作为恒流源负载使用，VT_3 和 VT_4 是测温用的三极管，其中 VT_3 的发射结面积是 VT_4 的 8 倍，即 $\gamma=8$。流过电路的总电流 I_T 为

$$I_T = 2I_1 = \frac{2\Delta U_{be}}{R} = \frac{2KT}{qR}\ln\gamma \tag{8-26}$$

式（8-26）表明，当 R 和 γ 一定时，电路的输出电流与温度有良好的线性关系。

若取 $R=358\Omega$，则电路输出的温度系数为

$$C_T = \frac{\mathrm{d}I_T}{\mathrm{d}T} = \frac{2K}{qR}\ln\gamma \approx 1\mu\text{A/K} \tag{8-27}$$

8.4.2　集成温度传感器的工程应用

1．土壤恒温控制器

在蔬菜栽培技术中，要想使蘑菇等植物茁壮成长，仅靠玻璃或农膜塑料构成的温室是不够的，还必须采用土壤恒温控制器来保持土壤的温度恒定。

土壤恒温控制器的原理图如图 8-34 所示。由集成温度传感器 IC_1（选用 AD590）、运算放大器 IC_2 等构成比较器，其中电位器 R_W 用来设定控制温度。当土壤温度低于设定温度时，流过集成温度传感器 IC_1 的电流将减小，使运算放大器 IC_2 反相输入端的电位降低，故运算放大器 IC_2 输出端输出高电平，使 VT_1、VT_2 导通，负载 R_L 加热。随着土壤温度的升高，流过集成温度传感器 IC_1 的电流增大，直到达到并略高于设定温度，运算放大器 IC_2 反相输入端的电平高于同相输入端的电压。此时，运算放大器 IC_2 输出变为低电平，VT_1、VT_2 截止，停止对负载 R_L 加热，基本保持土壤温度恒定。

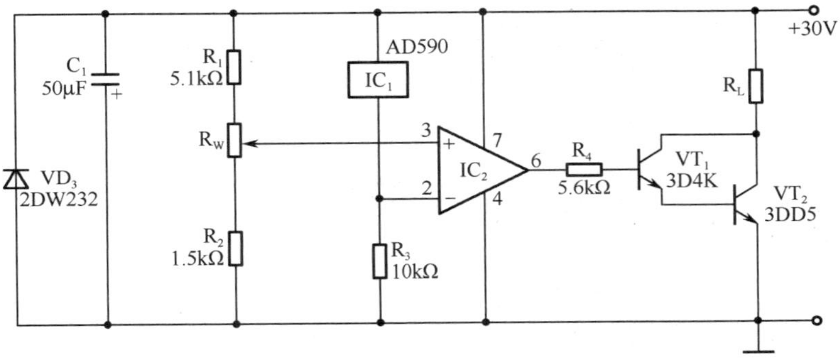

图 8-34　土壤恒温控制器的原理图

2．液位报警器

图 8-35 所示为液位报警器的原理图。它由两个集成温度传感器（AD590）、运算放大器及报警电路等组成，其中集成温度传感器 B_2 设置在警示液面的位置，集成温度传感器 B_1 设置在外部。正常情况下，两个集成温度传感器在相同的温度条件下，调节电位器 R_W，使运算放大器输出为零。当液面升高时，集成温度传感器 B_2 将会被液体淹没，由于液体温度与环境温度的差别，使运算放大器输出不为零的控制信号，驱动报警电路报警。

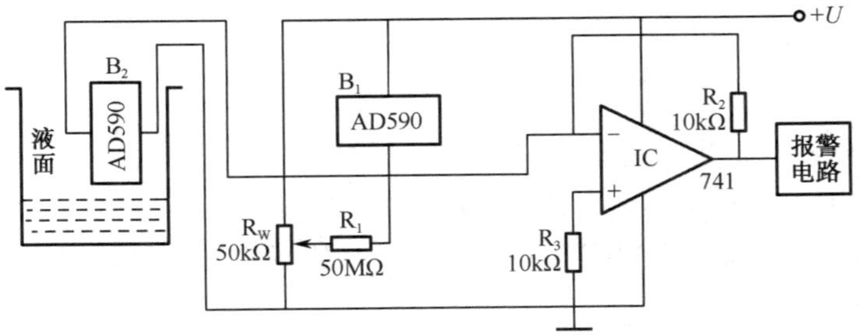

图 8-35　液位报警器的原理图

3．集成温度传感器 AD590 在恒温控制中的应用

集成温度传感器 AD590 不但实现了温度的测量，而且灵敏度高、反应时间短，因此可作为恒温控制电路的信号检测器。与目前大量使用的接点式水银温度计相比，它具有控温精度

（温度控制在某点时的最大波动范围）高、体积小、无污染、使用方便等优点。

恒温控制电路如图 8-36 所示。LF356 为电流电压转换器，LM311 为电压比较器，R_{W1}、R_{W2}、R_{W3}、R_{W4} 和 2DW7C 构成的电路用来设置该控温电路的温度预定值 T_0。AD590 输出的电流经 LF356 转换为负电压（相对于接地点）输出 V_A。比较器 LM311 对 V_A 和 V_B 进行比较，如果 $V_A>V_B$，则输出一恒定的正电压 V_0，三极管 3DK4B 导通，固体继电器 J_1 接通。由于有电流通过，交流接触器 J_2 的常开触点闭合，电热丝通电加热。

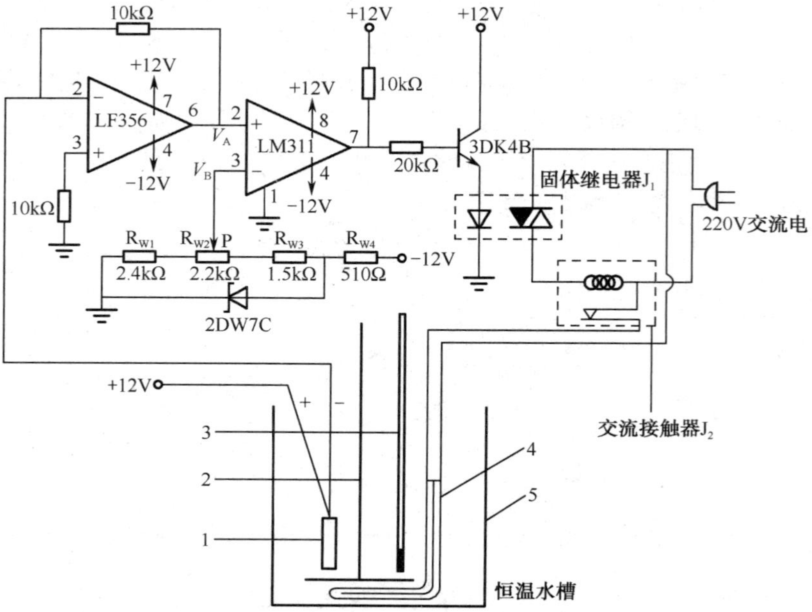

1—传感器 AD590；2—搅拌器；3—二等标准水银温度计；4—电热丝（外用玻璃管保护）；5—2000mL 玻璃杯。

图 8-36 恒温控制电路

AD590 的温度 T 升高，$|V_A|$增大。当 $T>T_0$ 时，$V_A<V_B$，LM311 输出约为 0V，3DK4B 截止，J_1 断开，J_2 常开触点随之断开，电热丝停止加热，AD590 的温度下降。当 $T<T_0$ 时，$V_A>V_B$，电热丝再次通电加热，从而达到恒温控制的目的。

习题

8-1 简述热电偶的工作原理。

8-2 试用热电偶的基本原理证明热电偶的中间导体定律。

8-3 热电偶冷端温度对热电偶的热电势有什么影响？为消除冷端温度影响可采取哪些措施？

8-4 简述热电偶冷端补偿的必要性，请说明常用的冷端补偿有几种方法及对应的补偿原理。

8-5 简述热电偶冷端补偿导线的作用。

8-6 什么是热电势、接触电势和温差热电势？

8-7 在测温系统中，用铂铑-铂热电偶测温，当冷端温度为 $T_0 = 30℃$ 时，在热端温度为 T 时测得热电势 $E(T,30℃) = 6.63\,\text{mV}$，求被测对象的真实温度。

8-8 半导体电阻值随温度变化的典型特征有哪几种？

8-9 什么是电阻温度计的三线制接法？其有何优点？

8-10 热电阻温度计的测温原理是什么？

8-11 热电阻传感器主要分为几种类型？它们各自应用在什么场合？

8-12 Pt100 和 Cu50 分别代表什么传感器？分析热电阻传感器测量电桥的三线制接法、四线制接法的主要作用。

8-13 半导体热敏电阻的主要优缺点是什么？在电路中是怎样克服缺点的？

8-14 比较热电阻与热敏电阻的异同。

8-15 简述集成温度传感器的测温原理及特点。

8-16 如果需要测量 1000℃和 20℃的温度，分别适合采用哪种类型的温度传感器？

第 9 章

声波式及辐射式传感器

本章知识点：

- 声波式传感器的原理及工程应用
- 微波传感器的原理及工程应用
- 辐射式传感器的原理及工程应用

基本要求：

- 掌握声波式传感器的原理及工程应用
- 掌握微波传感器的原理及工程应用
- 掌握辐射式传感器的原理及工程应用

能力培养目标：

通过本章的内容，对声波式传感器、微波传感器及辐射式传感器进行系统学习，掌握超声波传感器、声敏传感器、次声波传感器和水声传感器的原理，掌握微波传感器和辐射式传感器的原理及工程应用，通过实际应用案例，培养学生知识的综合应用能力及系统认知、设计与开发能力。

9.1 声波式传感器

声波式传感器是利用声波的传播特性来检测物体距离、速度、形态或其他物理特性的传感器。最初，声波式传感器主要应用于工业检测，如测量金属板材的厚度或检测部件的完整性。随着数字信号处理技术的发展，声波式传感器的应用领域扩展到了汽车安全系统（如停车辅助和防碰撞系统）、医疗成像（如超声波成像）及流体测量等。随着 MEMS 技术的发展，声波式传感器进一步微型化，并与智能算法结合，被集成到智能手机、可穿戴设备和智能家居系统中，用于手势识别、导航和环境监测等新兴领域。如今，声波式传感器凭借其非接触测量、精度高、可靠性强等优点，在消费电子、航空航天、医疗健康和工业自动化等多个领域发挥着重要作用。

机械振动在空气中的传播称为声波，人耳可闻的声波频率范围是 20Hz～20kHz。超过可听声波频率范围（超过 20kHz）的声波称为超声波，超声波具有很好的定向性和贯穿能力。可听声波和超声波两种信号的应用领域各不相同，但被感受的原理有很多相同之处，也有不同之处，下面分别加以介绍。

9.1.1　超声波传感器

1. 超声波及其物理性质

超声波的波长较短、衍射小，能够定向传播，在液体、固体中的衰减很小，穿透能力强，对不透光的固体能穿透几十米。当超声波从一种介质传播到另一种介质中时，由于超声波在两种介质中的传播速度不同，在界面上会产生反射、折射和波型转换等现象。

1）超声波的波型

（1）波型。由于声源在介质中的施力方向与声波在介质中传播方向不同，声波的波型也不同，通常有纵波、横波和表面波。纵波是质点振动方向与波的传播方向一致的波，能够在固体、液体和气体中传播；横波是质点振动方向与波的传播方向垂直的波，只能在固体中传播；表面波是质点的振动方向介于纵波和横波之间，质点振动的轨迹是椭圆形（其长轴垂直于传播方向，短轴平行于传播方向）的波，表面波只沿着固体表面传播，其振幅随深度增加而迅速衰减。

（2）波型转换。当纵波以某一角度入射到第二种介质（固体）的界面上时，除了发生纵波的反射和折射，还发生横波的反射和折射。在某种情况下，还能产生表面波。各种波型都符合反射及折射定律。

（3）传播速度。纵波、横波及表面波的传播速度，取决于介质的弹性常数及介质的密度。由于气体和液体的剪切模量为零，所以超声波在气体和液体中不能传播横波，只能传播纵波。气体中的声速为344m/s；液体中的声速为900～1900m/s；固体中纵波、横波和表面波三者的声速有一定的关系，通常认为横波传播速度为纵波传播速度的一半，表面波传播速度约为横波的90%。

2）声波的衰减

声波在介质中传播时，随着距离的增加，其能量逐渐衰减，声波的声压和声强的衰减规律为

$$P_x = P_0 e^{-\alpha x},\ I_x = I_0 e^{-2\alpha x} \tag{9-1}$$

式中，P_x、I_x为距离声源x处的声压和声强；P_0、I_0为声源处的声压和声强；α为衰减系数。

声波能量的衰减取决于声波的扩散、散射和吸收。在理想的介质中声波的衰减仅仅来自声波的扩散，即随着声波的传播距离的增加，在单位面积内声能会减弱。散射衰减指声波在固体介质中颗粒界面上的散射，或在流体介质中悬浮粒子上的散射。而声波的吸收是由介质的导热性、黏滞性及弹性滞后等因素造成的，如介质吸收声能并将其转换为热能，吸收率随着声波频率的升高而增大。因此，衰减系数α因介质材料的性质而异，晶粒越粗、频率越高则衰减越大，衰减系数往往会限制超声波的最大探测深度。

2. 超声波传感器

以超声波作为检测手段，必须有能产生和接收超声波的装置，习惯上称为超声波换能器、超声波探头或超声波传感器。超声波传感器有压电式超声波传感器、磁致伸缩式超声波传感器、电磁式超声波传感器等。在检测技术中最常用的是压电式超声波传感器。

1）压电式超声波传感器

压电式超声波传感器是利用电致伸缩现象制成的，在压电材料切片上施加交变电压，使

它产生电致伸缩振动从而产生超声波，如图 9-1 所示。常用的压电材料为石英晶体、压电陶瓷、钴钛酸铅等。

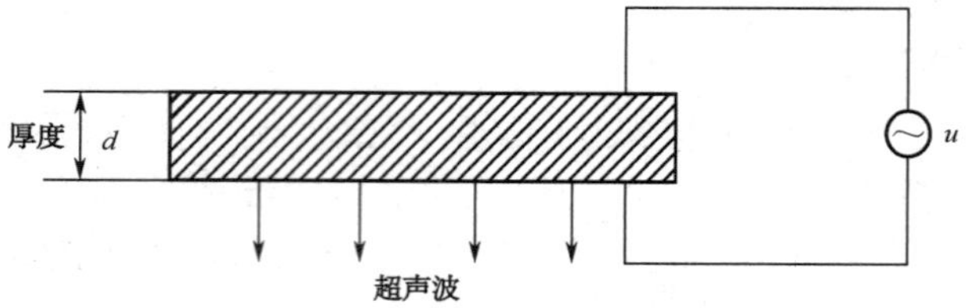

图 9-1　压电式超声波传感器

压电材料的固有频率与晶体切片（简称晶片）厚度 d 有关，即

$$f=\frac{nc}{2d}=\frac{n}{2d}\sqrt{\frac{E}{\rho}} \tag{9-2}$$

式中，n 为谐波的级数，n=1，2，3…；c 为声波在压电材料中传播的纵波速度；E 为杨氏模量；ρ 为压电晶体的密度。

当外加交变电压的频率等于晶片的固有频率时产生共振，这时产生的超声波最强。压电式超声波传感器可以产生几十千赫兹到几十兆赫兹的高频超声波，其声强可达几十瓦每平方厘米。

压电式超声波接收器一般是利用超声波发生器的逆效应工作的，其结构和超声波发生器基本相同，有时就用同一个换能器兼作超声波发生器和超声波接收器。当超声波作用到压电晶片上时，使压电晶片伸缩，在压电晶片的两个界面上产生交变电荷，这种电荷被转换成电压经放大后送到测量电路被记录或显示出来。

由于用途不同，压电式超声波传感器有多种结构形式，如直探头（纵波）、斜探头（横波）、表面波探头、双探头（一个探头用于发射超声波，另一个用于接收超声波）、聚集探头（将超声波聚集成一细束）、水浸探头（可浸在液体中）及其他专用探头。典型的压电式超声波传感器结构如图 9-2 所示。

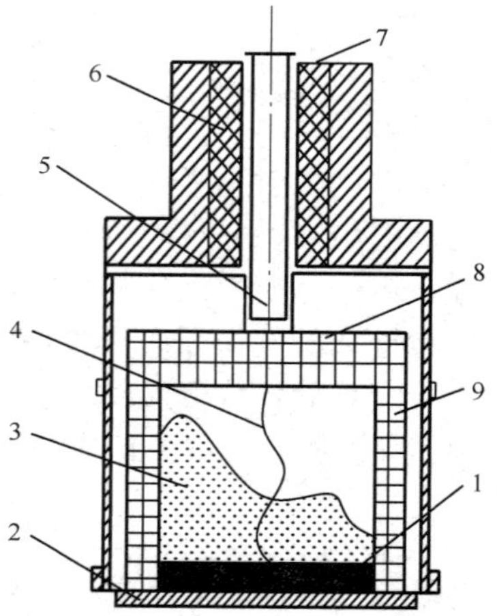

1—压电晶片；2—保护膜；3—吸收块；4—接线；5—导线螺杆；6—绝缘柱；7—接触座；8—接线片；9—压垫片座。

图 9-2　典型的压电式超声波传感器结构

压电式超声波传感器多为圆板形，由式（9-2）可知，超声波频率 f 与其厚度 d 成反比，压电晶片在基频做厚度振动时，晶体厚度 d 相当于晶体振动的半波长，可依此规律选择晶体厚度。压电晶片两面镀银作为导电的极板，底面接地，上面接至引出线。为避免直探头与被测件直接接触而磨损压电晶片，在压电晶片下粘贴一层保护膜（0.3mm 厚的塑料膜、不锈钢片或陶瓷片）。

2）磁致伸缩换能器

铁磁物质在交变的磁场中沿着磁场方向产生伸缩的现象叫作磁致伸缩效应。磁致伸缩效应的强弱，即伸长缩短的程度，因铁磁物质的不同而不同。镍的磁致伸缩效应最强，它在一切磁场中都是缩短的。如果先加一定的直流磁场，再通以交流电流，则镍可工作在特性最好区域。

磁致伸缩换能器是把铁磁材料置于交变磁场，使它产生机械尺寸的交替变化，即机械振动，从而产生超声波。它用几个厚度为 0.1～0.4mm 的镍片叠加而成，片间绝缘以减少涡流损耗，其结构形状有矩形、窗形等。磁致伸缩换能器机械振动的固有频率的表达式与式（9-2）相同。如果磁致伸缩换能器是自由的，则 n=1，2，3…；如果磁致伸缩换能器的中间部分固定，则 n=1，3，5…。磁致伸缩换能器的材料除了镍，还有铁钴钒合金和含锌、镍的铁氧体，其工作效率范围较窄，仅在几万赫兹范围内，但功率可达十万瓦，声强可达几千瓦每平方厘米，能耐受较高的温度。

磁致伸缩超声波接收器是利用磁致伸缩效应工作的。当超声波作用到磁致伸缩材料上时，使磁致伸缩材料伸缩，引起其内部磁场（导磁特性）发生变化。根据电磁感应原理，磁致伸缩材料上所绕的线圈里便获得感应电动势，此感应电动势送到测量电路及记录显示设备，磁致伸缩超声波发生器的结构与此类似。

9.1.2　声敏传感器

声敏传感器是一种将在气体、液体或固体中传播的机械振动转换为电信号的器件或装置，它用接触或非接触的方法检出信号。声敏传感器的种类很多，按测量原理不同可分为压电声敏传感器、电致伸缩效应声敏传感器、电磁感应声敏传感器、静电效应声敏传感器和磁致伸缩声敏传感器等，如表 9-1 所示。

表 9-1　声敏传感器的分类

分　类	原　理	传感器产品	构　成
电磁变换	动电效应	动圈式话筒、扁型话筒、动圈式拾音器	磁铁和线圈
	电磁效应	电磁式话筒（助听器）、电磁式拾音器、磁记录再生磁头	磁铁和线圈，高磁导率合金或铁氧体和线圈
	磁致伸缩效应	水中受波器、特殊话筒	镍和线圈，铁氧体和线圈
静电变换	静电效应	电容式话筒、驻极体话筒、静电式拾音器	电容和电源、驻极体
	压电效应	压电式话筒、石英水声换能器	罗息盐、石英、压电高分子（PVDF）
	电致伸缩效应	电致伸缩式话筒、水声换能器、压电双晶片式拾音器	钛酸钡、锆钛酸铅
电阻变换	接触阻抗	碳粒式送话器	碳粉和电源
	阻抗变换器	电阻丝应变式话筒、半导体应变式变换器	电阻丝应变计和电源，半导体应变计和电源
光电变换	相位变化	干涉式声传感器、DAD 再生用传感器	光源、光纤和光检测器，激光光源和光检测器
	光量变化	光量变化式声传感器	光源、光纤和光检测器

1. 电阻变换型声敏传感器

按照转换原理不同，将电阻变换型声敏传感器分为接触阻抗型声敏传感器和阻抗变换型声敏传感器两种。接触阻抗型声敏传感器的一个典型实例是碳粒式送话器，其工作原理如图 9-3 所示，当声波经空气传播至膜片时，膜片产生振动，使膜片和电极间的碳粒的接触电阻发生变化，来调制通过送话器的电流，该电流经变压器耦合至放大器放大后输出。阻抗变换型声敏传感器是将电阻丝应变片或半导体应变片粘贴在膜片上构成的。当声压作用在膜片上时，膜片产生变形，使应变片的阻抗发生变化，检测电路将这种变化转换为电压信号输出从而完成声-电转换。

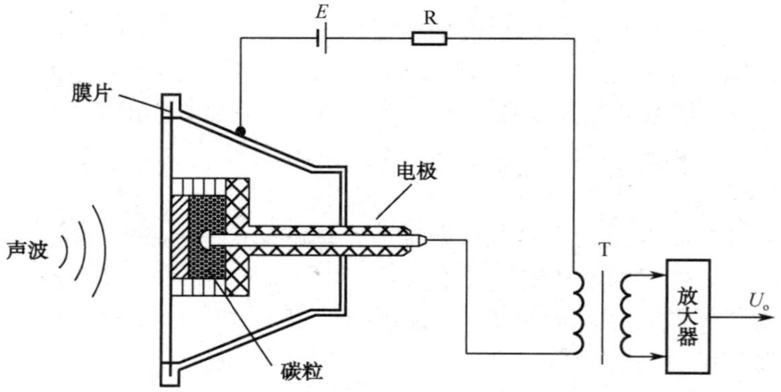

图 9-3　碳粒式送话器的工作原理

2. 压电式声敏传感器

压电式声敏传感器是利用压电晶体的压电效应制成的。图 9-4 所示为压电式声敏传感器的结构图。

压电晶体的一个极面和膜片相连接，当声波作用在膜片上使其振动时，膜片带动压电晶体产生机械振动，压电晶体在机械压力的作用下产生随声压的变化而变化的电压，从而完成声-电转换。压电声敏传感器可广泛用于水声器件、微音器和噪声计等。图 9-5 所示为压电微音器的接口电路，图 9-6 所示为压电微音器在噪声计上的应用电路。

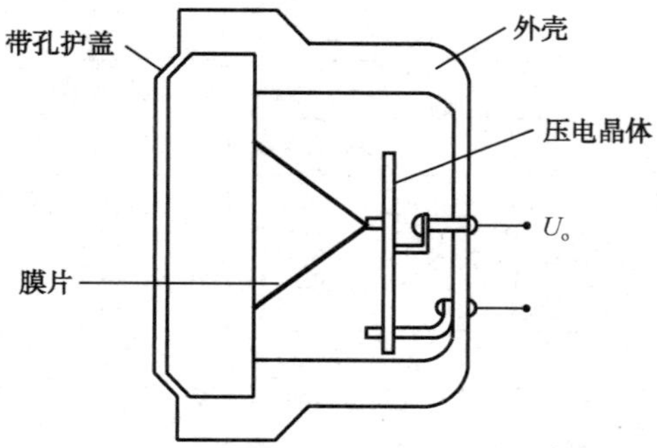

图 9-4　压电式声敏传感器的结构图

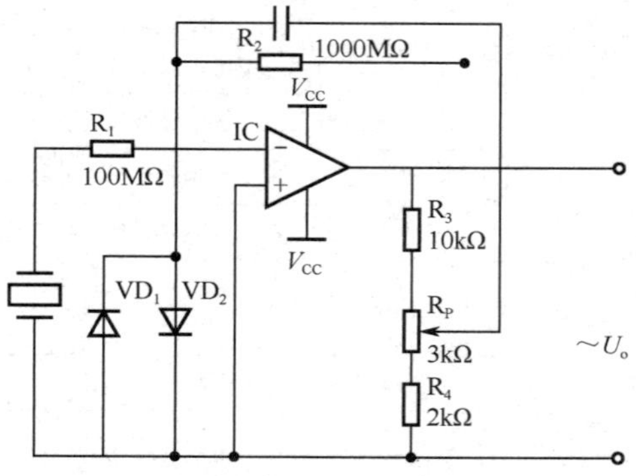

图 9-5　压电微音器的接口电路

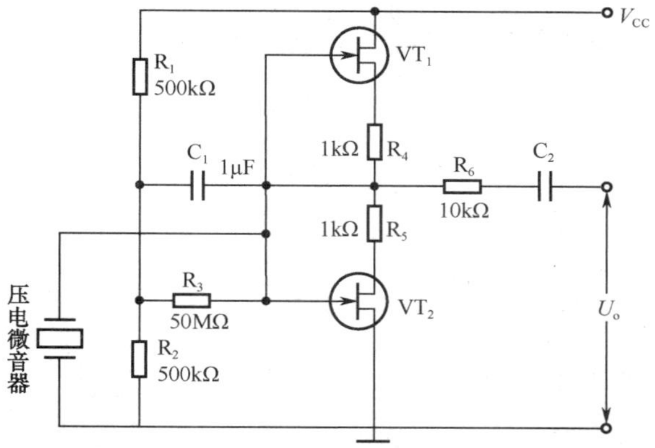

图 9-6　压电微音器在噪声计上的应用电路

3．电容式声敏传感器（静电型）

图 9-7 所示为电容式送话器的结构示意图，它由膜片、护盖及固定电极等组成。膜片是一片质轻且弹性好的金属薄片，它与固定电极组成一个间距很小的可变电容器。当膜片在声波的作用下振动时，膜片与固定电极间的距离发生变化，从而引起电容量的变化。如果在传感器的两极间串联负载电阻 R_L 和直流电流极化电压 E，在电容量随声波的振动变化时，在 R_L 的两端就会产生交变电压。

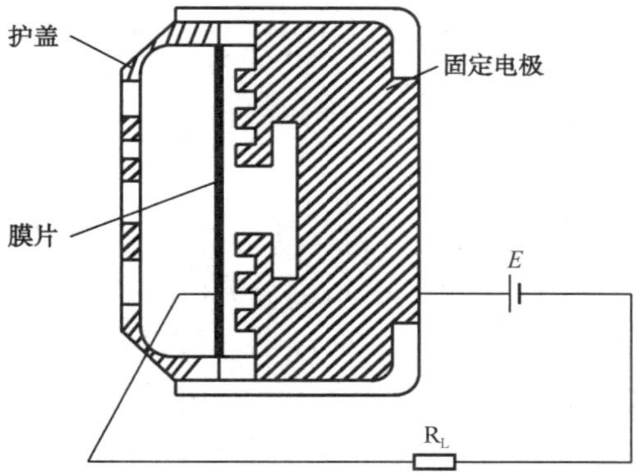

图 9-7　电容式送话器的结构示意图

电容式声敏传感器的输出阻抗呈容性，由于其容量小，在低频情况下容抗很大，为保证低频时传感器的灵敏度，必须有一个输入阻抗很大的变换器与其相连，经阻抗变换后，再由放大器进行放大。

4．音响传感器

音响传感器有：将声音载于通信网络的电话话筒；将可听频带范围的声音真实地进行电变换的放音、录音话筒；将媒质所记录的信号还原成声音的各种传感器等。根据不同的工作原理（电磁变换、静电变换、电阻变换、光电变换等）可制成多种音响传感器。

1）驻极体话筒

驻极体是以聚酯、聚碳酸酯和氟化乙烯树脂作为材料的电介质薄膜，使其内部极化，并将电荷固定在薄膜的表面。将薄膜的一个面做成电极，与固定电极保持一定的间隙 d_0，并放置于固定电极的对面，如图 9-8 所示，在薄膜的单位电极表面上所感应的电荷量为

$$Q=\frac{\varepsilon_1 d_0 \sigma}{\varepsilon_1 d_0+\varepsilon_0 d_1} \tag{9-3}$$

$$Q=-\frac{\varepsilon_0 d_1 \sigma}{\varepsilon_1 d_0+\varepsilon_0 d_1} \tag{9-4}$$

式中，ε_0、ε_1 分别为各部分的电介质常数；σ 为电荷密度。

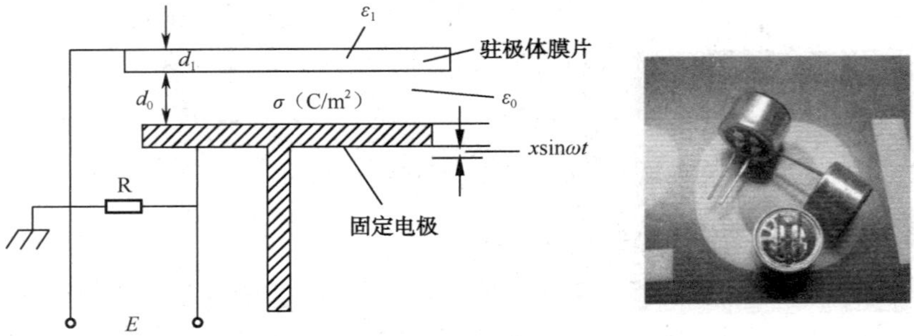

图 9-8　驻极体话筒的结构示意图

设图 9-8 中系统的合成电容量为 C 时，驻极体膜片（或固定电极）以角频率 ω 振动，若 $R \gg \omega C$，则来自外部的电荷不能移动，从而在电极间产生电位差，即

$$E=\frac{d_0}{\varepsilon_0} \times \sin \omega t=\frac{\sigma d_1}{\varepsilon_1 d_0+\varepsilon_0 d_1} \times \sin \omega t \tag{9-5}$$

式（9-5）表明输出电压与位移成比例，即短路电流与振动速度成比例。

2）拾音器

拾音器由机-电变换部分和支架构成，它可检测录音机 V 形沟纹里记录的上下、左右振动，其芯子大致可分为速度比例式芯子（又可细分为电动式芯子和电磁式芯子）与位移比例式芯子（又可细分为静电式芯子、压电式芯子和半导体式芯子）。大多数电动式芯子在其线圈中都包含磁芯，由振动线圈本身交链磁通的变化（dΦ/dt）产生输出电压，其磁性材料广泛使用坡莫合金，目前也开始应用铁硅铝磁合金和铂明德铁钴系高导磁合金。电磁式芯子有动磁式（MM 型）芯子、动铁式（MI 型）芯子、磁感应式（IM 型）芯子和可变磁阻式芯子等。MM 型拾音器芯子的结构如图 9-9 所示，随着磁铁速度的变化，从被固定的线圈左、右端子即可获得输出结果。

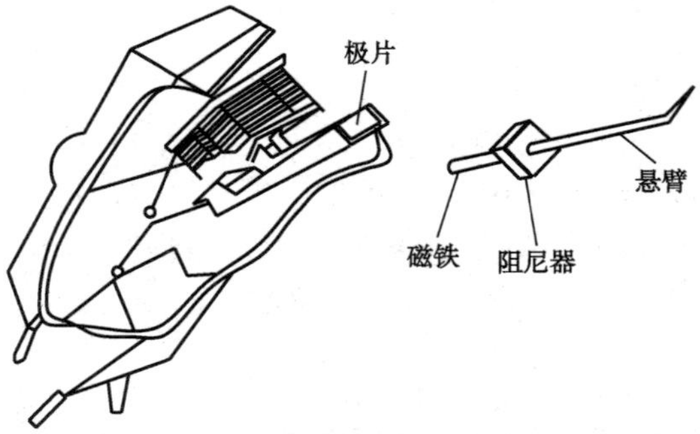

图 9-9　MM 型拾音器芯子的结构

3）动圈式话筒

动圈式话筒的结构如图 9-10 所示，由磁铁和软铁组成磁路，磁场集中在磁铁芯柱与软铁形成的气隙中。在软铁的前部装有振动膜片，它的上面绕有线圈，位于强磁场。当振动膜片受到声波作用时，带动线圈切割磁力线，产生感应电动势，从而将声信号转变为电信号输出。由于线圈的圈数很少，因此在输出端还接有声压变压器，以提高输出电压。

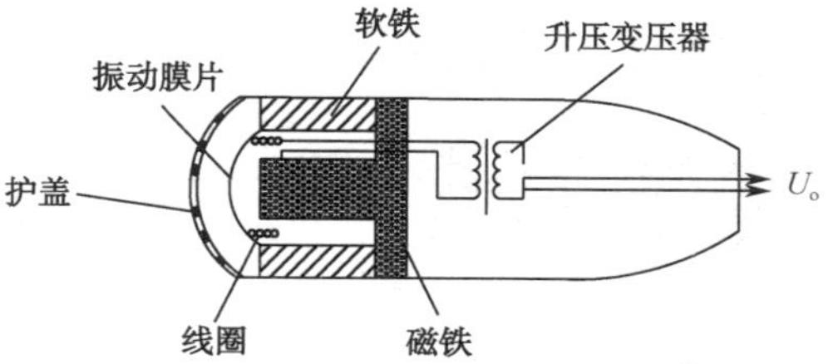

图 9-10　动圈式话筒的结构

4）医用音响传感器

为了诊断疾病，通常要检测体内某些器官所发出的声音，如心脏的跳动声、心杂音、由血管的狭窄部分所发出的杂音、伴随着呼吸的支气管与肺膜发出的声音、肠杂音、胎儿心脏的跳动声等。用于检测身体内所发出的各种声音的传感器有心音传感器和心音导管尖端式传感器。

（1）心音传感器。心音传感器检测向胸腔壁传播的心脏跳动声、心脏杂音信号，并通过放大器和滤波器组合，可获得胸部的特定部位随时间变化的波形，根据波形就可以进行诊断。心音传感器分为空气传导式心音传感器与直接传导式心音传感器两种。空气传导式心音传感器由气室与一般的传声器组合而成，易于使用，但输出电压小，还易受到周围杂音的干扰。直接传导式心音传感器分为加速度型心音传感器、悬挂型心音传感器、放置型心音传感器三种，如图 9-11 所示。直接传导式心音传感器必须和胸腔壁接触，根据接触部分的面积和质量，即使对同一被检测者来说，其响应也不一样，但胸腔壁上心音的伸缩振动可在薄膜的厚度方向输出电压。

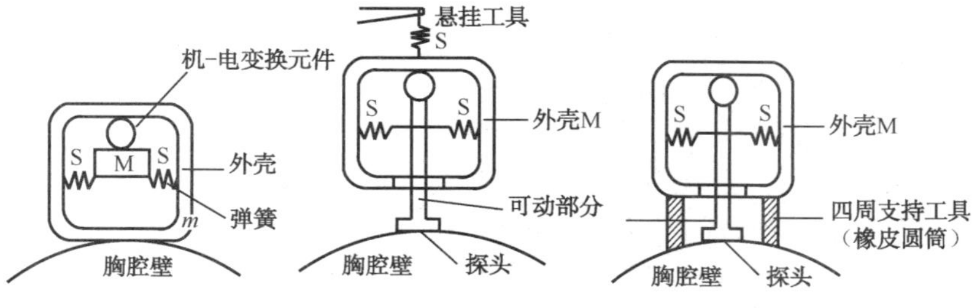

（a）加速度型心音传感器　（b）悬挂型心音传感器　（c）放置型心音传感器

图 9-11　直接传导式心音传感器

（2）心音导管尖端式传感器。它是将压力检测元件配置在心音导管端部的小型探头形传感器，用于测定血压，检测心音和心杂音的发生部位。压力检测元件可使用电磁式、应变片（电阻丝和半导体）式、压电陶瓷式等形式的元件，用光纤束来传输光，端部压力元件（振动片）的位移由振动片反射回来，从而引起光量的变化，然后由光量变化读出压力。如图 9-12 所示，光纤导管尖端式血压计可检测血压，还可检测 20Hz～4kHz 的心内音。

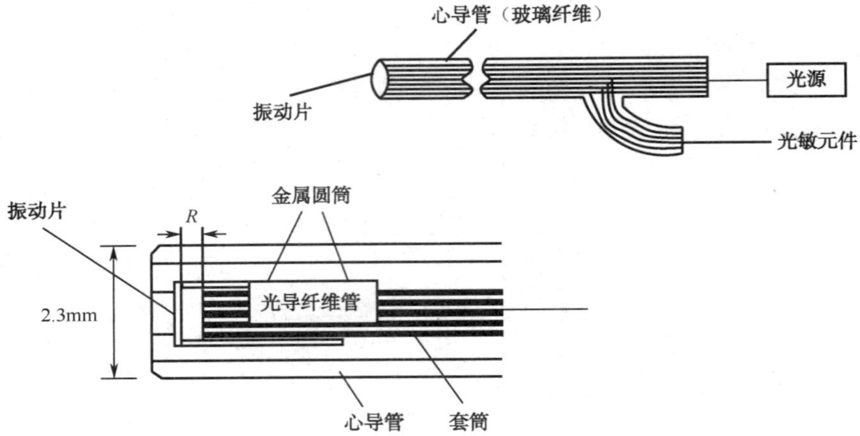

图 9-12 光纤导管尖端式血压计

9.1.3 次声波传感器和水声换能器

1. 次声波传感器

1）次声波传感器的应用

当声波作用于人耳时，只有其频率为 20Hz～20kHz，才会引起声音的感觉。因此就把这个频率范围的声波称为可听声，而将低于 20Hz 的声波称为次声波，这个频段的声波不会引起声音的感觉，即人耳是听不到的。所以，次声波长期以来不易引起人们的注意。实际上次声波普遍存在于自然界活动中，如火山、地震、海啸、台风等都可产生相当强的次声波。另外，在工业、建筑业、交通运输业、军事部门及航天工业等活动中均有次声波产生。

人类首次探测到次声波现象是在 1883 年。当时，印度尼西亚的喀拉喀托火山喷发，发射出一种波及全球的、人耳听不到的声波，它影响了气压计的读数。早在 20 世纪 30 年代人们已经发现次声波，但其真正引起重视并开展研究则是在 20 世纪 50 年代至 20 世纪 60 年代。当时，美国和苏联应用次声波技术探测对方进行的大气核试验，因此建立了大量的次声波监测站以检测对方的核试验，研究对方核试验的当量和其他信息。1996 年，联合国通过了全面禁止核试验条约，开始有越来越多的科学家转向次声波研究，一方面研究人类生产生活中产生的各种次声波及其防护手段，另一方面研究由各种大规模自然灾害所产生的次声波，如地震所产生的次声波，尤其是地震前所产生的震前次声波。20 世纪 90 年代，美国和日本的专家首先提出可通过监测震前次声波的方法来预测地震，目前这项研究吸引了各国的研究人员，并已取得一定的进展，未来可以与其他地震预测方法一起预测地震的发生。而次声波领域的研究，首先需要解决的是高精度的次声波传感器。

2）次声波传感器的分类

次声波传感器是能够接收次声波的传感器。通常有多种换能类型的传感器可用作次声波传感器，它需要足够低的下限频率，通常频率范围为 0.1～20Hz，有些传感器的下限频率可低至 0.001Hz。目前它的种类很多，按测量原理来分，常见的有电动式次声波传感器、电容式次声波传感器、波纹管膜盒式次声波传感器、光纤式次声波传感器、电磁波多普勒式次声波传感器、磁感应调频式次声波传感器（Frequency Modulated Inductive Sensor，FMIS）等，其中，电容式次声波传感器的体积小、灵敏度高、频率响应好，可以直接与记录器或信号实时模数转换器连接，使用方便。按输出形式来分，有直接输出式次声波传感器、载波调制输出式次声波传感器。目前国内外多数次声波观测站采用电容式次声波传感器。现在这种电容式次声波传感器已在检测核爆炸次声波、冰雹预报、地震次声波预报及地球物理等研究领域中有着广泛的应用。

目前世界各国使用的次声波传感器主要有以下几种。

（1）法国 MB2000 系列次声波传感器如图 9-13 所示，法国 MB2000 系列次声波传感器已经发展了很多代，包括早期的 MB2000 次声波传感器，后来的 MB2005 次声波传感器、MB2007 次声波传感器，早期这种传感器被用在国际次声波监测站中。这种传感器实际上是波纹管膜盒型微气压计，内置数字电路，可直接输出数字信号，但是波纹管需要浸泡在硅油中，以保持其稳定性，而且灵敏度低，频率响应不平直，频率范围也只有 0.1～10Hz，因此这种传感器的使用受到一定的限制。

图 9-13 法国 MB2000 系列次声波传感器

（2）美国阿拉斯加大学的 Model 系列次声波传感器。图 9-14 中的传感器分别是美国的 Model2.2 次声波传感器、Model2.5 次声波传感器和 Model50 次声波传感器，这些传感器都属于电容式次声波传感器，频率范围为 0.01～10Hz，下限频率比法国的 MB2000 次声波传感器要低，因此可以检测更低频率的次声波。与其他型号的电容式次声波传感器相比，美国 Model 系列次声波传感器的各项声学性能指标一般。这种传感器得益于优化的电路设计，使得自噪声和电路零点漂移很低，能够在环境温度变化大的环境（-45～+65℃，相对湿度为 95%）下长期使用。但其质量和体积较大，不易移动。

图 9-14 美国 Model 系列次声波传感器

（3）中国 CDC-2B 型次声波传感器。图 9-15 所示为中国 CDC-2B 型次声波传感器，它是中国科学院声学研究所研制的新型电容式次声波传感器，这种传感器在传统的电容式微气压计的基础上进行了多项改进，使得灵敏度可达到 400mV/Pa，高于美国的 Model 系列次声波传感器，下限频率可低至 0.001Hz，在 0.001～10Hz 范围内频响曲线平直，并且通过对外壳和电容膜片的优化设计，传感器可以不受外界低频振动的干扰。它突出的优点是具有十分好的便携性，整机质量不足 2kg，但相对于美国的 Model 系列次声波传感器来说，在工作温度和湿度指标上仍然需要改进。

（4）中国电动式次声波传感器如图 9-16 所示，这种传感器是中科院声学研究所早期开发的一种监测大气次声波的传感器，它不需要供电，内部由三部分组成：膜片、线圈、永磁体。当传感器感受到外界次声波时，膜片会在次声波的作用下连同线圈一起在永磁体产生的磁场中运动，从而在线圈两端产生感应电压。通过检测感应电压，就可以测得次声波的幅值。这种传感器的突出优点在于不需要外部供电，因此也就可以在没有供电条件的环境下长期工作。但这种传感器灵敏度较低，而且体积较大。

图 9-15　中国 CDC-2B 型次声波传感器

图 9-16　中国电动式次声波传感器

（5）美国光纤次声波传感器如图 9-17 所示，光纤次声波传感器是近年来发展起来的新型传感器，将数千米长的光纤紧紧缠绕在一根长的硅橡胶管上，这些光纤可以接收来自空气中的次声波，并使得光纤在数千米的长度上直径发生微小变化，从而影响内部激光的传导，在另一端使用激光干涉计进行检测，即可得到次声波的变化量。这种次声波传感器的优点是由于检测的介质是激光和光纤，因此不容易受到外界电磁信号的干扰，而且传感器的长度达几百米至上千米，分布在大直径的长管道上，光纤能够感测次声波，并且在这条长线上平均压力抵消了作用在光纤上的风噪声，因此这种传感器具有抗风噪声干扰的优点。但是这种传感器长度大，不容易布放，在使用上较为不便。

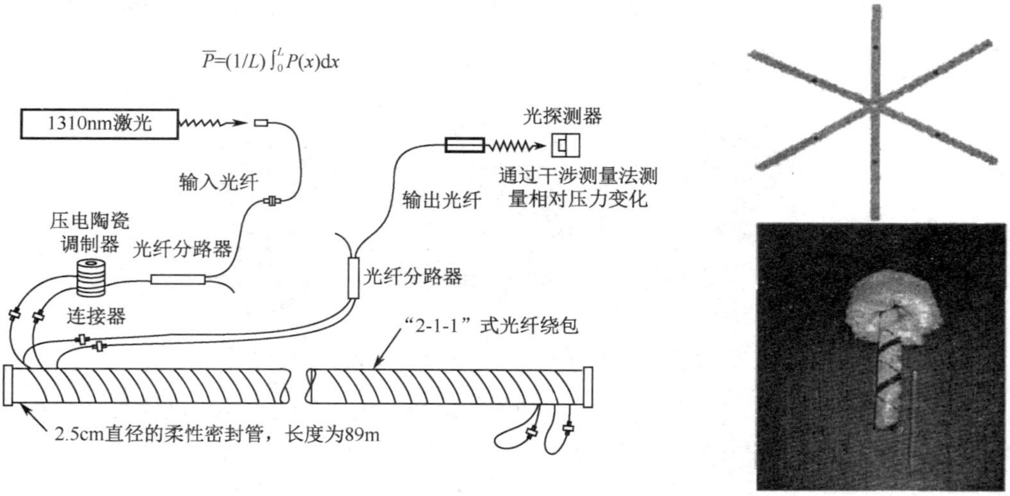

图 9-17　美国光纤次声波传感器

2．水声换能器

地球表面积的 71%是海洋，海洋里蕴藏着丰富的生物和矿物质资源，是人类生存和发展的第二个空间。而声呐这一水下探测设备则是人类开发海洋的重要帮手，更是海军和民用航海事业不可缺少的设备。声呐的功能就是收听水下的有用信号并将其转化为电信号以供收听或观察；或者自身产生一个电信号再转变为声信号在水中传播，遇到目标后反射回来再进行接收，转变为电信号供人们收听或观察，由此来判断被测物体的方位和距离。在水下电、声信号的转换过程中，关键设备就是水声换能器或换能器阵。

声音在水中的传播速度快，声波衰减小，而且水中各种噪声的声压一般比空气中的声压高 20dB。振动变换元件可换成电动式、电磁式、静电式元件，也可直接使用晶体元件或烧结体元件，水中的音响技术可测深、探测鱼群、检测海流及检测各种噪声等。压电陶瓷元件常用半径方向上被极化了的薄壁圆筒形振子，其灵敏度为 rd_{31}/ε。图 9-18 所示为水听器头部断面，由于元件呈容性，加长输出电缆的效果不理想，因此在水听器后配置场效应管，进行阻抗变换以便得到输出信号。由于在海洋等特殊环境中使用，因此要求其具有防水性和耐压性。

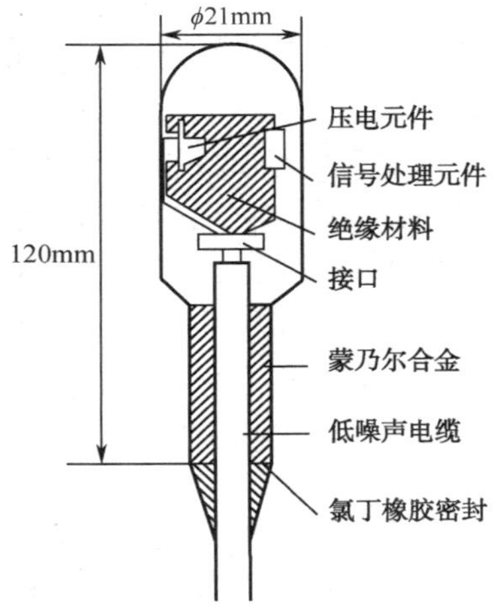

图 9-18　水听器头部断面

下面列举几种常用的水声换能器，如图 9-19 所示。

（a）400kHz 水声换能器　（b）多波束水声换能器　（c）50～200kHz 水下测距水声换能器

图 9-19　水声换能器

1）水声换能器的应用

目前，水声换能器已经普遍地应用于工业、农业、国防、交通和医疗等领域。这里仅介绍几种在水下探测方面的应用。

（1）在测深方面的应用。为保证航行安全，无论是军舰还是民船都要安装测深声呐，专门的航道检测船只都配备精度高、功能齐全的测深仪。根据测深深度的不同，水声换能器的频率和功率也相差甚远。以频率范围在 10～200kHz 的较多，功率从数瓦到数十千瓦不等，其中，高频小功率的水声换能器用于内河或浅海，低频大功率的水声换能器用于远洋、大深度海域。对这类水声换能器的要求是波束稳定、主波束尖锐。

（2）在定位和测距方面的应用。测量航船对地的航行速度，大多采用多普勒声呐，利用 4 个性能相同的水声换能器分别排列在与龙骨相垂直的左右舷方向上，一般它的工作频率为 100～500kHz。

（3）在海洋考察和海底地层勘探方面的应用。海底地质调查主要采用低频大孔径声呐。拖曳式声呐是装在活动载体上最大尺寸的声学基阵，测量距离也最远。在水中成像方面，通常采用高频旁视声呐，在船底左右舷对称地沿龙骨平行方向安装两个直线基阵，各自向海底发射扇形指向性声束，然后接收来自海底的反射波，由于海底凹凸不平的反射波的强度有差别，在显示图像上就会出现亮度不同的图像，因为工作频率较高，声信号衰减较快，作用距离较近，现在试验的频率范围为数十千赫到500kHz。

2）水声换能器的分类

水声换能器按照不同的机电能量转换原理可以分为电动式水声换能器、电磁式水声换能器、磁致伸缩式水声换能器、静电式水声换能器、压电式水声换能器和电致伸缩式水声换能器等。压电陶瓷是经过高压直流极化处理之后才具有压电效应的，因此被称作电致伸缩材料，是压电式水声换能器的主流制作材料，尤其在超声换能器领域有非常广泛的应用。

水声换能器按照不同的振动模式可以分为以下几类。

（1）纵向振动换能器。纵向振动换能器的振动方向与长度方向平行，在换能器的长度方向上传播应力波，它的谐振基频取决于长度，是声呐系统中使用得最广泛的水声换能器。

（2）圆柱形换能器。采用压电陶瓷圆管（或圆环），通过合适的机械结构，安装成所需的长度。它可以做成水平无指向性或垂直指向性可控的宽带换能器，是水声计量中惯用的标准水听器和标准发射器的选型之一。

（3）弯曲振动换能器。弯曲振动换能器具有低频下尺寸小、质量轻的优点（与相同频率下、同一种有源换能器相比），其振动部件有弯曲梁、弯曲圆盘、弯曲板等。

（4）弯曲伸张换能器。弯曲伸张换能器一般是用两种振动模式组合起来的复合换能器。例如，用纵向伸缩振动棒与不同形式的弯曲壳体组合成多种形式的弯曲伸张换能器，也可以用圆形平面径向振动有源元件与碗形弯曲壳体组合成弯曲伸张换能器。

（5）球形换能器。利用空心压电陶瓷球壳的呼吸振动做成的球形换能器具有空间对称性好的优点，普遍用作点源水听器。

（6）剪切振动换能器。振动方向和极化方向互相平行，且驱动电场的方向和振动方向互相垂直的剪切振动可以满足某种特殊使用要求，如去除牙结石的换能器就是这种形式。

3）水声换能器的主要性能指标

水声换能器的主要性能指标有：工作频率（或工作频率范围）、指向性、阻抗（或导纳）、发射功率、发射响应、接收灵敏度、接收灵敏度响应、频带宽度、发射声源级（声功率）、品质因数、最大工作深度、尺寸和质量等。

（1）工作频率（或工作频率范围）。水声换能器的工作频率（或工作频率范围）通常是由声呐设备的工作频率确定的。水声换能器的阻抗、指向性、灵敏度、发射功率、尺寸等都是频率的函数。一般说来，对于发射换能器，要计算它在谐振频率上或在谐振频率附近有限频带内的性能指标，在这个频率及其附近有最大的发射功率。对于宽带接收换能器（压电换能器）谐振频率应远高于接收频带的上限，以保证宽带内有平坦的接收响应且要计算它在谐振频率及其以下频段内的接收响应。大型低频声呐换能器的频率在数十赫兹到数千赫兹，而小型目标探测声呐换能器的频率在数十千赫兹到数百千赫兹。

（2）指向性。不管是换能器还是换能器阵，它们的发射响应或接收响应会随着相对于它们方向的变化而变化，也就是说换能器具有指向性。发射换能器发射的声波如同探照灯射出的光束一样，由于换能器具有指向性，就可以把声能聚集到某个方位发射，使能量更加集中。采用许多换能器组成尺寸更大的换能器阵，在相同的频率上其指向性更强，能量更加集中，发射的距离更远，在接收状态下信噪比更大，作用距离也更远。

（3）阻抗（或导纳）特性。换能器在谐振频率附近可以看作一个简单的串、并联等效电路。电路中的每一个电阻、电容或电感表示该换能器的固有特性，这就是换能器的阻抗（或导纳）特性。掌握了换能器的阻抗（或导纳）特性才能使它与发射机的末级回路或接收机的输入电路相匹配。换能器的阻抗是一个复数，它是频率的函数，一般可表示为 $Z(w)=R(w)+jX(w)$（单位为Ω）。

在机械共振时动态无功抗趋近于零，静态容抗可用匹配电感调谐，此时可以把它看作一个纯电阻。压电换能器的电阻抗一般在数十欧姆到数千欧姆的范围内。

（4）发射功率。发射换能器的功能是将电子发射机的电功率转变为机械振动的机械功率，再把机械功率转变为声功率发射出去。发射声功率是指换能器在单位时间内向介质中辐射能量多少的物理量，功率的单位是 W。换能器的发射功率受额定电压（或电流）、动态机械强度、温度及介质特性等因素的制约。

（5）发射响应。能够全面反映发射换能器性能指标的是发射响应，主要有发射电压响应和发射电流响应。发射电压响应 S_V 的定义是发射换能器在指定方向上离其有效声中心 d_0（单位为 m）距离上产生的自由场表观声压 P 与加到换能器输入端的电压 U 的比值：$S_V=Pd_0/U$。

发射电流响应是指发射换能器在指定方向上离其有效声中心 d_0（单位为 m）距离上产生的自由场表观声压 P 与加到换能器输入端的电流 I 的比值：$S_I=P\,d_0/I$。

（6）接收灵敏度。换能器的自由场电压灵敏度指的是接收换能器在入射声波的作用下，输出端的开路电压 $U(w)$与自由场中（假设接收换能器不存在时）的声中心所在点的声压 $P_f(w)$ 的比值 $M(w)$。对于接收换能器而言，需要在很宽的频率范围内接收入射声波，而压电换能器通常在低于谐振频率的宽频带范围内工作。

（7）接收灵敏度响应。宽带接收换能器要求在使用的频率范围内有比较平坦的接收响应。通常规定在工作频段内接收电压灵敏度起伏量为±1.5dB。

9.1.4　超声波传感器在检测技术中的应用

1．超声波测厚

超声波测量金属零件的厚度，具有测量精度高、测试仪器轻便、操作安全简单、易于读数及实现连续自动检测等优点。超声波测厚常用脉冲回波法，此方法检测厚度的工作原理如图 9-20 所示。超声波传感器与被测物体表面接触，主控制器产生一定频率的脉冲信号，送往发射电路，经电流放大后激励压电式超声波传感器，以产生超声波脉冲；脉冲传到被测工件另一个面反射回来，被同一传感器接收；如果超声波在工件中的声速 c 是已知的，设工件厚度为 d，脉冲从发射到接收的时间间隔Δt 可以测量，因此可求出工件厚度为

$$d=\frac{\Delta t}{2}\cdot c \qquad (9\text{-}6)$$

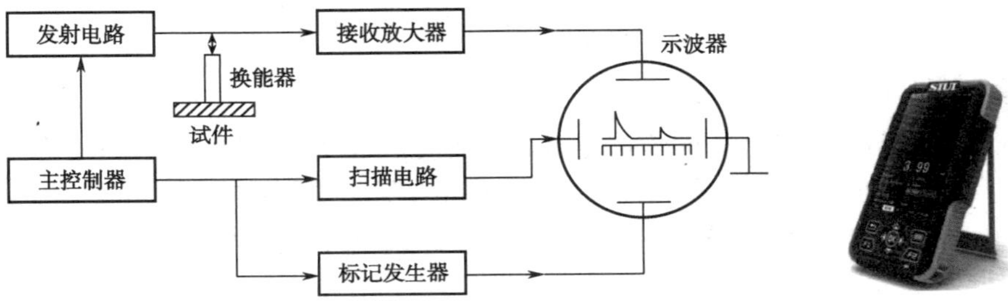

图 9-20　脉冲回波法检测厚度的工作原理

2．超声波测物位

将存于各种容器内的液体表面高度及所在的位置称为液位，固体颗粒、粉料、块料的高度或表面所在位置称为料位，二者统称为物位。超声波测物位由于具有非接触连续测量、安装方便、不受被测介质影响、可在较高温度下测量、精度高、功能强等特点，在物位仪表中越来越受到重视。图 9-21 所示为脉冲回波式超声波液位测量的原理图。超声波传感器发出的超声波通过介质到达液面，经液面反射后又被传感器接收。测量发射与接收超声波的时间间隔和介质中超声波的传播速度，即可求出探头与液面之间的距离。根据传声方式和使用探头数量的不同，可分为单探头液介式、单探头气介式、单探头固介式、双探头液介式等。

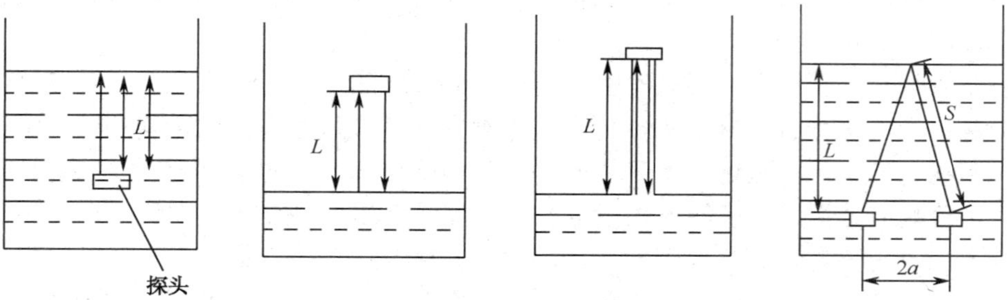

（a）单探头液介式　（b）单探头气介式　（c）单探头固介式　（d）双探头液介式

图 9-21　脉冲回波式超声波液位测量的原理图

在生产实践中，有时只需要知道液面是否升到或降到某个或某几个固定高度即可，则可采用图 9-22 所示的超声波定点式液位计，实现定点报警或液面控制。图 9-22（a）、图 9-22（b）为连续波阻抗式液位计的示意图。由于气体和液体的声阻抗差别很大，当超声波传感器发射面分别与气体或液体接触时，发射电路中通过的电流明显不同。因此利用一个处于谐振状态的超声波传感器，就能通过指示仪表判断出探头前是气体还是液体。图 9-22（c）、图 9-22（d）为连续波透射式液位计的示意图。图中相对安装的两个超声波传感器之间有液体时，接收超声波传感器才能接收到透射波。由此可判断出液面是否到达超声波传感器的定点高度。

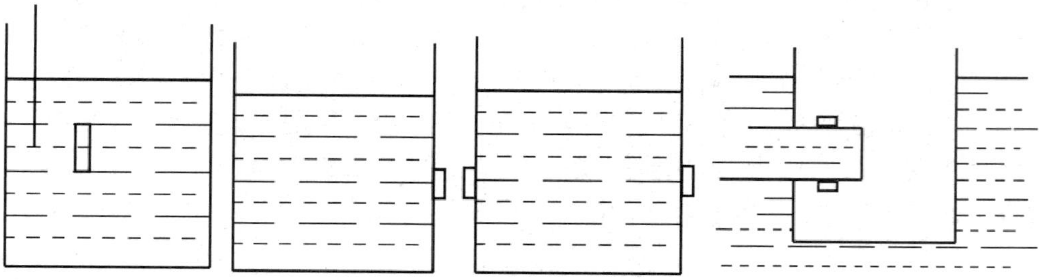
（a）　（b）　（c）　（d）

图 9-22　超声波定点式液位计

3．超声波测流量

超声波在静止和流动流体中的传播速度是不同的，进而形成传播时间和相位上的变化，由此可求得流体的流速和流量。图 9-23 所示为超声波测流体流量的原理图。图中 c 为流体的平均流速，v 为超声波在流体中的速度，θ为超声波传播方向与流动方向的夹角，A、B 为两个超声波传感器，L 为两者间的距离。

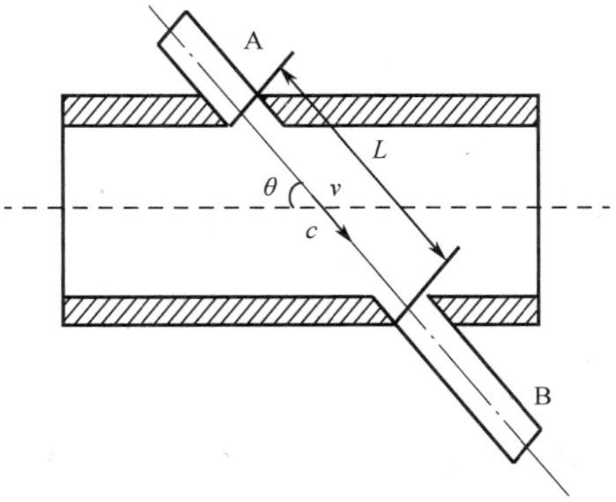

图 9-23　超声波测流体流量的原理图

1）时差法测流量

当 A 为发射传感器，B 为接收传感器时，超声波传播速度为$c+v\cos\theta$，于是顺流传播时间 t_1 为

$$t_1=\frac{L}{c+v\cos\theta} \tag{9-7}$$

当 B 为发射传感器，A 为接收传感器时，超声波传播速度为$c-v\cos\theta$，于是逆流传播时间 t_2 为

$$t_2=\frac{L}{c-v\cos\theta} \tag{9-8}$$

时差为

$$\Delta t=t_2-t_1=\frac{2Lv\cos\theta}{c^2-v^2\cos^2\theta} \tag{9-9}$$

由于$c\gg v$，于是式（9-9）可近似为

$$\Delta t\approx\frac{2Lv\cos\theta}{c^2} \tag{9-10}$$

则流体的平均流速为

$$v=\frac{c^2}{2L\cos\theta}\Delta t \tag{9-11}$$

该测量方法的精度取决于Δt 的测量精度，同时应注意 c 并不是常数，而是温度的函数。

2）相位差法测流量

当 A 为发射传感器，B 为接收传感器时，接收信号相对于发射超声波的相位角为

$$\varphi_1=\frac{L}{c+v\cos\theta}\omega \tag{9-12}$$

式中，ω为超声波的角频率。

当 B 为发射传感器，A 为接收传感器时，接收信号相对于发射超声波的相位角为

$$\varphi_2=\frac{L}{c-v\cos\theta}\omega \tag{9-13}$$

相位差为

$$\Delta\varphi=\varphi_1-\varphi_2=\frac{2Lv\cos\theta}{c^2-v^2\cos^2\theta}\omega \tag{9-14}$$

同样，由于$c \gg v$，于是式（9-14）可近似为

$$\Delta\varphi \approx \frac{2Lv\cos\theta}{c^2}\omega \tag{9-15}$$

流体的平均流速为

$$v = \frac{c^2}{2\omega L\cos\theta}\Delta\varphi \tag{9-16}$$

该法以测量相位角代替精确测量时间，因此可以进一步提高测量精度。

3）频率差法测流量

当A为发射传感器，B为接收传感器时，超声波的重复频率f_1为

$$f_1 = \frac{c + v\cos\theta}{L} \tag{9-17}$$

当B为发射传感器，A为接收传感器时，超声波的重复频率f_2为

$$f_2 = \frac{c - v\cos\theta}{L} \tag{9-18}$$

频率差为

$$\Delta f = f_2 - f_1 = \frac{2v\cos\theta}{L} \tag{9-19}$$

流体的平均流速为

$$v = \frac{L}{2\cos\theta}\Delta f \tag{9-20}$$

当管道结构尺寸L和传感器安装位置夹角θ一定时，式（9-20）中v直接与Δf有关，而与c无关，可见此法将能获得更高的测量精度。

4．超声波探伤

1）穿透法探伤

穿透法探伤是根据超声波穿透工件后能量的变化情况来判断工件内部质量的方法。穿透法探伤采用两个传感器，置于工件相对的两面，一个发射超声波，一个接收超声波。发射的超声波可以是连续波，也可以是脉冲。穿透法探伤原理图如图9-24所示。

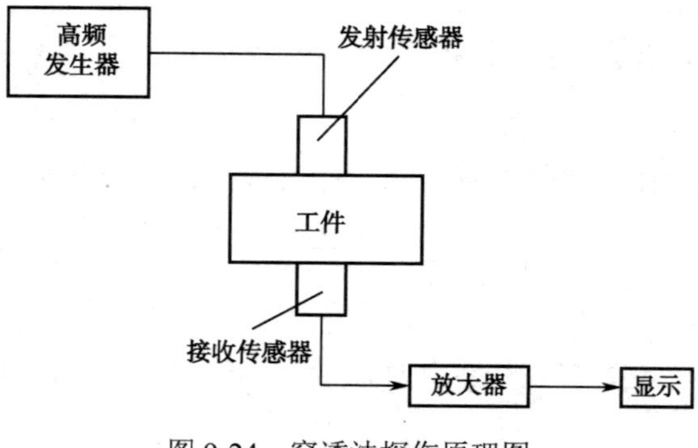

图9-24　穿透法探伤原理图

当在超声波探测中工件内无缺陷时，传感器接收的能量大，仪表指示值大；当工件内有缺陷时，因部分能量被反射，传感器接收的能量小，仪表指示值小。根据这个变化，就可以把

工件内部的缺陷检测出来。这种方法的特点是探测灵敏度较低，不能发现小缺陷；根据能量的变化可判断有无缺陷，但不能定位；适宜探测超声波衰减大的材料；指示简单，适用于自动探伤；可避免盲区，适宜探测薄板；对两传感器的相对距离和位置要求较高。

2）反射法探伤

反射法探伤是以超声波在工件中反射情况的不同来探测缺陷的。反射法探伤又分为一次脉冲反射法探伤和多次脉冲反射法探伤，下面分别进行介绍。

（1）一次脉冲反射法探伤。图 9-25 所示为一次脉冲反射法探伤的原理图。高频发生器产生脉冲（发射波）加在传感器上，激励压电晶体振动，使它产生超声波。超声波以一定的速度向工件内部传播，一部分超声波遇到缺陷 F 时反射回来，另一部分超声波继续传至工件底面 *B* 后也反射回来，都被传感器接收又变为电脉冲。发射波 T、缺陷波 F 及底波 B 经放大后，在显示器荧光屏上显示出来。荧光屏上的水平亮线为扫描线（时间基准），其长度与时间成正比。由发射波、缺陷波及底波在扫描线上的位置，可求出缺陷位置。由缺陷波的幅度可判断缺陷大小，由缺陷波的开头波形可分析缺陷的性质。当缺陷面积大于声束截面时，声波全部由缺陷处反射回来，荧光屏上只有发射波 T、缺陷波 F，没有底波 B。当工件无缺陷时，荧光屏上只有发射波 T、底波 B，没有缺陷波 F。

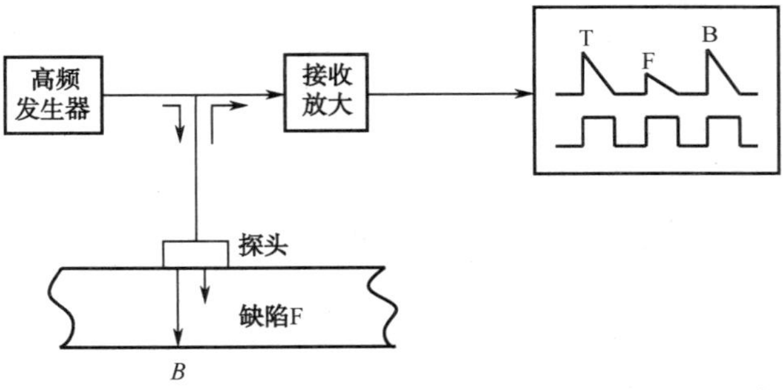

图 9-25　一次脉冲反射法探伤的原理图

（2）多次脉冲反射法探伤。多次脉冲反射法探伤是以多次底波为依据而进行探伤的方法。超声波由底部反射回至传感器时，一部分超声波被传感器接收，另一部分又折回底部，这样往复反射，直到声能全部衰减完为止，如图 9-26（a）所示。若工件中无缺陷，则荧光屏上出现呈指数级递减的多次反射底波，如图 9-26（b）所示。当工件内有吸收性缺陷时，声波在缺陷处的衰减很大，底部反射的次数减少，甚至消失，以此判断有无缺陷及其严重程度，如图 9-26（c）、图 9-26（d）所示。当工件为板材时，为了观察方便，一般常用多次脉冲反射法探伤。

（a）示意图　（b）无缺陷时的波形　（c）有吸收性缺陷时的波形　（d）缺陷严重时的波形

图 9-26　多次脉冲反射法探伤的原理图

9.2 微波传感器

微波传感器是一种利用微波频率范围内的电磁波来检测和测量物体或环境特性的传感器。微波是介于红外线与无线电波之间的电磁辐射，具有电磁波的性质。它不仅可以用于微波通信、卫星发送等无线通信，还在雷达、诱感导弹、遥感、射电望远镜等方面有应用。由于微波与物质的相互作用，在工业中，微波传感器对材料无损检测及物位检测具有独到之处。在地质勘探方面，微波断层扫描技术成为地质及地下工程不可或缺的技术。所以微波传感器在地质勘探、能源、材料、生物医学、环境保护、科学研究等方面具有广阔的应用前景。

9.2.1 微波概述

微波是波长为0.1～1mm的电磁波，对应波段的频率范围为300MHz～3000GHz。在实际应用中为了方便起见，把微波波段细分为分米波段（频率为300～3000MHz）、厘米波段（频率为3～30GHz）、毫米波段（频率为30～300GHz）及亚毫米波段（频率为300～3000GHz）。

微波既具有电磁波的特性，又与普通的无线电波及光波不同，是一种波长相对较长的电磁波。微波波段之所以要从射频频谱中分离出来单独研究，是由于微波波段有着不同于其他波段的重要特点。

1. 似光性和似声性

微波波段的波长与无线电设备的线长度相当，比地球上的一般物体（如飞机、舰船、火箭、导弹、建筑物等）的尺寸小得多，因此，当微波照射到这些物体上时，将产生显著的反射、折射现象，与光线的反射、折射现象一样。同时，微波传播的特性也和几何光学相似，能像光线一样直线传播，容易集中，即具有似光性。这样，利用微波就可以制作出方向性极好、体积小的天线设备，用于接收地面或宇宙空间中各种物体反射回来的微弱信号，从而确定该物体的方位与距离，这是雷达和导航技术的基础。

由于微波波长与无线电设备的尺寸相当，使微波又体现出与声波相似的特征，即具有似声性。例如，微波波导类似于声学中的传声筒；喇叭天线和缝隙天线类似于声学喇叭、箫和笛；微波谐振腔类似于声学共鸣箱等。

2. 分析方法的独特性

因为微波的频率很高，波长很短，所以在低频电路中被忽略的一些现象和效应（如趋肤效应、辐射效应、相位滞后现象等）在微波波段不可以忽略。因此，低频电路中常用的元件参数电阻值、电感量、电容量等已不适用，电压、电流在微波波段甚至失去了唯一性意义。因此用它们已无法对微波传输系统进行完全的描述，而要建立一套新的能够描述这些现象和效应的理论方法——电磁场理论的场与波传输的分析方法。

3. 共度性

电子在真空管内的渡越时间（10^{-9}s左右）与微波的振荡周期（10^{-9}～10^{-15}s）相当的这一特性称为共度性，利用该特性可以做成各种微波电真空器件，得到微波振荡源。

4．穿透性

微波照射于介质物体时，能深入物质内部的特点称为穿透性。例如，微波是射频波谱中唯一能穿透电离层的电磁波（除光波外），因此成为人类探测外层空间的“宇宙窗口”；微波可以穿透云雾、雨、植被、积雪和地表层，具有全天候和全天时的工作能力，是遥感技术中的重要波段；微波能够穿透生物体，是医学透热疗法的重要手段；毫米波还能穿透等离子体，使远程导弹和航天器重返大气层，是实现通信和末端制导的重要手段。

5．信息性

微波波段可载的信息容量是非常巨大的，即便是在很小的相对带宽，其可用的频带也是很宽的，可达数百甚至上千兆赫兹。所以现代多路通信系统，包括卫星通信系统，几乎无一例外地工作在微波波段。此外，微波信号还可以提供相位信息、极化信息、多普勒频率信息，这在目标探测、遥感、目标特征分析等应用中是十分重要的。

6．非电离性

微波量子的能量不够大，因此不会改变物质分子的内部结构，或者破坏分子的化学键，所以微波和物体之间的作用是非电离的。而由物理学知识可知，分子、原子和原子核在外加电磁场的周期力的作用下所呈现的许多共振现象都发生在微波范围内，因此微波是探索物质的内部结构及其基本特性有效的研究手段。

9.2.2　微波传感器的原理和组成

1．微波传感器的原理

微波传感器就是指利用微波特性来检测一些物理量的器件或装置。微波由发射天线发出，遇到被测物体时将被吸收或反射，使微波功率发生变化。利用接收天线接收被测物反射回来的微波，并将其转换为电信号，经过信号调理电路后就可以显示出被测量，实现微波的检测。

2．微波传感器的组成

微波传感器通常由微波发射器（微波振荡器）、微波天线及微波检测器三部分组成。

1）微波振荡器与微波天线

微波振荡器是产生微波的装置。由于微波的波长很短，而频率又很高（300MHz～300GHz），要求振荡回路中具有非常微小的电感量与电容量，因此不能用普通的电子管与晶体管构成微波振荡器。构成微波振荡器的器件有速调管、磁控管及某些固态器件。小型微波振荡器也可以采用体效应管。

由微波振荡器产生的振荡信号需要用波导管进行传输，管长为 10cm 以上的可用同轴电缆传输，并通过微波天线发射出去。为了使发射的微波具有尖锐的方向性，微波天线要具有特殊的结构。常见的微波天线如图 9-27 所示，有喇叭形天线［见图 9-27（a）、图 9-27（b）］、抛物面天线［见图 9-27（c）、图 9-27（d）］、介质天线与隙缝天线等。

喇叭形天线结构简单，制造方便，它可以看作波导管的延续。喇叭形天线在波导管与敞开的空间之间起匹配作用，可以获得最大的输出能量。抛物面天线好像凹面镜产生平行光，因此可以使微波发射的方向性得到改善。

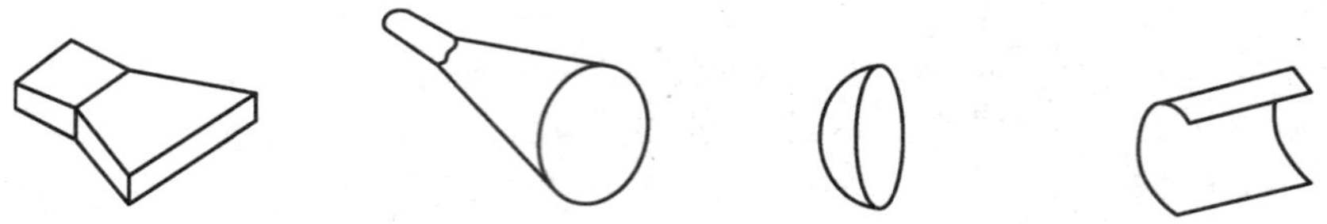

（a）扇形喇叭天线　（b）圆锥喇叭天线　（c）旋转抛物面天线　（d）抛物柱面天线

图 9-27　常见的微波天线

2）微波检测器

电磁波的传播基于电场和磁场的交替变化，所以使用电流-电压特性呈现非线性电子元件作为探测电磁波的敏感探头。与其他传感器相比，敏感探头在其工作频率范围内必须有足够快的响应速度。微波检测器作为非线性电子元件，在几兆赫以下的频率通常使用半导体 PN 结，而对于频率比较高的使用肖特基结。在灵敏度特性要求特别高的情况下，可用超导材料的约瑟夫森结检测器、SIS 检测器等超导隧道结元件，而在接近光的频率区域，可使用由金属-氧化物-金属构成的隧道结元件。

微波的检测方法有两种：一种是将微波转化为电流的时频变化；另一种是与本机振荡器并用，使其转化为频率比微波低的外差法。

微波检测器性能参数有：频率范围、灵敏度-波长特性、检测面积、FOV（视场）、输入耦合率、电压灵敏度、输出阻抗、响应时间常数、噪声特性、极化灵敏度、工作温度、可靠性、温度特性、耐环境性等。

9.2.3　微波传感器的工程应用

1．微波液位计

微波液位计的原理图如图 9-28 所示。距离为 S 的发射天线与接收天线相互成一定角度。波长为 l 的微波信号被被测液面反射后进入接收天线。接收天线接收到的微波功率的大小随被测液面的高低而异。图 9-29 所示为几种微波液位计的实物图。

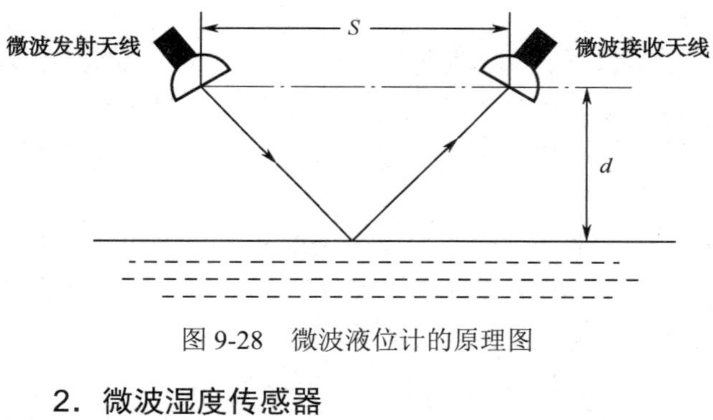

图 9-28　微波液位计的原理图

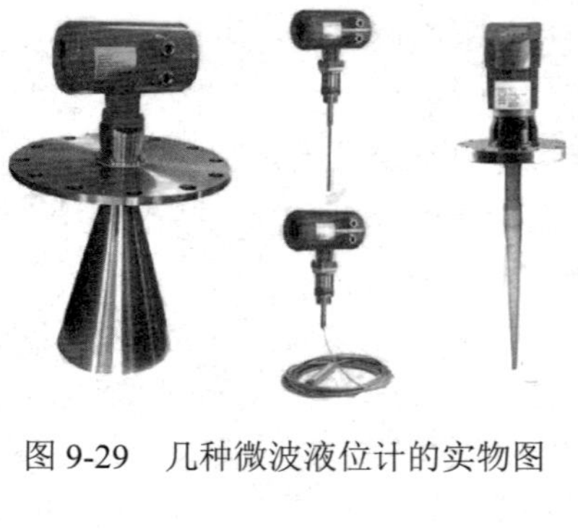

图 9-29　几种微波液位计的实物图

2．微波湿度传感器

水分子是极性分子，常态下成偶极子形式杂乱无章地分布着。在外电场作用下，偶极子会定向排列；在微波场的作用下，偶极子不断地从电场中获得能量（这是一个储能的过程），表现为微波信号的相移；又不断地释放能量（这是一个放能的过程），表现为微波的衰减。这

个特性可用水分子自身的介电常数ε来表征，即

$$\varepsilon = \varepsilon' + \alpha\varepsilon'' \tag{9-21}$$

式中，ε'为储能的度量；ε''为衰减的度量；α为常数。

ε'与ε''不仅与材料有关，还与测试信号的频率有关，极性分子均有此特性。一般干燥的物体，如木材、皮革、谷物、纸张、塑料等，其ε'在 1～5 范围内，而水的ε'则高达 64，因此如果材料中含有少量水分子，其复合ε'将显著上升。ε''也有类似性质。

使用微波传感器，测量干燥物体与含水分的潮湿物体所引起的微波信号的相移量与衰减量，就可以计算出物体的含水量。

图 9-30 所示为酒精含水量测量仪的方框图，图 9-30 中，MS 产生的微波功率经分功率器分成两路，再经衰减器 A_1、A_2 分别注入两个完全相同的转换器 T_1、T_2。其中，T_1 放置无水酒精，T_2 放置被测样品。相位与衰减测定仪（PT、AT）分别反复接通两电路（T_1 和 T_2）的输出，自动记录与显示它们之间的相位差与衰减差，从而确定被测样品的含水量。

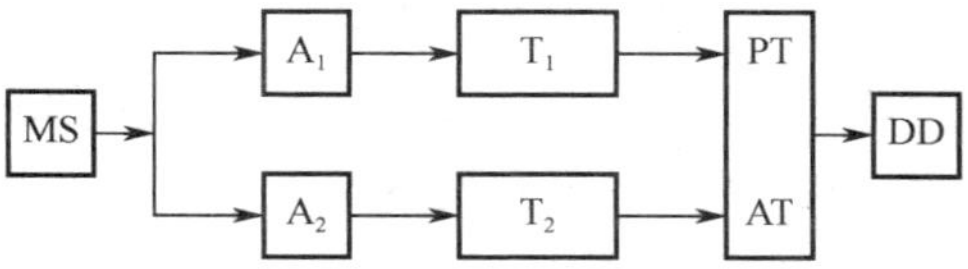

图 9-30　酒精含水量测量仪的方框图

对于颗粒状物料，由于其形状各异、装料不均匀等因素的影响，测量其含水量时，对微波传感器的要求较高。图 9-31 所示为微波湿度传感器的实物图。

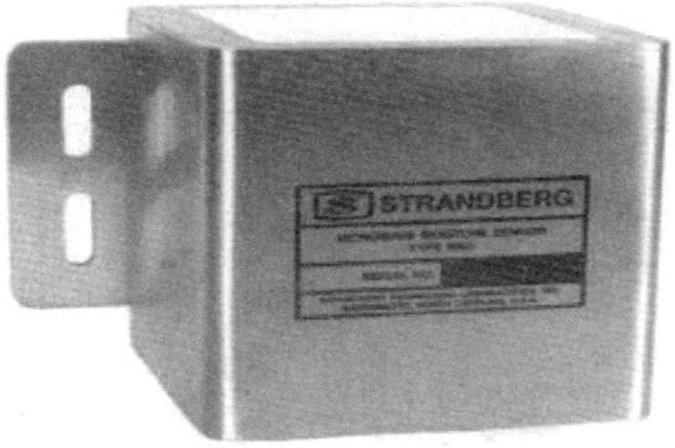

图 9-31　微波湿度传感器的实物图

3. 微波测厚仪

微波测厚仪是利用微波在传播过程中遇到被测物体金属表面会被反射，且反射波的波长与速度都不变的特性进行测厚的。

微波测厚仪的原理图如图 9-32 所示，在被测金属物体上、下两表面各安装一个终端器。微波信号源发出的微波经过环行器 A、上传输波导管传输到上终端器中，由上终端器发射到被测物体的上表面上，微波在被测物体上表面发生全反射后又回到上终端器，再经过上传输波导管、环行器 A、下传输波导管传输到下终端器中。由下终端器发射到被测物体下表面的微波，经全反射后又回到下终端器，再经过下传输波导管回到环行器 A。因此被测物体的厚度与微波传输过程中的行程长度有密切关系，当被测物体厚度增加时，微波传输的行程长度减小。

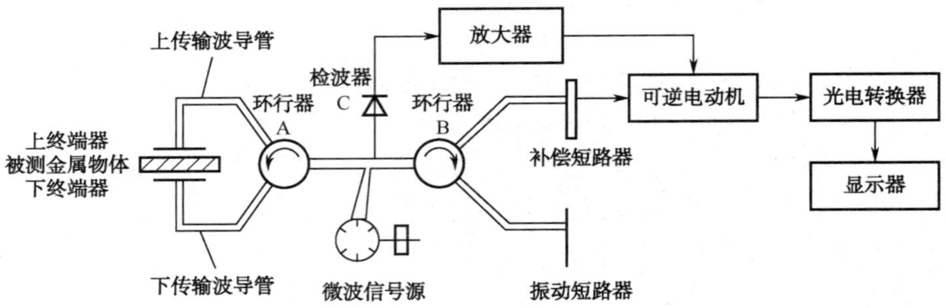

图 9-32　微波测厚仪的原理图

一般情况下，微波传输的行程长度的变化非常微小。为了精确地测量出这一微小变化，通常采用微波自动平衡电桥法，将前面讨论的微波传输行程作为测量臂，完全模拟测量臂微波的传输行程作为参考臂（见图 9-32 右半部分）。若测量臂与参考臂的行程完全相同，则反相叠加的微波经过检波器 C 检波后，输出为零。若两臂行程长度不同，两路微波叠加后不能相互抵消，经检波器后便有不平衡信号输出。此不平衡信号经放大后控制可逆电动机旋转，带动补偿短路器产生位移，改变补偿短路器的长度，直到两臂行程长度完全相同，放大器输出为零，可逆电动机停止转动为止。

补偿短路器的位移与被测物厚度增加量之间的关系为

$$\Delta S = L_B - (L_A - \Delta L_A) = L_B - (L_A - \Delta h) = \Delta h \tag{9-22}$$

式中，L_A 为电桥平衡时测量臂的行程长度；L_B 为电桥平衡时参考臂的行程长度；ΔL_A 为被测物厚度变化Δh 后引起的测量臂的行程长度变化值；Δh 为被测物厚度变化值；ΔS 为补偿短路器位移值。

由式（9-22）可知，补偿短路器位移值ΔS 为被测物厚度变化值Δh。图 9-33 所示为微波测厚仪的实物图。

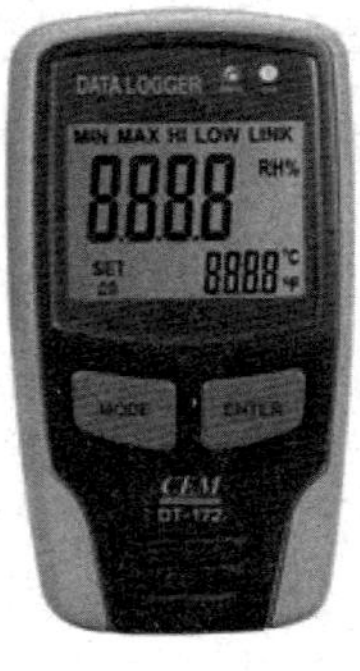

图 9-33　微波测厚仪的实物图

4．微波测定移动物体的速度和距离

微波测定移动物体的速度和距离是利用雷达能动地将微波发射到对象物体（靶），并接收返回的反射波的能动型传感器。图 9-34 所示为微波雷达测速测距传感器的实物图。若对在距离发射天线为 r 的位置上以相对速度为 v 运动的物体发射微波，则由于多普勒效应，反射波的频率 f_r 会发生偏移，即

$$f_r = f_0 + f_D \tag{9-23}$$

式中，f_D 为多普勒频率，可表示为

$$f_D = \frac{2f_0 v}{c} \tag{9-24}$$

当物体靠近靶时，f_D 为正；当物体远离靶时，f_D 为负。输入接收机的反射波的电压 u_e 可表示为

$$u_e = U_e \sin\left[2\pi(f_0 + f_D)t - \frac{4\pi f_0 r}{c}\right] \tag{9-25}$$

图 9-34　微波雷达测速测距传感器的实物图

括号内的第二项是因为微波在距离 r 中往返而产生的相位滞后。用接收机将来自发射机的参照信号 $U_e\sin 2\pi f_0 t$ 与上述反射信号混合后，进行超外差检波，则可以得到如下公式，即 f_D 差拍频率的多普勒输出信号为

$$u_e = U_d \sin\left(2\pi f_D t - \frac{4\pi f_0 r}{c}\right) \tag{9-26}$$

因此，根据测量到的差拍信号频率可确定相对速度。但是，用此方法不能确定距离。为此考虑发射两个频率稍有不同的微波，频率分别为 f_1 和 f_2，这两个微波的反射波的多普勒频率也稍有不同。若测定这两个多普勒输出信号成分的相位差为 $\Delta\phi$，则可利用下式求出距离 r

$$r = \frac{c\Delta\phi}{4\pi(f_2 - f_1)} \tag{9-27}$$

5．微波温度传感器

任何物体，当它的温度高于环境温度时，都能够向外辐射热量。当该辐射热到达接收机的输入端口时，若仍然高于基准温度（或室温），在接收机的输出端将有信号输出，这就是辐射计或噪声温度接收机的基本原理。

微波频段的辐射计就是一个微波温度传感器。图 9-35 所示为微波温度传感器的原理框图。图中 T_i 为输入温度（被测温度）；T_c 为基准温度；C 为环行器；BPF 为带通滤波器；LNA 为低噪声放大器；IFA 为中频放大器；M 为混频器；LO 为本机振荡器。这个传感器的关键部件是低噪声放大器，它决定了传感器灵敏度。图 9-36 所示为基地多通道微波温度传感器的实物图。

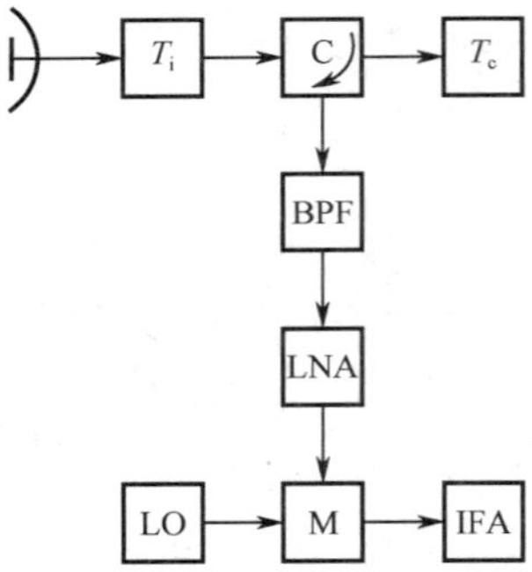

图 9-35　微波温度传感器的原理框图

图 9-36　基地多通道微波温度传感器的实物图

6．微波无损检测

微波无损检测综合利用微波与物质的相互作用，一方面微波在不连续界面处会产生反射、散射、透射，另一方面微波还能与被检材料产生相互作用，此时微波场会受到材料中的电磁参数和几何参数的影响。通过测量微波信号基本参数的改变即可达到检测材料内部缺陷的目的。美国于 20 世纪 60 年代首先将微波无损检测技术应用于检测大型固体火箭发动机内固体推进剂深处的气孔缺陷，检测发动机烧蚀喷管内衬的脱粘，以及检测航天飞机的绝热陶瓷的质量等方面。

复合材料在工艺过程中，由于改善了纤维的表面状态、树脂黏度、低分子物含量、线性高聚物向体型高聚物转化的化学反应速度、树脂与纤维的浸渍性、组分材料热膨胀系数的差异性及工艺参数控制的影响等因素，因此，在复合材料制品中难免会出现气孔、疏松、树脂开裂、分层、脱粘等缺陷。这些缺陷在复合材料制品中的位置、尺寸，以及在温度及外载荷作用下对产品性能的影响，可用微波无损检测技术进行检测。

微波无损检测系统主要由天线、微波电路、记录仪等部分组成，如图 9-37 所示。当以金属介质内的气孔作为散射源，产生明显的散射效应时，最小气孔的半径与微波波长的关系为

$$Ka \approx 1 \tag{9-28}$$

式中，$K=2\pi/l$，其中 l 为微波波长；a 为气孔的半径。

当微波的工作频率为 36.5GHz 时，a=1.0mm，也就是说，l=6mm 时，可检出的气孔的最小直径约为 2.0mm。从原理上讲，当微波波长为 1mm 时，可检出最小的孔径大约为 0.3mm。通常，根据所需检测的介质中最小气孔的半径来确定微波的工作频率。图 9-38 所示为微波无损检测传感器的实物图。

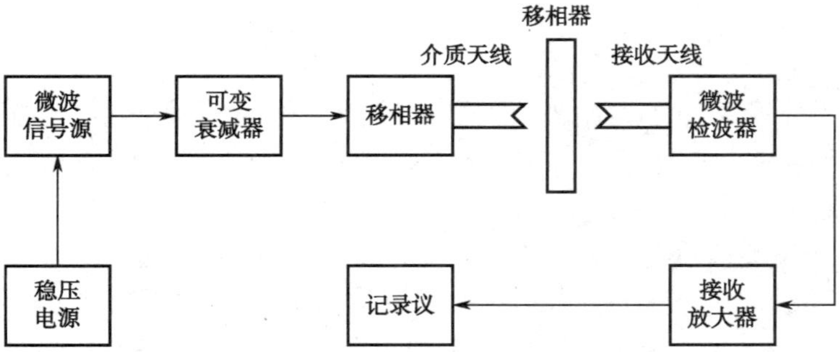

图 9-37　微波无损检测框图

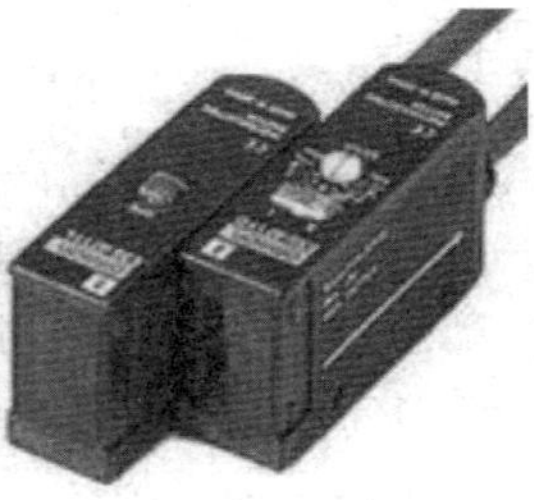

图 9-38　微波无损检测传感器的实物图

7．微波多普勒传感器

利用多普勒效应可以探测运动物体的速度、方向与方位。多普勒频移为

$$f_{\mathrm{d}}=\frac{2v}{\lambda}\cos\theta$$

式中，v 为物体的运动速度；λ 为微波波长；θ 为方位角。在确定 v、λ、θ 中任意两个参数后，即可得出第三个参数。

微波多普勒传感器的应用非常广泛。例如，多普勒测速仪可用在交通管制的车辆测速雷达、水文站用的流速测定仪中；海洋气象站也用其来测定海浪与热带风暴；以及火车进站速度监控等。

9.3　辐射式传感器

9.3.1　红外传感器

红外传感器是一种检测红外辐射并将其转换为电信号的传感器，利用红外辐射与物质相互作用的特性来测量物体的温度、速度、距离和化学成分等。红外技术在辐射测量、热成像遥感、红外搜索、跟踪目标、确定位置、通信、测距等领域有着非常广泛的应用，人们将这些技术应用在工业、农业、医学、军事、科研和生活中。红外传感技术已经发展成一门综合性学科。

1．红外辐射的基本特点

红外线是一种不可见光，波长范围为 0.76～1000μm。工程上把红外线所占据的波段分为四部分，即近红外、中红外、远红外及极远红外。红外辐射的物理本质是热辐射。物体的温度越高，辐射出来的红外辐射越多，辐射能量就越强。自然界中的任何物体，只要温度在热力学零度以上，都能产生红外辐射。红外线的本质与可见光或电磁波的性质一样，具有反射、折射、散射、干涉、吸收等特性，它在真空中也以光速传播，具有明显的波粒二相性。大气层对不同波长的红外线存在不同的吸收带。红外线在通过大气层时，有三个波段透过率高，它们分别是 2～2.6μm、3～5μm 和 8～14μm，统称为“大气窗口”。这三个波段的红外线对红外探测技术特别重要，因此红外探测器一般都工作在这三个波段（大气窗口）内。

2．红外辐射源

发射红外辐射的物体和器件都称为红外辐射源。它通常分为以下几类。

（1）标准红外辐射源，包括绝对黑体模型、能斯脱灯和硅碳棒等，常用于实验室中红外仪器和系统的标定。

（2）工业用红外辐射源，包括碳弧灯、发电光辐射器、电加热的杆状和面状辐射器、气体加热辐射器等。

（3）自然红外辐射源，包括太阳、月亮、行星、大气和云层等。

（4）发光二极管和半导体激光器，固体和气体激光器等。

（5）红外装置或系统需要探测的辐射源，包括飞机的发动机、机壳或尾喷管的红外辐射、弹道火箭、航天飞机、人造地球卫星、机动车辆和人体等。

3. 红外辐射的基本定律

1）希尔霍夫定律

一个物体向周围辐射能量的同时，也吸收周围物体的辐射能，希尔霍夫定律指物体的辐射发射量 E_r 和吸收率 α 之比与物体的性质无关，总等于同一温度下绝对黑体的辐射能量，即

$$E_r = \alpha E_0 \tag{9-29}$$

式中，E_r 为物体在单位面积和单位时间内发射出来的辐射能；α 为物体对辐射能的吸收系数；E_0 为常数，等价于黑体在相同温度时辐射出的能量。

$$\alpha = \frac{\theta_\alpha}{\theta_p} \times 100\% \tag{9-30}$$

式中，θ_α 为辐射到物体上的红外辐射能量；θ_p 为被物体吸收的红外辐射能量。

黑体能全部吸收投射到其表面的红外辐射，是在任何温度下全部吸收任何波长辐射的物体，吸收本领与波长和温度无关，即 $\alpha=1$；加热后，黑体发射红外辐射也比任何物体都大。

2）普朗克辐射定律

普朗克辐射定律是公认的物体间热力传导的基本法则，它指出单位面积、单位时间辐射功率和温度的关系。

普朗克辐射定律是由德国物理学家普朗克在1900年提出的，给出了黑体辐射光谱的能量分布规律。该定律指出，黑体辐射的光谱辐射亮度 $E(\lambda)$ 与温度 T 和波长 λ 之间的关系为

$$E(\lambda) = C_1 \lambda^{-5}\left[\mathrm{EXP}\left(\frac{C_2}{\lambda T}\right) - 1\right]^{-1} \tag{9-31}$$

式中，E 为某物体在温度 T 时单位面积和单位时间的红外辐射总能量；T 为物体的热力学温度；C_1 为第一辐射常数，$C_1 = 3.741844\times10^{-12}$；$C_2$ 为第二辐射常数，$C_2 = 1.438833\times10^{-12}$；$\lambda$ 为辐射波长，单位为μm；T 为黑体绝对温度，单位为K。

3）斯特藩-玻尔兹曼定律

物体红外辐射的能量与它自身的热力学温度 T 的四次方成正比，且与 ε 成正比。物体的温度越高，辐射能量越大，即

$$E = \sigma\varepsilon T^4 \tag{9-32}$$

式中，σ 为斯特藩-玻尔兹曼常数，$\sigma = 5.6697\times10^{-12}\ \mathrm{W/cm^2K^4}$；$\varepsilon$ 为比辐射率，即物体表面辐射本领与黑体辐射本领之比。

4. 红外探测器

红外传感器一般由光学系统、探测器、信号调理电路及显示单元等组成。红外探测器是红外传感器的核心部件。红外探测器是利用红外辐射与物质相互作用所呈现的物理效应来探测红外辐射的。红外探测器的种类很多，按探测机理的物理效应不同可分为两大类：一类是器件的某些性能参数随入射的辐射能量引起的温度变化而变化的热探测器；另一类是利用各种光子效应的光子探测器，即入射到探测器上的红外辐射能以光子的形式与光电探测器材料的束缚电子相互作用，从而释放出自由电子和自由空穴参与导电的器件。

光子探测器与热探测器的工作机理不同，主要区别在于对红外辐射的响应形式不同。光子探测器是将入射的红外光子直接转变为器件的传导电子或空穴，或同时转变为电子-空穴

对，而没有像热探测器那样引起材料发热的中间过程。光子探测器一般采用半导体材料制成。

1）红外探测器的分类

（1）热探测器。热探测器的工作机理是利用红外辐射的热效应，热探测器的敏感元件吸收红外辐射引起温度升高，进而使某些有关的物理参数发生相应的变化，通过测量物理参数的变化来确定热探测器所吸收的红外辐射。它主要有四类：热释电型热探测器、热敏电阻型热探测器、热电阻型热探测器和气体型热探测器。

热探测器的优点是响应波段宽，响应范围可扩展到整个红外辐射区，可以在常温下工作，使用方便，应用广泛。

（2）光子探测器。光子探测器是利用光辐射与物质相互作用的光子效应制成的器件。光子探测器利用入射光辐射的光子流与探测器材料中的电子相互作用，来改变电子的能量状态，从而引起各种电学现象。根据所产生的电学现象不同，可制成各种不同的光子探测器。光子探测器有内光电探测器和外光电探测器两种，后者又分为光电导探测器、光生伏特探测器和光磁电探测器三种。光子探测器的主要特点是灵敏度高，响应速度快，具有较高的响应效率，但探测波段较窄，一般需要在低温下工作。

2）红外探测器的基本参数

（1）响应率。响应率是指输出电压与输入的红外辐射功率之比，即

$$\gamma = \frac{U_o}{P} \tag{9-33}$$

式中，γ 为响应率；U_o 为输出电压；P 为红外辐射功率。

（2）噪声等效功率（NEP）。若投射到探测器上的红外辐射功率所产生的输出电压正好等于探测器本身的噪声电压，则这个辐射功率就是噪声等效功率，即

$$\mathrm{NEP} = \frac{P}{\dfrac{U_o}{U_N}} = \frac{U_N}{\gamma} \tag{9-34}$$

式中，U_o 为红外探测器的输出电压；P 为投射到探测器上的红外辐射功率；U_N 为红外探测器的综合噪声电压；γ 为红外探测器的电压响应率。

（3）探测率。探测率实质上是当探测器的敏感元件具有单位面积且放大器的带宽为 1Hz 时，单位功率辐射所获得的信噪比，即

$$D^* = \frac{\sqrt{S \cdot \Delta f}}{\mathrm{NEP}} = \frac{\gamma}{U_N}\sqrt{S \cdot \Delta f} \tag{9-35}$$

式中，D^* 为信噪比；S 为敏感元件面积；Δf 为工作带宽。

（4）响应时间。响应时间是指当入射辐射照射到光电探测器后或入射辐射被遮断后，光电探测器的输出电压上升到稳定值或下降到照射前的值所需的时间，两种时间相等。

9.3.2　红外传感器的工程应用

红外传感器在工程应用中扮演着多样化的角色，被广泛用于非接触式温度测量、热成像监控、夜视设备、遥感探测、工业自动化中的目标检测与分类、智能交通系统中的车辆和行人识别及家用电器的遥控操作。此外，红外传感器还应用于环境监测，如大气成分分析和污染物检测，以及医疗领域中的非侵入性诊断和治疗过程监控。随着技术的进步，红外传感器

以其高灵敏度、快速响应和良好的抗干扰能力，在提高工程安全、效率和智能化水平方面发挥着越来越重要的作用。

1. 红外线气体分析仪

红外线气体分析仪是根据气体对红外线具有选择性吸收的特性来对气体成分进行分析的。不同气体其吸收波段（吸收带）不同，图 9-39 所示为几种气体对红外线的透射光谱，从图 9-39 中可以看出，一氧化碳（CO）气体对波长为 4.65μm 附近的红外线具有很强的吸收能力，二氧化碳（CO_2）气体对 2.78μm 和 4.26μm 附近及在波长大于 13μm 范围的红外线有较强的吸收能力。如分析一氧化碳气体，则可以利用 4.26μm 附近的吸收波段进行分析。

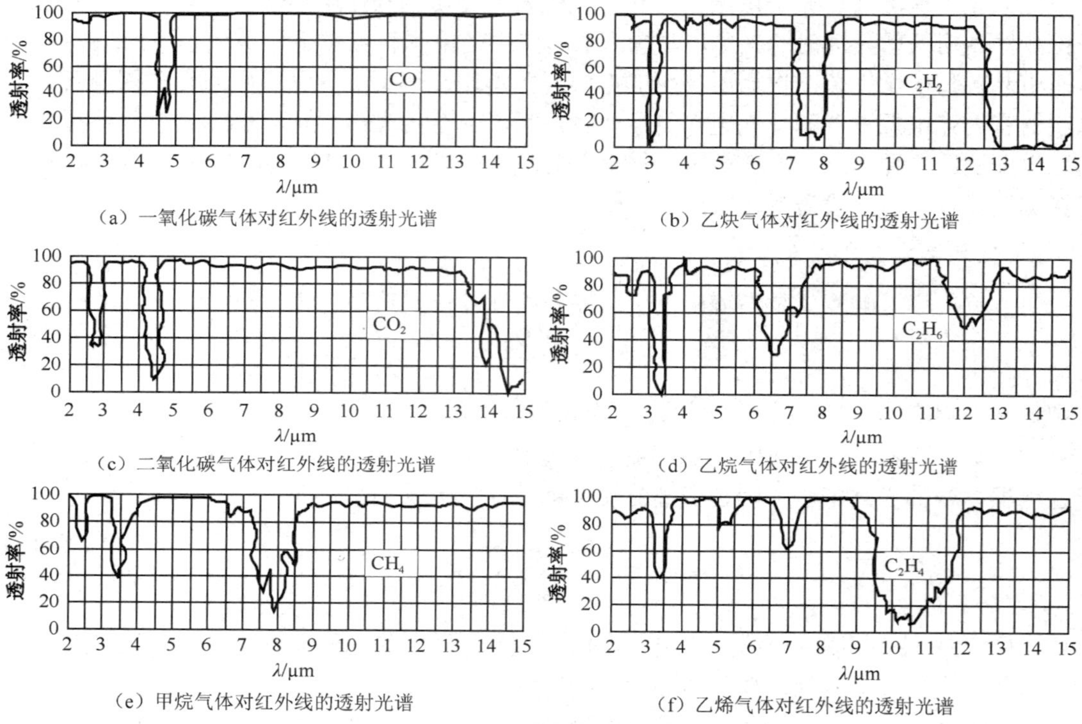

（a）一氧化碳气体对红外线的透射光谱

（b）乙炔气体对红外线的透射光谱

（c）二氧化碳气体对红外线的透射光谱

（d）乙烷气体对红外线的透射光谱

（e）甲烷气体对红外线的透射光谱

（f）乙烯气体对红外线的透射光谱

图 9-39　几种气体对红外线的透射光谱

图 9-40 所示为工业用红外线气体分析仪的结构图。该分析仪由红外辐射源、气室、红外探测器等部分组成。红外辐射源镍铬丝通过电加热发出 3～10μm 的红外线，切光片将连续的红外线调制成脉冲状的红外线，以便红外线探测器的检测。测量气室中通入被分析的气体，参比气室中封入不吸收红外线的气体。红外探测器为薄膜电容型，它有两个吸收气室，充入被分析的气体，当它吸收了红外辐射能量后，气体温度升高，导致室内压力增大。测量时，两束红外线经反射、切光后射入测量气室和参比气室，由于测量气室中含有一定量的一氧化碳气体，气体对 4.65μm 的红外线有较强的吸收能力，而参比气室中的气体不吸收红外线，这样射入红外探测器的两个吸收气室的红外线有能量差异，使两吸收气室的压力不同，测量气室的压力小，于是薄膜偏向定片方向，改变了薄膜电容两电极板间的距离，也就改变了电容量 C。被测气体的浓度越大，两束光强的差值就越大，则电容量的变化量也就越大，因此电容量的变化量反映了被分析气体中被测气体的浓度。目前很多领域应用到红外探测器，图 9-41 所示为红外线气体分析仪的实物图。

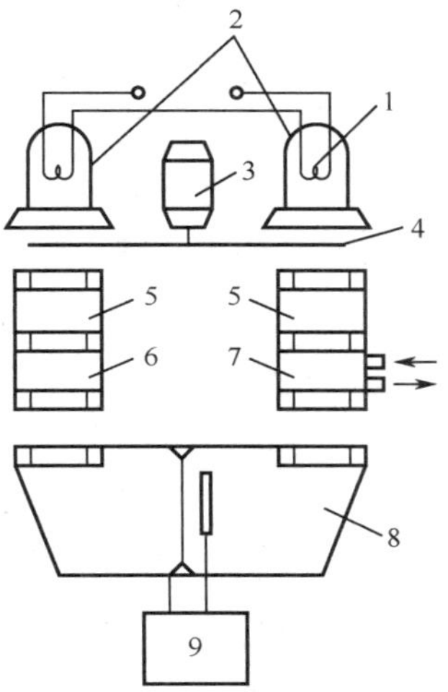

1—红外辐射源；2—抛物体反射镜；3—同步电动机；4—切光片；5—滤波气室；6—参比气室；7—测量气室；8—红外探测器；9—放大器。

图 9-40　工业用红外线气体分析仪的结构图

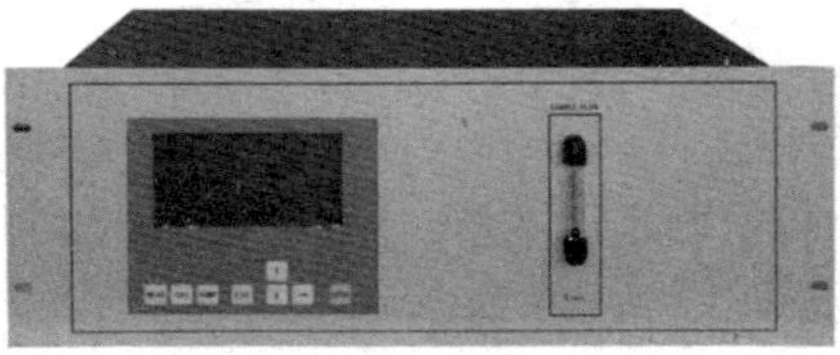

图 9-41　红外线气体分析仪的实物图

2. 红外感应系统

红外辐射的物理本质是热辐射，温度低的物体辐射出红外线的波长长，温度高的物体辐射出红外线的波长短。在常温下，所有物体都是红外辐射的辐射源，如火焰、汽车、动植物、人体等都是红外辐射源，但发射红外辐射的波长不同。红外感应实际就是根据物体因表面温度不同发出不同波段的红外线这一特性进行检测的。

在红外感应系统中采用热释电红外传感器。图 9-42 所示为热释电红外传感器的结构图，此传感器采用金属外壳封装，顶部开有窗口，窗口处的滤光片用于滤去无用的红外线，以免其进入窗口。由于敏感元件的输出阻抗极高，而且输出电压极其微弱，因此在传感器内部有场效应管（FET）及偏置厚膜电阻（R_G、R_S）构成信号放大及阻抗变换电路，其内部电路如图 9-43 所示。图 9-44 所示为红外感应灯的实物图。

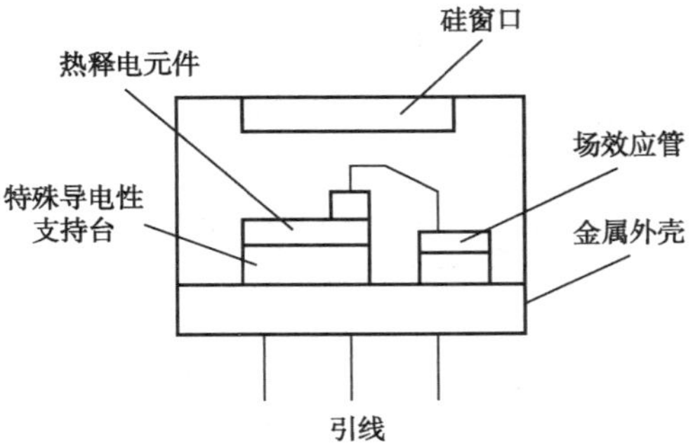

图 9-42　热释电红外传感器的结构图

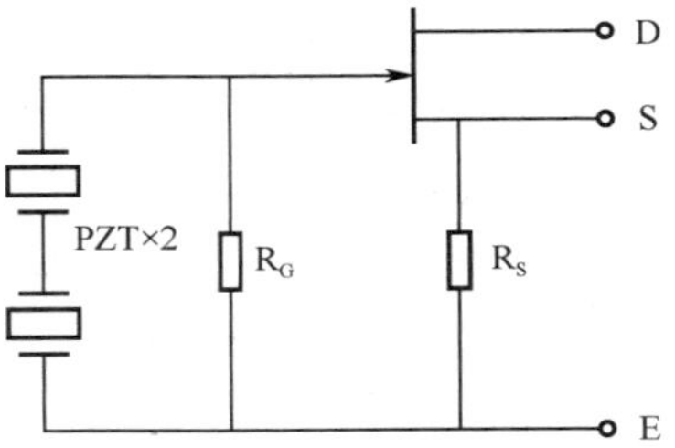

图 9-43　热释电红外传感器内部电路

热释电红外传感器多用于检测物体发射的红外线，其检测区呈球形，视角为 70° 左右。热释电红外传感器自身的接收灵敏度较低，一般检测距离仅为 2m 左右，在热释电红外传感器表面罩一块菲涅尔透镜后，可以提高其灵敏度，扩大其监测范围，检测距离可以由 2m 增加到

10m。图 9-45 所示为菲涅尔透镜检测示意图。在防盗报警系统中所采用的热释电传感器为双元型红外传感器，双元型红外传感器由两个极性相反的热释电元件反向串联而成。当移动物体发射的红外线进入透镜的监测范围时，就会产生一个交替的“盲区”和“高敏感区”，使传感器的两个反向串联的热释电元件产生的热释电信号相互抵消，传感器无输出信号，这样也可以有效防止因太阳光等红外线及环境温度变化而引起的误差，提高热释电红外传感器的抗干扰性能。

图 9-44　红外感应灯的实物图

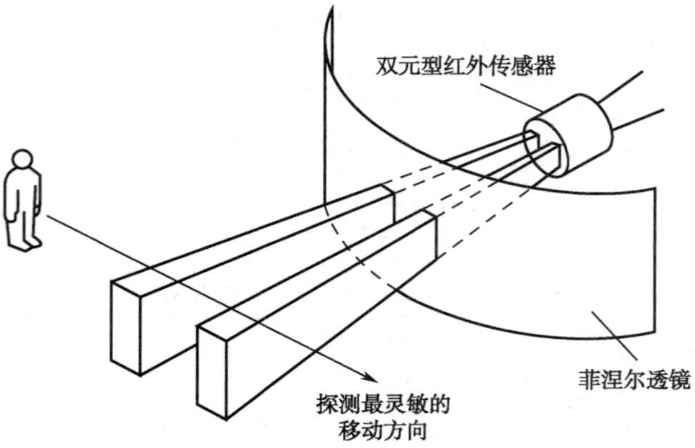

图 9-45　菲涅尔透镜检测示意图

3．红外探测器

红外测温仪是利用热辐射体在红外波段的辐射通量来测量温度的。当物体的温度低于1000℃时，它向外辐射的不再是可见光，而是红外线，可以用红外探测器检测其温度。如果采用分离出所需波段的滤光片，可使红外测温仪工作在任意红外波段。

图 9-46 所示为红外测温仪框图。它是一个光、机、电一体化的红外测温系统，图中的光学系统是一个固定焦距的透射系统，滤光片一般采用只允许波长为 8～14μm 的红外辐射能通过的材料。步进电动机带动调制盘转动，将被测的红外辐射调制成交变的红外辐射。红外探测器一般为热释电红外探测器，透镜的焦点落在其光敏面上。被测目标的红外辐射通过透镜聚焦在红外探测器上，红外探测器将红外辐射变换为电信号输出。

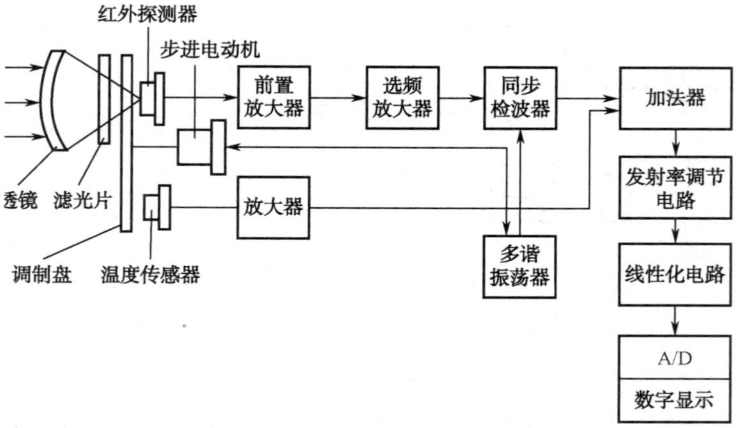

图 9-46　红外测温仪框图

红外测温仪的电路比较复杂，包括前置放大器、选频放大器、线性化电路、发射率调节电路等，提高了仪表的稳定性、可靠性和准确性。

红外测温仪的光学系统可以是透射式光学系统，也可以是反射式光学系统。反射式光学系统多采用凹面玻璃反射镜，并在反射镜的表面镀金、铝、镍或铬等对红外辐射反射率很高的金属材料。

图 9-47 所示为红外探测器的实物图，它在军事、电力、医疗、控制等领域都有应用。

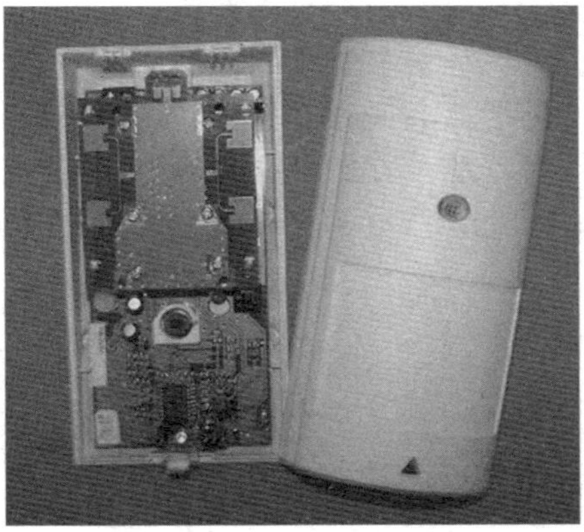

图 9-47　红外探测器的实物图

4．红外检测器

目前，许多家用电器都拥有红外遥控装置。当发生红外遥控装置失灵时，如何判断是发射装置出了故障还是接收装置出了故障成为一个难题。红外检测器有助于查明发射装置是否工作。

红外检测器的电路图如图 9-48 所示。当遥控发射装置发出的红外线照射到光敏三极管 VT_1 时，其内阻减小，驱动三极管 VT_2 导通，使发光二极管 LED_1 随着入射光的节奏被点亮。由于发光二极管 LED_1 的亮度取决于照射到光敏三极管 VT_1 的红外线强度，因此根据发光二极管 LED_1 的亮度还可以估计出红外发射装置上的电池是否可用。

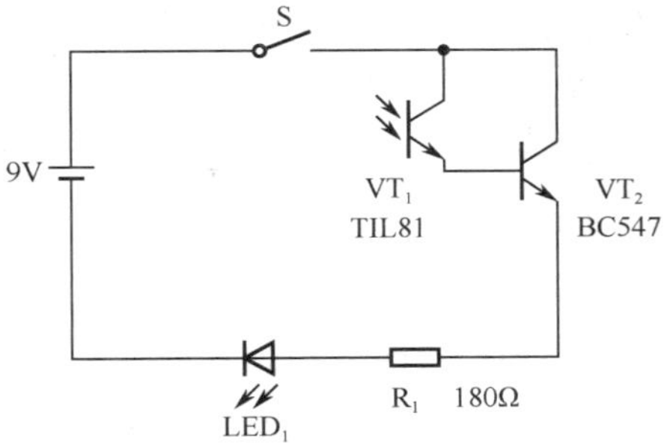

图 9-48　红外检测器的电路图

5．红外雷达

红外雷达具有搜索、跟踪、测距等多种功能，一般采用被动式探测系统。红外雷达包括搜索装置、跟踪装置、测距装置及数据处理与显示系统等。搜索装置的功能是全面侦察空间以探测目标的位置并对其进行鉴别，一般来说其视场大、精度低，有的也能粗跟踪；跟踪装置确定目标的精确坐标方位的同时给出信号驱动马达进行精跟踪；测距装置目前采用激光技术，在精跟踪时用激光装置测量与目标之间的距离；数据处理与显示系统是用计算机对上面三部分给出的目标方位、距离等数据进行计算，以确定目标的速度、航向，同时把风向、风速等因素考虑进去，给出提前量，把信息送到武器系统中。红外雷达的精度高，可以达到秒级精度。

如图 9-49 所示，红外雷达搜索装置由光学系统、位于光学系统焦点上的红外探测器、调制器、电子线路及显示与控制装置等组成。由于远距离目标是一个很小的点，并且在广阔的空间中高速度运动着，且光学系统又只有较小的视场，因此，搜索头必须做快速扫描动作以发现目标。扫描周期应尽量小，搜索速度与空间范围依具体情况而定，搜索距离从几十千米到上千千米不等，最后通过显示器直接观察在搜索空域内是否有目标。当目标进入视场时，来自目标的红外辐射就由光学系统聚焦在红外探测器上，搜索装置就产生一个误差信号，经过逻辑电路辨识，确定真正的目标，带动垂直和水平方向的电动机旋转，使搜索装置光轴连续对准目标，转入精跟踪。

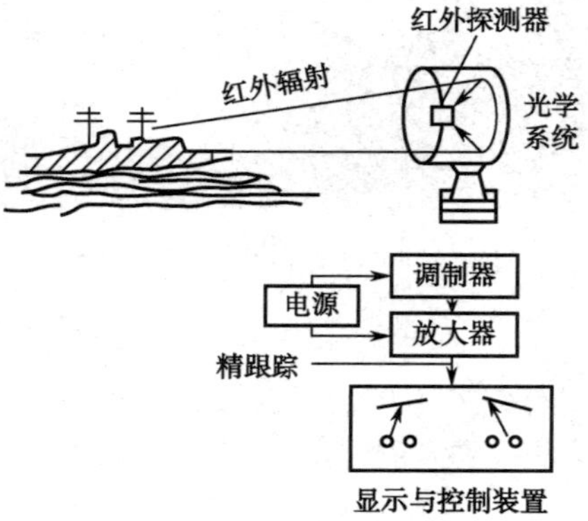

图 9-49　红外雷达搜索装置

9.3.3　核辐射式传感器

核辐射式传感器是核辐射检测仪表的重要组成部分。它是利用放射性同位素在转变为另一种元素时发出射线来进行测量的。利用核辐射可以精确、迅速、自动、非接触、无损地检测各种参数，如线位移、角位移、板料厚度、覆盖层厚度、探伤、密闭容器的液位、转速、流体密度、强度、温度、流量、材料的成分等。核辐射式传感器由放射源、探测器及电信号转化电路等组成。

1．核辐射及其性质

众所周知，各种物质都是由元素组成的，组成每种元素的最基本单元就是原子。每种元素的原子都不止一种。具有相同的质子数 A 而有不同的核电荷数 Z 的原子所构成的元素称为同位素。假设某些同位素的原子核在没有外力作用下自动发生衰变，衰变中释放出α射线、β射线、γ射线、X 射线等，这种现象称为核辐射。而放出射线的同位素称为放射性同位素。

实验表明，放射源的强度是随着时间按指数规律降低的，即

$$J = J_0 e^{-\lambda t} \tag{9-36}$$

式中，J_0 为开始时的放射源强度；J 为经过时间 t 后的放射源强度；λ为放射性衰变常数。

2. 核辐射的种类

1）α射线

放射性同位素原子核中可以发射出α粒子。α粒子的质量为 4.002 775u（原子质量单位）；带有正电荷，即氦原子核；具有 40～100MeV 的能量；平均寿命为几微秒到10^{10}年；从核内射出α粒子的速度为 20km/s；射程长度在空气中为几厘米到十几厘米。

α射线通过气体时，使其分子或原子的轨道电子加速运动，如果此轨道电子获得足够大的能量，就能脱离原子成为自由电子，从而产生一对自由电子和正离子组成的离子对，这种现象称为电离。如果在相互作用中，轨道电子获得的能量还不足以使它脱离原子成为自由电子，仅使电子从低能级跃迁至较高的能级，则称这种相互作用为激发。α粒子在穿过物质时，由于激发和电离，损失其动能，最后停滞在物体中，与其中的两个电子结合，成为中性的核原子。一般来说，电离效应比激发效应更显著。

α粒子在物质中运动时会改变运动方向，这种现象称为散射。由于散射效应，按原来方向运动的α粒子的数目将会减少，但远小于电离和激发效应引起的α粒子数目的减少。

在检测技术中，α射线的电离效应、透射效应和散射效应都有应用，但以电离效应为主，用α粒子使气体电离比其他辐射强得多。

2）β射线

β粒子的质量为 0.000549u，带有一个单位的电荷，能量为 100keV 至几兆电子伏特。β粒子的运动速度比α粒子高得多，在气体中的射程可达 20m。

和α粒子一样，β粒子在穿过物质时，会使组成物质的分子或原子发生电离，但与α射线相比，β射线的电离作用较小。由于β粒子的质量比α粒子小得多，因此更易被散射。β射线与α射线相比，透射能力大，电离作用小。在检测中主要是根据β射线的吸收来测量材料的厚度、密度或质量，根据β射线的反射来测量覆盖层的厚度。

3）γ射线

原子核从不稳定的高能激发态跃迁到稳定的基态或较稳定的低能态，且不改变其组成的过程称为γ衰变（或称为γ跃迁）。发生γ跃迁时所放射出的射线称为γ射线或γ光子。对于放射性同位素核衰变时放射出的γ射线，或者内层轨道电子跃迁时发射出的 X 射线，它们和物质作用的主要形式为光电效应。当光子和原子碰撞时，将其能量全部交给某一轨道的电子，使它脱离原子成为自由电子，光子则被吸收，这种现象称为光电效应。

与β射线相比，γ射线的吸收系数小，它透过物质的能量最大，在气体中的射程为几百米，并且能穿透几十厘米的固定物质，其电离作用小。在测量仪表中，根据γ射线穿透力强这一特征来制作探伤仪、金属厚度计和物位计等。

3. 核辐射与物质的相互作用

1）γ射线与物质的相互作用

（1）光电效应。光电效应的基本概念在第 7 章中介绍。光电效应伴随有次级辐射产生。当γ射线通过物质时，由于发生光电效应，它的强度将减弱，也遵循指数衰减规律。

（2）康普顿效应（Compton Effect）。康普顿效应是物理学中的一个重要现象，由美国物理学家阿瑟·康普顿在 1923 年发现。该效应描述了 X 射线或γ射线等高能光子与物质中的自由电子发生弹性碰撞后波长变长的现象。入射γ光子与介质中的电子发生碰撞，γ光子偏离原来的方向，同时将一部分能量转移给电子，使电子以散射角ϕ的方向射出，如图 9-50 所示。康普顿效应的发现对量子力学和现代物理学的发展产生了深远的影响。康普顿效应不仅证实了光子具有动量和能量，而且揭示了量子力学中粒子与波动的双重性质。这一发现对量子电动力学（QED）的发展起到了关键作用，并因此康普顿获得了 1927 年的诺贝尔物理学奖。康普顿效应在物理学的多个领域，包括粒子物理、核物理、天体物理及医学成像技术，如正电子发射体层成像（PET）中都有重要的应用。

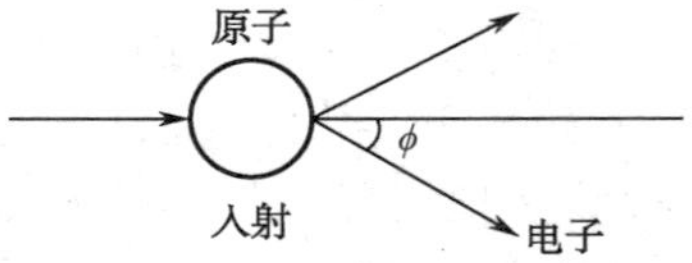

图 9-50　康普顿效应

2）核辐射线的特点

α射线、β射线、γ射线穿透物质时，由于与物质发生作用损失能量而最终被吸收且造成衰减。α射线的穿透能力最弱，在空气中的运行轨迹为直线；β射线次之，穿行时由于与物质原子发生能量交换而改变方向产生散射，在空气中运行的轨迹为折线；γ射线的穿透能力最强，能穿透几十厘米厚的固体物质，在气体中可穿透数米，因此γ射线广泛用于医疗诊断、金属探伤等。

4．核辐射探测器

核辐射探测器又称为核辐射接收器，它是核辐射传感器的重要组成部分。核辐射探测器的作用就是将核辐射信号转换为电信号，从而探测出射线的强弱和变化。由于射线的强弱和变化与被测量参数有关，因此它可以探测出被测量的大小及变化。这种探测器的工作原理或是根据在核辐射作用下某些物质的发光效应，或是根据当核辐射穿过它们时发生的气体电离效应。

当前常用的核辐射探测器有电离室、正比计数管、盖革-米勒计数管、闪烁计数器和半导体探测器等。

1）电离室

电离室是利用射线对气体的电离作用设计的一种辐射探测器，它的重要组成部分是两个电极和充满在两个电极间的气体。气体可以是空气，也可以是某些惰性气体。电离室的形状有圆柱体和方盒体。

如图 9-51 所示，在电离室两侧设置有相互绝缘的板电极，电极间加上适当的电压，放射线进入电极间的气体，在核辐射的作用下，电离室中的气体介质被电离，离子沿着电场的作用线移动，这时在电离室的电路中产生电离电流。核辐射的强度越大，在电离室产生的离子对越多，产生的电流也越大。电流 I 与两个电极间所加的电压 U 的关系曲线如图 9-52 所示，曲线 1、曲线 2 和曲线 3 分别代表不同的辐射强度下的特性曲线。图 9-52 中线段 OU_1 称为线性段，在这一段上的电压不大，电离室中离子的移动速度也不高，有部分离子在移动时重新复合，只有余下的部分离子能够到达电极上。电极上的电压越高，离子移动的速度越快，离子复合就越少，电流就会增大。线段 U_1U_2 称为饱和段，在这段上的工作电压很大，所以实际上生成的全部离子都能到达电极上。此时电流将与所加的电压无关。一般电离室工作在特性曲线的饱和段，其输出电流正比于射到电离室上的核辐射强度。

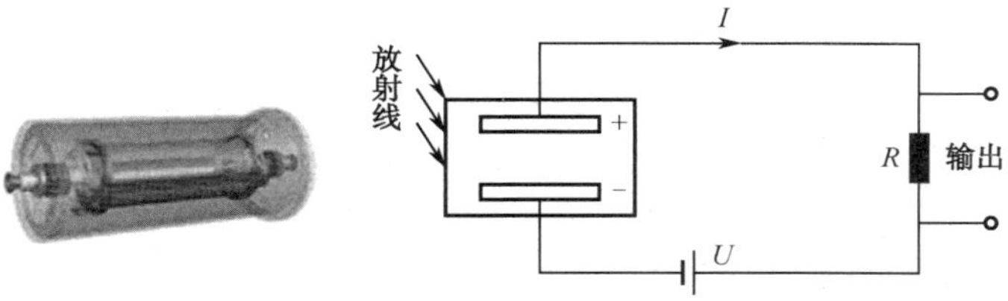

图 9-51　电离室核辐射探测器

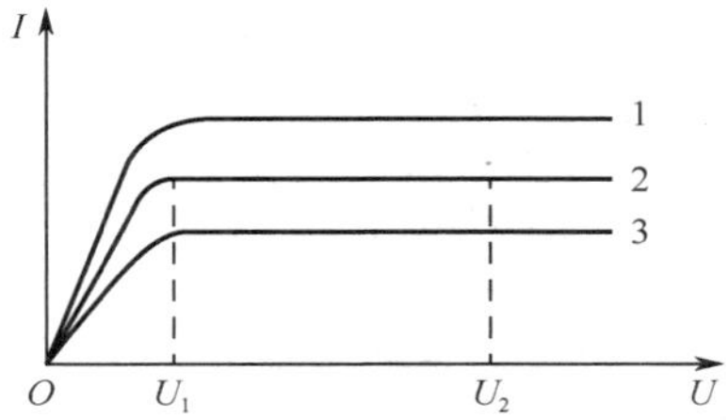

图 9-52　电离室核辐射探测器的伏安特性曲线

电离室内所充气体的压力、极板的大小和两极间的距离对电离电流都有较大的影响。例如，增大气体压力或增大电极面积都会使电离电流增大，电离室核辐射探测器的伏安特性曲线也将向增大电离电流的方向移动。

在核辐射检测仪表中，有时用一个电离室，有时用两个电离室。为了使两个电离室的伏安特性一样，以减小测量误差，通常设计成差分电离室，如图 9-53 所示。在高值电阻上流过的电流为两个电离室收集的电流之差，这样可以避免由于高值电阻、放大器、环境温度等变化而引起的测量误差。

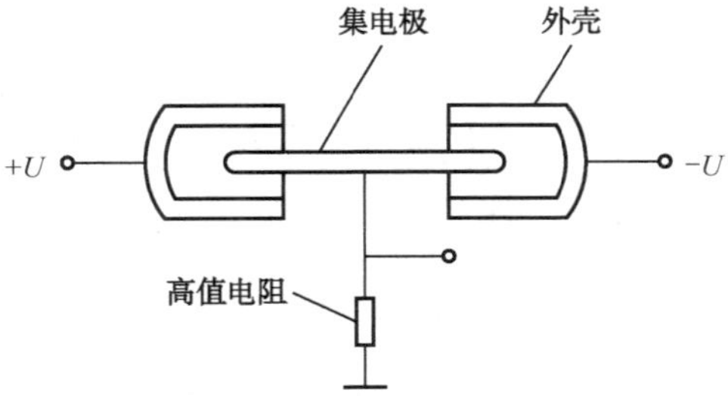

图 9-53　差分电离室

电离室主要用来探测α粒子、β粒子。在同样条件下，进入电离室的α粒子比β粒子所产生的电流大 100 多倍。利用电离室测量α粒子、β粒子时，其效率接近 100%，而测量γ射线时，效率很低。这是因为γ射线没有直接电离的本领，它是靠从电离室的壁上打出二次电子，再由二次电子起电离作用，因此，γ射线的电离室必须密闭。一般γ电离室的效率只有 1%～2%。

2）正比计数管

正比计数管的结构如图 9-54 所示。它是由圆筒形阴极和作为阳极的中央芯线组成的，内封有稀有气体、氮气、二氧化碳、氢气、甲烷、丙烷等气体。当放射线通过正比计数管电极间的气体时，电离产生的电子和正离子在电场的作用下，分别向阳极和阴极漂移。正离子的质量大，且沿漂移方向的电场又是由强到弱，因此电场的加速不足以使它与气体发生电离碰撞。而电子则不然，电子漂移越接近阳极，电场强度越大。到达某一距离后，电子在平均自由程内获得的能量足以加速到再次与气体发生电离碰撞，产生新的离子对，新的电子又被加速再次与气体发生电离碰撞，产生更多的新离子对。漂移电子越接近阳极，电离碰撞的概率越高，于是不断地增殖，增殖的结果将产生大量的电子和正离子，这就是气体放大的过程，有时也称气体放大为电子雪崩。气体放大作用仅限于芯线近旁，所以可得到与放射线的入射区域无关的一定的气体放大倍数。由于气体放大产生的阳离子迅速离开气体放大区域而产生输出脉冲。输出脉冲的大小正比于因放射线入射而产生离子对的数目，而离子对数正比于气体吸收的放射线的能量。因此，正比计数管可以探测入射放射线的能量。

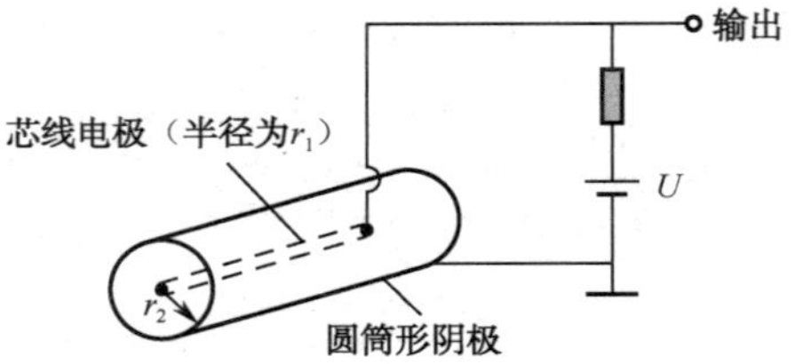

图 9-54　正比计数管的结构

正比计数管大多数是圆柱形或球形、半球形。其阳极很细，阴极直径较大，这主要是为了在外加电压较小的情况下，使阳极附近仍能有很强的电场，以便有足够大的气体放大倍数。

正比计数管可以在很宽的能量范围内测定入射粒子的能量，能量分辨率很高，分辨时间很短，并且可以快速计数。

3）盖革-米勒计数管

盖革-米勒计数管也是根据射线对气体的电离作用而设计的辐射探测器。它与电离室不同的地方主要在于其工作在气体放电区域，具有气体放大作用。盖革-米勒计数管的结构如图 9-55 所示。盖革-米勒计数管以金属圆筒为阴极，以筒中心的一根钨丝或钼丝为阳极，筒和丝之间用绝缘体隔开。计数管内充有氩气、氦气等气体。为了便于密封，计数管常用玻璃作为外壳，用金属或石墨涂覆于玻璃内表面或在外壳内用金属筒作为阴极。

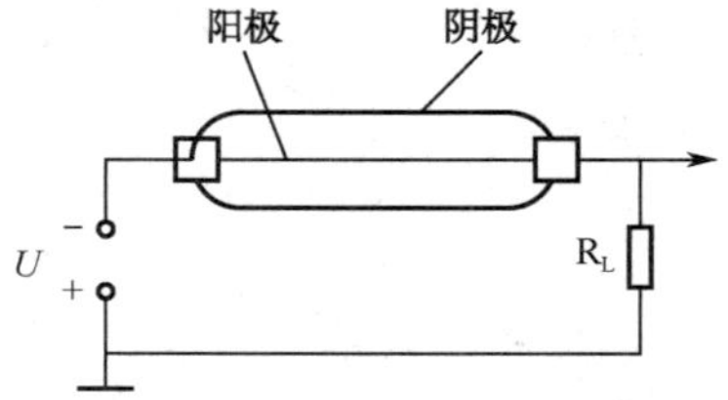

图 9-55　盖革-米勒计数管的结构

在盖革-米勒计数管中，阴极和阳极间施加比计数管高的电压。当 X 射线、α射线、β射线入射时，使其产生比正比计数管更激烈的气体放大现象，原离子所在区域沿中央阳极传播到整个盖革-米勒计数管内。由于电子漂移速度很快，很快被收集，于是在中央阳极周围形成一层正离子，称为正离子鞘。正离子鞘的形成使阳极附近的电场变弱，直至不再能产生离子的增殖，此时原始电离的气体放大过程就停止了。气体放大过程停止后，在电场作用下，正离子鞘向阴极移动，给出一个与正离子鞘的总电荷有关，而与原始电离无关的输出脉冲。在第一次气体放大过程停止及电压脉冲出现后，盖革-米勒计数管并不回到原始的状态。由于正离子鞘到达阴极时得到一定的动能，所以正离子也能从阴极打出次级电子。同时由于正离子鞘到达阴极，中央阳极电场已恢复，因此这些次级电子又能引起新的离子增殖，像原先一样再产生离子鞘和电压脉冲，造成所谓连续放电现象。为了克服这个问题，必须采取特殊的方法使放电猝灭。猝灭放电的方法有两种：一种方法是采用猝灭电路，来降低中央丝极的电压，使其降低到发生碰撞电离所需的电压以下；另一种方法是在计数管中充入少量猝灭性气体。这种自猝灭型计数管又可分为两种：一种充入惰性气体和少量酒精、乙醚或石油醚的蒸气，称为有机管；另一种充入惰性气体和卤素气体，称为卤素管。

4）闪烁计数器

物质受放射线的作用而被激发，在由激发态跃迁到基态的过程中，发射出脉冲状的光的现象称为闪烁现象。能产生这样发光现象的物质称为闪烁体。闪烁计数器先将辐射能变为光能，再将光能变为电能来进行探测。闪烁计数器由闪烁体和光电倍增管两部分组成，如图 9-56 所示。

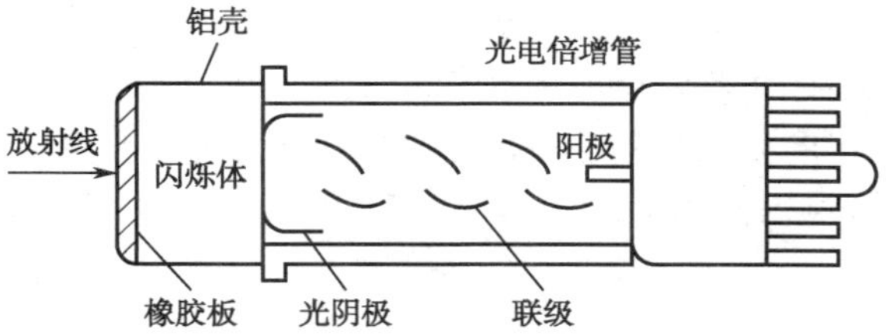

图 9-56　闪烁计数器

闪烁体的种类很多，按化学组成成分可分为有机材料和无机材料两大类，按物质形态可分则可分为固态、液态等类型。通常使用的固态闪烁体中有银（Ag）激活的硫化锌（ZnS）、铊（Tl）激活的碘化钠（NaI）、铊（Tl）激活的碘化铯（CsI）等。有机闪烁体中应用最广的有蒽、芪、三联苯和萘等。

光电倍增管的作用为接收闪烁体发射的光子后将其变为电子，将这些电子倍增放大为可测量的脉冲。光电倍增管可以分为电场聚焦型光电倍增管和无聚焦型光电倍增管。光电倍增管的基本特性有光特性、极的电流/电压特性、光阴极的光谱响应等。入射到光阴极上的光通量 F 与阳极电流 i 间的关系称为此光电倍增管的光特性，一般光电倍增管的阳极电流 i 与光通量 F 成正比。在光通量 F 确定的情况下，光电倍增管的阳极电流与工作电压的关系是阳极电流随工作电压的增加而急剧上升，上升到某一值后达到饱和。光谱响应是指光阴极发射光电子的效率随入射光波长的改变而改变。在组合闪烁计数器时，光电倍增管的光谱灵敏度范围必须和闪烁体发出的光相适应。闪烁计数器负载电阻上产生脉冲，其幅度一般为零点几伏到几伏，比盖革-米勒计数管输出脉冲的幅度小。闪烁计数器的输出脉冲与入射粒子的能量成正比，它探测γ射线的效率为 20%～30%，比盖革-米勒计数管和电离室高得多；它探测α射线、β射线的效率接近 100%。由于闪烁体中一次闪烁的持续时间很短，故最大计数率一般为 10^6～10^8 数量级。若采用输出电流法，则记录的辐射强度不受限制。

5）半导体探测器

半导体探测器是近年来迅速发展起来的一种射线探测器。荷电粒子一入射到固体中就与固体中的电子产生相互作用失去能量而停止，入射到半导体中的荷电粒子在此过程产生电子-空穴对。而 X 射线或γ射线由于光电效应、康普顿散射、电子对生成等而产生二次电子，高速的二次电子经过与荷电粒子的情况相同的过程而产生电子和空穴。若引出这些生成的电荷，可以将放射线变为电信号。

9.3.4 核辐射式传感器的工程应用

核辐射式传感器广泛应用于工业过程控制、环境监测、医疗成像、食品安全检测、资源勘探及宇宙空间探测等领域，能够进行材料厚度测量、无损检测、流速测量、放射性物质监测等，在保障工业产品质量、环境安全、医疗诊断精度及资源开发等方面发挥着重要作用。尽管核辐射传感器具有显著的技术优势，但由于涉及放射性物质，其应用必须遵循严格的安全操作规程和法规标准，以确保工作人员的安全和环境安全。

1．核辐射厚度计

透射式厚度计如图 9-57 所示，它是利用放射线穿透物质的能力制成的检测仪表。它的特点是放射源和核辐射探测器分别置于被测物体的两侧，射线穿过被测物体后进入核辐射探测器。由于物质的吸收，使得进入核辐射探测器的射线强度降低，降低的程度和物体的厚度等参数有关。射入核辐射探测器的透射射线强度 J 和物体厚度 t 的关系为

$$J = J_0 e^{-\mu\rho t}$$

或

$$t = \frac{1}{\mu\rho}\ln\frac{J_0}{J} \tag{9-37}$$

式中，ρ为被测物体的密度；μ为被测物体对所用射线的质量吸收系数；J_0为没有被测物体时射到探测器处的射线强度。

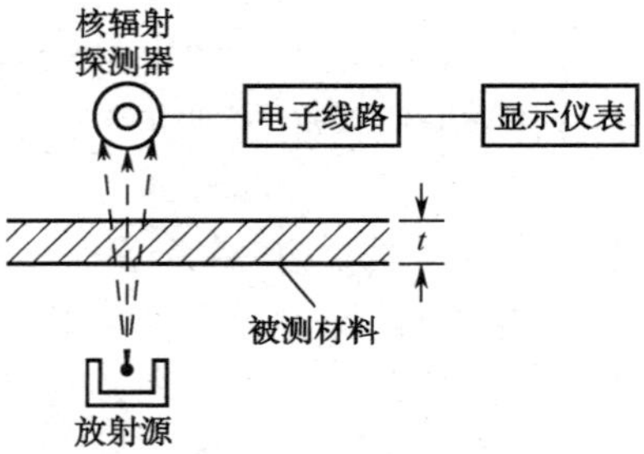

图 9-57 透射式厚度计

对于一定的放射源和一定的材料，其μ和ρ是确定的，只要测出 J 和 J_0 就可计算确定该被测物体的厚度 t。放射源一般射出β射线、γ射线或 X 射线。图 9-58 所示为零位法透射式厚度计的框图。放射源的β射线穿过被测物体射入测量电离室 1，β射线也穿过补偿楔射入补偿电离室 2。这两个电离室接成差动电路，流过电阻上的电流为两个电离室的输出电流之差。该电流差在电阻上产生的电压降使振荡器振荡，变为交流电压输出，再经放大后加在平衡电动机上，使电动机正转或反转，带动补偿楔移动，直到两个电离室接收的射线强度相等，使电阻上电压降等于零为止；根据补偿楔的移动量可算出被测物体的厚度。

图 9-59 所示为数字式核辐射厚度计的实物图，它利用核辐射线穿透被测物体时被吸收而发生强度变化来测量物体厚度。

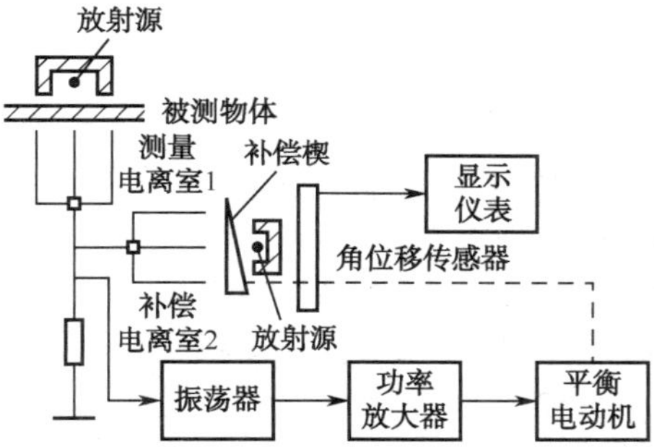

图 9-58　零位法透射式厚度计的框图

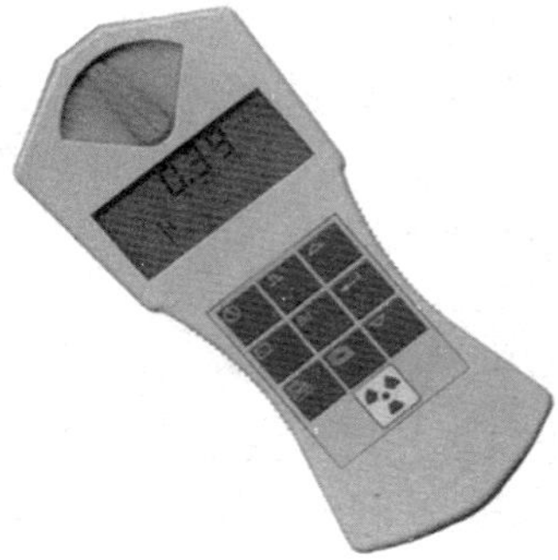

图 9-59　数字式核辐射厚度计的实物图

还可以用散射法测量厚度。散射法是指利用核辐射的后向散射效应制成的检测仪器。这种仪器的特点是放射源和核辐射探测器可置于被测物体的同一侧，射入被测物体中的射线，由于和被测物体的相互作用，而使得其中的一部分射线反向折回，并进入位于与放射源同侧的核辐射探测器。射到核辐射探测器的后向散射射线强度与放射源到被测物体的距离，以及与被测物体的成分、密度、厚度和表面状态等因素有关，因此改变其中一个参数而保持其他参数不变，则测得的射线强度将仅随该参数的变化而变化。利用这种方法可测量薄板的厚度、覆盖层的厚度、材料的成分及密度等参数。这种方法的优点为非接触测量，且不损坏被测物体。

2．辐射式物位计

可以用γ射线检测物位。图 9-60（a）所示为定点测量方法。将射线源与探测器安装在同一平面上，由于气体对射线的吸收能力远比液体和固体弱，因而当物位超过和低于此平面时，探测器接收到的射线强度发生急剧变化。由此可见，这种方法不能进行物位的连续测量。图 9-60（b）所示为将射线源和探测器分别安装在容器的下部和上部，射线穿过容器中的被测介质和介质上方的气体后到达探测器。显然，探测器接收到的射线强弱与物位的高度有关。这种方法可对物位进行连续测量，但是测量范围比较窄，一般为 300～500mm，测量准确度较低。为了克服图 9-60（b）中的方法存在的缺点，可采用线状的射线源，如图 9-60（c）、图 9-60（d）所示，虽然对射线源的要求提高了，但这两种方法既可以适应宽量程的需要，又可以改善线性特性。

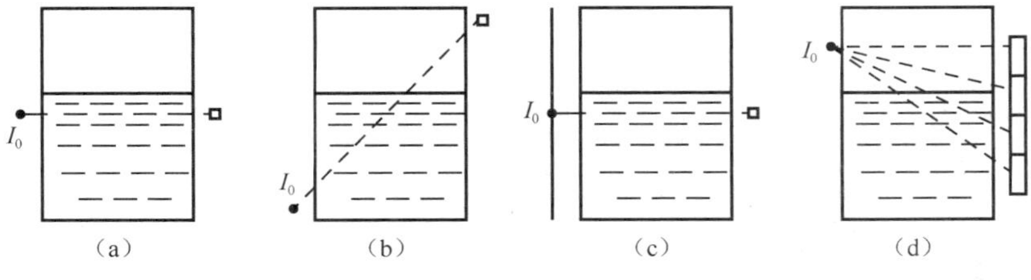

图 9-60　辐射式物位计的测量原理框图

3．X 荧光材料成分分析仪

射到物质上的核辐射所产生的次级辐射称为次级荧光射线（如特征 X 射线），荧光射线的能谱和强度与物质的成分、厚度及密度等参数有关。利用荧光效应可以检测覆盖层厚度、物质成分、密度和固体颗粒的粒度等参数。X荧光材料成分分析仪具有分析速度快、精度高、灵敏度高、应用范围广、成本低、易于操作等优点，已经得到广泛应用。能量色散X射线荧光材料成分分析仪是根据初级射线从样品中激发出来的特征X射线对材料的成分进行定性分析和定量分析的，即初级射线从样品中激发出来的多种能量的各组成元素的特征X射线射入探测器，该探测器输出一个和射入其中的特征X射线能量成正比的脉冲，这些输出脉冲输入脉冲高度分析器、定标器和显示记录仪器，给出以X射线荧光能量为横坐标的能谱曲线，由能谱曲线的峰位置及峰面积的大小，就可以求出样品中含有什么元素及其质量分数。

能量色散型X射线荧光分析仪的探头示意图如图9-61所示。它由放射源、探测器、样品台架孔板、滤光片和安全屏蔽快门等组成。在X射线荧光分析仪中，低能γ射线源和X射线放射源用得最多。常用的探测器有正比计数管、闪烁计数管和锂漂移硅半导体探测器，要根据具体的场合合理地选用探测器。图9-62所示为X荧光材料分析仪的实物图，它是对被分析样品在X射线照射下发出的荧光射线进行分析，它包含了被分析样品化学组成的信息，通过对上述荧光射线的分析确定被测样品中各组分的含量。

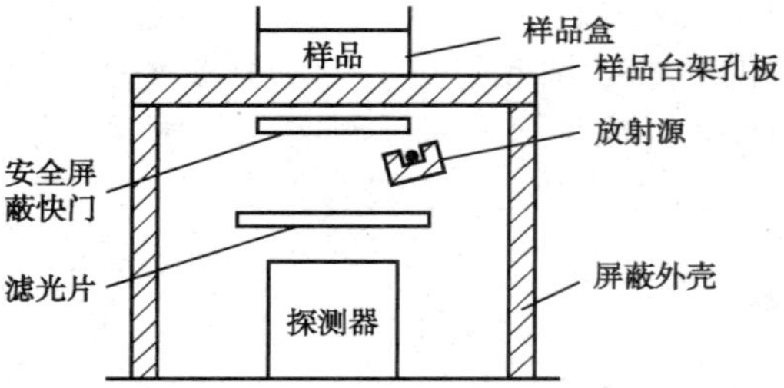

图9-61　能量色散型X射线荧光分析仪的探头示意图

图9-62　X荧光材料分析仪的实物图

放射源、样品和探测器间的几何布置也是一个重要问题。如图9-63所示，将放射源表面中心点和样品表面中心点的连线方向与探测器表面中心点和样品表面中心点的连线方向间的夹角叫作散射角θ，散射角θ的选择取决于所用射线的能量、探测器形式和被测样品。选择合适的散射角可以使能谱曲线上的散射峰和散射光子的逃逸峰对所测荧光峰的干扰最小。最常用的散射角为90°～180°，这种布置可使探测器的探头结构简单、尺寸较小、使用方便。

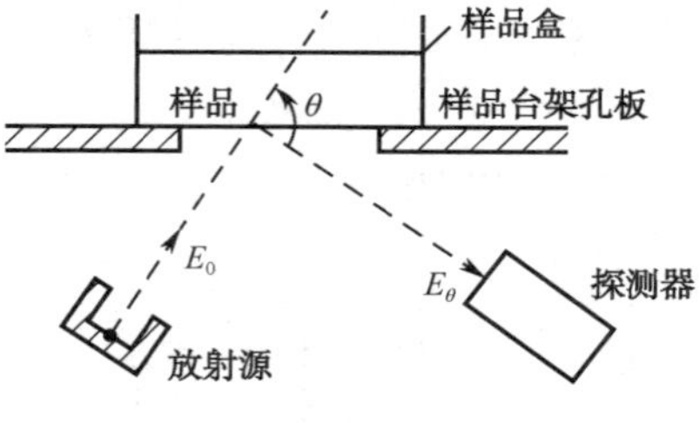

图9-63　散射角示意图

4．液位测量计

液位测量计是对几个固定液位进行测量的，用于液位的上、下限报警等，广泛应用于石油、化工等诸多领域，具有非常重要的意义。γ射线的穿透力强，射程远，故在核辐射液位测量中被广泛采用。液位测量计的原理图如图9-64所示，穿过物质前后γ射线强度会发生变化。

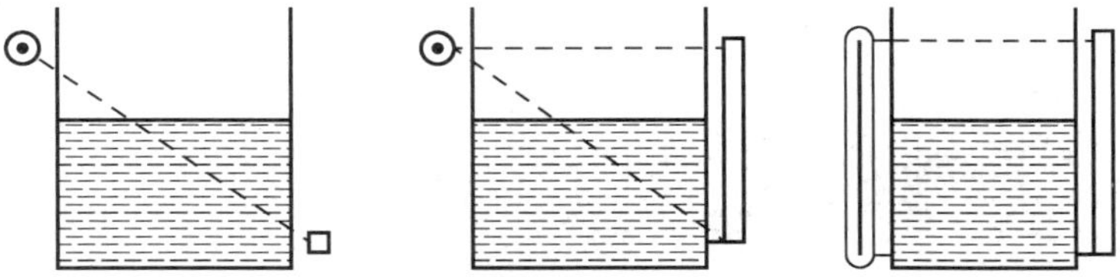

图 9-64 液位测量计的原理图

5. γ射线矿浆浓度测量仪

矿浆浓度直接影响磨矿产品细度，矿浆浓度大及磨矿生产现场环境条件差，造成难以采用常规方法进行测量。γ射线检测准确可靠，测量过程不用接触，能解决采用其他测量方法难以解决的问题。

γ射线矿浆浓度测量仪的原理图如图 9-65 所示，放射线穿过被测矿浆后的射线强度由探测器测量，探测器将其转换成相应的电信号，通过对电路的测量和处理，求出被测矿浆的浓度，能实现对矿浆浓度的连续测量。

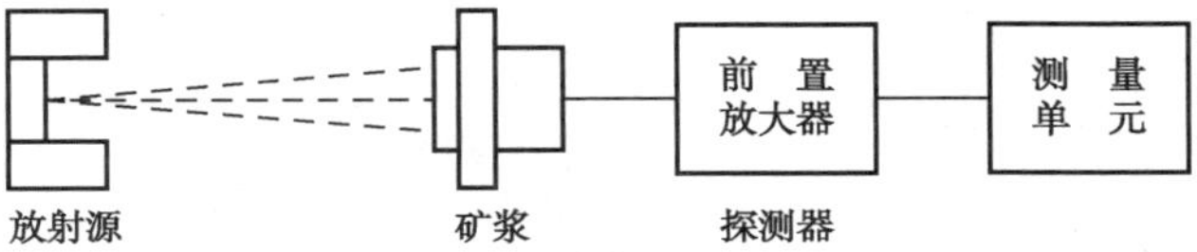

图 9-65 γ射线矿浆浓度测量仪的原理图

习题

9-1 简述超声波传感器的发射和接收原理。
9-2 超声波液位计有哪几种安装方式？各有什么特点？
9-3 超声波有哪些特性？利用超声波传感器可以测量哪些物理量？
9-4 试分析压电式超声波传感器中阻尼块的作用。
9-5 超声波技术与微波技术都可以应用于无损检测的主要原因有哪些？
9-6 微波辐射计是如何进行温度测量的？温度和波长之间的关系是什么？
9-7 微波无损检测是怎样进行检测的？
9-8 全自动洗衣机主要包括哪些传感器？简述这些传感器的作用。
9-9 电冰箱常用的温度传感器有哪些？简述这些传感器的作用。
9-10 红外探测器有哪些类型？试说明它们的工作原理。
9-11 什么是放射性同位素？其辐射强度与什么有关？
9-12 试说明红外线气体分析仪的工作原理。
9-13 红外线气体分析仪中为什么要设置滤波气室？
9-14 核辐射传感器有哪些优点？
9-15 试述超声波的特点和超声波检测的适用范围。
9-16 试用核辐射原理设计一个物体探伤仪，并说明其工作原理。
9-17 试说明用β射线测量物体厚度的原理。

第 10 章

智能传感器

本章知识点：

- 智能传感器的概念与基本组成
- 智能传感器的功能与特点
- 智能传感器的分类
- 智能信息处理技术

基本要求：

- 掌握智能传感器的概念与基本组成
- 掌握智能传感器的功能与特点
- 了解智能传感器的应用

能力培养目标：

通过本章的学习，学习智能传感器的基本原理及应用，掌握智能传感器的组成结构，掌握智能传感器的应用方法，培养学生知识的综合应用能力。

10.1 智能传感器的概念

10.1.1 智能传感器的含义

随着计算机技术和仪器仪表技术的进步，以及物联网等应用需求的强劲牵引，智能传感器（Intelligent Sensor）作为一种新型传感器得到了快速发展。智能传感器是具有信息处理功能的传感器，它结合了传感器集成化与微处理机技术，基于人工智能、信息处理技术实现，具有数据分析、统计计算、自动判断、量程自动转换、漂移、非线性和频率响应等自动补偿功能，具备自诊断、数据预处理、通信接口、嵌入式人工智能、低功耗设计、网络协同、用户自定义和环境适应性等特点，以及对环境影响量的自适应、自学习及超限报警、故障诊断等功能。

与传统传感器相比，智能传感器的最大特点是将传感器检测信息的功能与微处理器处理信息的功能有机地结合在一起。智能传感器利用微处理器进行数据分析和处理，并能对内部的工作过程进行调节和控制，弥补了传统传感器性能的不足，使采集的数据质量得以提高。值得指出的是目前这类传感器的智能化程度尚处于初级阶段，即数据处理层次的低级智能，已具有自补偿、自校准、自诊断、自学习、数据处理、存储记忆、双向通信、数字信号输出等功能。智能传感器的最高目标是接近或达到人类的智能水平，能够像人一样通过实践不断地改进和完善自身，实现最佳测量方案，得到最理想的测量结果。

通常，智能传感器把传感单元、微处理器和信号处理电路等封装在一起，因此其实际上是一个带信号采集功能的微机系统，其中作为控制核心的微处理器通常采用单片机实现，可以对信号进行检测、分析、处理、存储和通信，具备了人类的记忆、分析思考和交流的能力，即具备了人类的智能，所以称之为智能传感器。

随着科技的飞速发展，智能传感器系统已经成为现代工业、医疗、家居、交通等众多领域不可或缺的一部分。这些系统通过集成先进的传感器技术、微处理器、通信模块和数据处理算法，能够实时监测和分析环境参数，为各种应用提供精确的数据支持。

10.1.2　智能传感器的发展

智能传感器是随着半导体技术、MEMS 技术、集成电路技术的不断成熟而出现并快速发展的，是与微处理器有机结合的一种高度集成化的新型传感器。

1）微型化

近年来 MEMS 技术飞速发展，将半导体加工技术引入传感器的生产制造工艺。它采用微制造技术，在单一集成芯片上组合了传感器、机械元件、执行器和电子元件及其承载的嵌入式软件，形成了单片系统（SOC）或产品。它们具有结构紧凑、使用灵活、便于规模化制造等特点。

2）多传感器数据融合

多传感器数据融合技术先利用多个传感器同时进行信息检测，然后用计算机对这些信息进行综合分析处理，获得用单个传感器难以获得的综合性状态信息。

多传感器数据融合技术已经成为复杂工业系统智能检测与数据处理的重要技术。尤其是结合大数据、云计算、物联网等新技术的多传感器数据挖掘和融合，是未来智能制造系统传感器数据融合技术发展的重点。

3）无线传感器网络

无线传感器网络（Wireless Sensor Network，WSN）是多门学科相互融合而产生的一种信息获取和处理平台。它集成了传感技术、微处理器技术、无线通信技术等多种技术，是一种集感测、计算、通信能力于一体的传感网络，具有感知、探测、采集观测对象信息的能力。

无线传感器网络可以与其他无线网络（如互联网）等实现无缝融合，组成物联网，以满足不同物体之间、人与物体之间的通信需求，提高信息化和智能化水平。无线传感器网络是物联网、泛在网的关键核心技术之一。

无线传感器网络现已广泛应用于军事、智能交通、环境监控、医疗卫生等多个领域，已成为互联网和通信网的重要组成部分，在智能制造系统中也具有巨大的发展潜力。

10.2　智能传感器系统的基本组成

智能传感器系统是一个集成了信息检测和处理功能的传感器系统，如图 10-1 所示，其基本组成主要包括以下几个部分。

传感器：作为智能传感器系统的核心组件，传感器负责信号的采集和测量。传感器通过感应外部环境的物理信号、化学信号、生物信号等并将其转化为电信号。

调理电路：调理电路主要用于对传感器输出的信号进行预处理，消除噪声和干扰，提高信号的质量和可靠性。调理电路通常包括滤波、放大、线性化等功能。

数据采集与转换电路：该部分主要负责将调理后的信号进行模数转换（A/D）或数模转换（D/A），以便后续的数字信号处理。数据采集通常采用分时或并行采样方式，以提高数据的采集效率和精度。

微处理器：微处理器是智能传感器系统的计算、控制中心，对采集到的数据进行处理和分析，实现各种智能功能。微处理器还可以与其他设备进行通信，以实现数据的传输和共享。

存储器：存储器用于存储智能传感器系统的程序、数据及中间结果等信息。它可以是内置的随机存储器（RAM）或只读存储器（ROM），也可以是外接的存储设备。

输入/输出接口（I/O 接口）：I/O 接口是智能传感器系统与其他设备或系统进行通信的桥梁。I/O 接口可以将微处理器处理后的数据发送给外部设备，也可以接收外部设备发送的指令或数据。

软件：智能传感器系统的软件包括嵌入式操作系统、驱动程序、应用程序等。这些软件为智能传感器系统的运行提供了必要的支持和保障。

以上各个部分相互协作，共同构成了智能传感器系统的基本框架。在实际应用中，智能传感器系统还可以根据具体需求进行定制和优化，以满足不同领域和场景的需求。

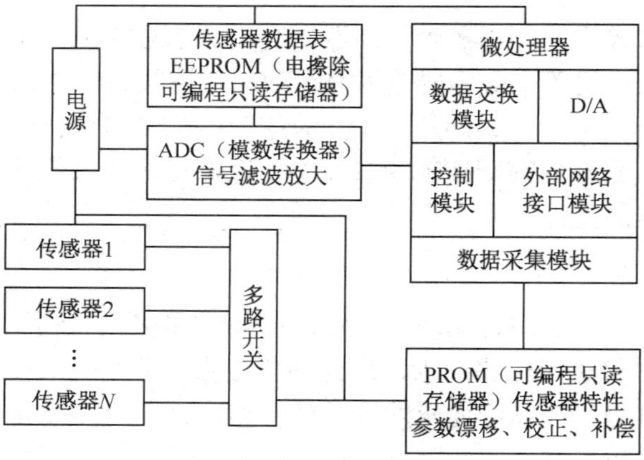

图 10-1 典型智能传感器系统的结构框图

10.3 智能传感器的功能与特点

10.3.1 智能传感器的功能

智能传感器在传统传感器的基础上增加了丰富的信息处理功能。与传统传感器相比，智能传感器一般具有如下功能。

（1）数字信号输出功能。智能传感器内部集成了模数转换电路，能够直接输出数字信号，可缓解控制器的信号采集、处理压力。

（2）数据处理功能。智能传感器充分利用微处理器的计算和存储能力，不仅能对被测参数进行直接测量，还可以对被测参数进行特征分析和变换，获取被测参数变化的更多特征。

（3）信息存储功能。智能传感器内含一定的存储空间，除了能够存储信号处理、信号自补偿、信号自诊断等相关程序，还能够存储历史数据、校正数据、测量参数、状态参数等数据。

（4）自校准补偿功能。通过软计算对传统传感器的非线性、温度漂移、时间漂移及环境影响因素引起的信号失真进行自动校准补偿，达到软件补偿硬件的目的，实现自动调零、自动平衡、自动补偿等功能，提高智能传感器应用的灵活性。

（5）自诊断功能。智能传感器通过其故障诊断软件和自检测软件，自动对传感器和系统的工作状态进行定期和不定期的检测、测试，及时发现故障，诊断发生故障的原因、位置，并给予相应的提示。

（6）自学习与自适应功能。智能传感器可以通过编辑算法使传感器具有学习功能，利用近似公式和迭代算法认识新的被测量，即拥有再学习能力。此外，还可以根据一定的行为准则自适应地重置参数。例如，自选量程、自选通道、自动触发、自动滤波切换和自动温度补偿等。

（7）多参数测量功能。智能传感器拥有多种模块化的硬件和软件，根据不同的应用需求，可选择模块的组合状态，实现多传感单元、多参数的测量。

（8）双向通信功能。智能传感器采用双向通信接口，既可向外部设备发送测量数据、状态信息，又能接收和处理外部设备发出的指令。

（9）人-机对话功能。智能传感器和仪表结合在一起，配合各种显示装置和输入键盘，使系统具有灵活的人-机对话功能。

10.3.2 智能传感器的特点

与传统传感器相比，智能传感器的功能更加丰富，主要具有以下特点。

1）高精度

（1）可通过自动校零去除零点误差。

（2）可与标准参考基准实时对比自动进行整体系统标定。

（3）能自动进行整体系统的非线性等系统误差的校正。

（4）通过对采集的大量数据的统计处理来消除粗大误差的影响等，保证智能传感器有较高的测量精度。

2）高可靠性与高稳定性

（1）能自动补偿因工作条件与环境参数发生变化引起系统特性的漂移，如温度变化引起的零点漂移和灵敏度漂移。

（2）当被测参数变化后能自动改换量程。

（3）能实时、自动进行系统的自我检测，分析、判断所采集数据的合理性，并给出异常情况的应急处理措施（报警或故障提示）。

这些功能保证了智能传感器具有很高的可靠性与稳定性。

3）高信噪比与高分辨率

（1）由于智能传感器具有数据存储、记忆与信息处理功能，通过软件进行数字滤波、数据分析等处理，可以去除输入数据中的噪声，将有用信号提取出来。

（2）通过数据融合、神经网络技术，可以消除多参数状态下交叉灵敏度的影响，从而保证智能传感器在多参数状态下对特定参数测量仍有很高的分辨能力，故智能传感器具有很高的信噪比与分辨率。

4）智能化数据处理

（1）由于智能传感器具有判断、分析与处理功能，具备数据存储、数字滤波、特征提取和边缘计算能力，能够执行更复杂的数据处理任务。

（2）智能传感器能根据系统工作情况决定各部分的供电情况，优化与上位计算机的数据传送速率，并保证系统工作在最佳低功耗状态，表现出良好的自适应性。

5）高性能价格比

智能传感器所具有的上述高性能，不像传统传感器技术追求传感器本身的完善性，不是对传感器的各个环节进行精心设计与调试来获得的，而是通过与微处理器、微计算机相结合，采用低价的集成电路工艺和芯片及强大的软件来实现的，所以一般具有高性能价格比。

6）网络化

（1）智能传感器以嵌入式微处理器为核心，集成了传感单元、信号处理单元和网络接口单元，能够将各种现场数据直接在有线/无线网络上进行传输、发布与共享，能够将数据传输到其他设备中或直接上传到云平台。

（2）在传感器网络中，智能传感器能够相互协作，实现数据融合与信息共享。

7）可编程

智能传感器具备编程和配置能力，可以根据需要进行灵活的设置和调整。使用者可以根据具体应用需求，对传感器进行参数配置、算法更新等操作，以实现更精确、定制化的数据采集和处理。

8）易于集成

智能传感器通常设计有标准化的 I/O 接口，易于集成到现有的监测和控制系统中。随着 MEMS 技术的发展，智能传感器可以做到非常小的尺寸，便于携带或集成到各种设备中。

10.4 智能传感器的分类

智能传感器可以从集成化程度、信号处理硬件、应用领域等方面来分类，如图 10-2 所示。

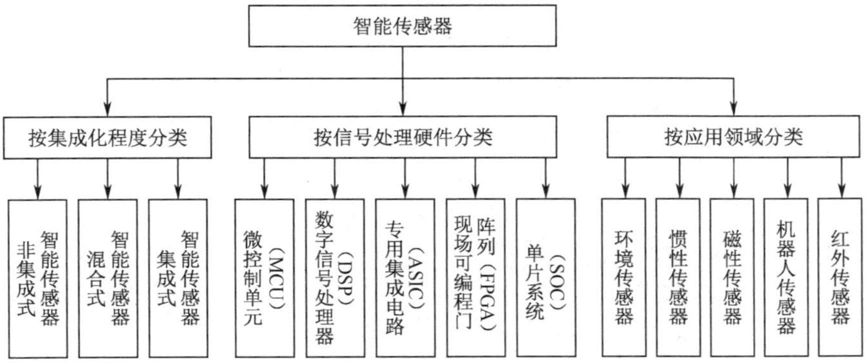

图 10-2　智能传感器的分类

1. 按集成化程度分类

智能传感器根据集成化程度可以分为非集成式智能传感器、混合式智能传感器和集成式智能传感器。

（1）非集成式智能传感器是将传统传感器、预处理电路、模数转换电路、带数字总线接口的微处理器组合为一体的智能传感器系统，实际上是在传统传感器系统中增加了微处理器的连接。非集成式智能传感器的原理框图如图 10-3 所示。

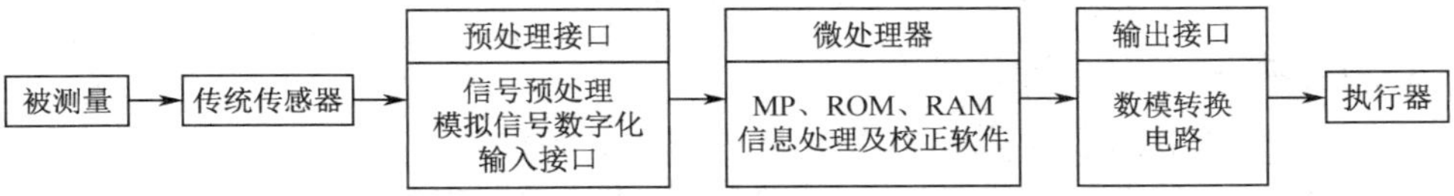

图 10-3　非集成式智能传感器的原理框图

非集成式智能传感器是在现场总线控制系统的推动下发展起来的。因为这种控制系统要求挂接的传感器、变送器必须是智能的，对自动化仪表厂家来说，采用非集成式智能传感器可使原有的一套生产工艺设备基本不变，是实现智能传感器系统最经济、最快捷的途径。例如，电容式智能压力（压差）变送器系列产品就是在传统非集成式电容式压力（压差）变送器的基础上附加一块带数字总线接口的微处理器插板组装而成的，并通过开发通信、控制、自校正、自补偿、自诊断等功能软件，提高了传感器的智能化程度。

（2）混合式智能传感器是将传感器的敏感单元、信号调理电路、微处理器单元、总线接口等以不同的组合方式集成在 2～3 块芯片上，并将其封装到一个外壳中。通过混合集成实现智能化是一种技术、经济风险较低的途径。混合式智能传感器的原理框图如图 10-4 所示。

混合集成的模块有：集成化敏感单元，包括敏感元件及变换器；信号调理电路，包括多路开关、仪表放大器、电源基准、模数转换器等，信号调理电路带有校正电路和补偿电路，能自动校零、自动进行温度补偿；微处理器单元，包括数字存储器［EPROM（可擦可编程只读存储器）、ROM、RAM］、数字 I/O 接口、数模转换器、微处理器等。

（3）集成式智能传感器采用大规模集成电路技术和微机械加工技术，利用硅作为基本材料来制作敏感元件预处理电路和模数转换电路、微处理器单元等，并把它们集成到一块芯片上。集成式智能传感器的原理框图如图 10-5 所示。随着微电子技术的飞速发展及微纳米技术的应用，集成式智能传感器具有微型化、结构一体化、精度高、功能多等特点。

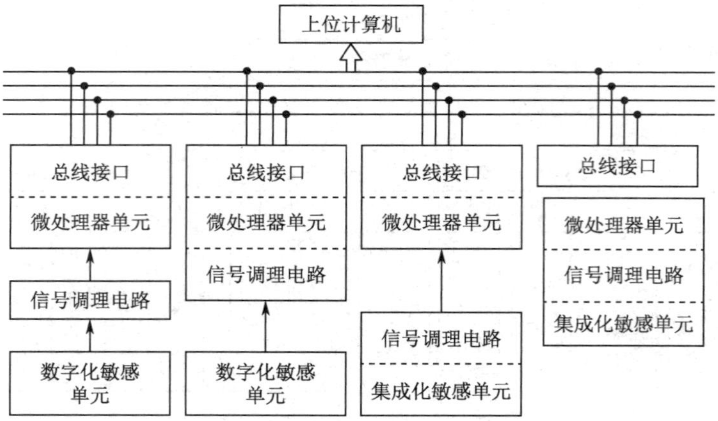

图 10-4　混合式智能传感器的原理框图

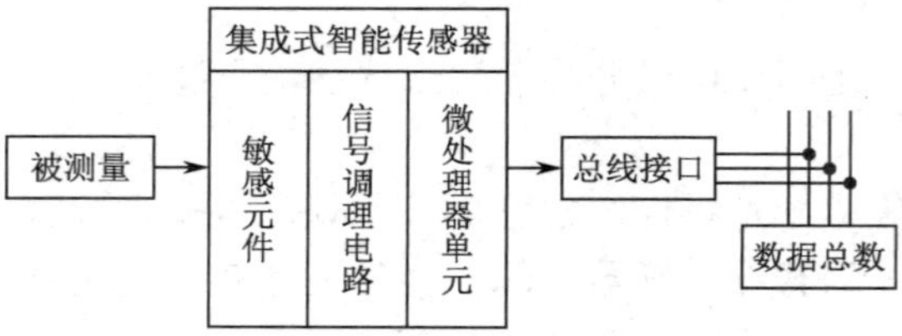

图 10-5　集成式智能传感器的原理框图

2．按信号处理硬件分类

智能传感器最常见的是以 CPU 作为运算处理中心和控制核心，这也是其区别于一般传感器的重要特征。智能传感器按信号处理硬件进行分类，可分为微控制单元（MCU）、数字信号处理器（DSP）、专用集成电路（ASIC）、现场可编程门阵列（FPGA）、单片系统（SOC）等类型。

3．按应用领域分类

目前，智能传感器主要应用于工业、汽车、消费电子和医疗等领域。伴随物联网技术的逐渐成熟，智慧家居、可穿戴产品、智慧工厂、智慧交通等新兴领域迅猛发展，传感器的应用越来越广泛。智能传感器也可按应用领域、被测量性质等多种方式进行分类。

例如，在智能制造领域中，智能传感器的分类主要依据其功能和应用场景来划分，包括用于精确控制机械臂动作的位移和速度传感器，监测设备状态和预防性维护的温度和振动传感器，确保产品质量的尺寸和位置传感器，以及用于过程控制和优化的压力和流量传感器等。这些传感器通常具备自诊断、自校准、数据预处理和通信功能，能够与工业物联网（IIoT）无缝集成，实现智能制造过程中的实时监控、数据分析和智能决策，从而提高生产效率、产品质量和生产灵活性。

按制造装备控制用途，智能传感器广泛应用于工业自动化、过程控制、设备监测和故障诊断等方面，包括但不限于位移传感器用于监测机械部件的位置变化，速度传感器用于测量旋转、线性速度，加速度传感器用于检测动态变化中的加速度大小，压力传感器用于检测流体或气体的压力，温度传感器用于监测设备和环境的温度，以及扭矩传感器用于测量旋转轴上的扭矩。这些智能传感器通常集成了信号调理、数据处理、自诊断和通信模块，能够提供精确的测量数据并实时反馈设备状态，以支持制造过程中的精确控制、状态监测、故障诊断和预测性维护，进而提高生产效率和产品质量，降低运营成本。

按工艺参数控制用途，智能传感器的分类通常依据其监测和控制的具体工艺变量而定，涵盖了温度传感器用于实时监测加热炉、反应器等设备的温度变化，压力传感器用于确保液压系统、气动装置等的压力稳定，流量传感器用于测量液体、气体等介质的流动速率，湿度传感器用于控制干燥、固化等工艺环节的环境湿度，pH 传感器用于监测和调节溶液的酸碱度，以及化学传感器用于检测特定化学物质的浓度。这些智能传感器具备高精度的数据采集、信号处理、自校准、自诊断和通信功能，能够确保工艺过程的精确控制和优化，提升产品的质量与生产效率，同时降低能耗和材料浪费。

智能传感器作为获取制造现场设备及生产状态信息的基本手段，对构建基于智能化装备、智能化工艺、传感识别网络、智能决策处理、人机互联的制造系统，实现对产品设计、制造、服务的全过程支持，具有重要的作用。

10.5　智能信息处理技术

1．智能信息处理技术概述

智能信息处理技术是智能传感器技术中的核心组成部分，它使得传感器系统能够模拟人类的感官和认知过程，实现对复杂环境的感知、处理和决策。智能信息处理技术涉及信号采集、数据预处理、特征提取、数据融合和智能决策等多个环节，它集成了传感器技术、计算机技术、信号处理技术、模式识别和人工智能等多种技术，以实现对信息高效、准确和智能地处理。

1）数据预处理

数据预处理是智能信息处理的第一步，也是至关重要的一步。由于传感器收集到的原始数据往往包含噪声、冗余信息及不完整的数据，因此需要通过数据预处理技术来提高数据的质量和可用性。数据预处理技术包括数据清洗、数据变换、数据压缩等：数据清洗旨在去除噪声和异常值，使数据更加准确；数据变换则通过数学方法将数据转换为更适合后续处理的形式；数据压缩则在不损失重要信息的前提下减少数据量，以减少数据的存储和传输成本。

2）特征提取

特征提取是智能信息处理的关键步骤，是从原始数据中提取有用信息并转换为适合处理的格式的过程，目的是将复杂的信号转换为可以被智能算法处理的形式，以便于后续的模式识别和学习决策。特征提取的方法多种多样，包括时域分析、频域分析、空域分析、统计分析等。在智能传感器系统中，常用的特征提取方法有傅里叶变换、小波变换、主成分分析（PCA）等。这些方法能够有效地提取出数据的本质特征，为后续的数据处理提供有力的支持。

3）模式识别

模式识别是智能信息处理中的关键技术之一，它使智能传感器系统能够识别和分类不同的模式或对象。它通过对提取出的特征信息进行分析和比较，实现对不同模式的分类和识别。在智能传感器系统中，模式识别技术被广泛应用于各种场景，如手势识别、语音识别、图像识别等。模式识别的方法包括模板匹配、决策树、神经网络、支持向量机等。这些方法各有优缺点，需要根据具体的应用场景和需求选择合适的算法。

4）学习与决策

学习与决策是智能信息处理的高级阶段，它通过对历史数据的分析和学习，实现对未来事件的预测和决策。在智能传感器系统中，学习与决策技术被广泛应用于自适应控制、智能优化、故障诊断等方面。学习与决策的方法包括监督学习、无监督学习、强化学习等。这些方法能够使系统具备自学习和自适应能力，从而使智能传感器更加智能地应对各种复杂环境和任务。

2. 智能信息处理技术的挑战与展望

尽管智能信息处理技术已经取得了显著的进展，但仍面临着许多挑战。首先，随着数据量的不断增长和数据复杂度的提高，如何高效地处理和分析这些数据成为一个亟待解决的问题。其次，如何确保智能信息处理技术的准确性和可靠性也是一个重要的挑战。最后，随着人工智能技术的不断发展，如何将智能信息处理技术与人工智能技术相结合，实现更加智能化的系统也是一个值得探索的方向。

参考文献

[1] 付华，徐耀松，王雨虹．智能仪器．北京：电子工业出版社，2013．

[2] 郁有文，常健，程继红．传感器原理及工程应用．3 版．西安：西安电子科技大学出版社，2008．

[3] 徐科军．传感器与检测技术．3 版．北京：电子工业出版社，2011．

[4] 唐文彦．传感器．北京：机械工业出版社，2011．

[5] 吴建平．传感器原理及应用．2 版．北京：机械工业出版社，2012．

[6] 王化祥，张淑英．传感器原理及应用．3 版．天津：天津大学出版社，2012．

[7] 叶湘滨，熊飞丽，张文娜，等．传感器与测试技术．北京：国防工业出版社，2006．

[8] 樊尚春．传感器技术及应用．2 版．北京：北京航空航天大学出版社，2010．

[9] 童敏明，唐守锋，董海波．传感器原理与应用技术．北京：清华大学出版社，2012．

[10] 王雪．测试智能信息处理．北京：清华大学出版社，2008．

[11] 徐爱钧．智能化测量控制仪表原理与设计．2 版．北京：北京航空航天大学出版社，2004．

反侵权盗版声明

举报电话：（010）88254396；（010）88258888

传　　真：（010）88254397

E-mail：dbqq@phei.com.cn

通信地址：北京市万寿路 173 信箱

电子工业出版社总编办公室

邮　　编：100036